人力资源开发与管理
（第二版）

黄丽霞 编著

清华大学出版社
北京

内容简介

本书以人力资源开发与管理的基础知识和理论体系简介入手,在引导读者理解人力资源开发与管理的基本概念、基本原理及理论体系的基础上,导入人力资源开发与管理的业务体系,理论结合实际地向读者展现一个由人力资源分析、工作分析、人力资源战略与人力资源规划、人力资源配置与就业、员工招聘、员工培训与职业发展管理、绩效管理、薪酬管理与员工福利、员工激励、劳动关系、组织文化与组织发展、人力资源管理制度等构成的一个完整的人力资源开发管理的知识系统。本书的特色在于理论与实际相结合,既有学术理论性,又有可读性。

本书可作为全日制、非全日制高等教育行政管理、教育管理、企业管理等专业的教材,也可作为企事业单位、政府机构等有关人力资源开发与管理方面的培训教材,还可供人力资源开发与管理相关的科学研究者和学习爱好者阅读。

本书封面贴有清华大学出版社防伪标签,无标签者不得销售。
版权所有,侵权必究。举报:010-62782989,beiqinquan@tup.tsinghua.edu.cn。

图书在版编目(CIP)数据

人力资源开发与管理 / 黄丽霞编著. —2版. —北京:清华大学出版社,2023.5
ISBN 978-7-302-63481-2

Ⅰ.①人… Ⅱ.①黄… Ⅲ.①人力资源开发 ②人力资源管理 Ⅳ.①F241 ②F243

中国国家版本馆 CIP 数据核字(2023)第 084362 号

责任编辑:田在儒
封面设计:刘 键
责任校对:李 梅
责任印制:曹婉颖

出版发行:清华大学出版社
    网 址:http://www.tup.com.cn,http://www.wqbook.com
    地 址:北京清华大学学研大厦 A 座 邮 编:100084
    社 总 机:010-83470000 邮 购:010-62786544
    投稿与读者服务:010-62776969,c-service@tup.tsinghua.edu.cn
    质量反馈:010-62772015,zhiliang@tup.tsinghua.edu.cn
印 装 者:三河市龙大印装有限公司
经 销:全国新华书店
开 本:185mm×260mm 印 张:25.5 字 数:602千字
版 次:2012年12月第1版 2023年6月第2版 印 次:2023年6月第1次印刷
定 价:79.00元

产品编号:095132-01

第二版前言

党的二十大报告提出人才强国战略,强调人才是全面建设社会主义现代化国家的基础性、战略性支撑之一。人才资源作为经济社会发展第一资源的特征和作用在实现经济高质量发展和国家治理现代化的新时代变得尤为突出,因此对人才队伍的建设更为迫切和关键。人才强国战略的实现离不开人力资源开发与管理的支撑。人力资源开发与管理的理论研究与实践探索也因此变得尤为重要。如何通过加强人力资源开发与管理来提高人力资源的竞争力受到社会民众、各组织以及各级政府的广泛重视,对增强人力资源开发与管理能力的需求也变得越来越强烈。人们不仅需要了解人力资源开发与管理的理论知识,更渴望获得解决全面深化改革开放中显现出来或潜在的新问题的指导、借鉴和帮助。人们对人力资源开发与管理的理论性与实践性相融合的需求越来越突出,在解决理论的系统性、严密性、科学性、先进性的同时,更渴望获得实践上的可操作性、可借鉴性、可应用性。基于上述背景,作者结合多年教学中与具有实践背景的学员频繁互动以及广泛深入的社会实践调研所获,全面深入细致地研究了本学科学习者的需求,对2012年版的《人力资源开发与管理》进行了修订。修订后的版本完善和补充了一些知识点,有助于学员更系统地把握人力资源开发与管理的知识体系,增强分析问题、解决问题的理论支撑;增加了一些新时期经济社会发展变化的信息、资料,帮助学员更好地理解、掌握所学的理论知识,把握该学科的发展,给人力资源开发与管理知识体系赋予了时代性;增加了一些具有代表性的鲜活案例,使学员通过案例研究与学习领会人力资源开发与管理的理论知识以及其中的经验、教训,结合实际激发思考,拓展解决实际问题的思路,理论联系实际,达到学以致用的目的和效果。

在本书的修订过程中,参考、借鉴、学习了大量的有关资料,开展了一些相关的实际调查研究,受到了很好的启发和帮助。在此向这些给予了帮助的人们表示衷心的感谢!本书的修订还得到了华南师范大学网络学院领导及相关部门的老师一如既往的大力支持与帮助,在此表示衷心的感谢!

黄丽霞
于华南师范大学高校教师村

目 录

1	**第一章 人力资源开发与管理概述**
2	专题一 人力资源是财富之源
5	专题二 人力资源开发与管理不是简单措辞上的变化
11	专题三 人力资源的效用来自一定的人力资源结构
18	专题四 人力资源开发与管理活动
24	专题五 人力资源开发与管理的理论基础
32	小结
33	思考与练习
35	**第二章 人力资源分析**
36	专题一 人力资源个体分析
41	专题二 人力资源经济分析
51	专题三 人力资源的社会分析
54	小结
54	思考与练习
57	**第三章 工作分析**
58	专题一 工作分析是人力资源开发与管理的基础性工作
61	专题二 工作分析是对工作的全面评价过程
65	专题三 工作分析是一个科学的工作过程
72	专题四 工作说明书文本简介
75	小结
76	思考与练习
77	**第四章 人力资源战略与人力资源规划**
78	专题一 人力资源战略是组织发展战略目标实现的重要保证
82	专题二 人力资源规划具有先导性和战略性

85		专题三　人力资源规划的程序
88		专题四　人力资源的供求预测与平衡
97		小结
98		思考与练习

101　第五章　人力资源配置与就业

102		专题一　人力资源配置形成现实的经济运动
108		专题二　人力资源再配置——人力资源流动
121		专题三　就业目标与就业政策
129		小结
129		思考与练习

131　第六章　员工招聘

132		专题一　人力资源招聘概述
138		专题二　人力资源甄选
142		专题三　人力资源素质测试
147		专题四　人力资源招聘规范化管理工具介绍
162		小结
163		思考与练习

165　第七章　员工培训与职业发展管理

166		专题一　员工培训与职业发展管理是组织发展的必要保证
172		专题二　员工培训体系的构建
182		专题三　员工培训的运作与管理
186		专题四　员工培训规范化管理工具介绍
199		专题五　员工职业发展管理
207		小结
208		思考与练习

211　第八章　绩效管理

212		专题一　人力资源开发管理的重要手段——绩效管理
216		专题二　绩效考评的内容、标准体系及原则

223	专题三 绩效考评的工作流程与方法
228	专题四 绩效管理
240	小结
240	思考与练习

243　第九章　薪酬管理与员工福利

244	专题一 薪酬是经济因素与非经济因素的总和
252	专题二 薪酬管理的基本理论
258	专题三 薪酬管理制度
267	专题四 薪酬设计
273	专题五 员工福利
279	小结
279	思考与练习

281　第十章　员工激励

282	专题一 管理中最核心的问题是对人的激励
288	专题二 关于激励的经典理论
299	专题三 激励机制设计与实施
306	专题四 激励在组织管理中的应用
311	小结
311	思考与练习

313　第十一章　劳动关系

314	专题一 劳动关系是建立在劳动过程中的社会经济关系
318	专题二 劳动关系管理
328	专题三 工会概述
336	专题四 人力资源保护
338	小结
339	思考与练习

第十二章　组织文化与组织发展　341

　　专题一　组织文化的兴起、内涵与作用　342

　　专题二　组织文化建设　353

　　专题三　组织发展变革的启动——学习型组织建设　361

　　小结　372

　　思考与练习　372

第十三章　人力资源管理制度　375

　　专题一　人力资源管理制度的内涵与构成　376

　　专题二　人力资源管理制度的建设、实施与控制　380

　　专题三　人力资源管理制度文本　386

　　专题四　我国人力资源管理制度的变革　391

　　小结　397

　　思考与练习　398

参考文献　399

第一章
人力资源开发与管理概述

微课资源

  国家之间的竞争、组织之间的竞争,归根结底是人力资源的竞争。人力资源是一个国家、一个组织中最关键、最核心的资源,它直接关系着一个国家、一个组织的生存与发展。如何使人力资源成为国家、组织的核心竞争力;如何发掘、培育、强化、使用和发展人力资源。这些已经成为人力资源开发与管理的重点。

  本章首先阐述了人力资源的地位、作用,以及人力资源的核心与效用;其次从人力资源开发与管理的环境入手,阐述人力资源开发与管理面临的挑战,分析传统的劳动人事管理与人力资源开发管理的本质区别;最后介绍人力资源开发与管理的理论基础,以及人力资源开发与管理的发展。

 学完本章,你将能够:

  1. 阐述人力资源的地位、作用以及人力资源的基本含义;
  2. 分析人力资源的结构及其在人力资源开发与管理中的意义;
  3. 阐述人力资源开发与管理的环境;
  4. 分析传统的人事管理与人力资源开发与管理的本质区别;
  5. 介绍人力资源开发与管理的理论基础以及人力资源开发与管理的发展。

专题一　人力资源是财富之源

专题导读

人力资源在一个国家或一个组织中扮演着什么角色？具有什么样的作用？它是一种什么样的资源？它由哪些成分构成？这是人力资源开发与管理学习及实践首先要解决的问题。本专题将带领你寻找上述问题的答案。

一、人的多重属性与人力资源

人是由自然性、社会性和经济性等多重属性构成的一个整体。这三重属性是人成为人力资源的前提。

人的自然性是人作为自然生态体系构成部分的必然体现。正是这种自然性，使人力资源的再生产源泉得以代代延续。但是，人作为生物体的活动必然受着社会因素的影响和制约。人类的运动正是以生物性为基础，在一定的社会形态下进行和发展着的过程。

人既然是在一定的社会形态下进行运动的自然生物体，那么，人之间必然要构成一定的社会关系，并在这些社会关系中扮演着不同的角色，相互依存、相互作用或相互制约。因此，人是生物性（即自然性）和社会性统一的综合体。

人的自然性和社会性的存在都以人的经济活动为载体。这就是人的第三重属性——经济性。人类的经济行为，其目的是获取自身生存和发展必需的物质资料；其核心是以最少的耗费来换取最多的收获；其实质是人在自然生态系统中的一种主动的可控性循环；其行动往往是通过组成社会群体、基本经济组织等形式来进行的。① 可见，人的经济性包含了生产与消费两个方面。正是生产活动使作为生产活动主体的人成为劳动力，进而成为生产要素中的人力资源要素。

经济学理论指出，进行社会经济活动必须具备一定的前提要素。经济学理论对这些要素的诠释最早是二要素论，即土地要素——物力资源和劳动要素——人力资源。随后，又发展为四要素论，即在土地、劳动要素基础上加上资本要素和企业家才能要素。在这四要素中，劳动要素和企业家才能要素都以人作为其载体，都统属于人力资源范畴（如果要严格区分的话，可以把前者称为人力资源，后者称为人才资源）。可见，人不仅是一个具有自然性、社会性的生物体，还是一个可以成长为与其他资源结合，创造使用价值的资源，而且是这些

---

① 姚裕群. 人力资源开发与管理[M]. 2版. 北京：中国人民大学出版社，2007：5.

集合作用资源族中具有关键性、能动性作用的首要资源。正是劳动力在社会经济活动中的这种资源性使人类社会不断地发展、进步；也正是对人力资源在社会经济活动中作用的高度认识和重视，才带来了社会财富创造的不断增值和极大的丰富。人力资源是社会财富之源。因此，人力资源开发与管理成为关系到国家经济社会发展的战略性活动。

二、人力资源的核心在于劳动能力

什么使人力资源成为社会财富之源？是蕴藏在人力资源里的劳动能力。所谓人力资源是指一定范围内的人所具备的劳动能力的总和。正是这种劳动能力与土地、资本的结合，带来了社会经济活动及其结果。人力资源的核心就是劳动能力。人力资源因此在社会经济活动中同时具有主体和客体的双重属性。从要素条件构成来看，人力资源是社会经济活动中的客体之一；从要素条件集合作用来看，人力资源在作为社会经济活动客体的同时又是主体。因为人力资源具有能动性和创造性，而人力资源中的"企业家才能"更是具有对经济活动其他要素进行配置的能动作用。

一个社会人力资源的组成部分包括：①适龄就业人口，即处于法定劳动年龄内、正在从事社会经济活动的人口。这是人力资源的主要部分。②未成年就业人口，即尚未达到法定劳动年龄、正在从事社会经济活动的人口。③超龄就业人口，即已超过法定劳动年龄、正在从事社会经济活动的人口。④求业人口，即处于法定劳动年龄内、具有劳动能力并要求参加社会经济活动的人口。在我国，上述四个部分共同构成"经济活动人口"，它们是直接的、已经开发的、现实的社会人力资源供给。从对一个社会"经济活动人口"的考察、分析，可以了解这个社会的经济活动状况、水平及竞争力。⑤求学人口，即处于法定劳动年龄内、正在从事学习的人口。⑥服兵役人口，即处于法定劳动年龄内、正在军队服役的人口。⑦家务劳动人口，即处于法定劳动年龄内、正在专职从事家务劳动的人口。这部分人口因其构成的复杂性，在我国尚未被纳入"经济活动人口"。在有些国家，如菲律宾等，这部分人口已被纳入"经济活动人口"，直接参与国民财富的创造。⑧处于法定劳动年龄内，却因某些特殊原因而尚未真正从事社会经济活动的人口。在我国，这后述四个部分属于间接的、尚未开发的、处于潜在形态的社会人力资源，并未构成现实的社会人力资源供给。从对它们的考察和分析，可以了解一个社会人力资源的竞争潜力，以及对社会经济活动的潜在意义和影响。

三、人力资源在社会经济活动过程中体现其资源性

人力资源与其他资源不同，只有在社会经济活动过程中才能充分体现它的资源性，因此构成人力资源运动。人力资源运动包括人力资源的生产（即人力资源的形成）、发掘、配置和使用四个环节。由此可见，人力资源与其他资源不同，它在社会经济活动中同时具有主体和客体的双重属性。

人力资源的生产（形成），是一个从诞生到发育、接受教育和训练，从而体力、智力、知识、技能不断长成的过程，也就是劳动能力形成的过程。在这个过程中，先天的遗传固然重要，但后天的卫生保健、教育与训练的配合更为关键。教育与训练在人力资源生产环节中具有

不可替代、不可或缺的作用。无数的事实告诉我们，凡是在人力资源生产环节中重视教育与训练的，其人力资源的可持续力、竞争力就强。

小资料

发达国家高等职业技术教育的兴起，有力地促进了各国社会经济的发展和产业结构的调整，因而得到了各国政府的重视和支持，纷纷制定政策和法规以及增资拨款来保证高等职业技术教育的实施和发展。德国高等学校总纲法以及各州的高等教育法中都对高等职业教育做出了专门的规定。美国在1963年通过了《职业教育法》(vocational education act)，1968年又通过了《职业教育法修正案》，进一步强调职业教育的重要性；1977年众议院还专门通过了一个《职业前途教育五年计划》（即生计或生涯教育），随后，各州纷纷通过和采纳该计划，并在各级普通教育中相继实施。澳大利亚政府规定，只有取得技术继续教育（TAFE）证书才能从事相关专业的技术性工作，而且技术继续教育证书既是就业的必备条件，又能与大学学位互通。

小资料

1945年，第二次世界大战结束，日本战败。在一片百废待兴的状况下，日本政府立法，强制推行9年义务教育。到20世纪60年代，日本的人力资源素质得到极大的提高。到20世纪70年代，创造了日本经济奇迹，令欧美国家为之震惊。一时间出现了研究日本热。组织文化也在这个研究中得以诞生。

劳动能力只有与经济活动相结合，其资源性才能充分体现出来。为劳动能力与经济活动结合提供平台和环境条件，这就是人力资源的发掘。从前述人力资源的构成部分分析来看，属于"经济活动人口"的人力资源就是已经被发掘的、直接的、现实的人力资源；而另一种尚未进入经济活动领域，又不处于求业状态的人力资源则只能是间接的、潜在的人力资源。将潜在人力资源向现实人力资源转化的过程，就是人力资源的发掘过程。人力资源的发掘取决于社会经济发展对人力资源的需求，以及现实人力资源供给与社会经济发展对人力资源需求结合的状况。社会经济发展的速度和量与质作用于人力资源发掘的决策，包括方向、方式、结构、时间和规模等；而人力资源发掘的决策又反作用于社会经济发展，并要求有一定的前瞻性和超前性。

人力资源创造使用价值和价值的实现，必须是将一定的劳动能力与需要这种劳动能力作用才能产生使用价值的经济活动有机地结合在一起。换言之，就是将一定的劳动能力与需要这种劳动能力的岗位、任务、工作匹配在一起，人力资源的资源价值性才能获得真正的实现。这个过程就是人力资源配置。简单地说，就是把合适的劳动能力放在合适的位置上的过程。只有这样，才能实现社会财富的不断增值和丰富，以及劳动者对劳动收获的满意和快乐；否则，就是对人力资源的浪费，以及对劳动者需求（包括物质需求和非物质需求）的忽视，而影响社会生活的快乐指数。现实中由于种种原因，劳动能力与岗位、任务、工作的匹配往往不可能一次到位，需要经过多次的、双向的调整，调整的成本居高不下。这一原因极大地影响了人力资源创造财富价值最大化。人力资源供求信息平等交流的状况、产业政策及就业政策、就业指导、职业能力培训的环境和条件、就业观念的宣传与教育、组织的发展战略规划、教育的结构等，都对人力资源的配置有着直接或间接的作用和影响。

完成配置后的人力资源,其劳动能力在各自组织内被发挥、运用,而产生相应的劳动产出的过程,就是人力资源的使用。如何使人力资源的劳动能力最大限度地发挥出来,带来更大的价值产出,这是每个国家、每个组织共同追求的目标。要实现这个目标,离不开人力资源使用过程中的激励作用,这是人的需求存在决定的。某种意义上,对人力资源劳动能力的激发也属于人力资源的发掘活动。是人力资源使用过程中主要的核心工作。

人力资源的生产、发掘、配置和使用之间是一个有机的整体,相互之间有着一定的内在关联性和作用、影响。这个有机整体的运动直接关系到人力资源创造价值财富的能力和水平。如何实现人力资源对价值财富的创造,并提升这种能力和水平。这就是人力资源开发与管理的理论研究与实践探索的任务。

专题二 人力资源开发与管理不是简单措辞上的变化

专题导读

有人认为,人力资源开发与管理只是措辞上的变化,与原来的劳动人事管理没有什么两样。真是这样吗?本专题将帮你解开这个疑惑。

一、人力资源开发与管理的含义

(一) 人力资源开发

人不是长到一定年龄就能自然具有满足社会经济活动需要的各种劳动能力的,更不可能成为资源。只有在这个成长的过程中对他进行不断地系统地发掘、培育、强化,才能使他成为具有创造财富价值的人力资源。这就是人力资源开发。人力资源开发的实质是把劳动力作为一种能动的资源,开启他的劳动能力,并使这种能力随着社会经济活动的发展不断地得到巩固、加强和提升。这样,人力资源开发使人的劳动能力按照社会经济活动的需要进行有针对性地形成和发展,其结果既给社会、组织,也给人力资源所属的家庭和人力资源本人带来巨大的利益。正是这个意义,使人力资源在社会经济活动中的地位得到了极大的提高和重视。

人力资源开发包括了宏观、微观和个体三个层面的活动。从宏观层面来看,人力资源开发活动包括了社会层面的人口再生产及劳动力再生产、国民教育、就业、社会保障、人才吸纳、再就业培训等活动。这些活动往往通过法律法规、政策、方针、公共服务提供等来实现。

从微观层面来看，人力资源开发活动包括了组织对其成员的培训、激励、组织成员参与组织管理、进行职业发展规划管理、开展"工作生活质量运动"等活动。从个体层面来看，人力资源开发活动必须是人力资源个体自愿的要求、向往以及积极主动的参与，包括人力资源发展规划及其相应的投入与行动、对组织人力资源开发活动的积极响应与配合、制订个人的培训教育计划并主动寻求组织的支持与帮助等。无论宏观、微观还是个体层面的人力资源开发，都是秉承"以人为本"的理念，承认人力资源的创造财富价值以及人力资源的个体差异性，并努力地不断提高其创造财富价值的过程。通过这个过程，实现国家、组织、家庭及人力资源个人的共赢，最终实现社会的和谐与幸福。

（二）人力资源管理

人是集自然性、社会性、经济性于一体的生物体。多重属性在日益复杂、多样化的社会环境下，造成了人及其相互之间关系的复杂性。人力资源是以人为基础形成的，而人力资源只有在经济活动中才能体现其资源价值。这样，多样化的社会环境加上日益多样化的经济关系，都要求对在其中活动的人力资源进行计划、组织、指挥、协调和控制，使经济活动走向有序化，从而使人力资源的价值创造得以实现。因此，所谓人力资源管理是指根据社会经济活动及其发展的需要，对人力资源进行配置、使用及其使用结果衡量与处理的活动的总称。

人力资源管理包含宏观和微观两个方面。宏观方面的人力资源管理是从社会的角度，根据社会经济活动的规模、结构及其发展，对人力资源进行配置、使用及其使用结果衡量与处理的活动，包括国家产业政策的制定、全社会人力资源的预测与规划、就业政策、就业指导及人力资源市场建设，以及协调劳动关系、调节劳动收入、人力资源保护、人力资源流动等的法律法规的制定。微观方面的人力资源管理是从组织的角度来看，根据组织经济活动的规模、特点及其发展，对人力资源进行配置、使用及其使用结果衡量与处理的活动，包括组织中人力资源发展的战略规划、雇佣制度、劳动关系协调、劳动保护、薪酬制度、激励晋升机制、组织文化建设、组织人力资源管理制度等。从宏观、微观人力资源管理的范畴来看，宏观的人力资源管理为微观的人力资源管理提供了外部环境和条件，而微观的人力资源管理是宏观的人力资源管理的具体行动实践。

二、人力资源开发与管理的基本特征

从上述人力资源开发与管理的含义中所包含的宏观和微观的内容来看，人力资源开发与管理具有以下的基本特征。

（一）立意的战略性

无论从宏观的还是微观的生产要素来看，人力资源都是其中具有能动性和关键作用的首要要素，直接关系和决定着其他要素的使用效益，甚至关系和决定着社会或组织发展的成败及效益。因此，对人力资源的开发与管理不能走一步看一步，必须站在全局的、系统的战略高度,带有一定前瞻性、预见性、长远性地为社会或组织的发展开展人力资源开发与管理的活动。也就是说,人力资源开发与管理活动不仅要开展与社会或组织发展战略相适应的战略管理,还要根据对社会或组织发展趋势的客观预测,具有一定超前性。只有人力资源开发与管理的规划和社会或组织的发展战略规划相适应,社会或组织的发展目标才能较好地获得实现;否则,就会因人力资源问题而延误、阻碍社会或组织发展目标的实现。美国工业化时期的实践、日本第二次世界大战后的实践、德国发达的职业教育实践以及众多成功企业的实践都证明了这一点。

(二) 主体的全员性

从人力资源在生产要素中的地位、特点可见,人力资源除了与其他生产要素一样,是社会或组织经济活动中的客体以外,同时,它更是社会或组织经济活动中的主体。这个主体上至社会或组织中的最高领导,下至从事经济活动第一线的人员,每一个成员的活动都是整体活动的构成部分,都对社会或组织发展目标的实现具有不可或缺的作用和相互依存的关系。他们的活动不只是被动地执行、服从,而是主动参与管理、我要管理和自我管理的结合。组织不只是所有者的组织,还是组织中每个成员的组织。组织中每个成员的活动与组织所有者的利益、与组织的生存及发展息息相关。因此,人力资源开发与管理主动将组织中成员的需求和发展作为组织中利益相关者的重要一方,纳入组织发展系统中进行考虑,把组织中成员的发展与组织发展融为一体。使组织中成员从"我在为你(组织)做"转变为"我为你(组织)做的同时,也是在为我自己做",让主人翁意识、成就感、满意感洋溢在工作中。

在人力资源开发与管理中发挥作用的不仅是人力资源开发与管理的职能部门,也不仅仅是各层管理者的事情,还包含组织中的每一个成员。只有组织中的每一个成员都能自觉地把自己纳入人力资源开发与管理的活动中,人力资源的能量才能获得最大限度地开发和释放。这是人力资源开发与管理中"以人为本"的体现和要求。

(三) 内容的广泛性

从上述人力资源开发与管理含义中所包含的宏观和微观的内容来看,人力资源开发与管理所涉及的内容非常广泛,而且在不断地日益发展扩大。它不仅包含招聘与录用、薪酬、考核、劳动关系管理、劳动保护、员工培训、激励等技术性的管理活动,还包括组织文化建设、团队建设、工作生活质量运动、员工职业发展与组织发展、人才的吸引及发挥与发展、领导者的选拔及任用与考核、组织机构设计与再造等战略性的管理活动。而且,组织的发展战略管理与组织人力资源开发及管理的融合度在不断加大。就算是技术性的活动,其内涵和外延也在不断地发展扩大,如激励,不仅仅是强调物质激励,更强调物质激励与精神激励的结合、外激励与内激励的结合,以及现代意识和手段、方式的运用。诸如员工参与管理、经营者年薪制、经营者股票期权激励等新型的激励方式应运而生,并有不断创新之势。又如薪酬管理,不再是以往员工被动接受薪酬,而是代表员工利益的工会在有序地争取和维护员工的利益,在组织薪酬管理中工会地位和作用将通过立法予以确立。再如员工培训,以往是在组织中的成员才有获得培训的资格,现在因产业结构调整而被暂时排除在组织外的成员也能享受到培训的机会。①

小资料

金融危机使数万家中小企业倒闭。为了解决失去工作的农民工的再就业安置问题,国家采取了多种措施,其中一条重要举措就是对失去工作的农民工进行技能培训,使他们拥有一技之长,为日后再就业打下基础。自2010年起,我国制订新一轮农民工培训计划,全国每年培训农民工要达到600万人以上。

(四)对象的目的性

人力资源开发与管理不再是简单地为了完成组织的工作任务,因此,也不再是把组织中成员当作实现组织目标的工具。人力资源开发与管理的目的是充分肯定和发挥人力资源的能动性,通过对组织中成员个人需求的分析与满足,极大地激发每个成员的劳动能力、主动性和创造性,保证每个成员实现个人发展,从而实现组织的发展,由此再为个人发展提供更广阔、更高的平台与环境条件。由此可见,人力资源开发与管理不再是简单地把人力资源当作组织的生产要素或生产工具,而是把人力资源作为组织发展的重要目的去经营和发展。只有"为了人"的人力资源开发与管理,才能带来组织可持续地发展、壮大。这就是人力资源开发与管理对象目的性的体现。

(五)手段的人道性

人力资源开发与管理的指导思想是"以人为本",是人本主义哲学在现代管理中的具体实践和发展,也是人力资源资源特殊性的客观要求。它不再简单地将组织中的成员当作实现组织目标的工具,这既是人力资源开发与管理的根本目的要求,也是对人力资源开发与管理方法和手段的一次革命性的改变。这在人力资源开发与管理所拥有的日益扩大的广泛的内容体系中得到了印证。诸如实践中的员工参与管理、工作满意感的管理、目标管理法的运用、流程再造、工作生活质量运动、员工职业发展与组织发展管理、工作轮换制、内容与形式灵活多样的员工培训、不断创新的员工激励、人才的吸引及发挥与发展等就是最好的体现。

(六)结果的效益性

即人力资源开发与管理是建立在经济观念基础上的。把人力作为资源,就是经济观念的体现,就必然要讲求资源的投入与产出关系。而人力又是一种有别于生产要素中其他资源的特殊资源。由于这种资源具有能动性、创造性等特点,使得对人力资源的投入通过提升人力资源的创造财富价值,带来宏观和微观经济运行产生巨大的效益。这就给人力资源赋

---

① 工资谈判立法是工会及工人的机遇[N].南方都市报,2010-07-23(2).

予了资本的实质和内涵。因此,人力资源被上升为人力资本。

作为人力资本,就必须讲求其运用结果的效益性,即要讲求对人力资源的投入及其产出的比例关系,也就是要根据社会经济发展及其趋势,对人力资源转化为人力资本的投入项目、投入规模、投入时间进行评估和确定,以及对投入运行的监督、投入结果的考核与评价进行分析等,使人力资源投入与产出的比例关系持续处于良性循环状态,从而使人力资源的创造财富价值处于投入与产出比例关系的最佳状态。由于需要对人力资源创造财富价值进行分析和管理,因此,诞生了人力资源会计。这是人力资源开发与管理在理论和实践上的一个飞跃性的发展。

三、人力资源开发与管理和传统劳动人事管理的区别

人力资源开发与管理和传统的劳动人事管理不是简单措辞上的变化,而是思想、实质、内涵上的变化。

从20世纪90年代初期,人力资源开发与管理在以美国为首的经济发达国家开始兴起,并形成蓬勃发展之势。传统的劳动人事管理逐渐被其所取代。从表面上看,传统的劳动人事管理与人力资源管理都是针对人而提出的管理活动,只是形式或称呼上发生了变化而已。难道真的是"换汤不换药"吗?从前述人力资源开发与管理的若干基本特征分析来看,传统的劳动人事管理和人力资源开发与管理,既是措辞上的改变,更是思想、实质、内涵上的改变。这些改变从管理理念、管理模式、管理内容、管理方法到管理手段的各个方面都系统地体现出来,从而改变了整个对人进行管理的指导思想、方式、方法、内容和手段。这是一次伴随组织经营管理哲学变化所引起的管理思想的升华及管理实践的变革,这种变革还在继续发展着。

人力资源开发与管理和传统劳动人事管理的本质区别主要体现在以下几个方面。

(一)基本定位上的区别

传统劳动人事管理的指导思想认为人是"经济人"。其管理主要是指微观组织中以完成工作任务为目的和目标,如何把工作任务中"人"这个因素最大限度地进行使用和管理的一系列活动。组织中的成员在管理中主要表现为一种被动的、各自为政的"工具"和手段。传统劳动人事管理强调的是简单的技术性管理活动。

人力资源开发与管理的指导思想是"人本思想",尊重人的能动性和需求。不仅对人的劳动能力进行管理,更注重对人进行全面的开发。它是以充分肯定和发挥人的能动性,辩证地认识和处理组织中成员个人发展的实现与组织发展的实现两者之间的关系,"以人为本",从组织发展的全局性、战略性、系统性角度进行组织人力资源的开发与管理。因此,人力资源开发与管理的活动不再是简单的技术性管理活动,而是从管理思想、管理模式、管理内容、管理方法到管理手段都发生了一系列变化的"为了人"的管理活动的变革。而且这种变革是从宏观到微观,宏观变革为微观变革提供基础、创造环境条件。

（二）工作中心及管理特点上的区别

传统劳动人事管理是以微观组织的事务、职责和任务为中心，严格划分部门、层级，并有着复杂的、流程迂回的封闭式的内部管理。在这个流程中，各闭合系统只对自己系统的事务、任务负责，因此，也只本位地考虑自己系统的闭合式的运转，而缺乏系统性的整体意识，不需要活力、不需要创造性。

人力资源开发与管理是以人为本，以实现人的最大发展为目的的高度灵活的、开放性的管理。为了最大限度地发挥人的能动性和创造性，人力资源开发与管理可以主动地进行组织再造，打破组织中机构之间的人为分割与阻断，使复杂、迂回的流程通道简单化、简短化。通过组织机构及其流程再设计，构建更加高效、灵活的组织有机体。人力资源开发与管理的一切活动都是为了人的能力得到最大限度的发挥和发展，最终实现人的全面发展。

（三）管理职责及评价标准上的区别

传统劳动人事管理职责主要落在劳动人事职能部门及其成员身上，是机械性的、简单化的、重复性的、被动的管理活动。传统劳动人事管理职能部门与组织中成员的关系多数时候是对立的，是"我管，你听并且服从"的关系。在这套系统中，对人的要求是"听话、服从"，完全执行规章制度。不需要有独立的思想和主动性、创造性。

人力资源开发与管理则是把"为了人"的一切活动落实、体现在组织活动的方方面面和各个层次，是全员参与的全面性活动。人力资源开发与管理的职能部门和组织中成员的关系多数时候是协商的，而且，职能部门是为组织中成员主动提供服务的。

（四）成本意识和概念上的区别

传统劳动人事管理中，劳动力的成本历来被简单地当作"人工成本"计入生产成本中。因此，传统劳动人事管理的一个重要任务就是节约劳动时间，从而节约劳动成本。动作分析、满负荷工作法等就是这种成本意识的体现。

人力资源开发与管理不再是简单地把劳动力成本当作"人工成本"来计入生产成本中，而是以人力资本的概念来看待人力资源成本。人力资源开发与管理也把节约劳动成本作为其中的一个主要任务，但却是通过组织成员主动的"我要参与管理、我要创造"的活动来实现劳动成本的节约。工作满意感、工作生活质量运动、员工合理化建议制度、员工持股制度、员工培训与员工发展管理、员工职业发展与组织发展管理等则是这种成本意识的体现。人力资本概念的提出，不仅加强了对人力资源投入与产出的核算，有效地控制了人力资源成本，而且极大地提升了人力资源创造财富的价值，给组织及其成员带来了巨大的利益。

（五）控制系统上的区别

传统劳动人事管理是通过外部控制实现对人的管理的。因此，还是以被动的管理为主，是单向的管理运动和变化。

人力资源开发与管理通过自我控制、目标管理来实现对人的管理,是在自我管理与外部控制的结合中,强调自我管理的发挥。因此,这个管理系统是动态的、不断自我调整的双向管理运动。通过双向的互动不断地为组织吸收能量、增强能量级。

随着组织经营管理哲学的变革与发展,在组织发展战略中占据主导地位和具有能动作用的人力资源开发与管理也在不断地发展完善。它与传统劳动人事管理的区别仍在继续发展、扩大。我们要不断地更新观念、变革思想,进而指导人力资源开发与管理工作更加科学、合理,更大效用地发挥人力资源的能动性,提升人力资源创造财富的价值。

专题三 人力资源的效用来自一定的人力资源结构

专题导读

人力资源的核心在于一定人群中的劳动能力的总和。这个一定的人群是由若干的人力资源个体构成的。为什么不同的构成会产生不同的人力资源效用?其原因在于人力资源的特点,以及由具有这些特点的人力资源所构成的各种组成。本专题将通过对人力资源特点及其结构的分析,为理解人力资源的效用提供帮助,并为如何提高人力资源的效用提供思考的路径。

一、人力资源的特点分析

人是人力资源的实体,而且是具有自然性、社会性和经济性的复杂整体。这就赋予了人力资源区别于其他资源的独特性。分析、研究人力资源的特点,有助于了解并把握人力资源开发与管理的对象,从而有针对性地设计和开展对人力资源的开发和管理活动。

从人的多重属性出发,下面将分别从基本特点、资源特点、主体特点三个角度对人力资源的特点进行分析。

(一)人力资源的基本特点

人力资源的基本特点表现为生物性和社会性两个方面。

生物性指的是人力资源必须存在于活的人体中,是一种"活"的资源,因此,具有与人的自然生理特征相适应的一系列特点。正是基于这些特点,在对人力资源的开发中必须考虑对人力资源生产和再生产的卫生保健及教育的保障与支持，考虑人的各种需求的满足及对其行为的影响，从而设计和选择员工激励、员工培育的方式、方法和手段；在人力资源的管理中必须考虑人的生理需求，进行工作量、工作时间、工作环境和工作关系的设计。对人力资源这个特点的尊重，正是人力资源开发与管理"以人为本"的要求和体现。

人力资源的社会性来源于人的社会性，并且是对人的社会性的发展和实践。它指的是人力资源效用的发挥和实现必须是在社会经济活动中，并必须依赖于一定的经济组织，或与一定的经济组织发生千丝万缕的联系，由此构成一定的劳动分工与合作体系，并体现这个体系中各主体之间的相互关系。人力资源的开发与管理必须考虑这个体系对人力资源形成及发展所产生的影响和作用，有针对性地建设、规范、改变或调整人力资源赖以生存和发展的外部社会环境，如国家相关政策决策、人力资源市场建设及其法律建设、统一的社会保障制度建设、教育与培训体系的建设及发展、人力资源地域流动的引导与服务、社会就业观念的文化宣传教育等；引导微观人力资源开发与管理的方式、方法及手段的设计、完善与发展。

小资料

资料来源：

《国务院关于进一步做好新形势下就业创业工作的意见》：国发〔2015〕23号。

《教育信息化"十三五"规划》：教技〔2016〕2号。

《国家创新驱动发展战略纲要》(2016-05-19)。

《中国教育现代化2035》(中共中央、国务院，2019)。

（二）人力资源的资源特点

人力资源的资源特点表现为智能性、个体差异性和时效性三个方面。

人力资源的核心——劳动能力，就是智能性的综合体现。人力资源正是通过这个智能性实现对生产要素中其他要素的作用而完成价值的生产。人类的智能性具有继承性，即随着生产活动的发展智能性会得到延续、积累和增强。但是，人力资源个体的智能性却是要通过接受教育和培训才能形成。因此，要加强和提高人力资源的智能性，必须大力发展教育和培训。

人力资源个体在先天的身体素质、性格特点和后天的成长环境、成长经历等方面存在着个体差异性，因此，在劳动能力、劳动参与、就业方向及就业岗位选择、劳动行为和劳动动机及动力等方面都存在着个体差异性。人力资源的个体差异性要求人力资源配置、激励、培育、使用、发展及薪酬等必须与之相适应地进行个性化设计和管理。只有这样，才能使人力资源的创造财富价值得到更大限度地发掘、发挥和发展。

人力资源的时效性指的是人力资源在生产、发掘、使用上具有时间的限制。这个时效性分别体现在两个方面：一是生命周期的时效性；二是知识、技能、体力等的时效性。人力资源的时效性对资源的价值有着直接的、决定性的作用。因此，在人力资源开发和管理中要正确认识和高度重视人力资源的时效性，并通过开发和管理，使人力资源的劳动能力持续处于创造社会财富的最佳状态。

人力资源的资源价值正是智能性、个体差异性和时效性的综合体现和结果。

（三）人力资源的主体特点

人力资源的主体性是人力资源区别于其他资源的重要特点。人力资源的主体特点表现为动力性、自我选择性和非经济性三个方面。

人力资源的动力性指的是人力资源的主体推动性，具体体现为"发挥动力"和"自我强化"。"发挥动力"表现为能动性；"自我强化"表现为对自身劳动能力的自主加强和提高。作为社会经济活动的主体之一，认识人力资源的动力性，可以更好地处理人力资源个体、组织和社会三者的关系，使人力资源在社会经济活动中更好地发挥资源的能动作用。

人是具有社会意识的个体。人的社会意识使人力资源在劳动能力形成、劳动参与的愿望、就业方向及就业岗位选择、劳动动机及动力与劳动行为等方面具有自主决定权和选择偏好。这就是人力资源的自我选择性。人力资源的自我选择性是对动力性的延伸。人力资源的自我选择性在人力资源开发与管理中的表现是双向的，即人力资源个体可以按照自己的意识自我选择加入某一个社会经济活动组织及其岗位；而社会经济活动组织也可以按照组织发展的愿景和需要，选择适合的人力资源。在公平竞争的市场经济环境条件下，人力资源的自我选择性使人力资源与物质资源、实现工作任务更加合理、有效的结合，产生更大的效益。人力资源的自我选择性与经济社会发展水平有着正相关关系。

经济性是人的多重属性之一。人的经济性的存在是为了满足人同时作为生物体和社会一分子的生存、延续和发展对物质资料的需求。但是，人在满足物质需求的同时，还存在着精神、心理的需求，即非经济性的需求，如工作满意感、员工归属感、管理风格与管理特点、工作环境和工作条件、工作关系、职业的社会地位等。满足人的经济性需求必然构成相应的成本，并且对经济性需求的满足度与其成本呈正比关系；满足人的非经济性需求不一定构成相应的成本，或只构成很低的成本。根据这个基本原理，在人力资源开发与管理的宏观和微观活动中科学地设计对经济性需求和非经济性需求的合理满足，可以使有限的人力资源成本产生出巨大的利益。

二、人力资源结构

人力资源结构指的是一个国家或地区的人力资源在分布和构成上的总体表现，是人力资源总体及其内部之间不同性质与状态的反映，由此构成进行人力资源开发与管理活动的一项重要基础。人力资源结构表现包括自然结构、社会结构和经济结构三大方面。

（一）人力资源的自然结构

人力资源的自然结构指的是人力资源在年龄、性别、种族和民族等方面的分布和构成。每个国家都对人力资源的年龄给予了法律界定。人力资源是由劳动适龄人口构成的整体。不同年龄段的人力资源在劳动能力强弱和特点表现上存在着一定的差别。人力资源性别、种族和民族上的分布和构成也会对人力资源效用的发挥带来一定的影响。分析人力资源的自然结构,有助于掌握不同年龄段的人力资源的状况,有助于了解不同性别、种族和民族人力资源的特点,从而更好地进行人力资源开发和管理,适时地发挥人力资源的最佳效用。

(二) 人力资源的社会结构

人力资源的社会结构指的是人力资源在受教育水平、文化类别、宗教、职业、社会地位与社会阶层、组织内雇佣关系等方面的分布和构成。概括地说,人力资源的社会结构表现为教育结构和职业结构两个方面。

人力资源的教育结构是形成人的劳动能力的关键因素,也是决定人力资源质量结构关键性的主要因素。人力资源的教育结构具体体现为人力资源中文化程度的分布、职业技能种类的分布、职业技能水平的构成等。一定的社会经济状况和生产力发展水平,必然产生对与之相适应的人力资源教育结构的需求;或者说,有什么样的人力资源教育结构,也就反映出有什么样相应社会经济状况和生产力发展水平。由于社会经济活动是由高、中、低各个不同的层次构成的有机整体,因此它对人力资源质量也存在着结构上的要求,即满足社会经济活动需求的各层次质量的人力资源必须处于合理、合适的比例和构成,而且这个结构必须与对应的人力资源的职业结构相匹配、协调发展,才能最大限度地发挥人力资源的效用;否则,就是人力资源的浪费。

人力资源的职业结构指的是人力资源从事工作的种类及其岗位的分布和构成。由于社会经济活动中不同的工作之间存在着工作性质、工作内容、工作方法、工作要求及工作标准、工作对象、工作条件和环境等方面的明显差异,由此带来了不同职业的分类,也因此有了人们对不同职业的评价、偏好和选择。处于同一类型的职业,在工作性质、工作内容、工作方法、工作要求、工作对象、工作环境和条件上存在着"工作同一性"。一个社会的职业结构既反映了这个社会民众的社会选择,也反映了这个社会的经济、文化发展状况。因此,职业结构的变化,反映了人类劳动方式的进步和发展。国际劳工组织把职业分为八个大的类型。我国也参照职业划分的国际标准,制定了我国的职业分类大典,以此指导人们的职业选择。

小资料

我国参考国际标准编制了《中华人民共和国职业分类大典》,将职业分为八大类。每个大类下有若干中类;每个中类里又有若干小类;小类下还有细类,即工种。其中,八大类包括:国家机关、党群组织、企业、事业单位负责人,专业技术人员,办事人员和有关人员,商业、服务业人员,农、林、牧、渔、水利生产人员,生产、运输设备操作人员及有关人员,军人,不便分类的其他从业人员。上述八大类职业可以粗略地分为体力劳动和脑力劳动。随着科学技术的进一步发展,纯粹体力劳动的比例在大大减少,体力劳动中的技术性在不断加强,这是职业发展的一种趋势,这种变化是人类劳动方式进步的反映。

从人力资源的教育结构和职业结构分析来看,人力资源的教育结构与职业结构之间有着密切的联系。教育结构决定着将能为社会经济活动及其发展提供具有何等劳动能力分布及构成的人力资源,关系到由社会经济活动所决定的职业结构的需求能否得以满足;职业结构的现状及发展对教育结构的设计、调整和变革提出要求,为教育结构的发展提供方向性指引。对职业结构发展的科学预测是教育结构发展的重要基础,教育结构发展要适当超前于职业结构的发展需求。只有教育结构与职业结构良好配合,才能实现人力资源效用的价值最大化;否则,将造成人力资源的浪费和社会经济发展的受阻。"技工荒"的出现、大学毕业生就业难的出现就是这个关系问题的真实写照。由此可见,在这两者关系的认识和处理中,蕴含着大量的人力资源开发与管理活动。

小资料

"技工荒"是指技术工人,尤其是中高级技术工人供不应求,缺口很大的现象。截至2021年年末,我国技能型人才总量超过2亿人,占7.5亿就业人员的26%;高技能型人才超过6000万人,占技能型劳动者的30%。当前我国高级技工缺口近3000万人。2019年5月19日,国务院办公厅印发《职业技能提升行动方案(2019—2021)》。

(三)人力资源的经济结构

人力资源的经济结构指的是人力资源在社会经济活动中各行业、各领域以及承载这些行业、领域的地理空间上的分布及构成,包括产业部门、职业分工、工作技能、地区、城乡、组织类别、企业规模等方面的分布及构成。主要通过人力资源的产业结构、地区结构、城乡结构和组织内部结构四个主要方面体现。

1. 人力资源的产业结构

人力资源的产业结构是指人力资源在三大产业及其下属的行业、部门里的分布及构成。目前,国际上对三大产业的划分是一致的,但是,各大产业中内含的行业和部门,每个国家的划分有所不同。我国在三大产业划分的基础上又划分了16个大类的部门结构。

小资料

三次产业分类法是新西兰经济学家费歇尔1935年在《安全与进步的冲突》一书中首次提出的产业划分方法。在世界经济发展史上,人类经济活动的发展经历了三个阶段。第一阶段,人类的主要活动是农业和畜牧业。费歇尔将处于这个阶段的产业称为第一产业。第二阶段,以机器大工业的迅速发展为标志,纺织、钢铁及机器等制造业迅速崛起和发展。费歇尔将处于这个阶段的产业称为第二产业。第三阶段,大量的资本和劳动力流入非物质生产部门,服务业发展迅速。费歇尔将处于这个阶段的产业称为第三产业。三次产业划分是以工业时代的产业经济发展为现实背景的。第一产业的属性是取自于自然界;第二产业是加工取自于自然的生产物;其余的全部经济活动统归第三产业。中国三次产业的划分:第一产业,包括种植业、林业、畜牧业和渔业在内的农业;第二产业,包括由采矿业、制造业、电力、燃气及水的生产和供给业等构成的工业和建筑业;第三产业,包括流通业、为生产和生活服务的行业、为提高科学文化水平和居民素质服务的各行业部门、为社会公共需要服务的行业部门。

根据体现社会经济活动状况的产业结构变化发展的一般规律,人力资源在产业结构中的分布及构成的变化发展也是有规律可循的。农业经济时代,人力资源在第一产业中的就业比例最大;工业经济时代,第一产业的就业比例在逐步减少,第二产业的就业比例最大;后工业经济时代(信息时代),人力资源在第三产业中(尤其是现代服务业)的就业比例最大。从产业结构变化发展及其与之相应的人力资源分布及构成的变化可以看到人力资源在各产业就业的变化规律。分析人力资源的产业结构,既可以认识和了解一个国家或地区产业结构的发展状况、发展水平,以及由此产生的产业运行对人力资源的需求和人力资源供给是否满足了这种需求;还可以通过人力资源的产业结构分析,调整人力资源的教育结构,调整就业政策等。从而实现人力资源供给与产业结构发展对人力资源需求的合理、有效结合。

社会生产力发展水平与社会经济发展水平决定了产业结构的发展状况及水平。每个国家或地区的社会生产力发展水平与社会经济发展水平不同,因此,与之相应的产业结构的发展状况及水平也不同;同一个国家或地区,不同时期的社会生产力发展水平与社会经济发展水平不同,其产业结构的状况与水平也不同。因此,产业结构总是处在运动的状态中,人力资源的产业结构也随之不断变化、调整。从宏观的角度来看,人力资源的战略规划、发掘、培育、就业及其市场的规范等要与国家或地区的产业结构发展规划相适应,支持产业结构发展规划的实现。从微观的角度来看,人力资源的配置、使用、流动、培训、薪酬、激励等要具体体现产业结构发展的要求和特点。可见,人力资源开发与管理必须服务于社会经济活动及其发展的需求才能具有生命力。

2. 人力资源的地区结构

人力资源的地区结构是指人力资源在不同地区的分布及构成表现。决定人力资源地区结构的基本因素是人口的地区分布(这个人口包括了长期居住人口和外来暂住人口)。这也是人力资源自然结构分析的重要基础。现代社会中,决定一个地区人口分布及构成的基本因素是该地区的社会经济发展状况及水平。为了实现人力资源地区分布及构成的合理性,必须将各地区的人口、人力资源和社会经济发展三个因素结合起来进行综合分析。通过分析,了解这个地区人口与人力资源分布、构成特点之间的关系,了解该地区人力资源分布及构成特点的形成,以及这些特点对该地区社会经济发展的影响。以此帮助我们在国家的和地区的社会经济发展战略以及相应的人力资源开发与管理的规划、政策与措施制定上,采取有针对性的举措,实现社会经济发展的良性循环。

由于历史和地理的原因以及国家政策选择的影响,我国的社会经济发展呈现出地区性的不平衡,人口及人力资源的分布及构成也相应地呈现出结构性的不平衡。这些不平衡正在影响着相关地区的社会经济发展,并加重某些地区基础设施的负担,如一年一度的"春运潮"。而国家相关政策的调整及区域产业结构的调整、社会经济发展状况的好转,加上人力资源就业意识的较大变化,地区间人力资源的分布及构成也在不断地发生着变化,由此又引发新的人力资源地区结构问题,如"用工荒"。可见,不断地分析人力资源的地区结构及其对社会经济发展的影响,不仅是如何进行人力资源开发与管理的重要依据,也是如何进行社会资源配置、社会经济发展规划的重要依据。

🔍 小资料

根据广东省高等学校毕业生就业指导中心数据显示,广东省高校毕业生就业首选粤港澳大湾区。2019年,在广东省就业的人数占已就业毕业生的94.82%,其中,珠三角九城市共吸纳38.74万毕业生,占已就业毕业生的83.07%;粤东、粤西、粤北分别占5.99%、3.97%和1.79%。(资料来源于2020年广东省就业指导中心网站统计数据)

3. 人力资源的城乡结构

人力资源的城乡结构是指人力资源在城乡之间的分布及构成的综合反映,是社会农业和非农业部门发展状况的反映,也是一个社会经济发展总体水平的反映。社会经济发展的一般规律表现为,随着生产力的发展,第一产业——农业在国民经济中的比重不断降低,第一产业的就业人数也随之不断地减少。相应地,人力资源的城乡结构也在发生着巨大的变化。例如,作为现代工业化代表的美国,就已经没有了传统意义上的城乡之别,没有了传统意义上的农业人口。但是,在经济欠发达的国家和地区,农业生产及农业人口仍然占据着重要的位置和很大的比重,城乡之别还是一个重要的概念。人力资源的城乡结构分析对促进社会经济发展仍然具有重要的作用。

我国是一个人力资源城乡二元结构比较明显、问题比较突出的国家。进入改革开放以来,人力资源在城乡之间的流动出现了两次大的变化。第一次是20世纪80年代中期开始的人力资源从农村向城市大迁徙的"民工潮"。这次的人力资源大迁徙不仅发生在城乡间,还发生在跨地区的城乡间。正是这次的人力资源大迁徙,满足了与改革开放同步的产业结构变化和社会经济发展对人力资源的需要,促进了社会经济的极大发展,也奠定了今天产业结构升级换代的基础。第二次是始于21世纪初的人力资源从城市向农村的回流。由于农业生产力的发展、农业生产方式的变革以及国家的惠农政策,农业的生产条件、农村的生活环境及条件、农民的生活状况和水平发生了极大的变化,在城市产业结构调整过程中,城市就业的优势在逐渐减弱,或就业的条件要求在不断提高,致使农民工较大规模地回流农村。但是,却没有大规模地回流农业。这也是我国人力资源城乡结构中的一个特点体现。这种现象的原因在于现代农业所需要的就业人数在减少,与此同时,农村也出现了与这些农民工的劳动能力相适应的非农生产活动。这些在农村从事非农生产活动的人力资源已经不再是传统意义的农业生产中的劳动力。因此,对我国现在的人力资源城乡结构分析要有所改变。这既是加快解决"三农"问题的客观要求,也是促进城乡人力资源结构合理化的要求。

小资料

"民工潮"是农民纷纷外出打工所形成的人力资源地域之间、产业之间流动的潮流。每年农历正月前后,浩浩荡荡的民工大军南下北上,东奔西跑,铁路、公路车流如水,交织成一股逾月不退的"民工潮"。"民工潮"形成的原因:包括二元社会结构、比较利益驱动、改革开放的推动、国家政策偏向、产业结构调整。民工的跨省流动总体看是一个巨大的历史进步,这种劳动力的自发调节和平衡,既在一定程度上加快了欠发达地区农村的脱贫步伐,也极大地支援了发达地区的经济建设。

小资料

"三农问题"是指农业、农村、农民这三个问题。实际上,这是一个从事行业、居住地域和主体身份三位一体的问题。"三农问题"的实质是城市与农村发展不同步、结构不协调的问题,是农业文明向工业文明过渡的必然产物。"三农问题"不是中国特有的,但"三农问题"各个方面的弱质性以及其本质的、历史的、社会的深刻原因,使它带有中国特有的客观实际性。

4. 人力资源的组织内部结构

人力资源的组织内部结构指的是用人单位内部的员工结构,即用人单位内部员工在年龄、性别、民族、学历、技能、职业、工种、岗位、工作任务等方面的分布及构成。就组织内部的职业划分来看，人力资源分为决策层、管理层、操作层三个层次。这三个层次在职能、职责、工作要求和能力要求等方面有着明显的差别。在构成比例上，这三个层次组合的形状是金字塔型，决策层处于金字塔的顶端。这是传统的、典型的组织结构。现代社会组织，由于职业的变化，组织结构正在发生着很大的变化，一种橄榄型的组织结构正在形成。

组织规模的大小不同，组织工作性质和工作任务的不同，组织生产手段、机械化、自动化程度的不同，都必然带来人力资源的组织内部结构不同。因此，对人力资源的组织内部结构分析，有助于根据组织自身的规模、性质和生产力水平规划和调整人力资源与物质资料的合理结合，实现利益生产的最大化。

专题四 人力资源开发与管理活动

专题导读

人力资源开发与管理是由一系列活动构成的体系，而且这些活动总是在一定的环境条件下进行的。本专题将帮助你了解这个体系的构成及各项活动之间的关系，还将帮你了解影响这些活动的相关环境因素。

一、人力资源开发与管理的内容

总体来看，人力资源开发与管理是由一系列活动构成的一个系统，包括人力资源规划、人力资源岗位设置、人力资源招聘、人力资源培育、人力资源工作安排及其管理、人力资源评价、人力资源报偿、人力资源福利、人力资源保护、劳动关系管理、人力资源激励、人力资源职业发展管理、人力资源管理制度等活动。这些活动在宏观和微观层面来说，大体上是相同的，但具体的活动内容是不同的。宏观层面主要体现在相关方针、政策、法律法规的制定、整体运行框架的设计上；微观层面则主要体现在受这些方针、政策、法律法规指导和运行框架下所开展的具体活动上。概括地说，主要指以下几个方面的工作。

（一）人力资源的规划

人力资源的规划是人力资源开发与管理的起点。人力资源规划是指根据国家、地区或组织社会经济发展的战略目标及各自所处的环境状况以及环境的变化趋势，对国家、地区或组织未来的社会经济活动任务及其完成这些任务需求的人力资源供应进行预测,并为满足这些需求进行供应准备的过程。其目的就是为战略目标的实现配备足够的、合适的人力资源。人力资源开发与管理的其他活动必须以明确的人力资源规划为基本依据才能进行。

人力资源的规划有广义和狭义之分,具体将在后面的相关专题中进行论述。

(二)人力资源的岗位设置

在人力资源的岗位设置上,国家从宏观层面根据社会经济发展的状况及需要,开列规范的职业、工种、岗位等大系,为微观组织进行具体岗位设置提供参考。微观组织根据自身经济活动的特点及需要,进行具体岗位设置,并编写反映这些岗位工作任务、工作职责、工作要求及标准、工作环境、任职条件等的工作说明书。因此,总体来说人力资源的岗位设置是由两个工作程序构成:首先,根据组织的发展目标要求进行组织机构设置及相应的岗位设计,并确定不同的职位种类和相应的职数;其次,对各岗位进行诸如任务、职责、要求、环境等工作分析,并将工作分析结果以书面形式编制成工作说明书。至此,工作说明书成为人力资源招聘、考核、培训、薪酬等活动开展的重要依据。

(三)人力资源招聘

人力资源招聘即组织对人力资源的吸纳。组织根据自身发展的需要,以满足发展需要的人力资源岗位设置为依据,进行人力资源吸引、甄别、选拔和录用的整个过程,就称为人力资源招聘。人力资源招聘是一个组织将能获取什么样的人力资源的重要环节,关系着组织的竞争力及其发展的可持续性。

人力资源招聘可以是外部招聘,也可以是内部招聘。它们分别有着各自的特点和需要注意的地方。在我国,人力资源招聘已经逐步走向市场化。国家的任务在于如何通过法律规范人力资源的市场运行,以及通过公共服务平台提供人力资源市场信息服务,更好地实现人力资源与物质资料的结合,以及维护人力资源及用人单位的利益。组织和人力资源个体的任务则是如何借助人力资源市场的平台,以较低的成本支出或报酬价值获得适合组织发展需要的人力资源,或找到适合人力资源个体能力发挥的组织及其岗位。

(四)人力资源的培育与发展

人力资源的培育与发展即组织以一定的方式对人力资源的职业态度、能力、素质等进行有计划、有组织地综合培养、训练的活动总称。每一个职业、岗位都有其态度、知识、技能、素质的一定要求。随着经济社会的发展、科学技术的进步,职业和岗位在不断地变化着——一些旧的职业和岗位被淘汰,新的职业和岗位不断地大量出现;即使没有被淘汰的旧的职业和岗位,其内涵和外延也发生了较大的变化和提升。因此,对职业和岗位的任职态度、知识、技能、素质等也随之提出了新的要求。从人力资源的劳动能力形成的共性过程来看,由此形成的劳动能力与职业和岗位的要求之间存在一定的差距,以及需要转化的过程;而科技进步带来了职业和岗位的变迁,并对已有的职业和岗位赋予了新的知识、技能和素质的要求。所有这些都对人力资源的培育与发展提出了需求与要求,包括对新入职人力资源的引导培育,使其更快地熟悉、适应职业和岗位的要求;对现有任职人力资源的培育,令其更新知识、技能,提高素质、改变态度等,更好地满足被更新和发展的职业及岗位的需要。

小资料

1995 年初《中华人民共和国职业分类大典》编制工作启动,历时 4 年,1999 年初通过审定,1999 年 5 月正式颁布,宣告我国首部国家职业分类大典诞生。2015 年对大典进行了第一次全面修订。2021 年对大典进行了第二次全面修订,此次修订,对 2015 年确立的大类总体结构不做调整,为充分反映经济社会和科技发展带来的实际业态的变化,围绕数字经济、绿色经济、制造强国和依法治国等要求,专门增设或调整了中类、小类和细类。同时,根据实际情况,取消或整合了部分类别和职业。据统计,2021 年修订后的大典包括大类 8 个、中类 79 个、小类 449 个和细类(职业)1636 个。与 2015 年版的大典相比,增加了法律事务及辅助人员等 4 个中类、数字技术工程技术人员等 15 个小类、碳汇计量评估师等 155 个细类(含 2015 年版大典颁布后发布的新职业)。

由此可见,对人力资源的培育必须与组织的发展及战略规划联系在一起,也必须与人力资源自身的职业发展需求联系在一起。因此,现代的人力资源培育已不是简单的培训,而是培育与发展的整体系统,即不仅为了人与岗位的匹配,更为了给人以更大的、更高的发展空间,是培育与发展的有机结合。在这个整体系统中首先必须对培育与发展需求进行系统分析,了解各层次的需求及相互之间的关系并对其进行梳理,建立满足需求的规划;其次以这个规划为指导确立培育与发展的目标规划,有计划、有组织、有步骤地开展培育与发展活动;最后对培育与发展活动及结果进行评价。这就是人力资源培育与发展的一个完整过程。对人力资源的培育与发展是现代组织实现持续发展、提升竞争力不可缺少的重要战略部署和重要手段。

(五)人力资源的工作安排及管理

人力资源的工作安排及管理即组织对人力资源的发挥。这是人力资源使用的核心。人力资源的发挥包括人力资源的工作安排和工作管理。

工作安排就是把人力资源投入、运用到组织的工作中,完成组织任务的过程。包括工作内容、工作环境、工作条件、工作流程、工作节奏、工作关系、工作动机、工作绩效、工作计酬等一系列活动。

工作管理主要是对工作关系的管理,即人力资源使用中所形成的人力资源与组织之间的劳动关系管理、社会保障及其制度建设、员工激励等活动。组织文化建设、团队合作、工作满意感和员工归属感等的形成是其中的关键与核心内容。

可见,人力资源的工作安排及管理是人力资源开发与管理中技术性、操作性比较强的部分。人力资源开发与管理手段的人道性在这个环节得到充分的施展和表现。

(六)人力资源的认定

人力资源的认定即组织通过一定的程序、方式、方法和手段,对人力资源在组织中的工作状况、工作表现、工作业绩、对组织贡献的程度等进行考核与评价的一系列活动。通过考核与评价,使组织和人力资源个人了解人力资源发挥与工作任务要求、与组织发展目标要求是否一致,使组织更好地掌握其人力资源的状况及构成,从而为人力资源的调配与晋升、为人力资源的发掘与培育、为人力资源的薪酬与激励等提供依据。因此,人力资源的认定是组织人力资源开发与管理的重要工作内容。人力资源的认定是否科学、客观、公正,与之相应的处置是否与认定结果匹配并被人力资源个人所接受,这些都直接关系着组织发展目标的实现、组织的竞争力、组织能否实现可持续发展。

人力资源的认定是通过一系列考评项目来实现的。这些项目往往是根据组织的发展需要、组织目标管理的指标体系、工作岗位及内容的特点来确定的。它是一个考评项目体系。这个体系又由一系列必须量化并可以量化的指标体系所构成。考核与评价活动包括专业考评、专家考评、纵向考评、横向考评、自我考评等形式,以及一套规范的考评程序。最后,对考评结果进行运用。这就构成了人力资源管理中完整的绩效管理。

一个组织的绩效管理是否正常、水平如何,直接反映了这个组织对人力资源认定的重视程度,反映了这个组织人力资源认定的环境及文化,从而反映了这个组织人力资源与组织及其发展之间的关系。

(七)人力资源的报偿

人力资源的报偿即组织根据人力资源在组织中从事劳动,为组织创造价值的程度,对其给予报偿的一系列活动。包括薪酬的构成设计、薪酬制度的设计、薪酬的管理等。

人力资源的报偿是由劳动付出所得的酬劳、福利待遇、人力资源保护、教育与培训资助以及满足个人心理需求等经济性和非经济性内容构成的整体。简单来说,人力资源的报偿是对人力资源工作及成果,以及它在组织中的地位及作用的综合反映。人力资源所获得的薪酬水平取决于它在组织中所处的位置、绩效的大小及对组织的贡献程度,这是薪酬构成的核心部分。每个组织都有自己的薪酬制度,它反映了该组织及经营者的经营理念及价值观,甚至一定程度上反映了该组织的组织文化。人力资源的报偿对人力资源的激励、吸引起着重要的作用。

人力资源的报偿换一个角度来看,就是人力资源成本,也就是人力资源投资,由此形成人力资本。可见,人力资源的报偿不是一个简单的支出,更多的是一种增值准备。

二、人力资源开发与管理的环境分析

人力资源开发与管理活动总是在一定的环境下进行的,必定打上环境特点的烙印。分析人力资源开发与管理所处的环境,有助于人们根据环境的特点及其影响,规划和调整人力资源开发与管理工作,使人力资源在社会经济活动中更好地发挥其资源的价值创造作用。

(一)人力资源开发与管理的公共环境分析

公共环境指的是人力资源开发与管理的宏观社会环境,包括政治、经济、社会和技术四个基本方面的环境因素。

1. 政治环境因素

政治环境指的是一个国家的政治制度、社会法律法规系统、政策系统、社会及经济发展规划、公共服务及公共管理的状况和水平等所构成的,体现国家治理和发展状况的总称。人力资源不论作为个体还是作为一定组织中的成员,都必然受这个环境的影响与制约。一个国家、地区或组织的人力资源开发与管理活动也总是要在这个框架下进行,如一个社会的失业率目标。这个目标的制定,既要求政府规划好经济发展以及给组织发展提供更好的发展环境和服务,使之更多地提供就业岗位;也要求政府搞好公共服务和社会保障,解决失业带来的社会影响;还要求组织不断变革经营管理,不断创新,以组织生产力的提高来化解人工成本的压力;要求人力资源个人不断地学习,提高自身的素质和能力,从而提高就业的竞争力。所有这些,都在宏观、微观和人力资源个体三个方面,对人力资源开发与管理提出新的任务和要求。我国为返乡农民工提供免费技能培训项目的开展,建立由国务院有关部门参加的高校毕业生就业工作联席会议制度,国家对大、中、小型企业聘用大学毕业生给予的优惠政策,城乡社会保障的连通等,就是最好的实践体现。

2. 经济环境因素

经济环境指的是一个国家的经济发展状况及其水平的总称。具体包括社会经济结构及其发展状况、经济增长水平、产业结构及其发展状况、社会投资结构及其状况、国内及国际贸易结构及状况、居民消费状况及水平、通货膨胀状况、经济危机状况等方面的内容。

经济环境对人力资源开发与管理的影响是直接的、巨大的。一方面,经济环境通过对人力资源的成长提供物质资料和满足精神需求的物质环境条件,直接影响人力资源的形成和发展;另一方面,经济环境又通过社会经济活动对人力资源这一生产要素的需求,直接形成与人力资源之间的密切关系。可见,社会经济环境对人力资源开发与管理的影响是直接的,而且是巨大的,尤其是在具有竞争性的市场经济环境下,由于竞争因素的作用,各组织在人力资源开发与管理的理念、模式、方法上都在积极、主动地创新、变革,力求人力资源的开发与管理更好地满足社会经济发展的需要,更好地促进社会经济实现又好又快地良性循环发展。在当今经济全球化、市场国际化的环境下,社会经济发展对人力资源素质和能力的需求发生了很大的变化,提出了国际化人才的全新概念。我国正在进行的转变经济发展方式对人力资源开发与管理提出新的要求。

小资料

2016年10月28日,华为召开第二次海外出征誓师大会。2000名在华为工作10年以上的技术专家和高级干部奔赴海外。这些专家将在海外把技术趋势带给客户的同时,真正贴近客户需求,帮助客户实现商业成功。目前华为业务已遍布全球170个国家和地区,服务全球1/3的人口。2015年,华为在全球拥有16个研发中心,加入了300多个标准组织、产业联盟和开源社区。这次的海外出征是为了融入世界主流之中。

3. 社会环境因素

简单地说,社会环境指的是社会文化的总称,包括思想观念、民族精神、民族宗教、信仰、传统文化、道德水准、社会风气、民风民俗习惯等方面的内容。这些因素都会对人力资源的形成、对组织人力资源的开发与管理产生一定的影响。有什么样的社会环境,就会产生什么样的组织文化及其人力资源素质。第二次世界大战以后日本的崛起,其中很重要的因素就是植根于日本民族文化的企业文化作用的结果。这一现象引起了美国学者和企业界的高度重视和研究,并在这个基础上诞生了企业文化的新学科,为组织经营发展及其人力资源的开发与管理提供了很好的精神指导和模式。

任何社会环境的造就和形成都是若干代人共同努力的结果,由此形成相应的"文化烙印"。要提升一个民族人力资源的整体素质和水平,需要我们持之以恒地不断共同奋斗。这也是人力资源开发与管理的历史重任。

4. 技术环境因素

技术环境指的是对社会生产和生活产生影响的技术开发、技术进步、技术成果及其应用等的总称。技术自身与人力资源一样,都是社会经济活动中的生产要素。它们之间具有密切的相互关联,成为社会经济活动中可以进行选择和替代的资源要素。一方面,技术的不断开发和进步,要求社会和组织必须加强对人力资源进行教育培训,提高他们应用新技术的能力,进而提高创造财富的价值;另一方面,人力资源素质的不断提高,又能实现进一步的技术开发和进步。正是两者之间如此密切的关联性,使得社会和组织在人力资源开发与管理中非常重视人力资源素质的提高及其在技术创新上的运用。

技术环境对人力资源开发与管理的作用还体现在,由于技术进步带来产业结构的升级变化,造成人力资源在工作岗位、行业、地域之间的流动;由于技术进步,进行人力资源开发与管理的手段得到发展和提升,因此,提高了人力资源开发与管理的效率,如将现代技术应用到绩效管理、薪酬管理、人力资源保护、员工培训等方面所带来的良好效果。

(二)人力资源开发与管理的微观环境分析

人力资源开发与管理的微观环境,是人力资源市场环境与组织内部环境的总和。

1. 人力资源市场环境分析

人力资源的市场环境指的是人力资源供求双方进行接触、交流和交换的空间及其关系的总称,包括人力资源市场的状况及水平、人力资源市场供求双方的格局——供求关系、人力资源市场的信息系统状况及水平、人力资源市场的活动频率及效率、人力资源市场的管理及其规范等。微观层面的人力资源开发与管理必须以人力资源市场为其获取满足组织活动及其发展需要的人力资源的平台或空间。因此,人力资源市场环境对组织人力资源开发与管理的理念、工作内容、工作程序设计、工作方式及手段等的选择有着重要的影响。组织为更好地获取人力资源,满足组织发展目标实现的需要,必须认真、科学地研究组织所处的人力资源市场环境,充分利用人力资源的市场环境为人力资源的开发与管理服务。

2. 组织内部环境分析

微观层面的人力资源开发与管理必须以组织为载体。组织内部的环境因素直接影响着人力资源的开发与管理。组织内部环境指的是组织发展的战略、组织制度、组织文化、组织规模及结构、组织业务性质及技术特点、组织业务流程及分工协作关系、组织的经营管理模式、组织领导者的素质及领导水平等所构成的一个完整体系。它们共同对组织人力资源的开发与管理提出要求和需求,并提供支持。例如,在一个属于劳动密集型的组织里,人力资源从事的是简单重复的劳动。对人力资源的管理采用泰罗式的计件管理比较简单、有效——打卡管纪律、计件算报酬,这样既保证了流水线的正常、顺畅运转,也调动了劳动者的积极性。但是,在一个属于技术密集型的研究组织里运用泰罗式的计件管理就行不通了。技术密集型的研究组织更适合采用项目或任务式的目标管理加激励方式,使组织的人力资源在较宽松、自由的氛围和空间里进行创造性活动。

人力资源开发与管理随着组织规模、业务、技术手段、经营方式等的变化,也在不断地进行调整和变化,以更好地适应组织发展的需要,更好地促进组织发展目标的实现。可见,人力资源开发与管理和组织内部环境有着不可分割的天然联系,是组织经营管理不可或缺的重要组成部分,影响、决定着组织的发展。

专题五 人力资源开发与管理的理论基础

专题导读

人力资源开发与管理的理论基础是什么?人力资源开发与管理和这些理论基础有什么关系?什么是人力资本?本专题将解答这些问题,让你对人力资源开发与管理的理论基础有一个系统的认识和了解。

一、人性的假设是人力资源开发与管理的重要理论基础之一

人性观是人力资源开发与管理的重要理论基础之一,对人的本性的认识观点一直以来都是人力资源开发与管理理论、管理原则、管理方法的基础。"每项管理的决策与措施,都是依据有关人性与其行为的假设"。对人性的认识是一个不断发展的过程。从历史发展来看,不同的管理阶段对人性的认识不同,分别是"经济人"的假设、"社会人"的假设、"自我实现人"的假设、"复杂人"的假设等,因此有各时期人力资源开发与管理理论、原则和方法的区别。

(一)"经济人"的假设

最早提出"经济人"假设的是享乐主义哲学和亚当·斯密关于劳动交换的经济理论。他们认为,人的行为在于追求自身利益最大化。"经济人"假设的主要观点如下。

(1)人的天性是懒惰的、不喜欢和不愿多做工作的,因此,人只有生理和安全的需求,没

有自尊和自我实现的要求。

（2）人缺乏进取心和追求，怕担当责任，因此，习惯于抵制变革。

（3）人以自我为中心，忽视组织目标。

（4）多数人是愚笨的、无创造力的，其行为是盲从的。

传统管理科学的管理及其理论就是以此为基础建立的。泰罗的科学管理思想[1]、法约尔的管理原则[2]、韦伯的管理层级理论就是"经济人"假设下的管理实践及其思想贡献。"经济人"假设下的管理是"物本管理"，把工人当作机器设备的延伸和附属，实行物质刺激加严格的规章制度控制。工人只需要被动地执行和服从，创造性、能动性受到严重的抑制。这个阶段的劳动力只是简单意义上的生产要素，不是具有创造财富价值的资源。这是"经济人"假设存在的最大的不足之处——忽视了人的社会需求。但是，它对提高效率、建立科学的管理体制、消除浪费等还是有其积极可取的实践意义的。因此，时至今日仍对管理实践具有借鉴作用。

（二）"社会人"的假设

科学管理理论过于强调和突出人们对于物质需求的本性而采取物本管理，忽视了人的多种属性的共同存在，因此也忽视了对人存在多种需求的认识，进而忽视了人的主观感受以及对人的社会性需求的满足。物质刺激的增加直接影响着组织生产成本中的人工成本水平，物质刺激的增长水平因此会受到限制。当物质刺激达不到一定的水平时，在物本管理方式下，工作效率的提高将是有限的，这就是物本管理的局限性。20世纪30年代左右，梅约通过在美国西方电器公司下辖的霍桑工厂进行的一项著名实验——霍桑实验，率先提出了"社会人"假设和人际关系管理理论，随后，形成了在管理学中具有重要影响力和地位的行为科学理论。"社会人"的主要观点如下。

（1）人应该是社会人，在物质条件以外，社会心理的因素对调动人的生产积极性有更大的影响，工作的主要动机是社会需求。

（2）生产效率主要取决于生产者的士气，而不是工作条件和工作方法。士气则取决于生产者在家庭、组织及社会生活中的人际关系状况。

（3）组织中不仅存在着正式组织，还存在着"非正式组织"。它对群体成员的行为产生较大的影响。因此，需要新型的领导。新型的领导能力在于提高员工的工作满意度，即要善于倾听和沟通，使正式组织和"非正式组织"的社会需求获得平衡。

"社会人"的假设是管理思想和管理方法的一个大进步，对管理思想和理论的发展做出了重大的贡献，成为人力资源开发与管理的重要理论支柱。

小资料

由美国乔治·梅奥编写的《工业文明的人类问题》，该书总结了霍桑实验及其他几个实验的初步成果，第一次涉及了影响员工生产积极性的社会与心理方面的因素，探讨了人际关

---

[1] F.W.泰罗.科学管理原理[M].北京：中国社会科学出版社，1984.
[2] 法约尔.工业管理与一般管理[M].北京：中国社会科学出版社，1988.

系因素在生产与管理中的作用。《工业文明的人类问题》的出版标志着人际关系学说的正式创立。

（三）"自我实现人"的假设

"自我实现人"的假设是20世纪50年代末,由麦格雷戈总结马斯洛、阿吉里斯等人的观点后概括出来的。它认为,人的天性就是要追求潜力的完全表现和发挥,并在这个过程中获得最大满足。"自我实现人"的主要观点如下。

（1）享受劳动和工作是人的本性。在某种条件下,工作能使人获得满足。

（2）人们在工作中能够实现自我指导和自我控制,不仅会接受责任,而且愿意主动承担责任。

（3）生产者对目标的努力程度取决于完成目标所获得的报酬,而这个报酬主要不是物质因素,而是自尊需要和自我实现需要的满足。

（4）大部分人都具有解决组织中问题的热情以及想象力和创造力。

"自我实现人"的假设强调的是重视人的价值和尊严获得满足的工作环境的建设。它认为,只有在这样的环境下,人的才能和潜力才能获得充分的发挥。因此,管理的主要任务在于如何建设和创造适宜人的才智和创造力充分发挥的工作环境。这是企业文化建立的一个重要基础,也是管理变革的目标。这种思想在现代管理学中越来越受到重视。

（四）"复杂人"的假设

"复杂人"的假设由20世纪六七十年代的组织心理学家雪恩等提出来。他们认为,人的需求是复杂的整体,而且人的各种特性及需求会因情境的变化而变化,因此不能简单分之、论之,要根据具体情境来分析人的需求特性,并努力满足它。"复杂人"假设的主要观点如下。

（1）人的需求具有多样性、变化性和综合性,即人的需求不仅因人而异,也因时而异,而且各种需求共同构成一个统一的整体,形成错综复杂的动机集合。

（2）构成动机集合的需求是人的内在需求和外部环境相互作用的结果,而且需求会随着环境的变化而变化,因此,管理模式不能一成不变。

（3）由于人的需求不同,人的能力、特性也存在差异,因此,管理方式要根据具体环境、情况随机制宜。

"复杂人"的假设不排斥前述三种人性假设的思想,只是它把探讨的重心放在了"管理功能"与"环境因素"的关系上,主张根据具体的人的不同情况,采取灵活的管理方式。权变管理就是这种思想下提出的管理理论。"复杂人"的假设包含了辩证法的思想,对适应复杂多变环境下的管理尤其具有现实意义,是管理理论中备受推崇的管理思想。

小资料

权变理论是20世纪60年代末70年代初在经验主义学派基础上进一步发展起来的管理理论,是西方组织管理学中以具体情况及具体对策的应变思想为基础而形成的一种管理理论。每个组织的内在要素和外在环境条件都各不相同,在管理实践中要根据组织所处的环境和内部条件的发展变化随机制宜。没有一成不变的、普适的管理方法。要针对不同的具体条件寻求不同的最合适的管理模式、方案或方法。权变理论认为人是复杂的,受着多种内外因素的交互影响。因而,人在劳动中的动机特性和劳动态度,总要随其自身的心理需要和工作条件的变化而不同,不可能有统一的人性定论。权变理论对组织的影响:①如何管理组织没有放之四海而皆准的普遍方式或最佳方式。②组织、系统的设计必须符合它所存在的特殊环境。③有效组织不仅与其所处环境相适,组织内部的次级系统之间也存在这种适应性。④只有当组织形式设计适当、组织的管理风格既适应组织任务所需,又贴近组织属性的时候,组织各项所需才能得到较好的满足。可见,权变管理更多体现它的管理艺术。它告诉管理者应不断地调整自己,使自己不失时机地适应外界的变化,或把自己放到一个自己适应的环境中,提升管理的有效性。在组织变革中,最关键的因素是组织中的人力资源。

二、人力资源开发与管理的发展趋向

(一)组织与人力资源管理

组织是人力资源管理的基础和平台。随着环境的变化,组织为适应环境也在发生着不断的变革。在组织变革中,最关键的要素是人。人力资源管理因组织形式的变化而变化。因此,在组织管理中,最关键的管理是人力资源管理。日本松下电器公司创始人松下幸之助借此提出公司的管理理念和企业文化:松下既制造电器,也制造人,而且首先是造人。此番话语道出了组织与人力资源管理的相互关系。

随着组织面临的环境的不确定性,组织的形式发生了很大的变化,如表1-1所示。面对这些变化,人力资源管理也随之发生着重大的变化,如表1-2所示。

表1-1 组织形式变化的表现

组织的特征维度	传统组织形式	现代组织形式
组织结构	行政层级制	网络系统式
结构特点	自给自足性	相互依存性
员工的期望	就业稳定	个人成长
员工的特点	人人一样	各具特色
员工的构成	成分单一	高度多样化
工作性质	个人独立完成	群体配合完成
优势的依据	成本	时间
重点导向	利润	用户(顾客)
资源依靠	资金	信息
统治或影响力	董事会	各利益相关者
领导风格	专断性的	鼓励性的
奖酬基础	职位与资历	技能与市场价值

资料来源:摘自 W.F.卡西欧. 人力资源管理[M].4版.1995(有调整)。

表 1-2 组织形式与人力资源管理

组织形式	管理哲学与价值观念	人力资源决策的含义
传统金字塔式	命令与控制	层级化、清晰的晋升路线
		清楚、详细的工作说明
		报酬支持、功绩晋升与投入
		根据工作需要进行培训
		最高管理层掌握信息
扁平金字塔式	减少层级	有限的晋升路径、水平晋升
	工作丰富化	与员工分担事业前程责任
	强调工作小组	概括性的工作描述
	员工授权	报酬强调员工个人与工作小组的业绩
		培训强调通用性和灵活性
		与工作小组共享信息
网络化联合	重建与供应者和需求者之间的边界	事业前程基本由员工自己负责
	不强调职能专家	概括性的工作描述
	强调顾客	根据员工自己的意愿进行培训
	以工作小组为基本工作单位	报酬强调个人的知识和工作小组的业绩
		信息共享

资料来源：Milkovich G T, Boudreau J W. Resource Margement[J]. Richard D.Irwin, 1994：122.

在新型组织形式下，人力资源管理更强调的是团队协作、相互依存及信息共享；强调激发员工创造性及潜能发挥的组织文化建设；强调个人知识与工作小组业绩的结合；强调尊重个人主动性；强调顾客导向；强调专业性与通用性的结合。可见，新型组织形式下的人力资源管理更注重对人的本性的回归，它为人的能力的充分发挥创造环境条件。

（二）组织形式变革带来组织文化的转变

任何管理实践和管理理论都是建立在一定的组织文化基础上的。随着组织形式的变革，组织文化也在发生着转变。主要表现在以下几个方面。

1. 从行为管理到观念管理

从行为管理到观念管理，即新型组织强调的是对组织中人的思想、观念的引导和影响。通过对其思想、观念的引导和影响，改变和调整他们的行为。在这个过程中，更讲究的是思想观念转变后人的自我管理、自我约束下能动性和创造性的充分发挥，而不再是简单的行为规范与控制。

2. 从控制式管理走向支持式管理

从控制式管理走向支持式管理，即组织中成员根据自己的意愿和方式进行时间、空间的统筹,将个人事业发展与组织发展目标进行自主的结合,个人的意愿和方式受到极大的尊重,获得极大的发挥和发展。

3. 从过程管理走向目标管理

在尊重个人意愿和方式的思想、观念下,对组织成员的管理不再是注重过程,而是实行目标管理,即将组织目标内化为组织成员个人的目标,由组织成员进行自我管理。在这个组织目标内化的过程中考量的是对组织成员专业素质、创造力、意志力等心理因素的准确把握。因此,这里讲究的是组织成员与管理阶层的良性互动、对话,在互动、对话中寻找并保持组织成员自我管理不断地处于平衡状态。

4. 从制度管理走向情感、智慧管理

新型的组织形式强调的是尊重个人的主动性,激发组织成员的创造性和潜能的发挥,而制度管理强调的是约束与控制,因此不适合新型组织形式的有效运转要求。在新型组织形式中,成员讲究的是获取工作满意感。由此可见,制度管理的刚性不能很好地满足这些要求,必须让位于情感、智慧的柔性管理。通过创造良好的工作氛围,使组织成员获得情感的愉悦,进而获得工作效率和工作积极性的提升。这是一种具有内在生命力驱动的管理模式。

5. 从世俗管理走向信仰管理

从世俗管理走向信仰管理,即管理不再简单地运用物质激励和精神激励,而是采用信念、伦理等更具有根本性的内在的需求来激发组织成员的潜能发挥。当人建立了一种信念后,就会被这种信念所支配和引导,其能量的发挥将会呈几何级地爆发。管理学大师彼得·德鲁克呼吁,将信仰作为医治现代社会疾病的良方,倡导信仰在新型社会公司中的地位和重要性。

(三) 人力资源开发与管理的发展趋向[①]

1. 强调建立经济—文化型愿景

人力资源开发与管理不再是单一的管理,而是融入组织系统中的一个有机构成部分。经济—文化型愿景是一个由组织战略系统、组织伦理和价值系统、组织终极目标系统以及组织形象识别系统等构成的完整体系。在这个体系中,尊重人性、尊重社会与自然成为人力资源开发与管理的核心,组织发展目标与组织成员个人的发展需求因此获得了有机的结合。

2. 强调建立学习—创新型组织

新型社会是一个信息爆炸的时代,因此也是"教育大爆炸的时代"。如何使组织成员具有更大的生产力是组织的使命之一。教育—学习在其中担负着不可替代的重要作用。因此,学习成为组织成员终身的需要。建设学习型组织成为必然趋势。

新型社会的另一个需要是创新。创新较之进步来说,是一种有目的、有组织、因人发生、具有内在风险的变化。这种变化给个人及其组织带来质的发展新空间。实现创新的关键要素是人,是处于不断学习中的人。因此,学习与创新之间有着天然的密切联系。人力资源的

---

① 姚裕群. 人力资源开发与管理[M]. 2版. 北京:中国人民大学出版社,2007:92-93.

开发与管理就是要致力于学习—创新型组织的建设。

3. 强调数字—人性化管理模式

新型社会的一个重要特征是"信息时代"。与这个特征相适应的不是简单的载体的变化,首先应该是观念上的变革——信息共享和人性化。整个管理模式围绕着这个观念的变革而变化、展开。信息时代的发展本身就是充满人性的创造力发挥的结晶。

4. 强调目标管理—分权体系

新型社会的组织形式强调尊重个人意愿和方式的实现,讲究的是将组织目标内化为组织成员的个人目标,由组织成员进行自我管理。因此,必然要求权力下移。目标管理与分权之间存在着天然的密切联系,构成体系缺一不可。新型社会中的目标管理不仅包括组织经营目标,还包括组织文化目标,而且由组织文化目标带动和促进组织经营目标的确立与实现。

5. 强调建立传播—诚信—成功体系

新型社会是一个靠传播成功的时代。将组织的经济—文化型愿景在合适的时间、以合适的方式与公众分享,这也是新型社会组织影响力不再只是受董事会决定,而是受各利益相关者决定的必然要求。通过传播,使组织的思想、观念转化为回馈社会的产品和行为,实现对社会的承诺,进而获取社会对组织的认同和推崇。

三、人力资本理论的提出

(一)人力资本的含义及其主要观点

人力资本是一种非物质资本,它是体现在劳动者身上,并能为其带来永久性收益的能力,在一定时期内主要表现为劳动者所拥有的知识、技能、劳动熟练程度和健康状况的存量总和。它是对劳动者进行教育、职业培训等支出及其在接受教育时的机会成本等价值的凝结。人类在经济活动过程中,一方面,不间断地把大量的资源投入生产,制造各种适合市场需求的商品;另一方面,以各种形式来发展和提高人的智力、体力与道德素质等,以期形成更高的生产能力。即人的生产能力的形成机制与物质资本等同,提倡将人力视为一种内含于人自身的资本——各种生产知识与技能的存量总和。[1]

人力资本是一种无形资本,具有时效性、收益递增性、累积性和无限的潜在创造性等特征。

人力资本投资包括各级正规教育、在职培训活动、健康水平的提高、对孩子的培养、寻找工作的活动、劳动力迁徙等内容。

最早提出人力资本概念的是亚当·斯密。他在《国富论》(1776年)中提到:人的能力是一种"资本",人们通过学习得到的有用的才能可以变成社会财富的一部分。由于获得这个能力需要花费费用,这些费用可以看作是每个人身上固定的、已经实现了的资本。现代人力

---

[1] 张素峰.人力资本理论观点[N].学习时报,2003-08-01.

资本理论的创始人是美国经济学家西奥多·舒尔茨和加里·贝克尔。其中,西奥多·舒尔茨被公认为"人力资本理论之父"。

西奥多·舒尔茨关于人力资本理论的主要观点如下。

(1) 人力资本存在于人的身上,表现为知识、技能、体力(健康状况)价值的总和。一个国家的人力资本可以通过劳动者的数量、质量以及劳动时间来度量。

(2) 人力资本是投资形成的。在这些投资中,教育与培训的投资是其最主要的部分。

(3) 人力资本投资是经济增长的主要源泉。

(4) 人力资本投资是效益最佳的投资。但是,投资应以市场供求关系为依据,以人力价格的浮动为衡量符号。

(5) 人力资本投资的消费部分实质是耐用性的。

加里·贝克尔关于人力资本的主要观点如下。

(1) 人力资本投资的目的既要考虑到将来的收益,也要考虑到现在的收益。

(2) 在职培训是人力资本的重要内容。

(3) 人力资本投资收益率是可以计算的(提出了计算公式)。

(4) 提出了年龄—收入曲线。

(5) 不同教育等级间的收益率不同(比较了不同教育等级之间的收益差别)。

(6) 信息的收集也是人力资本的内容,同样具有经济价值。

小资料

人力资本与物力资本的异同点:(1)相似性表现:①二者作用的结果都能增加个人收入和国民收入;②二者都是通过投资形成的;③二者都具有资本的属性——都可以带来剩余价值。(2)差异性表现:①人力资本是对人的投资形成的,物力资本是对物的投资形成的;②物力资本的所有权可以被转让或被继承,人力资本的所有权一般不能被转让或继承;③人力资本具有物力资本所没有的间接性、高效性、迟效性、多效性、易流失性等特征。

(二) 人力资本与人力资源的关系

人力资源和人力资本都是在研究人力作为生产要素在经济增长和经济发展中的重要作用时产生的。人力资源是资本性资源,是人力投资的结果。它强调的是人力资源不是原生性的资源,那是一种经过开发后形成的生产要素资源,即劳动能力不是与生俱来的,是经过教育、训练并假以时日而获得的。人力资本则是以某种代价获得的劳动能力的价值体现。可见,人力资源与人力资本之间存在着密切的联系,人力资源的获得离不开人力资本的投入,而且与人力资本的投入有着正相关关系;人力资本是人力资源的资本价值形式。人力资源是人力资本内涵的继承、延伸和深化;人力资本理论是现代人力资源理论的依据,是对人力资源开发与管理等经济活动进行核算的基础。

但是,人力资源与人力资本之间也存在着差异。首要的差异在于把人力作为"资源",还是作为"资本"。"资源"是外部性的经济要素。这致使对资源的使用往往只考虑其显性成本,而忽略其隐性成本,导致资源浪费。"资本"是内部性的经济要素。这致使对资本的投入总是会不自觉地进行系统分析和抉择。人力资源的理念认为,人力不仅是一项成本,也是价值,而且其价值的意义远大于成本的意义。但是,人力资源的开发与管理却又把"人"作为了纯粹的、物化的管理对象,凸显了其外部性特点。人力资本的理念则在很大程度上改善了这种状况。在实物资本的范畴内,股东通过向企业注入资本,完成了财产所有权向股东权益的转换,并赢得"老板式"的尊重。人力资本也是相似的,它使人向着更受尊重的方向迈出了一大步;虽然它并不能换得真正的股东权益,但却能唤起企业对它的重视和尊重,因此而获得类似于股东权益的东西,如干股、期权、分红等。这表明,企业的确在考虑人的价值和潜在价值(或者说人的现有价值和长远价值),并以实物资本的形式对其做出衡量。"人力资本"概念隐喻着人的价值、人的付出和所得都将被纳入企业核算和考虑的范畴内。在这种环境下,人不再是纯粹的被管理对象,而在整体上真正成为企业的一个有机构成部分。

小资料

重视人力资本投资,已成为国际知名跨国公司的共同做法。西方的一些先进企业,继设立 CEO(首席执行官)、CFO(首席财务官)、CTO(首席技术官)等职位之后,又有了 CKO(chief knowledge officer 首席知识官,又译为知识总监)这一重要职位,主要负责将员工的知识变成公司的资本。

小　　结

人力资源是指一定范围内的人所具有的劳动能力的总和。它具有与物力资源不同的各种特点,并通过一定的结构表现其资源的作用。

人力资源开发是指对"人"这种特殊资源给予发掘、培育和强化,及其自身的创造财富价值的活动的总称。人力资源管理是指根据社会经济活动及其发展的需要,对人力资源进行配置、使用及其使用结果衡量与处理的活动的总称。人力资源开发与管理取代传统的劳动人事管理不只是简单的措辞变化,而是从管理思想、观念到管理程序、方式、方法、手段等都发生了系统变化的新概念。人力资源开发与管理因此具有立意的战略性、内容的广泛性、主体的全员性、对象的目的性、手段的人道性和结果的效益性等特征。

人力资源开发与管理活动总是在一定的环境条件下进行的。这些环境包括由政治、经济、社会、技术等构成的公共环境市场、组织内部结构等构成的组织环境。开展人力资源开发与管理活动必须进行环境分析,根据环境变化制定、调整和变革人力资源开发与管理的政策、法规、程序、方式和手段等,提高资源的价值性。

人力资源开发与管理是以人性的假设为依据的。对人性不同的假设,带来不同的管理模式和管理结果。现代人力资源开发与管理更尊重人性的回归,不仅把人力作为资源,更把人力作为资本,使人不再是纯粹的被管理对象,而在整体上真正成为企业的一个有机组成部分,这是人力资源开发与管理的发展趋势。

思考与练习

一、填空题

1. 人力资源是指一定范围内的人所具有的（　　）的总和。
2. 人力资源开发是指对"人"这种特殊资源给予（　　）、（　　）和（　　），以及其自身的创造财富价值的活动的总称。
3. 人力资源管理是指根据社会经济活动及其发展的需要，对人力资源进行（　　）、（　　）及其（　　）等活动的总称。
4. 人力资源运动包括（　　）、（　　）、（　　）和（　　）四个环节。

二、判断题

1. 人力资本投资包括了各级正规教育、在职培训活动、健康水平的提高、对孩子的培养、寻找工作的活动、劳动力迁徙等内容。（　　）
2. 时效性是人力资源的基本特点。（　　）
3. 动力性是人力资源的资源特点。（　　）
4. 人力资源的教育结构是人力资源社会结构的组成部分。（　　）
5. 人力资源的职业结构是人力资源经济结构的组成部分。（　　）
6. 人力资本是一种无形资本。（　　）

三、辨析题（先判断对或错，然后进行简要的理由说明）

1. 人力资源开发与管理取代传统劳动人事管理只是措辞上的变化而已。
2. 人力资源与人力资本没有任何联系，是两个完全不同的概念。

四、简述题

1. 人力资源开发与管理的基本特征。
2. 人力资源开发与管理的基本内容。
3. 人力资本的基本含义。

推荐书目及文章

[1] 乔治·梅奥. 工业文明的人类问题[M]. 北京：电子工业出版社，2013.
[2] 彭剑锋. 人力资源管理概论[M]. 3版. 上海：复旦大学出版社，2018.
[3] 加里·德斯勒. 人力资源管理[M]. 14版. 刘昕，译. 北京：中国人民大学出版社，2017.
[4] 道格拉斯·麦格雷戈. 企业中的人性方面[M]. 北京：中国人民大学出版社，2008.
[5] 王玉珊. 日本教育及其在经济发展中的作用研究[M]. 北京：中国社会科学出版社，2012.
[6] 加里·贝克尔. 人力资本[M]. 北京：北京大学出版社，1993.

第二章
人力资源分析

微课资源

具有自然生命状态的人是人力资源赖以生存和发展的条件。人具有自然、社会、经济三重属性。进行人力资源开发与管理必须了解和分析作为人力资源赖以生存和发展的条件——具有自然生命状态的人,即了解人在三种属性状态下的特点,从而更好地实现人力资源的开发与管理,提升人力资源的创造财富价值。

本章分别从自然、社会、经济属性三个角度对人力资源展开分析,以使读者更好地了解三种形态的人力资源的特点。

学完本章,你将能够:

1. 了解人的能力构成、人的个性、人的行为,更好地把握人力资源的开发与管理;

2. 了解人力资源的量的构成及其影响因素,更好地评价和提升组织人力资源的水平;

3. 了解人力资源供求关系,更好地分析人力资源市场的供求状况,制定有利于组织战略目标实现的人力资源战略规划;

4. 了解人力资源投资的内容构成及其收益特点,更好地开展人力资源开发与管理活动;

5. 了解组织与人力资源的关系,提高人力资源管理的效率。

专题一 人力资源个体分析

专题导读

人力资源体现为一定的劳动能力。这种能力由哪些部分构成？在这些构成中，什么是最重要的？为什么同样的工作由不同的人去做效果会很不同？人的行为是怎么产生的？通过本专题的学习，你将对这些问题有所了解，并有助于你去思考如何根据这些分析更好地开展人力资源的开发与管理。

一、人的劳动能力是一个多元素构成的整体

（一）人的劳动能力的构成要素

劳动能力是人力资源的核心表现。研究人力资源，根本目的在于如何提高和充分运用人的这种能力。人的劳动能力是由体力、智力、知识、技能等元素构成的一个完整体系。不同的人，这些能力要素的组合不同；同一个人，不同时期的能力要素组合水平也不同；而不同的工作，对这些能力要素的组合要求不同；同一个工作，不同时期因技术进步对这些能力要素的组合要求也不同。由此形成了人力资源结构配置。因此，了解人力资源的能力构成及其状况，有助于更好地实现人力资源的有效配置，提高资源的利用效率。

体力指的是人的身体素质，它包含一般意义上的体力，也包含对外界的适应能力、劳动负荷能力及消除疲劳的能力等属于劳动方面的能力。体力在人的劳动能力中处于基础性地位。即一方面它为劳动提供能量；另一方面它又是获得智力、知识、技能并使之在劳动中得以运用和发挥功能效用的基础。良好的体力的形成需要经过训练来获得。一般来说，体力具有随时间逐步递减的规律。

智力，简单地说就是人的聪明程度，是指人认识事物，运用知识解决问题的能力。人的智力由感知力、记忆力、思维能力和想象力四要素构成。其中，感知力是智力形成的初始环节；记忆力起着"存储器"的作用；思维能力是智力获得的核心；想象力是智力向高级提升的助力。从智力的四要素来看，智力被分为基本智力、创造力和社会智力。基本智力是作为劳动能力必须具备的基本能力；创造力则是一种高级智力体现；社会智力是指规划能力、沟通能力等，属于智力在社会领域应用的能力。通常，基本智力以"智商"（IQ）来表示，社会智力以"情商"（EQ）来表示。实验证明，一个人的成功，80%来自"情商"的作用。智力有高低之分。智力需要通过学习和训练获得。

知识是指人们头脑中所记忆的经验和理论等信息的总和。因此,知识分为"一般经验"和"理论"两大部分。从劳动能力的角度来看,知识包括普通知识、专业理论与工作知识三个部分。普通知识指的是文化水平;专业理论指的是专业的文化水平,一般由受教育的等级所决定;工作知识指的是职业技能、工作经验、职业阅历等。学习是获取知识的重要途径和手段。信息时代,知识飞速更新,学习成为人力资源的终身所求,它直接关系着人力资源在人力资源市场上的竞争力。

技能是指人们从事活动的某种熟练动作能力。技能形成的标志是动作的准确性。劳动能力中的技能包括一般性技能和特殊性技能两大类。前者是作为劳动能力必须具备的基本技能;后者是职业技能,即具体工作所要求的具体技能。技能是反复习得所形成的结果。

上诉四种能力要素的不同组合,最终形成人力资源的不同能力要素结构。

(二)人的劳动能力的结构

劳动能力是工作行为的核心要素。劳动能力包括一般能力和特殊能力两个部分。一般能力是指在基本劳动活动中需要的基本能力,如注意力、记忆力、观察力、思维力和想象力等。特殊能力是指完成某种专业活动需要的特别能力,如各项专业技术能力等。特殊能力是在一般能力的基础上发展起来的;而在特殊能力的形成过程中,一般能力也获得了发展。任何工作任务的完成既需要一般能力,也需要相应的特殊能力。研究和分析劳动能力的构成要素,有助于在深入理解劳动能力本质的基础上合理设计劳动能力的测量手段,科学地拟订劳动能力培养的原则,不断地调整和变革劳动能力培养的方式方法。

二、人的能力及个性差异与管理

(一)人与人之间客观存在着能力差异

不同个体的劳动能力存在着差异性;同一个体在不同时期劳动能力也存在着差异性。要想合理地使用人力资源就必须了解和掌握不同个体劳动能力的特点,并使其在劳动中获得充分的发挥。因此,需要注意以下问题。

1. 了解并掌握工作及其能力要求之间的阈限,实现合理的人职匹配

心理学的研究表明,在工作与人的能力之间存在一个阈限,即每项工作对人的能力要求有一个界限范围,超过这个界限则是能力的浪费,低于这个界限则无法胜任工作。这两种结果都会导致人力资源产生不良的心理反应——或因不能胜任工作而焦虑,或因工作简单而乏味。因此,人力资源管理首先要分析清楚该项工作所需要的能力要求,然后了解并掌握人力资源能力的特点,使人力资源能力与该项工作之间形成"镶嵌",即人职匹配。

2. 每个个体只能适应有限的工作要求

无论从能力特点来看还是从人的性格特质来看,每个个体只能适应有限的工作要求,原因在于每项工作都有其特定的能力要求。从经济学的角度来看,人掌握所有的能力是不经济的;从能力形成的过程来看,人掌握所有的能力也是不可能的。另外,人还存在着性格特质对其行为效率的影响。因此,每个个体只能适应有限的工作要求。了解并掌握人的能力特点及性格特质,有助于更好地实现人职匹配。

3. 具有相同能力的个体不一定能胜任相同的工作

每项工作的完成在能力要求以外还有对相应性格特质的要求。例如,会计员的工作要求细心、沉稳、对数字敏感、耐得住枯燥等;推销员的工作要求善于沟通、能言善辩、勤于跑动、随机应变等。能胜任会计员工作的人未必能胜任推销员的工作,反之亦然,即影响工作完成因素除了能力因素以外还有性格特质因素。人通过习得可以获得相同的劳动能力,但难以获得相同的性格特质,因为性格特质主要是先天形成的。因此,具有相同劳动能力的个体不一定能胜任相同的工作。

4. 不同的教育获取不同的劳动能力,相同的教育也不可能获取相同的劳动能力

一般来说,不同的教育必获取不同的劳动能力。这个"不同的教育"包括教育制度、教育内容、教育方式和教育手段等。例如,美国的教育强调的是对解决问题的能力的培养,我国的教育强调的是对应试能力的培养。两种教育制度下获取的能力有着本质上的差别。即使相同的教育也不可能获取相同的劳动能力,因为这里还有个体之间在一般能力上存在的差异。同在一个班上接受相同教师的教育,有些个体领悟很快,有些个体领悟较慢,有些个体甚至不能领悟。正视个体之间存在的一般能力上的差异,有助于在教育和培训过程中因材施教,提高教育培训的针对性和有效性;同时也有助于客观地认识个体之间的能力差异,实现有效的人职匹配。

研究并认识和掌握人在劳动能力上客观存在的差异,有助于更好地实现组织成员劳动能力与工作任务的良好匹配,使每个成员能力效用的发挥实现最大化。

(二) 人与人之间客观存在着个性差异

人是人力资源存在的重要载体。凡人均有其"脾气秉性",即个性(西方国家称为"人格")。它是个体经常地、稳定地表现出来的心理特征的总和,是个体生理素质、一定社会条件下的实践活动及教育所共同形成的结果。具有某种个性特征的人往往在很不相同的活动中都会显示出这种个性特征的特点,不以活动内容的不同而转移。人的个性具有较大的稳定性。环境和教育可以在某种程度上改变个性中的某些方面,但这种变化是非常迟缓的。鉴于人的个性的上述特点,人的个性对人力资源开发与管理有着重要的影响——或是制约着人们对职业和就业的选择,或是制约着资源运用的效率。因此,研究人的个性,有助于更好地把握人力资源个体的特点,提高人力资源开发与管理的效率和效益。

每个人力资源个体都具有自身一定的个性特点。个性没有好坏之分,只有对特定环境是否适合之说。人格特性理论认为,人格可以划分为若干特性,每一种特性都是人所共有的,但不同的人在同一特性方面表现的强度是不同的;不同的人有不同的人格特性结构,由此形成人格的差异。如何让这些特性与使用该资源的工作特点及要求相适应,即人职匹配,这是人力资源管理的一个重要的工作和研究对象。

1. 分析和把握组织成员的个性特点,将其置于适合其个性发挥的工作环境中

确定组织每项任务完成所必需的特殊能力及个性特点要求,分析、鉴定和选拔、安排适合完成该任务的成员,保证该任务的有效完成。

2. 实现组织成员的个性互补

组织目标的实现是一个由多项相互关联的任务共同构成的系统。由于每项任务的完成需要不同的特殊能力及个性特点,因此,组织成员必须是多种特殊能力及个性特点的有机组合,才能有利于组织目标的顺利实现。

3. 根据组织成员的不同个性特点进行不同的管理

在一定的组织规章制度下,根据每个成员的个性特点,采取灵活的管理措施和管理手段,使每个成员的个性特点和能力获得充分的发挥,促进组织目标的实现。

(三) 人力资源开发与管理中的人职匹配理论

人格特性理论是人格特性与职业因素匹配的理论基础。在人力资源管理中常用的人职匹配理论主要有以下两个。

1. 人格特性与职业因素匹配理论

人格特性与职业因素匹配理论是由美国波士顿大学教授帕森斯创立的。他是职业指导领域的创始人。随后该理论又由著名职业指导专家威廉逊等人对其进行进一步的完善。人格特性与职业因素匹配理论是依据人格特性及能力特点等条件,寻找具有与之对应因素的就业岗位的职业选择与指导理论,因此,也称"特性—因素匹配理论"。该理论认为,每个人都有自己独特的人格特性与能力模式,它与社会某种职业工作内容对人的要求之间存在着较大的相关度。个人进行职业选择,或社会对个人选择进行指导,都应该尽量做到人格特性与职业因素接近甚至吻合,这样,人的劳动能力才能获得充分的发挥和运用。

2. 人格类型与职业类型匹配理论

人格类型与职业类型匹配理论是由美国著名的职业指导专家霍兰德提出来的,他从心理学价值观理论出发,经过大量的职业咨询指导实例积累,提出了该理论。该理论将人格与职业分别划分为不同的类型,当属于某一类型的人选择了相应的职业时,即为人职匹配。这同时也是社会对个人职业选择进行指导的理论。该理论是人职匹配理论中的重要内容。它把人格分为现实型、调研型、艺术型、社会型、企业型、常规型 6 种类型。相应地,社会职业也被分为 6 种类型,从而形成人职类型匹配理论。

三、人的行为产生链条及其人的行为复杂性

(一) 人的行为产生的链条

根据行为科学家的研究,人的行为是由动机引起的,动机又是由人的需求决定的。这就构成了人的行为链条:需求→动机→行为→结果的循环。

需求是指人们因缺乏某种东西而产生的一种"想得到"的心理状态,通常以对某种客体的欲望、意思、兴趣等形式表现出来。人的生理状态、个人认知和外部环境等在一定条件下

都可以引起某种需求。需求一旦被意识到,就以动机的形式表现出来,激发人朝着一定的方向和目标去行动,以获得"想得到"的心理状态的满足。因此,人的需求是人的行为产生的内部原因。人的需求是复杂多样的。不同的人有不同的需求,同一个人在不同的时期和不同的环境条件下会产生不同的需求。关于需求分析,有著名的马斯洛需求层次理论、赫茨伯格的双因素理论、麦克利兰的成就需求理论等,它们都是实践中被广泛使用的需求分析理论。其中,最广为人知的是马斯洛的需求层次理论。刚开始,马斯洛把人的需求分为五个层次,即生理需求、安全需求、社交需求、尊重需求和自我实现需求。后来,在此基础上,他又把需求扩展为七个层次,即生理需求、安全需求、社交需求、尊重需求、求知需求、审美需求和自我实现需求。马斯洛认为,当低层次的需求获得满足后,会向高层次的需求发展。分析了解人的需求,有助于把握人的行为产生的动机和方向,这是有效地开展人力资源开发与管理的重要基础。

动机是指个人从事某种活动的心理倾向,是人的行为发生的内在驱动力和直接原因,它直接将人的行为导向一定的、能满足某种需求的具体目标。动机是一种主观状态,通常以愿望、念头、理想等形式表现出来。动机的产生受人的内在需求的影响,也受外在环境条件的影响。因此,动机以需求为动因,又以目标为诱因。影响动机的个人心理因素有个人的兴趣、爱好、价值观和抱负水准等。其中,个人的兴趣、爱好决定人的行为方向;价值观和抱负水准影响动机及其行为的强弱。因此,发掘或培养人的兴趣、爱好对提高和增强人的行为强度有很直接的作用及效果。通过组织文化建设,帮助组织成员建立积极的价值观和较高的抱负水准,也有助于提高行为的强度。

行为是指人们某种有意识、有目的的活动,是人的生理、心理等内部身心状况与环境相互作用而表现出来的反应。可用下列公式表达,即

$$B = f(PE)$$

式中,B 表示人的行为;P 表示个体的内部身心状况;E 表示环境;f 表示它们之间的函数关系。

从上述需求、动机、行为三者的论述来看,影响人的行为的主要因素有个人因素、环境因素、文化因素、情境因素等。

(二) 人的行为的复杂性

根据人的行为产生的链条,由于人的需求的多样性和复杂性,使得人的行为具有复杂性。其具体表现为以下几个方面。

1. 个人条件的多样性

个人条件的多样性,即每个人的能力状况、经历、教育背景、家庭背景、社交圈子、工作发展潜力、在组织中的地位等各不相同,以至于他在工作态度、工作满意度、工作目标、工作需求等方面也各不相同。组织的人力资源就是由这些个人条件多样性的个体构成的。分析个人条件的多样性有助于掌握组织人力资源的结构状况,从而有效地开展人力资源开发与管理活动。

2. 个性（人格）的差异性

不同的人，其个性心理特征各不相同；同一个人，随着他所处的环境的变化，其个性心理特征也会发生相应的改变而不同。对于组织而言，个人条件相同的人具有不同的人格；个人条件不同的人更具有不同的人格。这使得组织的管理以及组织的人力资源开发与管理变得复杂。因此，人力资源管理的重要研究对象及其实践对象就是对组织成员展开人格的测量和鉴别。它关系到人力资源是否获得了有效运用。

3. 人际关系的复杂性

组织中的人是以群体存在的。组织目标的实现是群体相互作用的结果。这就构成了广泛、复杂的人际关系。从组织中的各种关系构成来看，粗略地说不外乎有三种关系，即人与工作任务的关系、人与机器设备等工作手段的关系、人和人之间的关系。某种角度来说，工作的过程就是人与人之间的关系——人际关系的建立和协调。由于人的复杂性，人所处环境的复杂性，人的需求的复杂性，因此导致人际关系的复杂性。这势必影响组织人力资源开发与管理的效率。

4. 人文背景的广阔性

人文背景的广阔性主要指的是文化的多元化。随着经济全球化、市场国际化，国与国之间的"经济边界"变得模糊，加之国内不同地区之间亚文化的多元化，使人文背景的广阔性凸显出来。多种文化的交融，使存在差异性的各文化之间发生碰撞，进而影响组织管理的实施，尤其影响组织目标的实现。具体来说，就是影响组织对人力资源的管理，影响人的职业生涯，以及通过人的能动性选择对组织本身产生巨大影响。

在人文背景广阔性作用下，组织中存在的文化碰撞在所难免，人力资源开发与管理就是要在这种碰撞中更好地对人力资源实施规划和分工，以求各得其所。

专题二 人力资源经济分析

专题导读

人力资源是经济资源。它的经济性既体现在它能按照一定的意图、目标作用于物力资源和资本资源，实现使用价值和价值的生产；还体现在它自身也是资本，能带来价值的创造与增值。那么人力资源作为经济资源的经济性通过什么来反映？人力资源的量的实质是什么？又是什么影响人力资源的量的形成和提高？人力资源的市场格局是如何反映人力资源的关系的？要实现价值的创造与增值，人力资源该如何进行投资？投资哪些内容？本专题将帮助你就上述问题建立一个系统的认识框架，有助于你在工作中或在自身发展中对人力资源的经济性有一个清晰的了解和认识,更好地实现人力资源价值的提升。

一、人力资源必体现为一定的量

人力资源的含义,即人力资源是指一定范围内人群劳动能力的总和,包含两重意思:一是一定的数量——一定范围内的人群;二是一定的质量——劳动能力。它是一定数量与质量的有机统一结果。因此,不能单从数量或单从质量上去分析、看待人力资源而判断孰高孰低,必须将数量与质量二者结合起来系统分析人力资源的经济水平高低。每个社会都必须要有一定数量与质量结构的人力资源才能满足本社会经济发展的需求。

(一)人力资源的数量分析

人力资源数量是指构成人力资源的那部分人口的数量,即具有一定劳动能力的人口,也称劳动力人口。对这部分人口的界定一般以劳动年龄来划分。在劳动年龄范围内的劳动力称为"劳动适龄人口"或"劳动年龄人口"。劳动力人口数量中还有极小部分是劳动年龄以外的,或处于劳动年龄内但丧失了劳动能力的。这些在劳动力人口计算中都要做相应的加减。但是,总的来说,劳动力人口数量与劳动适龄人口数量大体是一致的。每个国家对劳动年龄的划分有所不同。一般根据本国人口的身体素质、社会人口的年龄结构状况等进行确定。我国已逐步进入人口老龄化社会。在人们身体素质普遍提高的当今社会环境下,将劳动年龄向后延长有可能成为趋势。可见,一定数量的劳动力人口是一个社会经济发展的重要保证。那么,是哪些因素对劳动力人口的数量产生影响呢?

影响劳动力人口数量——人力资源数量的因素主要有:人口总量及其再生产状况、人口迁移、卫生保健三大因素。

1. 人口总量及其再生产状况

人口数量是人力资源数量的基础。人口再生产影响着人口的变动,进而影响着人口的数量。因此,人口总量及其通过人口的再生产形成的人口变动决定了人力资源的数量。根据人口再生产的规律,正常情况下,成年人在全部人口中所占比例为1/2左右。调查统计的结果也证明了这一点。所以,从静态来分析,依据劳动年龄的界定,一国的人口总量决定了其人力资源数量的基本格局。

再从动态来分析,人口总量的变化体现为自然生长率的变化,体现为出生率和死亡率的变化。随着医疗条件及其水平的不断改善,正常情况下,人口的死亡率基本处于一个相对稳定的状态,这样,人口总量就取决于人口基数及人口的出生率。换言之,也可以说人力资源的数量主要取决于人口基数及人口出生率。而人口从出生到成长为劳动人口需要一个时间过程,这就为建立"人口出生率"与"人力资源数量"之间的良性关系提供了准备。我国的"计划生育"和西方国家的 family plan(家庭计划)就是为建立这种良性关系施行的有效措施。这些措施可以根据这种良性关系的变化而进行调整,总的目的是实现人口总量对人力资源数量的良性作用。

小资料

计划生育实行40多年后,我国人口将进入老龄化。现实和理论都要求我们调整计划生育政策。放宽计划生育政策的实践从双方独生子女放宽"两胎"到单方独生子女放宽"两胎",到全面放开"两胎"。我国计划生育政策的大调整,需要理论与实践对这个过程中可能和必然发生的相关系统问题进行科学、审慎地研究和反馈,以实现"人口出生率"与"人力资源数量"之间良性关系的建立。

2. 人口迁移

人口迁移指的是人口的地区间流动。造成人口迁移的主要原因是地区间经济发展的不平衡。人口迁移主要是劳动力人口的迁移,其结果必将带来迁出地劳动力人口的减少,迁入地劳动力人口的增加,从而改变地区间劳动力人口的分布,最终影响地区间社会经济的发展。如果是出于某种特殊经济原因进行的人口迁移,如水库移民,那将对劳动力人口数量带来较大的影响。

3. 卫生保健

人口从出生到成长为劳动力,需要一个过程。在这个过程中由于先天的或后天的原因,人都可能遭受身体健康的影响。即使进入劳动力人口后,如果缺乏应有的人力资源保护,也会使人力资源身体遭受伤害而失去劳动能力。卫生保健水平因此扮演着重要的角色。它一方面使人口在成长中免受或减少疾病的侵害,健康成长;另一方面使劳动力人口在进入劳动生产领域的时候获得劳动保护,免受或减少因劳动生产事故带来的人身伤害。可以毫不夸张地说,卫生保健水平对劳动力人口的数量起着保障作用。一个社会的卫生保健水平取决于这个社会对卫生保健的认识及其观念,以及由此形成的卫生保健机制及其投入。改革开放将近40年,我国的经济发展获得了前所未有的成就,但是国民的健康问题也出现了前所未有的爆发。重视和切实解决卫生保健已经成为关系国家竞争力的重要问题,不容忽视。

小资料

据《中国居民营养和慢性病状况报告(2020)》显示,城乡各年龄组居民肥胖率持续上升,7~17岁青少年、6岁以下儿童超重肥胖率分别达到19%和10.4%,超过50%的成年居民超重或肥胖。而肥胖是引发高血压、高血脂症和高血糖症等病症的重要危险因素。该报告还显示,我国18岁及以上人群,高血压患病率达27.5%,少年儿童高血压患病率为14.5%;糖尿病患病率为11.9%。我国目前患高血压人数达2.45亿人,且呈上升趋势。2019年,因慢性病导致的死亡占总死亡人数的88.5%,其中,心脑血管、癌症和慢性呼吸道疾病死亡率达80.7%。与此同时,心理健康和精神卫生问题应引起高度重视。据2019年数据显示,我国抑郁症患病率达2.1%,焦虑障碍患病率达4.98%,两项合计达7%。慢性病患病率的上升,既影响劳动能力和生活质量,也增大医疗费用开支。世界卫生组织调查显示,慢性病的发病原因60%取决于个人生活习惯和生活方式,同时还与遗传、医疗条件、社会条件和气候等因素有关。面对我国当前严峻的慢性病防控形势,党中央、国务院高度重视,将实施慢性病综合防控战略纳入《"健康中国2030"规划纲要》。

（二）人力资源的质量分析

人力资源质量是指体现在人力资源个体和群体身上的创造社会价值的能力，是人力资源质量的规定性的表现。人力资源质量最直观的表现是人力资源要素的体质水平、文化教育水平、专业技术水平、情智能力、道德情操等。在这些最直观的表现中，对人力资源质量起主要作用的是文化教育水平、专业技术水平、情智能力和道德情操等。因此，人力资源质量往往以受教育等级和年限、职称技术等级等指标来表示。而经济社会统计常用的指标是百万人口中接受高等教育人数、中学普及率、专业人员在劳动力人口中的比例等。

人力资源质量是由人力资源能力质量和精神质量构成的统一体。人力资源的能力质量是指推动物质资源实现经济目标或从事社会劳动的能力。这种能力反映在知识、工作技能、创造能力、岗位适应能力、组织管理工作能力等方面，通常以受教育等级和年限、职称技术等级等指标来表示。人力资源的精神质量是指决定人力资源工作态度、工作动机的思想素质、心理品质和道德素质等"软要素"的集合，是人力资源质量的灵魂，是人力资源实现社会价值创造的动力系统。可以形象地说，人力资源的能力质量是人力资源质量的外在表现；人力资源的精神质量则是人力资源质量的内在表现。只有把外在表现内化为内在的力量，人力资源质量才可能处于一种不断自我提升的状态，即形成核心竞争力。

人力资源质量是人力资源个体区别于人力资源总体的最关键因素。从人力资源质量的构成内容来看，人力资源质量的形成主要受遗传等先天和自然生长因素、营养因素、教育培训因素等的作用和影响。

1. 遗传等先天和自然生长因素

遗传等先天和自然生长因素是造就人力资源质量的先决条件和物质基础。从生物遗传学的角度来看，人的体质和智力具有一定的遗传性，而且这种遗传对人成年后的素质以及今后的发展都有着重大的影响。可以说，遗传从根本上决定着人力资源质量及其质量水平的限度。此外，生命在孕育前和孕育中的环境条件等也对其出生后的质量有着一定的影响。因此，从人力资源质量的再生产考虑，优生是一个不可忽视的必然选择。

2. 营养因素

营养是人体生长、发育必需的重要条件。人生长、发育各时期的营养状况和营养结构直接或间接地影响着人力资源体质和智力形成的水平。同时，营养也是人力资源实现正常活动必不可少的重要条件——能量的供给。高质量的人力资源不仅要求足够的营养量的供给，更要求具有科学合理结构的营养质的供给。即提供和建立科学合理的营养均衡结构有助于人力资源质量的提高。

小资料

我国现有确诊慢性病患者近3亿人，其中半数发生在65岁以下人群，即慢性病呈现年轻化趋势。世界卫生组织日前公布,在中国10个人中就有1个人是糖尿病患者。我国心血管病、肿瘤、糖尿病、呼吸系统疾病4种慢性病导致的死亡占总死亡人数的86.6%。慢性病的危害主要是造成脑、心、肾等重要脏器的损害,易造成伤残,影响劳动能力和生活质量,且医疗费用极其昂贵。世界卫生组织调查显示,慢性病的发病原因60%取决于个人的生活方式,同时还与遗传、医疗条件、社会条件和气候等因素有关。

3. 教育培训因素

人力资源的核心部分——劳动能力,即人力资源质量除了先天因素的赋予外,主要还是后天的因素作用的结果,即是教育培训的结果。教育是传授知识、经验,传播思想、态度,训练并形成技术、技能的活动过程。教育培训对人力资源质量的形成具有最重要、最直接的决定性作用,直接关系到人力资源质量的水平高低。方式方法得当并假以时日的教育培训还可以对先天的一些东西进行改善或一定程度的改变。所以,教育培训对人力资源质量的形成具有决定性的重要作用。工业发达国家的实践也证明了,重视对人口的教育培训,并不断研究改进教育培训的方式方法,是提高人力资源质量的重要保证,进而是提升社会经济竞争力的重要保证。[①]

(三)人力资源总量分析

从人力资源的含义可知,人力资源必须从量与质的统一来考察才有意义。单一地只考虑量或只考虑质,都不能完整、系统地反映人力资源的实质,尤其不能反映一个国家或地区人力资源的实质,或不能反映某一时期人力资源的实质。因为任何经济活动都需要一定数量和质量相结合的人力资源来完成。这就是人力资源总量的概念,即

$$人力资源总量 = 劳动力人口数量 \times 劳动力人口质量$$

人力资源数量和人力资源质量之间的关系体现为:人力资源质量的高低与创造价值财富的大小成正向相关关系,即高质量的人力资源创造出的财富价值要远远高于低质量的人力资源创造出的财富价值;高质量的人力资源对低质量的人力资源具有较强的替代性,但低质量的人力资源对高质量的人力资源不具有任何替代性,即在社会经济活动中高质量的人力资源具有不可替代性。另外,从人力资本来看,高质量的人力资源需要通过较大的人力资源投资才能获得,因此要重视对高质量的人力资源的合理使用、科学开发、有效激励,才能实现高质量的人力资源对价值财富的高产出。

二、市场上人力资源总是表现为一定的供求关系

从经济范畴来看,人力资源总是表现为一定的供求关系,从而构成一定时期的人力资源格局。它有助于了解和分析人力资源市场的供求状况,制定有利于组织目标实现的人力资源战略规划。

[①] 王玉珊.日本教育及其在经济发展中的作用研究[M].北京:中国社会科学出版社,2012.
占小梅.德国职业教育与社会经济发展的适应性研究[D].石家庄:河北师范大学,2013.

（一）人力资源的供给

人力资源的供给是指一定时期内一个国家或地区可供投入社会经济活动的人力资源数量，是就业人口和求业人口之和，也称"经济活动人口"。

人力资源的供给分为微观供给和宏观供给两个层次。微观供给指的是人力资源个人的劳动付出。一般来说，人力资源的微观供给取决于劳动收入，即一般情况下存在着人力资源供给与劳动收入对应关系的一般规律。在人力资源市场上，劳动力对于不同水平的劳动收入自然地发出不同的供给反应行为。在劳动收入较低时，一旦提高劳动收入，人力资源的供给在可能的情况下将大大增加；在劳动收入较高时，劳动收入有所提高，人力资源的供给增速则会降低。人力资源的宏观供给具有与微观供给完全对应的特征，即人力资源供给与劳动收入之间存在相同的对应关系。在这种对应关系的作用下，全社会人力资源进行自由择业的结果就构成了人力资源的宏观供给数量及方向。因此，影响人力资源供给的因素主要体现在劳动收入水平和劳动参与率两个方面。就劳动收入水平来看，无论理论研究还是实践分析，劳动收入水平是影响人力资源择业的首要因素。劳动参与率是指参与劳动活动的"经济活动人口"与总人口的比例，即

$$劳动参与率 = \frac{经济活动人口}{人口总量} \times 100\%$$

一个社会的"经济活动人口"数量和劳动参与率取决于该社会人口的数量和适龄劳动人口要求就业的意愿程度。

上面是从静态的角度来考察人力资源的供给。现实中人力资源供给是随社会再生产活动而变化的，因此，还必须从动态的角度来考察人力资源的供给，把握和分析整个社会的"人力资源流"，即动态的人力资源供给。在这个动态的人力资源供给中，就业者和求业者随时会发生就业状态的变化，从而改变人力资源的供给状况。分析动态的人力资源供给有助于把握人力资源供给与社会经济活动之间的关系，做好人力资源规划。

（二）人力资源的需求

人力资源的需求是指一定范围的用人主体对于人力资源所提出的需求，而用人主体对人力资源的需求源于社会消费，是由满足这些消费的组织所提出的一种要素需求。即人力资源需求是由社会消费引起并派生出来的需求。因此，人力资源需求是一种"派生需求"或"引致需求"。人力资源需求也分为微观需求和宏观需求两个层面。

微观的人力资源需求主要指的是从事社会经济活动的基本单位的人力资源需求。劳动收入水平对微观人力资源需求量产生直接的影响，并存在着反向相关关系。即劳动收入水平越高，企业对人力资源的需求量就会越少；反之，企业对人力资源的需求量就会越多。此外，影响企业人力资源需求量的因素还有社会人力资源供给和社会经济运行中总需求的旺盛程度。即假设劳动收入不变的情况下，经济繁荣时期或人力资源供给较紧张的时期，企业对人力资源的需求愿望较强烈；反之，企业对人力资源的需求愿望则较弱。表现在劳动收入与对人力资源的需求关系上就是：前者会以较高的收入水平吸引劳动力就业；后者则以较

低的收入水平抑制就业。无论是吸引还是抑制，企业都必须计算雇佣成本，使雇佣投入换取最大效益收入。

宏观的人力资源需求是指从社会角度来看的人力资源总需求。它不是全社会所有用人主体人力资源需求的简单加总，而是受居民总体消费水平所决定的经济总需求水平决定的人力资源总需求量。与此同时，不同的经济发展质量对人力资源需求的质量不同。因此，宏观的人力资源需求不仅要分析把握社会经济发展的量，也要分析把握社会经济发展的质，还要研究如何从消费需求向人力资源需求进行转化。因为在相同的经济发展需求中，由于这种转化力不同，导致对人力资源需求的不同。理想状态下，经济需求可以完全转化为人力资源需求。但是现实中由于种种原因的作用，经济需求总不能完全转化为人力资源需求，或出现虚假、过度需求，或出现需求不足。因此，总的来看，人力资源需求量取决于经济需求总量和生产单位对经济需求转化率二者的共同作用。

（三）人力资源供求关系

人力资源供求关系是人力资源配置的基本因素，也是社会就业最基本的决定因素。中央政府或地方政府根据人力资源市场传递的供求关系信号及时调整和制定相关的政策，采取相应的举措，使人力资源供求关系尽量处于基本平衡状态；微观组织则通过人力资源市场传递的供求关系信号制订组织的人力资源规划及招聘计划；人力资源个体则通过人力资源市场传递的供求关系信号进行就业意愿、就业方向、就业岗位的选择和确定。

人力资源供求关系一般表现为三种状态：供不应求、供过于求、供求均衡。

供不应求是指人力资源的供给数量小于社会对它的需求数量。其结果是缺乏相应的劳动力，正常的生产经营活动受到影响和制约。一般来说，人力资源供不应求发生在生产持续发展、经济持续增长，而人口及其人力资源的增长速度相对比较慢的情况下。但是，实践中这种供不应求往往会是结构性的，即某些行业或某些岗位的供不应求，与另一些行业或岗位的供过于求并存。这种情况在经济转型期尤其明显。

供过于求是指人力资源的供给数量大于社会对它的需求数量。突出的表现就是出现社会就业不足，即存在着失业人口。而造成失业的原因是复杂的，有因为产业结构调整带来的结构性失业；有因为信息不对称带来的摩擦性失业；有因为就业愿望不强带来的主动失业；有因为投资不足带来的被动失业；有因为人口及其人力资源数量过多带来的失业；还有因为知识爆炸或竞争加剧带来的潜在失业等。对失业状况及其原因的分析有利于政府和相关组织采取相应的对策，缓解就业压力，维护社会稳定。

供求均衡是社会和组织追求的理想目标，即人力资源数量、质量的供应与职业类型对劳动力的需求基本达到平衡。理论上的供求平衡表现为，人力资源的供给能够为社会所全部吸收，以及社会对人力资源的需求又能获得全部满足。但是，现实中由于技术进步导致的产业结构调整、教育体制落后于社会进步需求导致的劳动能力结构性过剩与不足共存、人口出生率的过高或过低、地区投资高度同构化等往往会使理论上的供求平衡被打破。因此说明两个问题：一是人力资源供求平衡是一个动态的概念；二是现实中人力资源的供求平衡目标只能是基本平衡。人力资源供求基本平衡的主要标志是：有就业愿望的人绝大部分能够得到工作,不存在长期的、大量的求业人口;不存在长期的、大量的缺乏劳动力的部门或行业;少量人力资源处于暂时性的失业状态。

三、人力资源投资是最大的投资

从人力资源量的分析的核心——人力资源质量分析来看,人力资源质量的形成关键在人力资源投资。相比较于其他投资,人力资源是最大的投资,可以从人力资源投资的项目、投资的收益特点等分析来对此进行理解。

(一)人力资源投资分析

1. 人力资源也是经济投资的对象

人力资源既是主体,也是客体。作为主体,它对人力资源外的其他资源进行投资,实现价值的生产和创造;作为客体,它自身也是经济投资的对象。对此,亚当·斯密在《国富论》中,马克思在《资本论》中都进行了阐述。亚当·斯密指出,应当把人所获得的有用的能力列入固定资本的范围。马克思指出,劳动力的生产是以生活资料为前提,在对生活资料的消费中实现,教育具有生产性质,即生产劳动力,使得劳动力质量提高、改变形态和具有专业性;医疗卫生则相当于劳动力的维护修理费用,保证劳动力持续处于正常状态。进入20世纪,人们对人力资源投资的认识获得了深化提高,提出了人力资本的概念,以西奥多·舒尔茨和加里·贝克尔等为代表的学者对人力资本问题展开了系统的研究,并形成了关于人力资本的理论。至此,人力投资受到了社会的高度重视和实践。

2. 人力投资的项目

根据人力资本之父西奥多·舒尔茨的论述,人力投资包括了六个方面,即保健措施、在职训练、正规教育、企业外成年人的教育、个人及家庭成员为适应就业机会而发生的迁移、人口再生产。如果把这六个方面进行同类项合并,人力投资表现为四个大项目,即保健、教育、流动、人口。就这四个方面的投资来看,除了人口再生产的投资具有较明显的消费性外,其他三个方面的投资基本可以说是投资性的。而即使人口再生产投资,其中的一个重要目的就是维持人力资源的持续供给,由此可见,它也是兼有较强投资性的消费。

既然是人力投资,就必构成人力成本。同样,人力成本也有直接性和间接性之分。直接性的人力成本是指直接构成人力投资的部分;间接性的人力成本是指为了劳动能力的获取、提高、恢复或迁移等而放弃就业机会或其他机会所付出的代价,也可以称为机会成本。人力投资核算必须将直接性和间接性的人力成本都进行计算。

3. 人力投资项目分析

人力投资项目分析就是对人力投资四大项目的分析。

(1)人口生产投资分析。人口生产投资是指人的各项开支总和减去教育培训开支和卫生保健开支所得的部分,即人的生活开支。人口生产投资具有独特性,表现在一方面是对全部人口的生活投入,另一方面是对部分人口的生产产出,而且,某一时期的人口生活投入并不能带来即时的劳动人口产出,因此,同一时期的人口生产投入产出比不能准确地反映出这个时期的投资效益,即使某一时期的人口生产投入与后面时期的产出进行比较计算也是困难的。为了解决这个问题,必须采用人口理论上的"预期生产量"概念,即对某一时期的人口生产投入将会带来的可能生产量进行预测、估算,以此来进行投入产出比的计算。这样,人口生产经济效益可以表述为

$$人口生产经济效益 = \frac{人口预期生产量}{人口生产费用}$$

(2) 教育培训投资分析。教育培训是人力投资的最主要部分。通过教育培训投资形成和提高人的劳动能力,使人力具有资源意义,也使人力资源具有投资性质。因此,教育培训具有生产性,其费用就是投资。

教育培训投资包括各级政府用于教育的财政支出;企事业单位自行支付的教育培训费用;个人或社会团体的办学投资及对教育部门的资助;个人接受教育培训投入的费用以及为接受教育培训而放弃收入的机会成本等。教育培训投资在宏观和微观层面上的计算各有不同。宏观层面上的计算无法包括个人因接受教育培训而放弃收入的机会成本,但是,微观层面上的计算则必须把这个部分包括进去才能较好地反映教育培训投资的真实状况。通过教育培训投资,使劳动人口获得满足社会经济活动所需要的体力、智力、知识和技能等能力,并使这些能力得到不断的提高、发展,从而增大创造价值财富的量和质。将劳动人口通过教育培训获得的这些收获与为此付出的投入进行比较,反映教育培训投资的经济效益,即

$$教育培训投资效益 = \frac{教育培训带来的产出量}{教育培训投资}$$

教育培训投资具体的投资项目不同,其产生的效益也有所区别。一般来说,基础性教育培训的收益比在职教育培训的收益要慢;研究型高等教育的收益要比职业技术技能型教育的收益慢,但是,一旦有收益,则通常比职业技术技能型教育的收益大。另外,教育培训的收益不仅仅是可以计量出来的经济收益,还有难以计量却影响深远的社会效益。而这些教育培训之间有着内在的关联性,共同构成决定和影响人力资源质量的教育培训体系。因此,对教育培训的投资要讲求合理的投资项目结构。这是满足社会经济发展和进步的客观要求。

(3) 人力保健投资分析。人力保健是指对人力资源采取各种措施,以保证其劳动能力持续处于正常状态的活动。包括卫生保健投资和职业保护—劳动保护投资两部分。卫生保健可以延长劳动年限;保护和提高劳动人口的体质和智力;提高人口的健康水平,从而减少劳动人口因患病造成的各种经济损失。随着卫生保健水平的提高,劳动人口的人力资源产出率得到了极大的提高。职业保护—劳动保护是指对劳动生产过程中因机械的、物理的、化学的、生物的因素而对劳动力造成伤害,致使其正常的劳动能力受到破坏、损伤的现象和环境进行治理和消除的活动或措施。通过这些措施,使人力资源获得保护。因此,职业保护或劳动保护投资主要包括生产设备的安全技术装置、劳动环境检测和治理装置、劳动者安全庇护装置、个人劳动保护用品、特殊劳动环境下的保健补贴等。通过职业保护或劳动保护投资保护人力资源,并减少因工伤事故、职业病等带来的损失。这样,人力保健投资效益的衡量可以表示为

$$人力保健投资效益 = \frac{卫生保健和劳动保护取得的收益量}{卫生保健和劳动保护费用}$$

其中,卫生保健和劳动保护取得的收益是指由卫生保健和劳动保护投资而增加的产出

量,以及由此减少的损失量之和。

(4) 人力流动投资分析。人力流动是指人力资源在地域之间或地域内部岗位之间进行迁移的活动。在这个迁移的过程中发生的显性和隐性的费用之和即为人力流动投资,包括因迁移导致的费用支出以及因此损失的机会和环境资源等成本。造成人力流动的根本理性原因往往是选择迁移者对迁移带来的收益和损失进行计算后而采取的行为。因此,人力流动不仅有成本,也有相应的收益。宏观上来说,其收益在流出地和流入地是有所不同的。就流出地而言,可能造成一定的经济损失;也可能因此提高劳动效率而减少工资支付。就流入地而言,它能够获得丰富的人力资源,进而使该地域的经济活动得到更大的发展,取得更大的经济效益。在人力流动中有一个现象值得注意,即高质量人力资源的流入等于节约了教育培训投资;而高质量人力资源的流出则意味着教育培训投资的损失。因此,要加强有利于留住高质量人力资源的环境建设。反映人力流动投资效益的公式表现为

$$人力流动投资 = \frac{人力流入地新增效益 - 人力流出地损失效益}{人力流动费用}$$

(二) 人力投资收益分析

人力投资必然带来收益。人力投资收益是指通过对人力资源的投资,使其劳动能力形成或得到强化而取得的经济回报。人力投资性质与其他投资的性质有着显著的差异。其他投资是纯粹的被投资对象,人力投资作为投资对象的同时它还是投资主体;其他投资基本是一项投资一项回报,人力投资则是一项投资多项回报;其他投资是一次投资一次回报,人力投资则是一次投资持续回报。因此,人力投资不仅在投资性质上与其他投资有着显著的差异,而且在投资收益上也有着显著的差异。人力投资收益的特点主要表现为以下几点。

1. 收益者与投资主体的非一致性

收益者与投资主体的非一致性是与非人力的其他投资最明显的差异。其他投资是谁投资,谁收益;人力投资则可以是多方单独投资,或共同投资。但不管多少方投资,总是多方一起享受收益。例如,家庭投资孩子的课外技能教育,不仅家庭收益、孩子收益,孩子所在的组织和社会也会获得收益。

2. 收益取得的迟效性与长期性

"十年树木,百年树人"道出了人力投资的真谛。人力投资中的人口生产投资和教育投资往往总是在经历了一个相当长的时期后才能获得收益。一个合格的劳动能力的形成需要近20年的时间;一项技能真正实现价值的创造不仅是知道它是什么,还要将它内化为劳动能力的一个有机组成部分,这也需要相当长的时间来实现。但是,人力投资一旦形成或强化了劳动能力,这种能力创造价值的回报则是长期的、较稳定的。人力投资的这种迟效性和长期性在其他投资中是很难看到的,因此要对人力投资进行系统规划和安排,使投资带来更大的价值回报。

3. 不同项目投资的收益具有较大的差异性

人力投资是由不同投资项目构成的整体。不同项目的投资带来的收益存在较明显的差异。例如,基础教育投资与在职教育培训的投资,前者收益的迟效性远大于后者。由于人力

资源个体存在的差异性,相同项目同期投入取得的收益起点和延续期限也会有较大的差异。因此,要根据人力资源的个体特点和人力投资项目之间的关联性规划人力投资的项目和时间,使人力投资获取更大的收益。

4. 投资收益的多量性和广泛性

投资收益的多量性和广泛性是指人力投资具有一次投资持续收益,以及多项收益的特点。例如,投资孩子的课外技能教育训练,不仅使孩子因具有了这项技能在群体中不断地获得更多的发展机会,而且孩子现在和将来所在的组织也因此获得收益。再如投资人力卫生保健,不仅使人力资源获得更健康有效的劳动能力,而且使家庭的生活质量获得保障,使社会和谐得以实现。因此,相比较于其他投资,人力投资是最具效益性的投资。

专题三 人力资源的社会分析

专题导读

人是社会人。人力资源也必须以一定的群体、结构出现才具有经济价值和社会意义。作为社会人的人力资源的社会关系是如何形成和表现的?人力资源与组织之间构成什么样的关系?市场经济环境下人力资源的社会关系有哪些表现?本专题将带你去探寻这些问题该如何解决。

一、劳动关系——人力资源与雇佣者的关系表现

从人力资源需求的派生性来看,必产生人力资源与雇佣者之间的劳动关系。劳动关系是指在社会经济活动中所发生的雇主与雇员之间有关劳动的各种关系的总称。劳动关系的核心内容是雇佣双方在具体组织中权利与义务的界定。因此,劳动关系除了社会关系这层含义以外,还具有法律关系的含义,即为了保障雇佣双方的权利与义务,国家对劳动关系进行规范、约束和保护。这种劳动关系的表现形式就是劳动合同,也称劳动契约。

劳动合同是指用人单位依据《劳动法》的规定,雇佣员工进入该组织就业时双方之间订立的关于劳动关系的协议或契约,是对签约双方行为进行约束的准绳。因此,劳动合同是雇佣双方劳动关系建立的标志。在这个劳动关系中,其主体是用人单位和劳动者双方。由于用人单位与劳动者之间的根本利益具有对立性,这就必然导致劳动关系中存在一定的矛盾,因而产生劳动纠纷或劳动争议。雇佣双方在劳动关系上存在的这种天然的不一致性,而社会经济活动又必须要求双方之间进行合作,这就使双方之间在"对立"中寻求"共存",即不仅

要通过法律形式保护双方各自的利益,还要通过组织文化建设实现双方的利益,走向"共赢""共荣"。这就是现代市场经济环境下劳动关系的新体现。

二、人力资源总是在一定组织中的人力资源

人力资源必须在一定的组织中实现其价值的创造。人力资源与组织的关系是一种互动的、整体与细胞的关系:一方面,组织对人力资源有着一定的约束和导向作用;另一方面,组织中每个成员的行为都会对组织产生这样那样、或多或少的影响。这种关系的结果取决于人力资源个体,更取决于组织的管理风格和管理水平。因此,现代管理非常重视组织与人力资源关系的建立。

(一)人力资源与组织的心理契约的建立

人力资源是构成组织的具体细胞,对组织产生的影响不可忽视。人力资源对组织影响的大小、影响效果的正负、影响时效的长短,取决于人力资源的能力状态、态度动机、能力发挥时的情境、组织中人力资源的结构状况、组织的管理风格和管理水平。可见,要使作为个体的人力资源的行为作用能对组织发展目标的实现带来积极的影响,必须重视研究并建立人力资源与组织的心理契约,即使员工对组织的态度及行为朝着有利于组织持续发展的方向发生。

人力资源与组织的心理契约表达的是,当组织运用权力和手段对员工进行管理时,员工必然会对此采取相应的对策和反应,从而形成一定的关系。根据组织对权力和手段运用的不同,员工做出的反应也会不同,因此形成"艾齐奥尼矩阵"。该矩阵对组织管理的"因"和员工对组织管理的态度及行为的"果"进行联系,构成若干种组织与员工之间的关系,如图2-1所示。这若干种关系体现了不同的管理风格及不同的管理结果。组织只有尊重组织成员的需求,通过组织文化的建设,才能建立人力资源与组织之间良好的心理契约,才能获得人力资源个体对组织的良性影响,更好地实现组织目标。

	组织管理权力及手段的应用——因		
员工对组织的态度及行为——果 项目	强制型	实用型	规范型
离心型	●	×	×
计较型	×	●	×
道德型	×	×	●

图 2-1 艾齐奥尼矩阵

说明:图中的"●"为员工可能做出的反应,即形成了某种心理契约;
"×"为员工不可能做出的反应,即不存在心理契约。[1]

---

[1] 余凯成. 人力资源开发与管理[M]. 北京:企业管理出版社,1997:164-165.

（二）人力资源的整合——人力资源素质与组织凝聚力的关系

从人力资源与组织的心理契约来看，只有当人力资源与组织之间建立了良好的心理契约，组织才能获得人力资源个体对组织的良好影响，才能较好地达到组织预期的目标。而良好心理契约的建立主要取决于人力资源的素质与组织凝聚力关系的处理。人力资源素质与组织凝聚力的二维因素组合可以构成四种状况，如图 2-2 所示。组织的管理水平在于根据组织人力资源素质及组织凝聚力状况，采取相应有效的措施，提高人力资源素质或提高组织凝聚力，促进组织目标的实现。

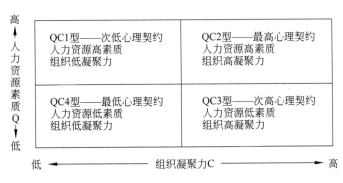

图 2-2　人力资源素质与组织凝聚力

图 2-2 是对人力资源素质及组织凝聚力的一个简单划分。在这个划分里，理想的状态是 QC2 型，这种组织最有竞争力；其次是 QC3 型，尽管组织人力资源素质不高，但是良好的组织凝聚力可以使人力资源素质获得最大限度的发挥，在维护良好的组织凝聚力的同时要着手提高组织人力资源的素质；QC1 型低的组织凝聚力会导致高素质人力资源的浪费甚至流失，对组织是一个损失甚至会带来伤害，组织最迫切的是检讨凝聚力低的原因，着手提高组织凝聚力，留住人才，为人力资源发挥作用创造良好的环境和条件；QC4 型的组织是走向衰亡的组织。

现实中，组织人力资源素质与组织凝聚力的关系是复杂的。组织人力资源素质不可能都是低，也不可能都是高，因此，需要加入第三维的变量——组织人力资源结构。组织人力资源素质高低与组织人力资源结构组成有很大的关系，即组织人力资源配置的状况直接影响组织目标的实现。而组织人力资源配置受到组织招聘政策及工作质量、组织发展目标调整、组织经营环境及绩效等诸多因素的影响和作用。因此，需要在提高组织凝聚力上采取相应更加细致、系统的措施，提高人力资源的整体素质，实现人力资源与组织高的心理契约，进而实现组织的发展目标。由此可见，人力资源开发与管理是一个动态的、发展的、持续的工作。

三、人力资源是市场经济的主体之一

从社会运行关系来看，市场经济是由四个主体构成的系统，即国家、市场、企业（组织）、个人。这四个主体在市场经济活动中相互联系、相互影响,它们之间的相互关系构成市场经济体制的社会结构。

市场经济体制下四个主体所形成的社会关系分别是,国家与市场的关系——国家依法调控市场;国家与企业(组织)的关系——国家依法管理和服务于企业(组织);国家与个人的关系——国家依法保障每个社会成员的基本生存权利,维护平等的社会目标;市场与企业(组织)的关系——市场引导企业,企业通过经济活动对市场产生一定的影响;市场与个人的关系——市场引导个人,个人构成的一定群体的求业活动对市场产生一定的影响;企业(组织)与个人的关系——企业对个人依法建立雇佣关系,维护双方的权利,各自承担自己应尽的义务和责任。在这些社会关系中,作为个体的人力资源是其中的一个能动的、在多种关系中出现并发挥重要作用的主体。因此,在进行人力资源社会分析时要把人力资源放在社会关系中分析,研究人力资源在社会关系中的地位、状况和作用,为制定和调整人力资源开发与管理政策、机制提供相应的依据,并为这些政策、机制的执行建设相应的环境条件,使人力资源更好地实现价值创造。

小　　结

人力资源分析是更好地开展人力资源开发与管理的前提。人力资源分析包括个体分析、经济分析和社会分析三个不同层面。人力资源个体分析,解决人力资源的能力构成及其行为发生的规律问题。人具有复杂性,人的能力及个性与职业之间存在着相互关系,人的能力及个性与职业之间的关系分析,有助于更好地提升和发挥人力资源的能力,实现良好的人职匹配。人力资源经济分析,阐述了人力资源数量与质量的构成及其关系,人力资源质量的提高受多种因素的影响,人力投资是其中的一个重要因素。人力投资是对人力资源生产、教育、保健和流动等的投资,具有与其他投资不同的特点,其中的一个主要区别体现在投资收益的特点上。人力资源需求是派生需求,市场上存在着人力资源的供求关系。对人力资源供求关系的分析有助于国家制定相应的政策,调控人力资源的供求关系;有助于企业制定相应的人才招聘和留住人才的政策;也有助于人力资源个体调整自己的能力方向,更好地满足市场需求。人力资源是市场经济的重要主体之一,通过法律形式与企业、国家之间建立相应的社会关系,在市场经济活动中发挥能动作用。

思考与练习

一、填空题

1. 人的劳动能力是由(　　　)、(　　　)、(　　　)、(　　　)四个部分构成的整体。
2. 影响人的行为的因素主要有(　　　)、(　　　)、(　　　)和(　　　)四个方面。

3. 人力资源质量是由人力资源的（　　）和（　　）构成的统一体。

4. 人力资源需求是由社会消费引起、并派生出来的需求。因此，人力资源需求是一种（　　）。

5. 人力投资表现为四个大项目，即（　　）、（　　）、（　　）、（　　）。

6. 人的劳动能力包括了（　　）和（　　）两个部分。

二、判断题

1. 人力资源质量是人力资源个体区别于人力资源总体的最关键因素。（　　）
2. 影响人力资源供给的因素主要体现在劳动收入水平和劳动参与率两个方面。（　　）
3. 总体来看，人力资源需求量取决于经济需求总量和生产单位对经济需求转化率二者的共同作用。（　　）
4. 人力资源供求关系是人力资源配置的基本因素，也是社会就业最基本的决定因素。（　　）
5. 人力保健是指对人力资源采取各种措施，以保证其劳动能力持续处于正常状态的活动。包括卫生保健投资和职业保护—劳动保护投资两个部分。（　　）
6. 劳动关系的核心内容是雇佣双方在具体组织中权利与义务的界定。因此，劳动关系除了社会关系这层含义以外，还具有法律关系的含义。（　　）
7. 良好心理契约的建立主要取决于人力资源的素质与组织凝聚力关系的处理。（　　）

三、辨析题（先判断对或错，然后进行简要的理由说明）

1. 人力资源总是在一定组织中的人力资源。
2. 人力资源是市场经济的主体之一。
3. 人力资源投资是最大的投资。

四、简述题

1. 影响人力资源数量的因素有哪些？
2. 影响人力资源质量的因素有哪些？
3. 人的复杂性有哪些表现？
4. 人力资源供求基本平衡的主要标志是什么？
5. 人职匹配理论主要有哪些？
6. 人力投资的特点表现在哪些方面？

推荐书目及文章

[1] 姚裕群. 人力资源开发与管理[M]. 2版. 北京：中国人民大学出版社，2007.
[2] 雷蒙德·A.诺伊等. 人力资源管理：赢得竞争优势[M]. 5版. 刘昕，译. 北京：中国人民大学出版社，2005.
[3] 道格拉斯·麦格雷戈. 企业中的人性方面[M]. 北京：中国人民大学出版社，2008.
[4] 彭剑锋. 人力资源管理概论[M]. 3版. 上海：复旦大学出版社，2018.
[5] 加里·贝克尔. 人力资本[M]. 北京：北京大学出版社，1993.
[6] 王玉珊. 日本教育及其在经济发展中的作用研究[M]. 北京：中国社会科学出版社，2012.

第三章
工作分析

微课资源

　　一个组织需要什么样的人力资源,要有什么样的人力资源结构,要如何规划组织的人力资源战略,取决于这个组织的工作性质、工作任务及其组织发展战略规划。而组织的发展战略规划受制于组织所在的行业、市场需求及其变化,以及科学技术发展带来的产业结构变化及生产工艺变化等因素。因此,工作分析是组织人力资源开发和管理的重要基础性工作。

　　本章将对工作分析的含义及其包含的主要内容、工作分析的基本方法进行系统介绍,简要地阐述工作分析在人力资源开发与管理中的意义和作用,并给出工作说明书的范例,使学习者更好地了解和掌握工作分析这一人力资源开发与管理的重要工具。

 学完本章,你将能够:

1. 了解工作分析的现实意义;
2. 掌握工作分析的具体内容及其工作分析的基本方法;
3. 了解工作说明书的构成并掌握工作说明书的基本编写方法。

专题一 工作分析是人力资源开发与管理的基础性工作

专题导读

什么是工作分析？工作分析对人力资源开发与管理有什么意义和作用？为什么说工作分析是人力资源开发与管理中的基础性工作？通过本专题的学习，你将对上述问题有一个比较系统的了解、认识和掌握，更清楚工作分析在组织人力资源管理中的地位和作用，从而更重视工作分析的开展。

一、工作分析的含义

工作分析也称为职务分析、岗位分析，简单地说就是对组织内的每项工作或每个岗位的任务、活动、责任及任职条件等进行准确的描述。具体来说，就是通过观察和研究，确定某项具体职务或工作的性质，对工作的职责、权力、隶属关系、工作条件等进行具体说明，并对完成该工作所需要的行为、条件、能力等提出具体要求的总称。工作分析的实质就是研究某项具体工作所包含的内容、活动及其任职者必需的能力与责任，区别本工作与其他工作之间的差异，并将该工作的内容、活动、责任及任职资格等相关因素进行全面的、系统的、有组织的描写和记载。可见，工作分析是人力资源开发与管理中不可或缺的重要的基础性环节。只有清楚地明确了各职位的工作内容、活动、责任及任职资格等信息，才能有效地进行人力资源的获取、配置、开发、考核、激励与调整，较好地发挥组织成员创造价值的能力，实现组织目标。

二、工作分析的目的

工作分析目的的确定是开展工作分析的指南。工作分析的目的主要有以下几个方面。

（一）使工作的名称及含义获得统一

工作分析就是要使工作的名称及含义在组织中表示特定而一致的意义，实现工作用语的标准化，免除因工作名称及含义上的歧义给管理带来的困难和麻烦，以便于识别、管理。

（二）确定各项工作的要求和标准

明确组织各项工作的要求和标准，规范和改善工作流程，并依此设计和开展有针对性的工作指导和培训活动，使指导和培训所涉及的工作内容和责任准确地反映实际工作的要求，并对工作质量给出相应的标准，实现指导和培训与实际工作需求相一致，从而节约培训费用，提高培训效率。

（三）确定员工录用的最低条件

员工的录用必须依据组织中工作的需要。工作分析为录用条件的确定提供了依据，即工作分析提供的有关工作的信息明确了被录用者将要做什么、要有什么能力和知识。只有达到这些基本要求、具备这些基本条件，才能胜任该项工作。

（四）建立和理顺组织的工作流程

组织目标的实现是由各项工作互相配合共同完成的。这在高度社会化的环境下更是如此。工作分析就是要确定组织中各项工作之间的相互关系，建立和理顺组织的工作流程，提高工作及管理的效率。

（五）获得有关工作与环境的事实

工作分析既是对工作的科学界定和描述，也是对现实工作的检讨和评价的过程。通过工作分析，获取有关工作与环境的事实，从中发现影响工作效率、导致员工积极性低下、导致组织凝聚力不高等问题及其造成这些问题的原因，进而改进或变革工作流程，重建工作关系，为持续提高工作效率创造环境。

（六）为实现组织的有效管理提供数据资料

工作分析就是获取有关工作的一系列信息的过程。有关工作评价、改进工作方法等的数据资料积累及科学分类，一方面有利于根据组织的工作性质和规模确定组织的工作关系结构，建立工作规范；另一方面为有效地开展管理提供了基础性的条件。

（七）为组织的绩效管理奠定基础

工作分析明确了各岗位绩效衡量的标准，而工作评价则显示了组织中每个成员工作绩效的差异，并区分主要工作与次要工作，以及主要工作与次要工作要求上的差别，为制定各岗位的绩效考核标准提供依据，从而为绩效管理奠定基础。

三、工作分析的作用和意义

从工作分析的含义来看,通过工作分析,解决以下两个问题,一是明确某个职位是做什么的,即明确该职位的工作性质、内容、活动、责任及任职要求;二是明确什么样的人做这个工作最合适,即规范从事该职位工作的人应具备的资格条件,包括专业、年龄、必要的能力、必需的工作经历以及心理素质等。

工作分析对人力资源开发与管理具有重要的基础性作用和意义。因为组织的人力资源开发与管理活动是从人员选拔开始,结束于组织及其成员绩效考核的全过程。工作分析为这个过程的顺利实现奠定了基础。工作分析的作用和意义具体表现在以下几个方面。

(1) 通过工作分析,明确了完成组织目标必需的岗位及其相应的人员的数量与质量的标准,为制订有效的人力资源规划和人事计划提供依据,并在此基础上为选拔和任用合适的人员提供依据。

(2) 通过工作分析,明确组织开展员工教育培训的方向和目标,明确了教育培训的内容和方式,并据此设计和制定相应的教育培训规划及方案,有效地开展教育培训活动,有针对性地提升组织成员的素质。

(3) 通过工作分析,明确确定组织中每个岗位、职位的工作内容、活动、责任、任职要求等相关要素的信息,为绩效考核、晋升、作业标准等提供相应的依据,有助于组织成员进行自我管理以及组织开展有效的管理,实现管理的制度化、规范化、透明化。

(4) 通过工作分析,了解组织中各项工作的内容、活动、责任及任职要求等信息,建立工作规范,检讨实际工作中存在的不足甚至问题,不断改进和完善工作设计及工作环境,降低工作成本,提高工作效率。

(5) 通过工作分析,使组织中各项工作的内容、活动、责任及任职要求得到科学的规范,为组织实行科学的工作定额管理打下良好的基础,实现工作和生产效率的不断提高,并依此建立具有激励作用的科学、合理的薪酬制度,激发人力资源能力充分发挥。

从上述关于工作分析的意义和作用可见,人力资源开发与管理从制定人力资源规划、进行人员选拔和配置,到开展人力资源教育培训、开展人力资源激励、开展绩效管理和薪酬管理等,人力资源开发与管理的各项工作都离不开工作分析为其提供的依据和建立的基础。工作分析是人力资源开发与管理不可或缺的基础性的工作和环节。可以说,工作分析的质量直接关系到甚至决定了人力资源开发与管理的工作质量。因此,必须高度重视工作分析,通过工作分析,建立组织有关工作的系统信息档案——系统的工作说明书,使人力资源开发与管理有据可依,逐步走向科学合理、规范成效。

随着科学技术的不断发展,以及由此带来的组织生产结构的不断调整变化,组织中的工作及其岗位会随之发生变化,或使原来的工作程序、工作方式方法、工作手段等发生变化,因此,工作的任务、活动、相互关系、责任、任职要求等也随之发生变化。例如,现代化钢铁冶炼和石油化工,以较高程度的电子技术控制取代了传统的手工操作,工作岗位在变化,工作岗位的任务、活动、职责、任职要求也随之发生了很大的变化,技术含量大大提高。这就要求随之重新开展工作分析,调整和改写工作说明书,满足新的技术环境条件下实现组织发展目标的需要。由此可见，工作分析是动态的，随着组织的发展不断变化、适应的一项活动。

专题二　工作分析是对工作的全面评价过程

专题导读

工作分析是组织人力资源开发与管理的基础性工作。那么，这项工作到底是做什么的？包含哪些内容？这些内容解决的是什么问题？这些内容之间是什么关系？通过本专题的学习，你将对此获得一个比较系统详细的了解和掌握，为有效地开展工作分析做好准备。

一、了解几个与工作分析相关的概念

工作分析中常常会遇到一些相关的术语。正确地理解和把握这些术语将有助于科学、有效地开展工作分析。

（一）行动

行动也称为工作要素，是动作单位的一种表现，指工作中不能再继续细化分解的最小动作单位，如车床操作工按下车床的启动按钮。

（二）任务

任务是指工作中为了达到某种目的而进行的一系列活动的总称。任务由一个或多个工作要素（行动）构成。工作分析就是要把各岗位应承担的任务细分为一个个连贯的行动体系，确定下来的这些行动体系将成为该岗位任职人员完成岗位任务的程序规范和要求，如西药房药剂师配药。这一任务细分为拿处方、按处方所列药名寻找到相应的药品、拿出处方上开列的药的数量、给药物包装贴上服用说明、把处方上开列的药品置于篮子内、核对患者手上的处方或收费凭证、发药7个工作要素（行动）。

（三）职责

职责简单地说是完成本职位工作必须承担的责任，即是指任职者为履行一定的组织职能或完成一定的工作使命而必须进行的一系列工作。例如,企业技术开发部经理的职责就是不断实现新技术(包含新产品)的研究、开发,包括制订新技术研究、开发计划,制订新技术研究、开发方案,组织新技术研究开发活动,协调新技术研究、开发中的资源配置,协调技术开发部与企业相关部门的工作关系等。工作分析中的一个重要内容就是明确工作职责,即明确这个职位是做什么的。

(四)职位

职位也称为岗位,是指以事为中心确定的,由一项或多项相关职责组成的集合,如中学校长、总务处处长、秘书、财务总监、销售部经理等职位。它强调的是岗位职责,而不是担任这个岗位的人员。但是,一般来说,职位与人员是匹配的,即以岗定员,职位数量与人员数量相配、相等。

(五)职务

职务是指主要职责相似或相同的一组职位的统称,如校长、处长、总经理等。职务与职位的关系,简单地理解,职务就是这项工作的任务——是做什么的;职位就是这项工作的位置——需要安排多少个岗位。根据组织规模的大小和工作性质的不同,一个职务可以由一个或多个职位组成,如人事处,往往有一个处长,两个或三个副处长。

(六)工作

工作是指由一个或一组职责类似的职位所形成的组合。一项工作可能只由一个职位来完成,也可能要由多个职位共同配合才能完成,如撰写单位的年度工作总结,这是一项工作,由秘书执笔,但需要各部门主管提交本部门的工作总结,以及如统计、财务等部门提供的数据、资料等,才能完成该项工作。因此,工作往往是需要团队协作,尤其在高度社会化的环境下,更是如此。

(七)职业

职业是指在不同组织中从事相似活动的一系列工作的总称,如教师、医师、律师、会计师、工程师、厨师、营养师、技师等。职业与工作的主要区别在于范围不同。工作的范围较窄,一般限于组织内;职业则是跨组织的。例如,同是教师,但在不同的学校任教;同是医师,但在不同的医院从医。因此,职业生涯是指一个人在其工作生活中所经历的一系列职位、工作或职业的集合。

(八)工作描述

工作描述是指根据工作分析的结果,用书面的形式具体说明某一项工作的物质特点和环境特点。例如,这项工作是做什么的、怎么操作的、在哪里做、什么时间做等。通过工作描述,了解该项工作的内容、活动过程、工作条件及环境、时间要求及工作质量要求等。工作描述可帮助人们了解这项工作的性质、任务内容、职责要求和工作标准等信息。

(九)工作规范

工作规范是指完成某一项工作所需要具备的能力、技巧、知识、学历及工作经历等一系列要求的总称。例如教师,需要具备较好的口头表达能力、严密的逻辑思维能力、良好的与人沟通能力、灵活有效的教学设计能力、调控课堂气氛的能力等,同时需要具备系统的、良好的本专业知识,大专以上学历,一至两年的从教工作经历,通过教师资格考试等,这些就是作为教师这项工作的基本要求。工作规范可帮助人们了解胜任该项工作需要的条件、能力、资格等信息,为培养和增强相应的能力、条件指明方向及目标。

(十)工作族

工作族是指两个以上的工作任务相似或要求的工作人员特征相似的一组工作,如保洁工、教务员、车工等。一般来说,同一个工作族的员工,其岗位工资是相似甚至相同的。

二、工作分析的具体内容

工作分析具体来说就是将某一职务的工作内容、工作目的、工作主体、工作时间、工作地点、工作关系和工作方法7个方面进行细化明确。因此,工作分析也可以归纳为6W和1H,即What——这项工作是做什么的;When——这项工作的时间安排;Where——这项工作在哪里进行;Why——做这项工作的目的是什么;Who——由什么人来做这项工作比较合适;for Whom——这项工作是和谁建立工作关系;How——这项工作怎么做。

(一)What——工作的行动和任务

What是回答某工作的工作任务及其行动内容。它主要包括:这项工作的主要行动及任务;这些主要行动及任务所产生的结果或产品;这些结果或产品要达到的要求和标准等。通过这项分析,明确某项工作的主要任务及行动内容是什么。

(二)When——工作的时间安排

When是回答某工作的时间安排。它主要包括:这项工作需要的时间;开始及结束时间;例行的工作时间;固定的工作时间;特殊的工作时间等。通过这项分析,可明确某项工作的各种时间安排及要求,如销售部经理,每天工作多长时间、在办公室工作多长时间、在办公室外工作(出差)多长时间、某个新产品完成市场推广多长时间等。

（三）Where——工作场所及环境

Where 是回答某工作的工作场所、环境及条件，即在哪里工作。它主要包括：工作的自然环境，如室内工作还是室外工作，工作地点的温度、光线、通风、安全条件等；工作的社会环境，如组织所处的文化环境及组织自身的文化环境、工作群体的人员组成及其数量、工作所要求的人际关系、环境的稳定性等，如销售部经理，既在室内工作，也会出差，需要向上级汇报，向下级下达工作指令，与客户沟通，与生产部、财务部、新产品开发部等部门沟通等。通过这项分析，可明确某项工作所处的环境条件。

（四）Why——工作的目的

Why 是回答做这项工作的目的。它主要包括：做这项工作的目的；做这项工作对组织的作用；做这项工作与组织中的其他工作的联系，对其他工作的影响等。通过这项分析，明确某项工作的目的、作用和意义。

（五）Who——工作的责任人

Who 是回答什么人做这项工作比较合适。它主要包括：完成某项工作需要什么样的身体素质、知识技能、工作经历和经验、个性特点、学历、其他相关条件等。通过这项分析，明确胜任这项工作需要的能力及条件。

（六）for Whom——工作关系

for Whom 是回答这项工作需要建立什么样的工作关系，即与哪些人有工作关系、有什么样的工作关系。它主要包括：这项工作向上的工作关系，即需要向谁请示、报告；这项工作向下的工作关系，即可以指挥和监控的下属；这项工作活动链的构成，即工作信息及工作结果的传递路径及对象等。通过这项分析，明确这项工作必需的工作关系及工作程序、工作活动链。

（七）How——工作的方式、方法

How 是回答如何完成这项工作的方式、方法。它主要包括：这项工作的程序及其程序中的关键节点、薄弱节点；这项工作需要使用的工具、设备等手段、装备；这项工作需要的方式、方法；这项工作需要的资源等。通过这项分析，明确完成该工作需要的程序、方式、方法、手段及资源等。

从上述工作分析的具体内容来看，工作分析是对工作的系统、全面调查及分析过程。通

过工作分析,明确了与某项工作有关的一系列信息,为管理者实现有效管理、提高工作效率提供系统、全面的工作信息;为应聘者、从业者实现更好的职业发展提供系统、全面的工作信息,更好地实现人职匹配,提高工作效率。

专题三　工作分析是一个科学的工作过程

专题导读

工作分析是一个全面的评价过程,也是一个运用科学方法对工作进行科学分析、描述的过程。这个过程由哪些阶段组成?每个阶段需要做哪些工作?这个过程需要运用什么技术、方法和手段?通过本专题的学习,你将对工作分析的工作程序有一个全面、系统的了解和掌握;同时,你还会了解和掌握工作分析的一系列科学有效的方法、技术和手段。这些将帮助你更好地开展科学的工作分析,为提高人力资源开发与管理打下坚实的基础。

一、工作分析的基本程序

组织类型、工作性质、规模大小、人力资源管理的目标、组织的管理基础水平等不同,组织工作分析的程序会因此有所不同。但是,一般来说,各组织工作分析的基本程序是相同或相似的,即每个组织的工作分析都包含准备、推进、形成和应用四个主要的阶段及各阶段所包含的若干环节。[①]如图3-1所示。工作分析的基本程序及其各程序中的若干环节一般来说是确定的,并且是循序渐进的。但是,各环节的具体工作及其工作量的大小则因组织类型、组织工作性质、组织规模大小、组织人力资源管理的目标、组织的管理基础水平等的不同而有所差别。也有一些学者把工作分析的程序划分为6个阶段,即分析前的准备阶段、分析前的计划和方案设计阶段、信息收集阶段、分析阶段、分析结果描述阶段、分析结果运用阶段。[②]从这两种对工作分析程序的划分来看,四阶段的划分对工作分析流程中各阶段工作的确定比较清晰、明确;六阶段的划分则突出了工作分析的主体工作——分析活动。本书主要采用四阶段的划分。

---

① 姚裕群. 人力资源开发与管理[M]. 2版. 北京:中国人民大学出版社,2007:191.
② 程恒堂. 人力资源管理[M]. 北京:化学工业出版社教材出版中心,2005:17.

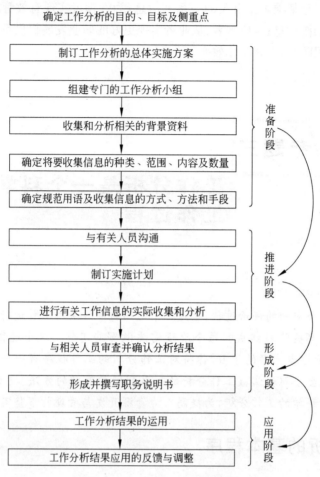

图 3-1　工作分析的一般流程

二、工作分析各阶段的具体工作

（一）准备阶段

准备阶段就是要为工作分析做好各项诸如制订方案、前期材料收集与筛选、选择对象样本等准备工作。具体这个阶段的工作包括以下几个主要方面。

1. 确定工作分析的目的、目标及侧重点

明确工作分析的目的是什么？将从哪些工作或岗位入手？主要解决什么问题？只有将这些确定下来，才能确定需要获取哪些工作信息以及这些工作信息的用途是什么。因为不同的管理问题需要的信息及其组合不同。有了明确的目的，才能正确地确定分析的范围、对象和内容，才能科学地选择和运用分析方式、方法和手段，才能确定需要收集哪些信息、到哪里收集这些信息以及怎么收集这些信息。因此，这是工作分析的一个重要起点。

2. 制订工作分析的总体实施方案

将工作分析的目的、目标、侧重点、指导思想及基本原则、需要运用的方式方法及手段、开展工作分析的时机及时间、工作分析的步骤、工作分析预期取得的结果和效果等以文字形式表述出来，作为工作分析开展的指南和依据。

3. 组建专门的工作分析小组

工作分析是一个技术性、专业性较强，跨度及工作量都较大的工作。为了提高工作分析的质量，必须建立工作分析小组，并明确小组成员的工作分工及其相互之间的工作关系。而小组成员必须根据工作分析的需要进行科学合理的配备，既要考虑具备较强的工作责任意识和团队合作意识，也要考虑具备较强的专业能力，还要考虑对整个组织运作有全面的认识。工作分析小组成员结构的合理与否，直接关系到工作分析的效率及结果的质量。工作分析小组成员通常有三种类型，工作分析专家、部门主管、任职者。每类成员都有其优势和不足，因此需要相互之间的配合与合作。

4. 收集和分析处理相关的背景资料

工作分析小组围绕确定下来的工作分析目的、目标及侧重点，着手收集和分析处理相关的背景资料，为下一阶段工作分析总体方案的具体实施做好准备。收集和分析处理相关的背景资料，不仅可以对已经确定的工作分析目的、目标及侧重点有更清晰的认识和准确的把握，而且能为工作分析总体方案的实施厘清思路，搭建起工作分析的基本框架，为下一阶段工作分析的具体实施做好准备。

5. 确定将要收集信息的种类、范围、内容及数量

确定了工作分析的总体方案，并建立起工作分析的基本框架后，就要确定收集信息的种类、范围、内容及数量。以此指导信息收集工作的开展，减少信息收集的无用功，或避免信息收集出现盲区和缺漏，使收集到的信息更准确、更有效率地反映工作分析对象的情况，更好地实现工作分析的目的。

6. 确定规范用语及收集信息的方式、方法和手段

采用什么样的方式、方法和手段收集信息将直接关系到信息收集的质量，关系到信息收集对工作分析的作用和影响。收集信息的方式、方法和手段有很多，主要包括观察法、工作日志分析法、主管人员分析法、访问法、问卷法、典型事例法等。实际工作中往往是多种方式、方法、手段的组合运用。每个组织要根据本组织的具体情况和特点进行选择和组合运用。同时，为了消除对所获取信息的误解，更好地对收集到的信息进行整理和归类，应确定规范性用语。

（二）推进阶段

推进阶段就是开始进行调查、分析的阶段。在这一阶段，要完成相关工作分析系统的资料收集、整理，以及对资料进行初步分析，并根据初步分析，对照工作分析的目的，继续进行资料的补充和完善。具体这个阶段的工作包括以下几个主要方面。

1. 与有关人员沟通

工作分析涉及面广,需要组织中各个方面的支持与配合——不仅要有上级的领导,还要有中层的支持,以及基层的配合与合作。因此,要将工作分析的作用、任务向相关人员进行清楚而完整的说明,使他们充分地理解工作分析的计划方案,更好地配合工作分析的开展。

2. 制订实施计划

总体工作分析实施计划是对组织工作分析方向、目的、指导思想和任务的总确定,另外,还要在此基础上确定如何开展该项工作的具体计划和部署。具体实施计划应该包括整个工作的进程、各阶段的具体工作安排、组织内进行工作分析的目标职务、工作分析的任务量及需要的工作人员数量、工作分析所需的费用及条件、分析过程各环节关系的确定及其责任的划分等。实施计划是工作分析的具体工作安排和部署,也是进行工作分析工作考核的依据。

3. 进行有关工作信息的实际收集和分析

按照工作分析实施计划,进行有关工作信息的实际收集。一般来说,工作信息包括工作内容、工作职责、有关工作的知识、所需经验及适应年龄、所需的受教育程度及技能要求、所需的心理品质、与其他工作的联系、工作环境及工作强度等。实际工作信息收集涉及的资料有组织结构图、工作流程图、设备维护记录、设备设计图纸、工作区设计图、培训手册、以前的工作说明书等。工作信息的收集过程应与任职者及其上司密切联系,并获取他们对所收集资料的确认。这将有利于任职者及其上司接受根据这些资料今后制定的工作说明书及工作规范,配合实施有序的管理。

工作信息收集后,还需要对信息进行整理与分析。分析主要包括职务名称分析、职务规范分析、工作环境分析、任职资格分析等。

(三)形成阶段

1. 与相关人员审查并确认分析结果

将上述分析结果与相关人员进行交流,共同审查该结果是否符合本次工作分析目的的要求,是否真实地反映了分析对象的情况,是否科学合理地描述了分析对象的需要。通过交流和审查,确认该分析结果的工作质量,为撰写职务说明书做好准备。

2. 形成并撰写职务说明书

在上述分析结果确认的基础上,按照职务说明书的要求撰写职务说明书。首先形成职务说明书的初稿,把初稿送交有关主管和分管人员审查,获取补充意见后进行修正,然后编写正式的职务说明书,使其成为有约束效力的管理文件。

职务说明书包括的主要内容有工作概括、详细的工作职责、明确的工作要求、明确的任职资格、清楚的工作环境及工作条件、清楚的工作关系等。对这些内容的描述要清楚、具体、细致,使使用者从中更好地获取指导其工作的信息和指南。

（四）应用阶段

1. 工作分析结果的运用

这是对工作分析结果的检验过程。这个过程主要是根据工作分析的结果，制定人力资源开发与管理的各种应用性文件，并对使用文件者进行培训，使他们领会这些应用性文件的精神和要求，了解各工作岗位的工作规范要求等信息，并能切实地按照这些文件的具体要求实施管理，使工作分析的成果在组织运作中发挥作用，真正实现工作分析的目的。对工作分析结果使用进行分析是工作分析的重要步骤，也是工作分析中的一项重要工作。这些应用性文件主要包括招聘录用文件、人员培训文件、人员发展与晋升文件、薪酬规划文件等。

2. 工作分析结果应用的反馈与调整

工作分析是一个不断调整与发展的过程。其目的是控制和纠正工作分析结果应用过程中可能出现的各种偏差。因为，随着时间的推移，组织活动在不断地变化，组织的工作也在不断地变化，原有的工作分析结果可能不能准确地反映工作的实质和要求，需要调整。另外，工作分析文件的适用性也只有通过反馈才能得到确认和完善。因此，反馈与调整贯穿于工作分析的全过程，并且是一项长期的重要活动。

三、工作分析的方法简介

工作分析的方法是指工作分析中的信息收集方法。工作分析的方法很多。选择适当的工作分析方法，对信息收集的准确性、可靠性具有非常重要的作用。下面对工作分析常用的方法进行简要介绍。

（一）工作实践法

工作实践法是指工作分析人员直接参与到某项实际工作中，对该项工作进行细致的切身体验，由此掌握该项工作的具体第一手资料的工作分析方法。工作实践法的优点在于可以直接了解工作的实际任务以及对能力、环境、心理等各方面的要求，获取其他方法难以得到的第一手信息，便于更准确地反映该项工作的实际需求。工作实践法的缺点在于对工作分析者能力要求较高、较全面，因此该方法的适用面较窄，而且成本较高。短期内可以掌握的、简单的工作分析可以采用这种方法。

（二）观察法

观察法是指工作分析人员通过对员工正常的工作状态进行观察，获取相关工作信息，并对信息进行整理，得出工作分析结果的工作分析方法。观察法往往适用于可以直接清楚地看到其工作过程的简单工作岗位。观察法包括直接观察法、阶段观察法、工作表演法等具体类型。观察法的优点在于通过对工作的直接观察，比较客观地、准确地、广泛地了解有关工作的信息。该方法适用于大量标准化的、周期短的、体力性为主的简单的工作。观察法的缺点在于适用面有限，而且要求工作分析人员对所分析的工作具有一定的实际操作经验。使用观察法进行工作分析时需要注意以下几点：①根据组织的实际条件事先准备好进行观察记录的表格或设施等，以便随时进行记录；②被观察的工作行为要具有代表性，并且该工作行为应保持相对静止；③进行观察前要开列详细的观察提纲和行为标准；④工作分析人员的活动应尽量不引起被观察者的注意，不干扰被观察者的正常工作，以确保观察结果的准确性、可靠性和有效性。

（三）面谈法

面谈法是指通过工作分析人员与被分析岗位的任职者进行面对面的交谈，听取任职者对工作的描述，收集有关工作的信息的工作分析方法，因此，面谈法也称为访谈法或座谈法。由于任职者对工作情况最了解，感受最深，因此他们对工作的描述最具有权威性。面谈法是收集工作信息的一种重要的方法。该方法不仅可以弥补观察法在工作信息获取上的不足，还可以对已经获取的工作信息进行验证。面谈法涉及的主要内容包括工作目标、工作内容、工作性质及范围、工作责任等。面谈法的具体类型有个别员工面谈法、集体员工面谈法、主管领导面谈法等。由于每种面谈法都有其不足之处，因此，实际工作分析中往往将三种面谈法综合起来运用，以保证工作分析得完整、全面、透彻。面谈法的优点在于比较灵活，可以根据需要继续提问，直到把问题搞清楚，同时可以避免跑题。不足之处在于容易受工作分析人员观念和意识的影响，以及容易受面谈对象主观意识的影响，从而导致工作分析的失真。使用面谈法进行工作分析时需要注意以下几点：①面谈双方建立彼此信任的关系，这是保证面谈成功的前提条件；②事先进行充分的面谈准备，制定详细的提问单，包括提问顺序、提问方式、角度及时间；③面谈过程中随时掌握面谈局面，调动面谈气氛，引导或启发面谈对象对工作的描述，尊重面谈对象的描述；④面谈结束后要及时整理面谈记录，并与面谈对象进行面谈记录核实，对面谈资料进行必要的补充和修正；⑤面谈法不宜单独作为工作信息收集的方法，只适合与其他方法一起使用。

（四）问卷调查法

问卷调查法是指根据调查目的设计和分发问卷给选定的调查对象，并要求其在一定的时间内如实填写和提交，从而获取有关信息的调查方法。这是一种应用非常普遍的工作分析方法。问卷调查法有结构性问卷、开放性问卷等形式。问卷调查法的优点在于调查范围广，适合多种目的、多种用途的工作分析。这种方法能以较低的成本，在较短的时间内收集到所需的信息资料。问卷调查法的缺点在于问卷的设计技术要求较高、难度较大，问卷的设计直接影响问卷调查的结果。同时，由于对问卷的理解会出现个人之间的差异性，因此，对信息资料的采集存在误差。问卷调查法的使用只适宜在对文字有一定理解力并有一定表达能力的人群。鉴于问卷调查法的上述特点,使用问卷调查法时要注意以下问题:①问卷设计尽量做到科学合理贴切地反映调查目的,用词简单明了、通俗易懂;②开展调查前做好宣传工作,使被调查者理解调查目的并积极配合和参与调查活动;③发放问卷时对被调查者进行必要的培训,帮助其理解和掌握调查问卷的填写要求,对问卷中需要注意的地方予以说明,并解答疑问,帮助问卷填写者正确地理解问题,减少因理解带来的误差。

(五)关键事件法

关键事件法是指通过认定员工与职务有关的行为,选择其中最重要、最关键的部分来进行评定,获取关键行为的结果,并总结出某职务的关键特征和行为要求的工作分析方法。该工作分析方法的步骤是:首先从管理者、员工或其他熟悉该职务的人员处收集一系列关于该职务行为的事件;其次,描述这些职务行为事件中"特别好"或"特别差"的职务绩效,并对其进行分类;最后总结出该职务的关键特征及行为要求。其中,对职务行为事件进行描述的内容包括:导致事件发生的原因及背景;员工特别有效或特别无效的行为;关键行为的后果;员工自己能否支配或控制上述后果等。关键事件法不仅可以获得有关职务的静态信息,还可以获得有关职务的动态特点,是一种典型的工作分析方法。关键事件法的优点在于把研究的焦点集中在可以观察和测量的职务行为上,而且通过这种研究,可以确定行为的任何可能的利益和作用,有助于对职务行为的管理。关键事件法的缺点表现在两个方面:一方面是大量地收集关键事件并对其进行概括和分类比较费时;另一方面是对关键事件的定义只考虑了职务行为有效和无效的两个极端,忽略了处于中间状态的职务行为。从正态分布原理来看,职务行为中更多的是处于中间状态的职务绩效。因此,关键事件法存在着它自身的盲点,不利于关注处于中间状态的工作绩效。

(六)工作日志法

工作日志法是指为了系统地、连续地了解员工实际工作的内容、责任、权利、人际关系及工作负荷等信息而要求员工记录工作日志,并对工作日志进行归纳提炼,从中获取所需的工作信息的一种工作分析方法。工作日志法的优点在于能够获取连续的工作信息,而且所获取信息的可靠性较大,费用成本较低。工作日志法的缺点在于适用范围较小,而且填写活动比较琐碎耗时。工作日志法只适用于工作循环周期较短、工作状态比较稳定的职务。因此,使用工作日志法需要注意对填写日志的员工进行认真的宣传和细致的培训,避免因填写中的疏忽导致工作信息的失效或遗漏,从而影响工作分析的质量。

工作分析方法还有很多。这里只是介绍了其中常用的几种方法。每种方法都有它自身的特点和局限。为了更有效地开展工作分析,组织应该根据自身的特点和需要,进行多种方法的选择组合,以期有效地达到工作分析的目标。

专题四 工作说明书文本简介

专题导读

采用一定的工作分析方法获取相关的工作信息并对这些信息进行分析处理,形成对某一职务的工作确定后,还必须把这些以文字的形式确定下来,使其形成相应的管理文件,成为管理的依据,这就是工作说明书。那么,工作说明书包含哪些内容?怎么撰写工作说明书?工作说明书有什么作用?通过本专题的学习,你将对工作说明书的构成有一个比较清楚的认识和把握,并对工作说明书的编写和使用有一个基本的了解。

一、工作说明书的构成

工作说明书是根据工作分析所获得的结论,对每项工作的性质、任务、责任、环境、工作行为及任职资格、条件要求等以文字形式形成的一种文件。它是工作分析的结果,也是工作分析的重要环节和组成部分。一份完整的工作说明书必须包含工作描述和工作规范两个重要的内容。

(一)工作描述

工作描述就是确定工作的具体特征,是对"事"的要求,具体如工作任务、责任、环境、行为等。工作描述包含的具体内容如下。

(1)基本信息。包括职务名称、职务编号、所属部门、职务等级、编制日期等基本内容。

(2)工作活动及工作程序。包括所要完成的工作任务、工作范围、工作职责、完成工作需要的材料、工作设备及工具、工作流程、工作关系、管理关系等。

(3)工作环境和工作条件。包括工作场所及其基本条件、工作环境的安全情况、工作场所的地理位置等。

(4)社会环境。包括工作团体的情况、社会心理气氛、同事的特征及相互关系、部门之间的关系、组织内外的社会公共设施等。

(5)职业条件。包括工作报酬及组织薪酬制度、工作时间、晋升机制、学习提高机制、该工作在组织中的地位及其与其他工作的关系等。职业条件是人们用以判断和解释工作描述中上述其他内容的重要依据,因而是工作描述中的重要组成部分。

工作描述中需要注意的几个问题。

（1）因工作描述要求一定的稳定性及相应的权威性，所以，小公司的灵活管理和运作不适宜进行工作描述。

（2）工作描述是发现组织内结构性错误并对其予以更正的一种方法，因此需要组织高层管理者对此有足够的认识和重视，工作描述的意义和价值才能体现出来。

（3）工作描述是一个工作量很大、很细致的工作，需要在思想上、人员上、时间上、费用上进行周密的规划、准备才能获得相应的效果。规划和准备工作在工作描述中至关重要。

（二）工作规范

工作规范是对从事某项工作的人所必须具备的知识、技能、能力、体力等能力的要求，以及对个性、行为特点等心理要求的规定。它回答的是胜任某项工作需要哪些个人特征和经验，是任职者为完成该项工作所需要的知识、技术、能力及所应具备的最低条件。因此，工作规范是对"人"的要求，是对任职者担任该项工作需要的资历的要求。主要包括某项工作的程序和技术要求、工作技能、智力、操作能力、工作态度、人际交往能力、团队合作能力以及各种特殊能力要求等，另外还包括文化程度、工作经验、生活经历、性格以及健康状况等。

（三）工作说明书的作用

工作说明书是组织管理的重要文件，是人力资源管理的核心工具。人力资源管理的各项工作几乎都是以工作说明书为基础展开的，如人力资源规划、员工招聘、培训规划、绩效考核、薪酬设计、员工职业生涯规划等，都是以工作说明书为依据进行的。因此，可以毫不夸张地说，工作分析是组织人力资源开发与管理的基础性工作，而其中的工作说明书则是对这个基础具有法律意义的书面记录。它成为组织开展管理工作的重要科学依据和准绳。

二、工作说明书的范本

（一）规范的工作说明书包含的要素

一份规范的工作说明书必须包含以下要素。

（1）表头格式。注明组织中相应职务的名称、归属部门、隶属关系、级别、编号等信息。

（2）工作要求。主要描述该职务工作上的要求，包括工作性质、工作量、工作范围、工作时间、工作程序、工作活动、工作环境等信息。

（3）责任范围。主要描述该职务所承担的主要责任及其影响范围。

（4）工作关系。主要描述该项工作的完成需要与组织中的哪些部门或人员发生联系，它们之间相互关系的重要性和发生频率等。

（5）任职条件。主要描述该职务所需要的相关知识及学历要求、受培训要求、相关的工作经验及其他条件等。

（6）操作能力。主要描述从事该项工作对任职者技能水平的要求，以及对操作的灵活性、精确性、速度及协调性的要求。另外,还描述操作技能对该项工作的重要性程度以及如何改善和提高技能水平的要求等。

(7) 管理结构。主要描述实施管理的性质、管理人员或员工的性质。给任职者一个非常清晰的工作内容和管理范围。

上述几项要素是一份规范的工作说明书必须具备的。但是,这些要素的排列不是固定的,可以根据组织的惯例来编排。而且,工作说明书可以是文字形式的,也可以是表格形式的。它们的意义是相同的,都是对某项工作描述和工作规范的书面材料。

(二) 工作说明书的编制

工作说明书的编制要根据组织对工作说明书的用途来确定其详略程度或项目选择程度。如果工作说明书是用来进行员工培训或教导员工如何工作的,则其中对工作内容的描述必须详尽、清晰、明了、准确;如果工作说明书是用来进行工作评价的,则要突出工作的繁简程度及责任的轻重程度。因此,工作说明书的编写必须符合组织不同使用目的的要求。

编写工作说明书时应注意以下事项:①工作说明书对工作的描述应清晰透彻,使用者通过它可以迅速明白其意思和要求;②工作项目要包罗万象;③各项工作的说明书在文字措辞上要保持一致,且文字叙述简洁、具体;④工作名称能清楚地表现出工作技术水平及职责的差异,能清楚地显示各项工作之间的差异。

工作说明书编写完成后要签字确认,以示其正式性和有效性。需要在工作说明书上签字的人有该岗位的主管、编制人、批准人。同时,工作说明书还要规定有效期限。为了保证工作说明书的效力,组织必须根据组织及其环境的发展变化,对工作说明书进行定期的修正和更新,以确保工作说明书在人力资源开发与管理中的基础性作用和地位。

(三) 工作说明书范例

销售部经理的工作说明书

职务名称:销售部经理

职务代名:1137-118

别名:销售部主任、销售部主管、销售部总监

工作任务和工作责任:

对企业销售计划的实施进行指导、协调、监督和控制;指导销售部的各项活动;向上级管理部门报告企业全面的销售事务;根据对销售区域、销售渠道、销售定额、销售目标的批准认可,协调销售分配功能;批准对推销员销售区域的分派;评估销售业务报告;批准各种有助于销售的计划;审查市场分析,以确定顾客需求、潜在消费量、价格、折扣率、竞争等活动,促进企业销售目标的实现;亲自与大客户保持联系;与企业内的其他管理部门合作,建议和批准用于研究与开发工作的预算支出及拨款;与广告机构就制作销售广告事宜进行谈判,并对拟发布的广告素材予以认可;根据销售需要在本部门内成立相应的正式群体;根据企业的有关规定,建议或实施对本部门员工的奖惩。

工作任务和工作责任的衡量标准：

本人的销售业绩；本部门的销售业绩。

工作条件和物理环境：

工作地点在本城市；70%以上的时间在室内工作，一般不受气候的影响；温度、湿度适宜，无严重噪声，无有毒气体，无个人生命或严重受伤的危险；有外出要求，一年的出差时间约占全年工作日的10%～20%；每年的4—10月是销售的旺季，也是销售的繁忙季节；可调用小汽车2辆、送货车10辆。

社会环境：

有一名副手；部门工作人员约25～30人；本岗位是企业的中层管理岗位，直接的上级是企业的销售副总经理；需要经常与生产部、财务部交往沟通；可以参加企业家俱乐部、员工乐园的各项活动。

任职资格与条件：

工作经验——需有5年以上相关行业销售工作经验；

学历要求——本科及以上学历或有2年以上任销售经理经验的专科学历；

沟通能力要求——口头表达流畅，能使用英语进行一般性的商务谈判；

个人素质——善于与人沟通，有良好的管理、协调能力；

年龄要求——28～40岁。

薪酬、福利待遇与晋升：

基本薪金为8000元/月，职务津贴1200元/月，完成全年销售指标奖励50 000元，超额完成部分再按1%提取奖金；晋升空间为企业的销售副总经理或分厂的总经理；每周工作40小时；享受国家法定节假日；每三年有一次出国进修的机会；每五年有一次为期一个月的带薪公休假期，并可报销旅游费用15 000元；企业免费提供位于市区的2室2厅住房一套。

资料来源：本范例根据李剑锋. 人力资源管理：原理与技术[M]. 北京：电子工业出版社，2002：7和贾晓辉，人力资源管理理论与实务[M]. 北京：中国国际广播出版社，2004：110资料整理而成。

小　　结

工作分析也称为职务分析或岗位分析，是对组织各项工作的特征、流程以及任职者素质、知识、技能要求等进行描述，并获得相应结论的过程。工作分析是人力资源管理的基础性工作，是人力资源规划、员工招聘、培训规划、绩效考核、薪酬设计、员工职业生涯规划等的重要依据。工作分析的主要内容包括6W1H，即做什么、为什么做、谁来做、什么时候做、在什么地方做、为谁做、怎么做。工作分析的工作程序包括工作分析目标选择、制定工作分析规划及方案、信息收集与分析处理、结论表达、结果运用等环节和活动。工作分析有一系列方法，主要包括工作实践法、观察法、面谈法、问卷调查法、关键事件法、工作日志法等。每种方法都有其优点和缺点，应该根据组织工作分析的目的进行选择使用。工作分析的最后一个步骤或最后一项工作就是根据工作分析的结论编写工作说明书。工作说明书是人力资源开发与管理的核心工具,是一种对工作描述和工作规范进行书面表述的管理文件。工作说明书包含工作描述与工作规范两大方面的内容及其相应的表头格式、工作要求、责任范围、工作关系、管理结构、任职条件、操作技能7项基本要素。工作说明书有文字叙述式和表格式两种。

思考与练习

一、填空题
1. 工作说明书包含的两项内容是(　　)和(　　)。
2. 工作描述规定对(　　)的要求;工作规范则是规定对(　　)的要求。

二、辨析题(先判断对或错,然后进行简要的理由说明)
1. 工作分析是人力资源管理的基础性工作。
2. 工作说明书是人力资源管理的核心工具。

三、简答题
1. 简述工作分析的内容。
2. 简述工作分析的基本工作程序。
3. 简述工作说明书的基本要素。
4. 简述工作分析的基本方法。
5. 简述工作分析的目的。

推荐书目及文章

[1] 萧鸣政. 工作分析的方法与技术[M]. 4版. 北京:中国人民大学出版社,2014.
[2] 顾琴轩. 工作分析[M]. 北京:中国人民大学出版社,2006.
[3] 李剑锋. 人力资源管理:原理与技术[M]. 北京:电子工业出版社,2002.
[4] 岳俊健. 人力资源管理中的岗位分类和岗位分析[J]. 浙江金融,2003(12).
[5] 贾晓辉. 人力资源管理理论与实务[M]. 北京:中国国际广播出版社,2004.
[6] 李运亭,陈云儿. 工作分析:人力资源管理的基石[J]. 人力资源,2006(2).

第四章
人力资源战略与人力资源规划

微课资源

  人力资源是组织的核心资源。人力资源只有与组织的其他资源结合才能实现创造价值及其价值增值的目标。因此,组织的人力资源规划必须配合组织的发展战略规划,并为组织的发展战略规划服务——围绕着组织的发展战略规划而规划、展开和实施。人力资源战略与规划不仅是为了配合组织发展战略目标的实现,也是组织开展人力资源开发与管理具体工作实务的依据,是组织整个人力资源开发与管理工作的开端,决定着组织人力资源开发与管理的方向、方针、目标、阶段及任务。

  本章将介绍人力资源战略与人力资源规划的含义及其内容,分析人力资源战略与人力资源规划的意义和作用,介绍人力资源规划的基本方法等,以期你能对人力资源战略与规划有一个系统的了解和把握。

 学完本章,你将能够:

1. 清楚地了解人力资源战略与规划的含义;
2. 了解和掌握人力资源规划的内容体系;
3. 了解人力资源战略与规划的意义和作用;
4. 了解和掌握人力资源规划的基本方法。

专题一 人力资源战略是组织发展战略目标实现的重要保证

专题导读

什么是人力资源战略及其管理？人力资源战略包含哪些内容？人力资源战略管理包含哪些内容？人力资源战略管理在组织中的意义和作用是什么？它与组织发展战略有什么关系？人力资源战略与人力资源规划之间是什么关系？通过本专题的学习，你将对人力资源战略及其管理的含义以及它在组织发展中的地位作用有比较清楚的了解，对人力资源战略与组织发展战略之间的关系会有新的理解和认识，进而更加重视人力资源战略管理。

一、人力资源战略及其管理的含义

人力资源是组织的核心资源。必须紧紧地围绕组织的发展目标开展人力资源开发与管理，人力资本的价值才能充分地体现和发挥出来。组织要实现长远持续的发展，必须要有战略思维、战略目标和战略管理。组织人力资源也必须为此进行战略规划和战略管理，以保障组织发展战略目标的实现。

（一）人力资源战略及其战略管理的含义

人力资源战略有组织的人力资源战略和国家、地区的人力资源战略。这里讨论的是组织的人力资源战略，即微观的人力资源战略。

组织的人力资源战略指的是组织为了实现自身发展战略目标的要求，在组织内外人力资源环境分析预测基础上，确立组织人力资源开发与管理方针及目标，并围绕该目标对员工选拔及培育、员工发展、组织工作规划、绩效管理、薪酬制度管理等进行全局性、长期性、系统性、预见性的谋划。组织人力资源战略是从组织发展战略出发，体现和处理组织人力资源开发管理的方针政策与环境因素之间的关系，即组织的人力资源开发管理方针政策将如何适应、满足一定环境条件下组织发展战略目标实现的需要。组织人力资源战略管理就是围绕组织发展战略目标的要求，对组织所处的人力资源环境进行调查、分析研究，依此制定组织人力资源战略目标及其实现目标的策略谋划，并组织实施、控制和评价的一系列活动。因此，组织人力资源战略管理是指组织从自身发展的战略目标出发，根据组织所处人力资源环境，规划组织人力资源开发与管理活动，不断改进人力资源开发与管理的工作方式、发展组织文化,持续提高组织总体绩效的活动总称。

(二)组织人力资源战略与组织发展战略之间的关系

组织的人力资源是组织的核心资源。每个组织都有自己的发展战略及战略目标。发展战略及战略目标的实现都必须有相应的资源配合与支持。人力资源以它独特的性质特点成为这些资源中最关键的资源,也是最能动的资源。它关系到组织发展战略及战略目标的贯彻执行,关系到其他资源效用的发挥,关系到组织发展对环境的适应性及组织的竞争力。可以这么说,一方面,组织的人力资源战略是组织发展战略的客观要求,也是组织发展战略的组成部分。组织的人力资源战略必须以组织发展战略为依据,并以确保组织发展战略实现为目标来设计、制定和实施组织的人力资源战略,同时,随着组织环境的变化及其相应的组织发展战略的调整变化,组织的人力资源战略也要随之进行调整变化以适应组织变化。另一方面,组织的人力资源战略除了保障组织发展战略的实现,还需要有一定的预见性和前瞻性,根据组织环境的变化提前谋划组织的人力资源管理,调整或重新设计组织的人力资源管理方针政策和管理模式,以便及时捕捉环境变化给组织发展带来的机遇,或及时消除因环境变化给组织发展带来的阻碍或损失。一个组织要实现持续发展,必须要有战略思维、战略目标和战略管理,而人力资源战略就是这个战略体系中的一个重要组成部分,而且是其中具有核心地位和保障作用的组成部分。市场经济发展的诸多实践证明,没有发展战略及战略管理的组织难以获得持续的长久发展;而没有人力资源战略及战略管理的组织,其组织发展战略也难以实现。因此,组织的人力资源战略与组织发展战略之间是休戚与共、彼此依存的关系。

小资料

2000 年,华为召开了第一次出征海外的誓师大会。彼时,华为正面临着机会与危机共存的市场环境。机会是经历了 10 年奋斗,培养和造就了一支有组织、有纪律,高素质、高境界和高度团结的队伍。危机是这支队伍太年轻,且又生长在华为顺利发展的时期,抗风险意识与驾驭危机的能力都较弱,经不起打击。加入 WTO 后,中国经济融入全球化的进程加快,我们不仅允许外国投资者进入中国,中国企业也要走向世界。在这样的时代,一个企业需要有全球性的战略眼光才能发奋图强;一个公司需要建立全球性的商业生态系统才能生生不息。若 3~5 年之内不能建立国际化的队伍,那么中国市场一旦饱和,中国企业将面临巨大的风险。2016 年,华为召开了第二次出征海外的誓师大会。彼时华为已成为全球排名第一的电信设备商。然而,华为并没有占据语音时代、数据时代的世界战略高地,华为必须抓住全球网络转型的两个机会窗口——"宽带的低成本、网络的低时延",占据万马奔腾的图像时代。为此,华为聚焦管道战略,把管道做到极致,努力占据战略制高点。战略方向已经清晰,问题是如何去执行?第二次出征海外誓师大会就是将 2000 名在华为工作 10 年以上的技术专家和高级干部派赴海外,把深厚的技术理解力与强大的战场掌控力结合起来,站在战略制高点上,真正理解客户需求,真正成为客户的战略伙伴。华为前后两次出征海外誓师大会都诠释了没有人力资源战略及战略管理的组织,其组织发展战略将难以实现。

二、人力资源战略管理的主要内容

（一）组织人力资源战略的主要内容

如前文所述,组织人力资源战略是对组织人力资源开发管理的方针政策与环境因素之间关系的体现和处理,是根据组织发展战略及环境变化制定的组织人力资源方针政策及其相应的人力资源管理模式、管理体系。因此,组织人力资源战略的主要内容有：组织人力资源总体战略；组织人力资源职业发展与培育战略；组织人员补充、人员配备及使用、人员储备战略；组织劳动关系管理及团队建设战略；组织人力资源保护战略；组织人力资源绩效管理与激励战略；组织薪酬管理战略；组织文化建设战略；组织人力资本战略等。组织人力资源战略是由这若干人力资源开发管理的子战略构成的战略体系。而且这个战略体系还需要有围绕总体战略制定的各子战略的阶段性目标及其实施计划方案。从而构成一个完整的组织人力资源战略,并保证该总体战略的实现。

（二）组织人力资源战略管理的主要内容

根据组织人力资源战略管理的含义,组织人力资源战略管理的主要内容如下。

（1）环境分析。从组织发展战略出发,对组织内外人力资源环境进行信息收集,信息整理和分析、研究、预测,为制定组织人力资源战略做好准备。

（2）重点工作。制定组织人力资源战略。组织人力资源战略应该包括组织人力资源战略思想、战略方针、战略总目标、战略分目标体系、战略阶段、政策与策略、战略实施的计划方案等。在组织人力资源战略制定中,要重点解决这些问题：一是组织人力资源战略方针、政策及管理模式对组织发展战略的呼应,即组织人力资源发展战略不仅要忠实地服务和支持组织发展战略,还要具有一定的超前意识和前瞻性。当组织面临环境变化的时候,人力资源能为组织应对变化提供支持和保障。二是组织人力资源战略目标与组织发展战略目标的统一,即如何将组织发展战略目标分解,形成组织的绩效指标体系,并将这一绩效指标体系落实为各部门、各岗位、各人的工作指标,以此确保组织人力资源对组织发展战略目标实现的配合。三是组织中工作、部门、岗位的设计和调整变革应遵循组织发展战略的要求进行,以获取满意的效率效益为原则。

（3）优化开发。人力资源战略注重的是对人力资源的开发,即对人力资源的发掘、培育和强化,以形成更具有竞争力的组织人力资源结构。这是组织人力资源战略管理中的关键内容——如何加强组织人力资源的沟通,如何提高组织人力资源的素质,如何增强组织人力资源的凝聚力,如何提升组织人力资源的执行力,如何激发组织人力资源的创造力,如何提高组织人力资源的绩效水平。

（4）重视管理模式。人力资源管理模式是人力资源战略实施的重要手段和方式。人力资源管理模式的主要构成是员工关系管理、绩效管理、薪酬管理及制度设计。人力资源管理模式决定人力资源效用的发挥,直接并非常有效地影响组织员工的工作状态和工作绩效,从而影响组织的竞争力。

(5) 评价与反馈、修正。组织人力资源战略一旦确定下来即具有一定的稳定性,而组织所处的环境则是发展变化的。组织已定的人力资源战略是否适应变化的环境的需求,有利于组织发展战略的实现,这就需要在组织人力资源战略的实施过程中不断地对实施结果进行评价、分析和反馈,寻找问题和差距,并制定相应的措施进行修正。另外,在组织人力资源战略实施过程中,由于原来的判断问题或对战略的理解和执行力的原因,也可能会导致实施结果与目标要求之间的不相符,因此,也需要对实施结果进行评价、分析和处理。评价与修正是组织人力资源战略管理不可缺少的重要环节——它既是一轮战略管理的终点,也是新一轮战略管理的起点。

综上所述,组织人力资源战略管理是一个循环的过程,始于围绕组织发展战略的人力资源环境调查、分析与预测,终于根据环境变化进行人力资源战略评价和反馈、修正。在这个过程中以制定人力资源战略方针、政策,围绕组织发展战略设计相应的人力资源工作指标体系为战略管理的重点,优化开发,重视管理模式设计。由此形成组织人力资源战略管理的完整体系。

三、组织人力资源战略管理的意义

人力资源是组织资源中的首要核心资源,是组织发展战略目标实现中首要考虑的重要因素。组织人力资源战略管理的意义主要体现在以下几个方面。

(一) 人力资源战略管理是组织发展战略目标实现的重要保证

组织环境是不断变化的。组织的人力资源战略管理能够通过加强组织对环境变化的适应能力,有计划地获取组织发展所需要的各种人才或有计划地调整组织的人员结构,为组织发展提供人力保障,从而保证组织发展战略目标的实现。因为在组织发展中,人力资源是第一宝贵资源。另外,通过组织人力资源战略管理,充分掌握和预见组织人力资源的优势与劣势,重新审视组织的发展战略规划,注意组织发展战略与人力资源战略的统一,使组织的发展战略更好地适应环境变化,提高组织的竞争力。

(二) 人力资源战略管理有助于提高组织人力资源的有效利用

组织人力资源战略管理的着眼点在于从全局、长远、系统的角度规划人力资源,谋求组织人力资源在量与质上长期处于最佳结构状态,提高人力资源的效能。通过人力资源战略管理,改变组织人力分配上的浪费或低效现象;激发现有人力资源能力的最大限度发挥;重视提高人力资源的整体素质,从而提高人力资源的价值创造。

(三) 人力资源战略管理有利于形成组织凝聚力

组织人力资源战略管理既是一个人力资源结构不断调整完善的过程,也是一个组织文化建设的过程。在这个过程中,通过人力资源政策的制定、人力资源素质的提升、组织人力资源环境氛围的营造,逐步形成组织的核心理念、组织的价值观、组织的规范、组织的形象,进而逐步地形成组织的凝聚力。这样的组织氛围,有利于激发组织成员的积极性和创造性,从而有利于组织发展战略目标的实现。

(四)人力资源战略管理有助于促使组织与其成员共同发展

现代组织的可持续发展是组织与其成员的共同发展。组织不仅是其雇员谋求生存的重要平台,也是其雇员实现自我价值的平台。从这个意义上讲,组织的发展与其雇员的发展互相依托、相互促进。组织人力资源战略管理为组织及其雇员的共同发展提供了环境和帮助。

专题二 人力资源规划具有先导性和战略性

专题导读

什么是人力资源规划?人力资源规划包含哪些内容?在组织发展中,人力资源规划具有什么地位和作用?制订科学的人力资源规划需要遵循哪些原则?通过本专题的学习,你将对上述问题有一个较清楚的认识。

一、人力资源规划的含义

人力资源规划最早是在20世纪60年代,以"人力计划"的提法出现在人力资源思想领域。但由于早期多停留在统计和数学模型的应用上,阻碍了人力计划的广泛应用。到了20世纪90年代,人力资源规划逐渐取代了人力计划,并普遍受到组织的重视和运用。

人力资源规划有狭义和广义之分。

狭义的人力资源规划是指组织从自身发展战略目标出发,根据组织内外环境变化,预测组织未来发展对人力资源的需求,以及为满足这些需求提供人力资源的活动过程。简单地说,就是组织人力资源供求预测,以及在此基础上如何实现人力资源的供求平衡的过程。

广义的人力资源规划是指组织从自身发展战略目标出发,根据组织内外环境变化,预测组织未来发展对人力资源的需求,并制订组织人力资源政策和人力资源发展方案,在获取、使用、保持和开发人力资源上进行系统、全局、长远的谋划,确保组织人力资源结构处于合理高效的状态,使组织及其成员获得长远共同发展的活动过程。由此可见,广义的人力资源规划包含了狭义的人力资源规划。本章所讲的人力资源规划主要是广义的人力资源规划。

从广义的人力资源规划来看,组织人力资源规划不仅是对组织人力资源供求状况的分析、预测和行动,确保组织发展各阶段对人力资源的需求,而且还是组织为实现人力资源开发与管理营造环境、条件的过程。制订人力资源政策和人力资源发展方案,既是为组织实现发展目标服务,也是为组织成员实现发展提供环境条件。这是广义人力资源规划的核心意义所在。

二、人力资源规划的主要内容

组织的生存和发展离不开人力资源规划。人力资源的开发与管理也离不开人力资源规划。人力资源规划是人力资源开发与管理的起始环节,是一切人力资源开发与管理活动的起点。劳动定岗、工作分析、劳动定员、人员招聘甄选、人员调配晋升、人员绩效考核、人员薪酬制度、人员激励、人员培育与发展规划、人力资源政策等各项人力资源开发与管理活动,都是围绕人力资源规划去制定、展开和实施的。因此,搞好人力资源规划对搞好人力资源开发与管理具有重要的作用。

从广义的人力资源规划来看,人力资源规划包含的内容包括组织人力资源总体规划、组织变革与发展规划、组织人力资源管理制度变革与调整规划、组织人力资源开发规划、组织人力资源供求预测及其平衡规划、组织劳动生产率发展规划、组织人力资源调配晋升规划、组织员工绩效考评与激励规划、组织员工培育及职业发展规划、组织薪酬制度变革及调整规划、组织定岗及定员规划等若干方面。组织人力资源规划的主要内容详见表4-1。

表4-1 组织人力资源规划项目

规划项目	目标	内容	方法	预算
总体规划	总目标;人员的总量及分类;人员的结构;绩效目标;战略性人才培养目标等	与之相关的各项基本政策,如人才培养政策、人员晋升调配政策、人力资源管理制度及其变革政策、管理方式等	总体安排及步骤	人力资源总费用
人员补充计划	人员补充的目标:类型、数量与质量要求,结构,绩效	人员来源,人员任职要求与基本待遇,人员招聘与甄选	拟定相关文件,发布招聘广告,接受报名及材料处理,甄选,录用	招聘、甄选的费用
人员配备和使用计划	各部门定岗定员的标准,劳动定额标准,轮岗制度	任职资格考核办法,聘用及解聘制度,轮岗制度,劳动定额管理制度	拟定相关文件,实施,分析与评价,修正与调整	工资、福利、奖酬
老员工安排计划	降低老龄化程度,提高业务水平,降低劳动成本,发挥老员工作用	员工退休制度,顾问督导制度,返聘制度,"传帮带"制度	拟定相关文件,实施,分析与评价,修正与调整	退休金及福利、返聘费用、顾问督导费用等
员工发展计划	提拔晋升的目标,提高员工的业务水平,减少离职率,提高员工满意度	员工发展政策,晋升制度,员工终身教育计划,组织文化建设制度	拟定相关文件,实施,分析与评价,修正与调整	教育培养费用、考察费用、组织文化建设费用等

续表

规划项目	目标	内容	方法	预算
绩效评估及激励计划	绩效目标,提高组织效率及效益,提高士气,提高员工素质,减少离职率	绩效考核制度,激励政策,奖酬政策,工资政策,绩效考核体系与方法	拟定相关文件,制定考核指标体系,开展考核,考核结果公布及处理	考核费用、奖酬等
组织文化建设规划	改善组织劳动关系,提高员工参与管理程度,提高工作满意度,团队目标导向,提高组织竞争力	员工参与管理制度及政策、办法,组织文化建设制度,组织文化建设方案,团队建设政策及措施,"合理化建议"制度等	拟定相关文件,实施,分析与评价,修正与调整	组织文化建设费用、奖励经费等
员工教育培训计划	长期培训计划,短期培训计划,培训项目体系,员工素质提高指标体系,员工培训工作考核体系	员工培训制度,员工培训政策及方式,员工培训方案,员工培训考核程序及结果处理等	员工培训需求调查,员工培训目标及其方案制订,员工培训方案实施,员工培训评估及结果处理	培训费用、直接和间接误工费用等

资料来源:石金涛.现代人力资源开发与管理[M].上海:上海交通大学出版社,1999:76(有调整)。

组织人力资源规划与组织发展规划一样,分为长期规划、中期规划和短期规划三个不同的层次。每个层次的规划都包含着相同的规划项目,但是,这些项目所包含的任务和工作思路并不相同。长期规划主要是方向性的、指导性的和纲领性的;短期规划则侧重于明确具有可操作性的具体任务、活动、时间和指标;中期规划是对长期规划和短期规划的衔接,是实现长期规划的各阶段性任务的确定。不管哪个层次的规划,其包含的各个项目之间必须互相衔接、协调与支持、平衡,人力资源规划总目标才能实现,也才能保证组织发展目标的实现。例如,人员培训规划与激励规划、晋升规划、员工发展规划、奖酬规划等之间必须建立内在的联系,形成一种机制。这样才有利于促进组织人力资源素质的全面提升,更大地激发组织成员的不断发展的积极性和创造性,从而提高组织的竞争力。

三、人力资源规划的原则

人力资源规划是关系到组织发展目标实现的重要人力资源管理活动。它具有预见性、目标性、整体性、系统性、动态性等特点。因此,在人力资源规划的制订过程中,必须遵循以下相应的原则。

(一)目标性原则

目标性原则是指人力资源规划的制订和实施要与组织发展目标相统一,而且,以组织发展目标为依据的人力资源规划是组织人力资源开发与管理各项工作的依据和指导。也就是说,制订组织人力资源规划,各个层次、各个范围、各个项目都要紧紧地围绕组织发展目标,并服务于组织发展目标。与此同时,组织的人力资源开发与管理活动又是以组织人力资源规划为方向和指导去开展和实施的。只有这样,才能确保人力资源规划的有效性和价值。

（二）系统性原则

系统性原则是指组织人力资源规划的制订和实施要有系统的意识和系统的思想，即开放、融合、相互依存、相互作用。即人力资源规划的制定和实施要处理好长期目标与短期目标的关系、总目标与各项分目标之间的关系、组织发展与员工发展的关系、各项分目标之间的关系等。也就是说，人力资源规划是一个系统工程，需要组织上下、左右各个方面的协同努力、共同配合，需要长期与短期的结合才能实现。

（三）前瞻性原则

前瞻性原则是指组织人力资源规划的制订和实施必须建立在对组织环境的分析预测基础上，对组织环境发展趋势有良好的判断把握，并将这种判断把握在人力资源规划中体现出来，使组织人力资源规划有一定的超前性，指导组织的人力资源开发与管理各项工作的开展，并为组织发展目标实现奠定人力资源基础。

（四）动态性原则

动态性原则是指组织人力资源规划和实施必须考虑环境的变化，并积极适应环境的变化。组织环境总是处于不断的变化过程中，而且环境总是充满了许多不确定性因素。组织人力资源规划以组织发展规划为依据，并服务于组织发展目标，因此，组织人力资源规划也要围绕组织发展目标，根据环境变化不断地进行调整和修正，以期更好地适应环境变化对组织人力资源的需求，更大限度地发挥人力资源的价值和效用。

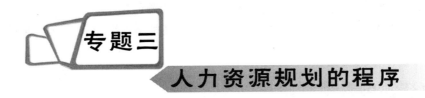

专题三 人力资源规划的程序

专题导读

组织人力资源规划是组织人力资源开发与管理工作的起点，关系到组织人力资源的价值实现和效用最大限度的发挥，关系到组织发展目标的实现。因此，必须保证组织人力资源规划的科学性和有效性。严格遵循人力资源规划的程序去制订组织人力资源规划是确保人力资源规划质量不可缺少的重要的必要条件。什么是人力资源规划程序？一个科学的人力资源规划程序包含哪些阶段和内容？通过本专题的学习，你将对此有一个清楚的了解和掌握。

一、环境调查与分析阶段

人力资源规划是建立在对组织环境调查分析基础上的。因此，对环境的调查分析是组织人力资源规划的首要环节。这个阶段主要是通过调查，获取制订人力资源规划所需要的信息资料，并对这些信息资料进行整理、分析研究，为人力资源规划的制订提供依据，做好准备。

环境调查与分析主要涉及的内容有组织的内外环境，具体内容如下。

（一）组织经营环境调查与分析

组织人力资源规划是以组织发展目标为依据并为组织发展目标实现服务的。因此，组织经营环境的调查分析对组织人力资源规划制订有着很大的制约作用。组织经营环境调查分析包括组织的总体发展战略、组织的经营环境、组织的技术特点及行业技术发展趋势、组织的产品结构、组织的规模、组织的市场状况（销售状况、市场占有率等）、组织在行业中的地位等。通过这些信息的收集和分析，了解和把握组织经营发展对人力资源的需求。这是人力资源规划的重要基础之一。

（二）人力资源供求状况的调查与分析

人力资源供求状况的调查与分析包括组织外部和组织内部两个方面。主要有人力资源市场供求状况、人力资源的分布、人力资源宏观政策及相关法律法规状况、人力资源社会平均收入水平、人力资源的择业偏好、人力资源市场的成熟度、组织现有人力资源状况（人力资源数量、质量及配置结构等）、组织内部人力资源供求状况、组织现有人力资源政策、组织现有人力资源管理制度、组织人力资源流动状况、组织人力资源的培训状况等。通过这些信息的收集和分析，了解和掌握组织人力资源的内外状况。这是制约组织人力资源规划的重要因素。

二、人力资源供求预测阶段

通过上述的环境分析，把握人力资源的供求影响因素，运用科学的方法，对组织未来的人力资源供求进行定性与定量相结合的预测。这个阶段是组织人力资源规划中最具有技术性的关键环节。预测的目的是得出计划期各类人力资源的供应与需求情况，尤其是组织对人力资源的需求情况，获取组织对人力资源的需求数据。预测工作可以通过电子计算机技术，建立分析模型，进行比较研究。人力资源预测的准确程度直接决定人力资源规划的质量，因此，人力资源预测是人力资源规划中最关键的工作。

三、人力资源规划制订阶段

根据人力资源供求预测的结果,制订组织人力资源的总体规划,并在总体规划的基础上制订各项具体业务计划和相应的人力资源政策。总体规划应包括组织人力资源开发与管理的方针、指导思想、总目标以及实现总目标的步骤和阶段划分。各项具体业务计划则要涉及组织人力资源开发与管理的各个方面工作,并有具体的指标规定,与总目标一起构成一个完整的指标体系。这个指标体系要便于理解执行、便于考核。可见,这个阶段的规划工作是具体而细致的工作,关系到组织人力资源规划的实施和控制。

四、人力资源规划的实施与评估阶段

人力资源规划的实施与评估阶段是人力资源规划的最后阶段,也是对组织人力资源规划进行检验的阶段。就是按照人力资源规划组织实施,并对实施结果进行考核、评估、分析,对评估结果进行处理——修正或调整规划。由于人力资源规划是对组织人力资源的未来需求进行预测和满足的活动,而环境是由众多不确定因素构成的、变化的系统,同时,在组织对人力资源规划的实施中还有对规划的理解以及环境变化对规划实施的制约,致使规划的实施结果不一定按照预定的目标进行,达到预期的效果。因此,必然要求对规划实施的结果进行考核、评估和分析,寻找差距及其造成差距的原因,并对规划进行修正或调整,使其更好地满足组织发展对人力资源的需求。可见,对人力资源规划的实施、实施结果的考核与评估分析是人力资源规划的归宿。只有到这个阶段,才能检验人力资源规划的意义和质量。这是人力资源规划不可或缺的重要环节。

对人力资源规划实施结果的考核、评估和分析的目的在于鉴别人力资源规划的科学性和有效性。评估时可以考虑从以下方面进行比较分析:①实际招聘人数与预测需求人数的比较;②劳动生产率的实际提高水平与预测提高水平的比较;③人力资源的实际流动结果与预测的流动情况比较;④实际执行方案与规划的方案比较;⑤实际执行结果与预计的结果比较;⑥方案实施的实际成本与预测的成本比较;⑦方案实施的实际收益与预计收益比较;⑧方案的实际收益与实际成本比较;⑨方案实施结果对组织发展目标实现的实际影响与预计影响的比较。通过这些比较分析,对组织人力资源规划的有效性有一个全面、系统的掌握,有利于对组织人力资源规划的修正与调整,有利于提高下一轮组织人力资源规划制订的针对性和有效性,提高人力资源规划的质量。

人力资源规划实施结果的评估还要考虑以下几个问题:①人力资源规划制订者与提供数据者之间的工作关系,人力资源规划制订者与人力资源规划实施者之间的工作关系;②有关部门之间信息沟通的难易程度;③组织决策者对人力资源规划的重视程度、认可程度和实施支持程度。这些都会直接或间接地对人力资源规划的实施结果带来影响。

从上述人力资源规划的四个程序阶段来看,各阶段之间循序渐进、环环相扣,具有较强的逻辑关联性,每个阶段不可或缺,不可逾越。这是保证人力资源规划质量的客观要求。

专题四 人力资源的供求预测与平衡

专题导读

人力资源供求预测是人力资源规划的重要基础。人力资源供求平衡是人力资源规划追求的目的。什么是人力资源供求预测？影响人力资源供求的因素有哪些？人力资源供求预测有哪些实用的方法？什么是人力资源供求平衡？通过本专题的学习，你将对人力资源供求预测及其平衡的意义、内容及方法有一个基本的了解和掌握。

一、组织人力资源需求预测

（一）组织人力资源预测的含义

组织人力资源预测是指以组织发展规划及其发展目标为依据，综合考虑组织所处的环境和各种因素的作用及影响，对组织未来人力资源需求的数量、质量、结构和时间等进行分析预计的活动。组织人力资源预测既要从宏观的角度了解社会、全行业对人力资源的需求，还要从微观的角度了解、测算组织自身发展对人力资源的需求。宏观人力资源需求的了解和预计是为了组织更好地把握人力资源的市场需求状况及组织所处的人力资源需求环境，有助于组织根据自身发展需要和自身内部环境特点，制订未来组织人力资源需求计划。可见，组织人力资源需求受多种因素的制约和影响。

（二）影响人力资源需求的因素分析

影响组织人力资源需求的因素纷繁复杂，有宏观因素，也有微观因素；有外部因素，也有内部因素。概括来说，影响组织人力资源需求的主要因素可以概括为以下几个。

1. 社会经济发展水平及发展状况

从人力资源需求是"派生需求"的特性来看，社会经济发展水平及发展状况决定着人力资源需求的方向、数量、质量和结构。一定的社会经济发展水平和发展状况往往体现为一定的产业结构和相应的生产规模、企业数量、其他组织数量，从而形成相应的就业岗位和相应的人力资源需求规模及结构。随着社会经济发展方向和发展水平的改变，人力资源的需求也随之发生相应的变化。当社会经济发展繁荣的时候，社会经济对人力资源的需求就大；反之,社会经济对人力资源的需求就小。另外,产业结构的调整变化也必然带来人力资源需求的变化。[1] 这就形成了组织人力资源需求的外部宏观环境。例如,2008年国际金融危机,导致社会经济发展受到严重挫伤,对外依存度大的企业纷纷倒闭或生存艰难。此时,制造业对人力资源的需求大大削减。作为社会经济组成最基本单位的企业,在这种不景气的经济环境下,因业务量的削减或削减成本的需要,对员工的需求在减少。再如,"珠三角"产业结构升级调整,"三来一补"等低技术含量的初加工逐渐被技术含量高的精加工所取代,对劳动力的技能、素质要求大大提高。在传统制造业因产业升级对人力资源需求发生变化的同时,现代服务业对人力资源的需求在极大地上升。因此,对人力资源的需求在质量、结构上发生了很大的变化。

小资料

以现代服务业的人力资源服务业为例。根据《中国人力资源服务业发展报告(2014)》,2014年我国人力资源市场规模为8050亿元,各类人力资源服务机构2.5万家,从业人员40.7万人。经过发展,截至2020年年底,我国共有各类人力资源服务机构4.58万家,从业人员84.33万人,年营业收入首次突破2万亿元;全年为2.9亿人次劳动者、4983万家/次用人单位提供了人力资源服务支持,为稳就业、保就业和经济社会发展做出了积极贡献。

资料来源:央广网北京2021年9月6日消息。

2. 技术、设备条件及其变化

当社会经济发展水平及状况一定的情况下,人力资源的需求受制于组织的技术、设备条件。有什么样的技术、设备条件必然要求有与之相应能力的劳动力匹配,才能获得相应的价值产出和价值创造。若劳动能力高于技术、设备条件,则造成劳动能力浪费;若劳动能力低于技术、设备条件,则制约价值的产出和创造。因此,技术、设备条件要求人力资源质量必须与之相适应和匹配。随着技术、设备条件的进步和变化,对人力资源质量的需求也必须发生相应的变化,才能保证技术、设备条件带来相应的价值创造。这是人力资源与技术、设备条件结合的客观要求。正如上面所讲的,产业结构升级换代必导致对人力资源质量及结构需求的变化。此外,技术、设备条件的先进与否,不仅影响对人力资源质量和结构的需求,还影响着对人力资源数量的需求。当技术、设备条件处于较高程度的机械化、自动化、智能化状况的时候,制造业对人力资源数量的需求将大大减少。

3. 企业规模及其变化

企业是形成人力资源需求的重要基本单位之一。企业规模结合企业的技术、设备条件,决定了企业对人力资源的需求数量、质量及结构。而决定企业规模的因素主要有企业的业务范围和企业的业务发展选择。企业业务的扩大或缩减都会带来企业规模的扩大和减小;企业拓展新业务或削减业务项目同样会带来企业规模的扩大或缩减。其结果必然导致组织对人力资源需求在数量、质量及结构上发生相应的变化。

---

[1] 资料来源:《国务院关于发布政府核准的投资项目目录(2016年本)的通知》,国发〔2016〕72号。

4. 企业经营方向及其调整

根据市场需求,企业确定自己的经营方向;但随着市场需求的变化,企业又要调整自己的经营方向。企业经营方向的确定和调整,决定了企业的技术、设备特点,进而决定了企业对人力资源的需求特点。

5. 其他因素

除了上述影响因素以外,影响人力资源需求的因素还有很多,如政府相关法律法规、政策的变化,企业人力资源成本水平,人力资源自身状况,组织的管理水平及管理的有效性等,都会对人力资源需求带来相应的影响和作用。例如,新的《劳动法》和《劳动合同法》的颁布实施、政府对企业为员工购买社会保险的强制要求,都使不少企业感觉人力资源成本上升,因此,企业减少对人力资源的需求。

(三) 组织人力资源需求的预测方法

组织人力资源需求的预测方法一般有定性分析预测和定量分析预测两大类。定性分析预测属于主观预测方法,通过确定对象的性质来判断预测其变化的趋势和结果。常用的定性分析预测法有判断式预测法、德尔菲法等。定量分析预测属于客观预测方法,通过数学计算获取预测的结果。常用的定量分析预测法有时间序列分析法、回归分析法、工作负荷法、劳动定额法、转换比率法等。下面主要介绍德尔菲法、时间序列分析法、回归分析法和工作负荷法。

1. 德尔菲法

德尔菲法是美国兰德公司在 20 世纪 40 年代后期发明的一种预测方法,它是依靠专家的智慧——知识、经验、能力等,对人力资源的需求进行分析预测的方法。德尔菲法的基本特点体现在四个方面:①专家参与,集思广益,由相同学科或不同学科的专家共同组成专家组,对同一个问题发表各自的意见,进行思想碰撞,集思广益;②匿名表达,即专家组的各位成员采取匿名的方式,背靠背提出自己的思想、观点,不受影响地独立做出自己的判断;③多轮反馈,即将专家们的思想、观点进行多次的反馈,开阔或启发专家们的思路,使解决问题的方案趋于完善和一致;④采取统计的方法,即用统计方法对每一轮专家们的预测结果进行处理,做出定量的判断,最后汇总得到一个预测结果。

德尔菲法在人力资源预测中的具体应用程序是:首先,以问卷的形式,由一中间人将问卷发放给专家组的成员,让每位专家独立发表对某一问题的看法,提出相应的估计数值,并陈述提出该数值的理由;其次,将收集回来的估计数值进行整理,汇集成一份资料后,再发给各位专家,并再次让每位专家独立发表对前面同一问题的看法、估计数值及其理由;又再将这些资料进行汇集并再次发给各位专家……如此反复进行几次;最后,将反复几次后的估计数值及其陈述理由进行总结,得出一个总的预测结果。

德尔菲法的好处在于解决了在同一时间集中这么多专家的困难,而且可以获得各方面专家对某一个问题的解决思路,集思广益。使用中要注意的是专家选择中避免因人际关系而导致专家意见客观性减弱,以及如何使专家在无压力的情况下做出客观的判断。

2. 时间序列分析法

时间序列分析法是一种常用的、简单的定量预测分析方法。把表明某种现象在时间上发展变化的指标值按时间先后顺序排列起来所形成的序列称为时间序列。以时间序列为依据,对现象的发展过程进行因素分解,研究现象发展变化的规律性,并将其延伸到未来进行外推预测的方法,就是时间序列分析法。通过时间序列预测,可以揭示现象发展过程及其规律,从而预见其发展趋势或前景。每一种时间序列都可以分解为相应的因素。这种因素分解是将时间序列分解为由不同因素构成的各个部分,然后以时间为自变量,分别测定各种因素变动的方向和程度,而不是分析预测它们之间的因果关系。

根据时间序列的上述原理,时间序列变动是由长期趋势、季节变动、循环变动和不规则变动四种因素综合变动影响的结果。时间序列分析法的基本原理是:先剔除其余几种因素的影响,测定一种因素变动的影响,然后再结合起来预测现象的发展变化前景。例如求长期趋势,必须先剔除季节变动、循环变动和不规则变动。长期趋势是时间序列的主要构成因素。常用的分析公式为

$$y = a + bx$$

式中,y 代表趋势值,即预测值。a 和 b 代表参数(常数)。其中,a 是直线在 Y 轴上的截距,代表原点时期的趋势值;b 是直线的斜率,代表逐期增长量。x 是自变量,代表时期次序。

这种方法的关键在计算参数 a 和 b。计算参数常用的方法是最小二乘法,也称最小平方法。其计算公式为

$$a = \sum Y \div N$$
$$b = \sum XY \div \sum X^2$$

这种方法对相对比较稳定的环境是合适的、快捷的预测方法。如果环境比较复杂、多变,则不适合采用这种预测方法。

3. 回归分析法

回归的现代含义是指研究自变量与因变量之间关系形式的分析方法。它的目的在于根据已知自变量来估计预测因变量的总平均值。例如,企业对人力资源数量的需求与企业的规模有着依存关系。通过对这一依存关系的分析,在已知企业规模的条件下,就可以预测企业对人力资源的需求量。

在现实世界中,每一事物的运动都与它周围的事物之间构成相互关系。当两种现象之间存在着严格的依存关系时,表明某一变量的每一个数值都有另一个变量的确定值与之相对应,并可以通过数学公式表达出来。这种依存关系就是函数关系。回归分析考量的就是这种函数关系。回归分析必须定出自变量和因变量,并且自变量是确定的普通变量,因变量则是随机变量,是要预测的趋势值。常用的分析方法是一元线性回归模型,反映的是某一个因变量与一个自变量之间的函数关系式。一元线性回归模型可表述为

$$y = a + bx$$

式中,y 为因变量,代表我们要预测的目标;x 为自变量,代表影响因素。y 与 x 之间存在着某种线性关系。a 和 b 代表回归系数,其中,a 是直线在 Y 轴上的截距,代表原点时期的估计值;b 是直线的斜率,代表自变量每增加或减少一个单位,因变量相应增加或减少的

数值。

4. 工作负荷法

工作负荷法是按照采集的历史数据，首先计算出某一特定工作的单位时间里每人的工作负荷，其次根据未来的任务量目标计算出所要完成的总工作量，最后根据单位时间每人的工作负荷计算出所需要的人员数量。

例如，某企业新设一条生产线，生产线上有 6 类工作。根据采集回来的历史资料，测算出这 6 类工作的标准任务时间分别为 0.5 小时/件、1.0 小时/件、2.0 小时/件、1.5 小时/件、0.5 小时/件、1.0 小时/件。由此可以估计出未来 3 年的任务量，见表 4-2。该企业每人每年的工作时数是 1 800 小时。要求：预测未来 3 年该生产线运转需要的最低人员数量。

表 4-2　某生产线未来 3 年的任务量

工作类型	时间			工作类型	时间		
	第一年	第二年	第三年		第一年	第二年	第三年
工作 1	10 000	12 000	10 000	工作 4	10 000	12 000	10 000
工作 2	10 000	12 000	10 000	工作 5	10 000	12 000	10 000
工作 3	10 000	12 000	10 000	工作 6	10 000	12 000	10 000

预测分析的步骤如下。

第一步，根据 6 类工作未来 3 年的任务量，计算各自所需的工作时数，见表 4-3。

表 4-3　某生产线未来 3 年任务量的时数折算

工作类型	时间			工作类型	时间		
	第一年	第二年	第三年		第一年	第二年	第三年
工作 1	5000	6000	5000	工作 5	5000	6000	5000
工作 2	10 000	12 000	10 000	工作 6	10 000	12 000	10 000
工作 3	20 000	24 000	20 000				
工作 4	15 000	18 000	15 000	合计	65 000	78 000	65 000

第二步，根据已知每人每年的工作时数，分别计算未来 3 年该生产线分别需要的人员数量，见表 4-4。

表 4-4　某生产线未来 3 年对人力的折算

年份	工作时数	所需人力数	备注
第一年	65 000	36	
第二年	78 000	43	计算结果只能取整数，不进行四舍五入处理
第三年	65 000	36	

工作负荷法运用在重复操作的工作对人力需求的计算没有什么困难。但是，对变化较

大、工作内容较复杂的工作计算人力需求,运用该方法则只能进行粗略的估算。

二、组织人力资源供应预测

人力资源需求预测必须与人力资源供应预测结合,构成彼此呼应的人力资源供求关系。人力资源供应分析包括组织内部人力资源供应预测和组织外部人力资源供给预测两个部分。

（一）组织内部人力资源供应预测

1. 管理人员后备规划

管理人员后备规划即预测组织内部供给管理人员的规划。管理人员后备规划的制定程序如下。

（1）确定需要后备管理人员的管理职位;

（2）确定这些管理职位上的后备人选（所有可能的后备人选都应该考虑进去），并了解他们的个人职业目标;

（3）客观评价后备人选（评价的内容：目前表现、提升潜力），并给出等级划分（如目前表现划分为出色、满意、有待改进;提升潜力划分为可以提升、需要进一步培训、有问题）;

（4）根据评价结果对后备人选进行相应的、必要的培训,提升其适应将来职位工作的能力和素质。

2. 马尔可夫链模型

马尔可夫链模型是用于测算分析组织内部人力资源流动趋势及概率,为组织内部人力资源调配供应提供依据的一种有效工具。马尔可夫链模型的原理如下。

马尔可夫链模型假设过去组织内部人事变动的模式和概率与未来趋势大体相同。它认为,组织能否有效地留住人才,可以通过人力资源损耗曲线研究其原因并将它表示出来。人力资源损耗曲线表示的是任职时间的长短与离职的关系。这个关系的规律是人力资源损耗难以避免的,但是,在工作的初期比较大,随着工作时间的推移,人力资源损耗会逐渐递减。其原因在于人力资源进入一个新组织,需要对新的工作环境、管理方式及管理风格、工作要求等进行适应。人力资源损耗就是这样从不适应到逐渐适应再到胜任,呈现递减趋势。

马尔可夫链模型常用于以下几种人力资源损耗指标的分析。

（1）离职率。离职率高低反映的是人力资源供应的状况。通过离职率,可以估算组织未来人力资源的供应。离职率受宏观经济环境、社会福利、微观组织、人力资源个人等因素的影响。其计算公式为

$$离职率 = \frac{同一年内离职的人数}{该年内组织的平均人数} \times 100\%$$

（2）人力资源稳定指数。人力资源稳定指数反映的是组织在某一时间内员工任职的人数比例。它剔除了人力流动因素。其计算公式为

$$人力资源稳定指数 = \frac{现时任职满一年或一年以上员工的人数}{一年前任职的总人数} \times 100\%$$

(3) 服务期间分析。该分析主要是通过观察和记录员工离职的情况,以横向或纵向的比较,分析员工职位、职务期间与离职等情况的相互关系,以此作为组织预测离职的参考。

(4) 留任率。该指标用于反映一定期间后组织的在职人数与原在职人数的比值,作为预测组织内部未来人力资源供给的参考依据。一般来说,随着期间的延长,原在职人员的留任比率会逐渐降低。其计算公式为

$$留任率 = \frac{一定期间后仍在职的人数}{原在职人数} \times 100\%$$

马尔可夫链模型就是通过上述几个指标的计算分析,为组织人力资源供给预测提供依据。通过这些指标的分析,还能帮助组织对影响组织人力资源供给的因素进行进一步的相关分析,找出原因,采取相应的对策进行解决。例如,在某一期间留任率过低(即离职率过高),就要根据这个指标去查找与之相关的因素:薪酬、升迁机会、管理风格、人际关系冲突、工作负荷过高、人员自身的素质等,再根据分析结果采取相应的对策进行调整或控制。

(二) 组织外部人力资源供给预测

组织外部人力资源供给预测是解决组织人力资源短缺常用的另一种方式和途径。但是,组织外部人力资源的供给受多种不可控因素的制约和影响。这是组织进行外部人力资源供给预测时不可回避的问题。影响组织外部人力资源供给的因素概括来说主要有:地域性因素、人口政策及人口状况、人力资源市场的发育程度、社会就业意识和择业心理偏好、政府相关的法律法规及其他政策等。以地域性因素为例,"珠三角"实行产业结构升级调整,当地企业人力资源的状况从技能到对薪酬的要求都发生了较大的变化,致使当地人力资源的供给也随之发生较大的变化。人力资源供给问题能否解决好成了直接关系到"珠三角"产业升级调整能否实现的一个重要制约因素。换句话说,企业所在地的人力资源现状、企业所属相关行业的人力资源供给状况、所在地的人力资源总政策及各相关部分的政策、所在地的社会公共资源水平及公共服务状况、所在地企业发展对人力资源的吸引度等,都会对组织外部人力资源的供给产生直接或间接的制约和影响。因此,进行组织外部人力资源供给的预测是一个多维度结合的系统分析、评估和判断的过程。

从我国的实际情况来看,现阶段组织外部人力资源供给的主要来源是院校毕业生、来自乡村的农民工、复退军人和下岗失业人群等。对于这些来自各种渠道的人力资源供给的预测尽管分析的侧重点和难点各有不同,但是,上述制约和影响组织外部人力资源供给的主要因素在其中是存在共同点的。因此,分析时要共性与个性结合,尽可能科学地预测组织外部人力资源的供给量。

三、组织人力资源规划的编制与控制

(一) 人力资源供求预测的综合平衡

组织人力资源预测的目的是服务于组织人力资源规划。组织人力资源规划的制定不仅要分别进行人力资源供应预测和需求预测,还必须将人力资源供应预测与需求预测结合起

来，人力资源预测才有意义和价值。人力资源供应预测与需求预测的结合就是人力资源供求预测的综合平衡。

组织人力资源供应与需求预测有3种粗略的结果，即供大于求、供小于求、供求平衡。而在这3种粗略的结果中又分别有着更细致的供求关系的划分。例如供求平衡，可以表现为供求总量的平衡，但其中存在结构性的供求不平衡；也可以表现为供求总量平衡，其中的结构内部也供求平衡（这是一种理想的供求关系）。当组织人力资源供大于求时，组织即出现冗员。此时组织要结合制约和影响组织人力资源供应与需求的因素开展进一步的分析，寻找组织人力资源供大于求的具体表现和原因，进而采取有针对性的对策进行调整。一般来说，在组织外部经济环境不景气的时候，或在组织外部经济环境进行产业结构调整的时候，组织往往容易出现人力资源的供大于求，而且会是结构性的供大于求。当组织人力资源供小于求时，组织即出现"用工荒"。此时组织同样要结合制约和影响组织人力资源供应与需求的因素开展进一步的分析，寻找组织人力资源供小于求的具体表现和原因，进而采取相应的对策进行解决。一般来说，人口再生产率低下，或劳动所得低于预期值，或组织外部经济发展迅猛……这些时候往往容易出现人力资源的供小于求。

人力资源的供大于求或供小于求是人力资源供求关系的两端表现。现实中，这两种表现往往会交错存在，即总量的供大于求的情况下存在着结构性的供小于求；或总量的供小于求的情况下存在着结构性的供大于求。因此，人力资源供应与需求预测的综合平衡除了搞清楚总量的关系外，还必须对其中各部分、各结构内部的供求关系及它们之间的相互关系进行分析，才能使人力资源供求预测真正地为组织人力资源规划服务。人力资源各部分、各结构内容的供求关系及它们之间的相互关系直接制约和影响组织人力资源总规划的制订，进而直接制约和影响组织人力资源总规划的实施。例如，人力资源提升计划与员工的教育培训计划之间的关系，人力资源提升计划与人力资源薪酬激励计划之间的关系等，都需要相互衔接和协调，才能保证组织人力资源供求的基本平衡，从而保证组织目标的实现。总的来说，组织人力资源供应与需求预测的综合平衡既要考虑总体的平衡，还要考虑各组成部分、结构的内部及相互之间的平衡，这是组织人力资源规划制订的客观必然要求。

（二）组织人力资源规划的编制

在对组织人力资源供应与需求预测进行综合平衡后，就可以进入组织人力资源规划的编制程序。组织人力资源规划的编制一般包括以下工作步骤和工作内容。

（1）编制人员配置计划。即根据组织的发展战略，结合组织任务和相应的工作分析，以及组织现有人员的状况（包括现有数量、质量和结构等），编制组织人员配置计划。该计划主要包括组织各岗位需要的人员数量、人员的职位变动情况、当前及计划期内职位的空缺情况以及相应的填补方式等。

（2）编制人员需求计划。即在人员配置计划的基础上，对组织所需的岗位（职位）名称及其所需的人员数量、人员质量要求等开列具体的清单。该清单将作为组织进行人力资源招聘、甄选、录用，或人力资源教育培训的依据；也是组织解决未来发展对人力资源需求的重要写照。由于组织未来发展受很多不确定性因素的影响,因此,组织人员需求计划的编制在人力资源规划中既是最重要的,也是难度最大的工作。

(3) 编制人员供给计划。这是与组织人员需求计划相配套、配合的人力资源规划的组成部分,因此,也称人员需求的对策性计划。它包括依据人员需求计划而编制的人员招聘计划(招聘地域、招聘方式、招聘数量)、人员内部调整计划(晋升计划、内部调动等)和人员培训计划。

(4) 编制人员培训计划。从上述可见,人员培训计划是解决人员供给的一种重要的、不可替代的方式。通过培训,既解决满足晋升需求的人员供给,也解决新员工满足工作需求的技能供给。因此,人员培训计划与人员供给计划有着不可分割的密切关系,一定意义上可以把人员培训计划看作人员供给计划的附属计划。它是保证人员供给计划实现的一个重要的必备条件。正是由于人员培训计划的这个重要的、不可替代的作用,在组织人力资源规划中,有必要对人员培训计划单列出来,对其中的培训政策、培训需求、培训方案、培训组织、培训考核等进行系统的规划,以确保组织人员供给计划的实现以及组织人员供求关系的协调。

(5) 编制人力资源成本计划。即在组织人员需求计划和供给计划的基础上,对人力资源从获取到使用、培训、提升等全过程所发生费用的计划和控制。这是每个组织都非常重视的工作,也是关系到每个组织发展目标实现的重要投入。人力资源成本计划不仅要包括人力资源成本控制,还要包括人力资本投入产出的规划。

(6) 编制人力资源政策调整计划。人力资源政策调整计划是为了确保人力资源开发与管理与组织发展目标及其需求相适应。它包括组织人力资源政策的方针、方向、目标、范围、步骤及其具体操作方式等。组织人力资源政策调整计划的主要内容一般包括总体政策、招聘政策、晋升政策、绩效考评政策、薪酬福利政策、激励政策、培训政策、职业生涯规划政策、组织人力资源管理制度等。

(7) 人力资源规划的风险管理。组织人力资源规划是建立在对组织未来人力资源供求预测基础上的,组织未来的发展受很多不确定性因素的制约和影响,因此,组织人力资源规划的实施具有风险性。其中任何一个环节出现风险,都将影响组织发展目标的实现。这就客观地要求对组织人力资源规划进行风险管理,即对风险的产生进行预测,并对风险进行评估,制定出应对风险的一系列对策措施,以防范风险的发生,或当风险发生时将损失降到最低。在组织外部环境复杂多变的形势下,组织人力资源规划的风险管理成为规划中不可缺少的一个重要工作和内容。它反映了组织人力资源规划的水平,也是保证组织人力资源规划有效实施不可缺少的重要条件。

(三) 组织人力资源规划的控制

组织人力资源规划编制、实施与控制是组织人力资源规划的一个完整的构成。组织人力资源规划的实施与有效控制离不开完善的人力资源信息系统。人力资源信息系统是实现人力资源规划有效控制的重要的必要手段。因此,也被称作人力资源开发与管理的基础性工作之一。

组织人力资源信息系统是指组织对其全体成员的基本信息及其工作方面的信息以及组织外部人力资源方面的信息进行收集、记录、分类、存储、分析和报告等工作的总称。现代电子计算机技术和互联网技术为组织人力资源信息系统的建立和工作提供了更为便捷、有利的条件和手段，不仅实现了组织人力资源信息管理的整体性、全面性、持续性和广泛性，而且提高了组织人力资源信息管理的准确性、安全性和效率，为实现组织人力资源规划的有效控制，确保组织发展目标的实现提供了很好的保证。

组织人力资源信息系统应包括以下主要内容：组织人力资源的自然状况、知识状况、能力状况、心理素质状况、经历与经验状况、工作表现及业绩状况、薪酬福利状况、个人职业发展规划、所在部门对其使用意图等。

小　结

组织人力资源战略及其战略管理是组织更好地在复杂多变环境中生存发展的必然要求。组织人力资源战略是从组织发展战略出发体现和处理组织人力资源开发管理的方针政策与环境因素之间的关系，是围绕组织发展战略目标的要求，对组织所处的人力资源环境进行调查、分析研究，依此制订组织人力资源战略目标及其实现目标的策略谋划，并组织实施、控制和评价的一系列活动。组织人力资源战略管理是指组织从自身发展的战略目标出发，根据组织所处人力资源环境，规划组织人力资源开发与管理活动，不断改进人力资源开发与管理的工作方式、发展组织文化，持续提高组织总体绩效的活动的总称。组织人力资源战略与组织发展战略之间有着"休戚与共"的相互关系。组织人力资源战略是组织发展战略的客观要求，也是组织发展战略的组成部分，还是组织发展战略实现的必要条件和保证。组织人力资源活动的各个方面都可以，也必须纳入组织人力资源战略范畴，开展人力资源战略管理。组织人力资源战略管理离不开环境分析和评价。

组织人力资源规划是对组织人力资源战略的体现，也是实现组织人力资源战略的重要依据。组织人力资源规划是对组织人力资源供求状况的分析预测和行动，确保组织发展各阶段对人力资源的需求；是组织为实现人力资源开发与管理营造环境、条件的过程；是制订组织人力资源政策和人力资源发展方案，为组织实现发展目标服务，为组织成员实现发展提供环境条件。组织的生存和发展离不开人力资源规划，人力资源的开发与管理也离不开人力资源规划。人力资源规划是一切人力资源开发与管理活动的起点。组织人力资源规划的重要工作在于组织人力资源需求预测和供应预测。这是组织人力资源规划的基础，也是人力资源规划中最具技术性的关键性环节和工作。组织人力资源需求和供应分别受若干因素的制约和影响，因此人力资源需求和供应预测必须以环境分析为先导。为了提高人力资源需求预测与供应预测的有效性，人力资源的需求预测和供应预测需要采用一系列方法和手段，并要进行需求与供应的综合平衡，以及对组织人力资源规划开展风险管理，才能确保组织发展战略的实现。

思考与练习

一、填空题

1. 组织人力资源战略是对组织人力资源开发管理的方针政策与（　　）之间的关系的体现和处理。
2. 组织人力资源战略管理的首要内容是（　　）。
3. 人力资源规划具有先导性和（　　）。
4. 一切人力资源开发与管理活动的起点是（　　）。
5. 组织人力资源预测的目的是为了服务于组织的（　　）。
6. 人力资源规划应遵循（　　）、（　　）、（　　）和（　　）四个原则。

二、判断题

1. 组织的人力资源是组织的核心资源。（　　）
2. 没有人力资源战略及战略管理的组织，其组织发展战略也难以实现。（　　）
3. 组织人力资源战略管理是一个循环的过程，始于围绕组织发展战略的人力资源环境调查、分析与预测，终于根据环境变化进行人力资源战略评价和反馈、修正。（　　）
4. 人力资源规划的核心意义在于制订人力资源政策和人力资源发展方案，既是为组织实现发展目标服务，也是为组织成员实现发展提供环境条件。（　　）
5. 对环境的调查分析是组织人力资源规划的首要环节。（　　）
6. 人力资源供求预测是人力资源规划的最关键环节和工作。（　　）
7. 组织人力资源规划的制订只需要进行人力资源供求预测，不需要对人力资源供求预测进行综合平衡。（　　）
8. 组织人力资源供求预测是组织人力资源规划中最具有技术性的关键环节。（　　）

三、辨析题（先判断对或错，然后进行简要的理由说明）

1. 一个组织有了组织发展战略，就可以替代组织人力资源战略。
2. 制订组织人力资源规划离不开对组织人力资源供求预测的综合平衡。
3. 组织开展人力资源战略和人力资源规划活动都必须先进行环境分析。
4. 组织人力资源信息系统的建立和运行是组织人力资源开发与管理的基础性环节和工作。

四、简述题

1. 简述组织人力资源规划的程序。
2. 简述组织人力资源战略的含义及其战略管理的主要内容。
3. 简述组织人力资源规划的主要内容。
4. 制约和影响人力资源供求的因素有哪些？

推荐书目及文章

[1] 罗斯·斯帕克曼. 大数据与人力资源：Facebook 如何做人才战略规划[M]. 杭州：浙江大学出版社，2019.
[2] 布莱恩·贝克尔等. 重新定义人才：如何让人才转化为战略影响力[M]. 曾佳，康至军，译. 杭州：浙江人民出版社，2016.
[3] 戴维·尤里奇. 人力资源转型：为组织创造价值和达成成果[M]. 李祖滨，孙晓平，译. 北京：电子工业出版社，2015.
[4] 黄卫伟. 以奋斗者为本：华为公司人力资源管理纲要[M]. 北京：中信出版社，2014.
[5] 陈诗达. 现代服务业人力资源[M]. 杭州：浙江人民出版社，2013.

第五章
人力资源配置与就业

微课资源

  人力资源配置是联系人力资源开发和使用的桥梁。若使已经开发出来的人力资源得到较充分的使用,首先要做到资源的合理、有效配置。人力资源配置就是为了达到更充分地利用人的体力、智力、知识力、创造力和技能等能力,促使人力资源与物力资源实现更完美的结合,以产生最大的社会效益和经济效益。因此,人力资源配置达到优化不仅是人力资源管理学的问题,也是一个社会经济学的问题,受到管理实践者和理论研究者的高度重视。

  本章将从人力资源配置的基本原理入手,介绍人力资源配置的基本模式、基本原则,微观人力资源配置的意义,影响人力资源配置的因素,人力资源微观流动和宏观流动等有关人力资源配置的基本知识,最后,从宏观的角度,对人力资源配置——就业进行阐述和分析。

 学完本章,你将能够:

1. 了解和掌握人力资源配置的基本模式和基本原则;
2. 了解微观人力资源配置的意义;
3. 系统地了解并认识影响人力资源配置的因素;
4. 了解人力资源流动类型及导致人力资源流动的原因;
5. 了解就业与失业的基本含义;
6. 了解我国的就业目标和就业政策。

专题一 人力资源配置形成现实的经济运动

专题导读

什么是人力资源配置？人力资源配置有哪些表现形式？人力资源配置有什么意义？人力资源配置受哪些因素的影响？人力资源配置应该遵循什么原则？本专题将为你解答这些问题，使你对人力资源配置的基本原理有一个较完整的了解和认识。

一、人力资源配置的含义及其基本形式

（一）人力资源配置的含义

配置，在《辞海》中解释为配备、安排。根据配置的本意，人力资源配置中的配置含有安排、布置、结合之意。即在市场环境条件下，按照价值规律、市场供求规律和宏观调控的共同作用，将人力资源投入对它有需求的地方，以实现人力资源与物力资源、资本资源相结合，形成现实的经济运动，完成价值创造的过程。对人力资源配置的理解有广义和狭义之分。广义上的人力资源配置主要指的是人力资源在地区间、部门行业间与物力资源、资本资源结合的过程，相应的就是劳动就业。狭义上的人力资源配置指的是人力资源在各类企业、组织中与物力资源、资本资源结合的过程。简单地讲就是人力资源在组织中的岗位、工作安排，包括人力资源在组织中的岗位安排、晋升或降职、调进或调出、辞职或辞退、调配、派遣等内容。无论是广义的还是狭义的人力资源配置，都是人力资源生产与开发之后的重要、关键环节，也是人力资源经济运动的核心内容之一。

人力资源配置的根本目的和目标是更好地运用人力资源，将其潜能充分地发挥出来。由人力资源的资源性特点可知，人蕴含着各种可开发利用的能力及潜能。人的自主意识对人的能力和潜能的发挥起着直接控制作用。人力资源配置就是要促使人的自主意识能自觉地控制和调动其自身能力和潜能作用的发挥，参与社会经济运动过程中，变成一种现实的社会生产力。如果人力资源配置的结果不能使这些能力和潜能发挥出来，那么，人力资源便不能转化为现实的劳动生产力。只有通过合理的配置，使人力资源与生产资料进行有效的结合，此时的人力资源才具有创造价值的意义和效用，才是一种带有资本性的资源。可见，合理的人力资源配置是社会经济保持活力的基本要素之一。

(二)人力资源配置的基本形式

人力资源配置的基本形式包括行政性配置和市场性配置两种。

人力资源的行政性配置指的是由管理者根据组织发展需要,对所管辖的人力资源进行直接配置的过程。这里的行政性配置不是传统意义上理解的计划经济时期的行政性配置,而是组织根据自身发展的需要,以行政指令的方式对其所管辖的人力资源进行调配。这种配置形式效率较高,但是需要组织充分掌握所管辖人力资源的个性、特长、需求等,以减少行政指令下出现的盲目性。

人力资源的市场性配置指的是以劳动者自身的生产成本及用人单位对该资源未来的劳动产出预期为基础,以组织与人力资源之间商定的薪酬为条件,通过组织与人力资源双方的自由选择而完成人力资源与物力资源、资本资源结合的过程。人力资源的市场性配置强调的是配置双方的自愿、自主选择,而且是根据市场供求关系、价值规律来确定双方之间配置的实现。这种形式的最大特点是配置的针对性较强,通过组织和个人双方的自由选择,能够使人力资源按照自身的条件和特点,被送到需要他并适合他能力发挥的工作岗位上去。比较容易实现人力资源的合理配置和劳动能力的有效使用。但是,由于市场信息存在着不对称性,致使配置的效率较低,配置的交易成本较大;市场信息的不对称性,也致使供求双方的结合不可能都合理;由于人力资源个体存在着差异性,致使配置中的效率与平等难以兼得;鉴于市场信息的不对称性,市场配置的结果必然产生失业的人力资源,其结果既影响社会效益,也造成人力资源的浪费。

实践中,以人力资源市场性配置为主,行政性配置为辅。

二、人力资源配置的意义

人力资源配置的目的和目标是促使人的体力、智力、知识力、创造力和技能等与物力资源实现更完美的结合,以产生最大的社会效益和经济效益。合理的人力资源配置是社会经济运动保持活力的基本要素之一;它不仅可以使社会组织内的人力资源结构趋于合理,而且可以最大限度地实现人尽其才、才尽其用,使每个人力资源的能力和潜能充分地发挥出来,实现人力资源个体和组织、社会的共同发展。

(一)人力资源配置是调整社会组织内人际关系和工作关系的重要手段和方式

从宏观来看,通过人力资源配置实现合理、充分的就业,人们在合理、充分的就业中可以获得自身价值的实现和满足,一个地区的社会关系和经济关系通过合理、充分的就业得到调整。从微观来看,任何组织内部都存在着对组织正常运作产生重大影响的各种各样的人际关系,由于组织内部员工在性格、工作方式、工作思路、价值观念等问题上表现各异,难免产生摩擦与冲突,影响组织工作的顺利开展。解决这些矛盾和分歧的方法不外乎两种:一是沟通，二是人员调配。一般来说，在一个组织中员工们的才能、个性、风格、知识往往存在着互补效应。把能够互补的员工合理地调整在一起，不仅可以更好地形成有利的群体优势，而且有利于形成较高的组织凝聚力和良好的组织氛围，从而激发工作热情并极大提高工作效率。因此，科学合理的人力资源配置对调整社会组织内人际关系和工作关系起着积极的作用。

（二）人力资源配置促使组织形成内部的竞争机制以及对外的竞争力

科学合理的人力资源配置，不仅能增强人力资源配置的有效性，而且能带动和产生一系列有利于人力资源发展的机制。因为，对人力资源来说，无论是行政配置，还是市场配置，都存在着对人的选择问题，而且这种选择并不是一劳永逸的。任何组织的内部环境都在不断地发生变化。这种变化要求组织必须对自己的员工不断进行选择和调整。这种组织内部人力资源变化的过程实际上就是人力资源配置的动态过程，也是组织内部竞争的过程。更何况，组织外部的社会、经济、科技、文化等因素在不断地发展、变化着，人类自身也在不断地发生变化，这必然要求人力资源配置随之不断变化以适应这种情况。由此必然带来就业和岗位的竞争。这种竞争是组织生存和发展的动力与活力的源泉。在竞争中，人力资源的潜能得到更充分的发挥，组织变得更加富有朝气和生命力。

未来的社会，一个组织或地区拥有某项或某几项技术并不能形成绝对优势，因为其他组织或地区也可以在较短的时间里获得并掌握这些技术。因此，未来社会的竞争不单是技术上的竞争，而是如何不断地发展技术和使用技术上的竞争。核心技术与核心能力成为组织或地区潜心致力的重要而突出的长期目标。人力资源管理成为组织或地区营造核心技术与核心能力的主要途径与手段，其中，人力资源配置以其系统性、不可替代性、难以模仿性等特点在这里扮演着不可替代的重要角色，使组织或地区因此获得持续发展的竞争优势。也就是说，如何安排人力资源与物力资源、资本资源的结合直接关系到组织或地区核心技术与核心能力的形成。组织或地区的人才战略就是为建立核心技术与核心能力而进行的人力资源配置全局、长远规划。

小资料

2016年5月19日，中共中央　国务院印发《国家创新驱动发展战略纲要》，强调科技创新是提高社会生产力和综合国力的战略支撑，必须摆在国家发展全局的核心位置。要实施创新驱动发展战略，其中一个关键性的重要条件就是人力资源开发与配置的服务和保障。人力资源是创新驱动发展的核心资源。

（三）人力资源配置有利于产生双向激励作用

人力资源配置必然涉及人员工作岗位的变动、薪金的增减、工作性质或行业的变化、工作责任的变化等。这些变化都可能转化为一种对员工的内在的激励因素，即上行激励和下行激励。所谓上行激励，就是追求自我价值内在需求的不断实现。因为追求向上和成长进步是人类的共同天性，它们是促使人们对激励做出反应的内在动力和基础。组织如果通过人力资源配置,适时地将有这种成长、发展需求的人力资源安排到更富有挑战性、能够承担更多责任并获取更大成就、同时享有相应的权力和劳动回报的岗位上,必定会对这些人力资源的能力产生极大的激发,并对其周围群体产生强有力的影响。这种激励作用将带来组织及其个人绩效的持续提升,实现组织及个人的可持续发展。所谓下行激励,就是在组织优胜劣汰的机制中积极努力地提升自己而避免被组织淘汰。因为现实中人力资源客观存在着层次、类别、素质高低等差异。组织人力资源配置为了使人力资源与物力资源、资本资源结合能创造更大的价值产出,必然不断地通过人力资源配置,对组织的人力资源进行择优汰劣。这个过程就是组织内部员工调整的过程——降级及降薪、辞退、解聘。这势必给组织成员带来一定的强制性压力,在这种压力下,促使组织成员严格要求自己,积极努力地提高自己的工作技能和工作热情,稳固自己在组织中的地位。如果说上行激励是一种"我要"的潜能的主动激发,那么,下行激励就是一种"要我"的潜能的被动激发。两种激励因素都能获得相似的效果,达到相同的目的——激发组织成员的工作热情与工作积极性。

三、人力资源配置的原则

人力资源配置的原则分为带有指导性作用的基本原则和带有操作性作用的具体原则两个层面。从指导性的基本原则来看,人力资源配置必须遵循充分投入原则、合理运用原则、良性结构原则和提高效益原则。从操作性的具体原则来看,人力资源配置必须遵循能级对应原则、优势定位原则、动态调节原则和内部为主原则。

(一)人力资源配置的指导性基本原则

1. 充分投入原则

充分投入原则是人力资源配置的基本原则之一,即将人力资源给予充分的投入和使用,以达到其供给基本上被需求所吸收的状态。人力资源配置的理想状态就是人力资源供求平衡的状态,但是现实中更多的是结构性的供求不平衡。面对供大于求的人力资源配置,要采取措施扩大对人力资源的需求,才能减少人力资源的闲置与浪费。面对供不应求的人力资源配置,则要采取措施增加适用人力资源的供给或者提高现有人力资源的生产效率。人力资源市场的供求关系最终必然折射到微观组织的人力资源配置上,决定微观组织面对的人力资源状况。

面对相同的情况,微观组织的人力资源配置与宏观的人力资源配置有着不同的反应。就微观组织来说,当人力资源总量和部分类别出现短缺的时候——供不应求的时候,组织不得不以较高的成本去获取这一资源,从而增加组织的人工成本和总成本,削弱组织的经济效益;反之,当人力资源总量和部分类别出现过剩的时候——供大于求的时候,组织却能够以较低的成本去获取这一资源,从而降低组织的人工成本和总成本,增加组织的经济效益。就宏观层面来说,当人力资源总量和部分类别出现供求不平衡的时候,国家或地区就要调整关系到人力资源供给的一系列政策,如人口政策、教育政策、产业政策、就业政策、薪酬政策等,以解决人力资源的供求不平衡,保障社会经济发展对人力资源的需求以及社会和谐发展对充分就业的追求。

小资料

为解决大学生毕业就业难的问题，国家和各省出台了一系列相关支持政策及举措，包括《关于组织开展高校毕业生到农村基层从事支教、支农、支医和扶贫工作的通知》《广东省高校毕业生到农村从教上岗退费实施细则（试行）》《关于选聘高校毕业生到村任职工作的意见（试行）》等。

2. 合理运用原则

人力资源的合理运用是从经济学的角度研究分析人力资源配置问题，即人力资源的投入与产出分析。人力资源的合理使用包括投入的方向及位置的合理，投入所带来的效率与公平的关系，人的潜能的发挥，人的社会地位的提升，有关劳动的多种社会关系的协调等。可见，人力资源的合理使用不仅以经济效益指标来衡量，同时还要以社会效益指标来衡量。经济效益指标是显性的、直接的，社会效益指标是隐性的、非直接的，而且是滞后的。因此，对人力资源的合理使用不能只考虑眼前利益，必须同时兼顾长远利益；不能只考虑局部利益，必须同时兼顾全局整体利益；不能只考虑经济效益，必须同时兼顾社会效益，有时候甚至还应该以社会效益为重。只有全面、正确地理解了人力资源合理使用的内涵与意义，才能使人力资源的劳动能力得到充分的开发与发挥，进而为其带来更大的价值创造。

人力资源的合理运用原则不仅要求在宏观层面的就业上，通过各种就业政策的制定和调整、人力资源市场运作的规范、政府公共服务质量的提升、经济及技术发展规划与政策制定等，都为人力资源的合理使用提供相应的环境、条件和氛围，而且在微观层面上，要求组织以实现人力资源的良性发展、激发人力资源的最大潜能为宗旨，把合适的人在合适的时间放到合适的位置上发挥满意的效用。再者，就人力资源个体来说，人力资源的合理使用能使其能量获得最佳的释放，实现其价值最大化。这三个方面的总和就是人力资源合理使用的本质体现。

3. 良性结构原则

从宏观的角度来看，人力资源投入的良性结构指的是人力资源在国民经济的各部门、各行业、各地区呈现满足经济发展需要的合理比例，即人力资源投入的数量和质量能保证各部门、各行业、各地区经济运动的健康发展需要，形成国民经济整体的良好效益。随着国民经济的发展以及环境的变化，人力资源的投入结构也必然要发生调整、变化以适应这种情况。所以，人力资源投入是在不断地运动、变化中实现其良性结构的。现实中的产业结构调整、地区间的转变经济发展方式等就是向人力资源配置的良性结构发出信号引导和要求。此时，人力资源配置的良性结构成为产业结构调整、经济发展方式转变得以实现的重要条件和保证。

从微观的角度来看，人力资源投入的良性结构指的是人力资源在组织中不同部门、不同岗位、不同工作、不同层次上的合理比例。这是组织运行的基本要求，也是实现组织发展目标的要求。随着组织所处的环境变化及其组织运营项目的变化，必然要求组织内人力资源配置也要发生相应的变化和调整，以实现新的人力资源良性结构。因此，组织内人力资源的良性结构也是组织发展目标实现的重要条件和保证。

4. 提高效益原则

从经济学的角度来看，任何投入都要考虑和衡量其产出，进行经济核算。人力资源的投入更要如此，因为人力资源的资源特殊性决定了它不仅可以实现价值转换，还能进行价值创造，具有资本属性。但是，只有放对了位置、地方的人力资源才能较好地实现价值转换和价值创造。从社会学的角度来看，也只有这些放对了位置、地方的人力资源才能获得成就需求的满足，实现自身的价值。因此，人力资源的合理配置相当重要，它可以实现经济效益和社会效益。

合理的人力资源配置带来的是有效劳动，也就是能够产出相应的经济效益；反之，则产生无效劳动，无法带来相应的经济效益。经济活动中总难免存在资源利用不充分的问题。提高经济效益就是要提高人力资源配置的效率和有效性。同时，政府和组织还要通过改善和提高实现人力资源合理配置的环境条件，增强人力资源配置的合理性，通过合理配置人力资源，使人力资源的潜能得到充分的发挥，进而使人力资源实现自身的发展目标。人的不断发展是现代人力资源管理的终极目标，这就是人力资源配置的社会效益的体现。

（二）人力资源配置的操作性原则

人力资源管理与物力资源、资本资源结合，做到人尽其才、才尽其用、人事相宜，最大限度地发挥人力资源的作用。这是组织人力资源配置所追求的目标。以下的操作性原则就是为实现这一目标服务的。

1. 能级对应原则

所谓能级对应，就是指每一个人所具有的能级水平与他所处的层次和岗位的能级要求相对应。组织中的岗位有层次和种类之分，它们在组织中分别占据着不同的位置，处于不同的能级水平。每个人又都具有不同水平的能力，在纵向上处于不同的能级位置。合理的人力资源配置就是使人力资源的整体功能强化，使人的能力与岗位要求相对应，即能级对应。工作说明书和对人力资源的能力测评以及对人力资源工作实践的绩效考评，是实现能级对应的重要依据。

2. 优势定位原则

人的发展既受先天素质的影响，也受后天因素的制约，且后天因素的制约相对更大一些。因此，人的能力发展是不平衡的，其个性也是多样化的。每个人在其总体的能级水准上都有自己的长处和短处，同时也有着自己的专业特长及兴趣偏好。优势定位包含两个方面，一是指个体自身应根据自己的优势、特长和个性，结合岗位的要求，选择最有利于自己优势发挥的岗位和工作；二是指管理者也应该根据个体的优势、特长和个性，将人力资源安排到最有利于发挥其优势、特长和个性的岗位上，使不同个体之间的优势、个性形成良性结构，最终实现组织整体功能的强化。

3. 动态调节原则

动态调节原则是指随着组织内外环境变化而致组织内人员或岗位要求发生变化的时

候,要适时地对人力资源配置进行调整,以始终保证使合适的人员在合适的岗位上工作。现实中,由于环境的变化,岗位及其岗位要求都在不断地变化中。与此同时,人力资源也在不断地变化着,如通过参加教育培训提高了自身的能力素质,通过努力提升了自身的业务能力。这种情况下如果不对他的岗位安排进行调整,势必引起人力资源的流动或工作积极性的下降。因此,人对岗位的适应也是一个不断实践与认识的过程。也就是说,人力资源配置不可能一劳永逸。这不仅会影响有效劳动的产出,还不利于人力资源的成长。能级对应、优势定位只有在不断调整的动态过程中才能实现。

4. 内部为主原则

所谓内部为主,是指为满足组织发展战略目标实现的需要,人力资源的获取应眼睛向内。通过在组织内部建立、健全人力资源的开发机制和人力资源使用的激励机制,使组织内部人力资源的能力得到充分、合理的使用,满足组织发展的需要。内部为主选拔人才,既有利于激发组织内成员向上的积极性,也为组织内成员的上行发展提供机会,同时还有利于组织凝聚力的加强。因此,内部为主进行人力资源的开发和激励,是提升组织人力资源配置合理性和效益性的有效方式。但是,内部为主进行人才选择和人力资源优化配置要注意解决激励机制活力的保持问题。内部为主并不是简单地唯内部,而是通过激励机制的建立和完善,使组织内部形成一种良性的竞争,使组织成员的自我激发与组织激发有机地结合起来,实现人力资源能力的不断开发,进而实现人力资源配置的动态优化。

人力资源配置除了上述指导性的基本原则和操作性的基本原则以外,在配置中,还必须考虑道德性原则,即人力资源配置要讲究公正;要尊重员工的需要和愿望,以实现人的充分发展为最终目标;要讲究诚信与信任,培育组织的信用文化。道德原则是确保组织人力资源配置指导性基本原则和操作性基本原则发挥作用的基本规范和约束,也是组织人力资源实现合理配置的基本保证。

专题二 人力资源再配置——人力资源流动

专题导读

什么是人力资源再配置?什么是人力资源流动?引起人力资源流动的因素有哪些?人力资源流动有哪些类型?人力资源流动的成本和收益指什么?本专题将为你解答上述问题,使你对人力资源流动有一个系统的了解和认识。

一、人力资源再配置的概述

（一）人力资源再配置的含义

人力资源再配置，也称为人力资源流动，有狭义和广义两种理解。狭义的人力资源流动，是指人力资源在不同职业种类之间的流动，或者说是人力资源获取一种劳动角色而放弃另一种劳动角色的过程。广义的人力资源流动，是指在狭义的人力资源流动的基础上还包括人力资源不改变其职业角色，但变换工作单位或职位的情况。可见，人力资源流动是指对组织人力资源存量的再配置，旨在解决组织内部"适岗率"低的矛盾，相当于在人力资源总量不变的情况下增加了新的人力资源。

以组织归属为标志，人力资源流动涵盖了人力资源流入、内部流动和退出三个范畴。实践中通常将人力资源内部流动称为人员调配；将人力资源流入、流出称为人员流动。人力资源流入是指组织通过招募选拔，从组织外部引进新员工。人力资源流入需要组织为新员工准备工作岗位和任务。人力资源退出是指组织所属员工脱离本组织隶属关系，不再在本组织任职的情形，如员工离职、退休、组织裁员等。它通常会造成组织内职位或角色的空缺，需要补充人员。员工在组织内部平行职位之间的流动、职位的升降，以及由于种种原因暂时离开组织（如脱产学习）等，属于人力资源的内部流动或人员调配。

人力资源市场化配置条件下，人力资源流动是客观必然的，是组织不可或缺的工作与人力资源动态匹配的过程。组织必须对其高度重视并采取相应的对策，才能保证人力资源不断地满足组织发展的需要。

（二）人力资源流动的作用与风险分析

适度的、规范的人力资源流动，对社会、组织和员工都具有积极的促进作用。但是，如果缺乏完善的法律制度规范和制约，人力资源流动也会带来较大的风险。人力资源流动主要的作用与风险表现如下。

1. 人力资源流动的作用

从社会的角度来看，人力资源流动通过人力资源与岗位的适度、规范调配，提高人力资源的适岗程度，有利于促进人力资源的全面发展，充分发挥人力资源的潜能和才干，减少资源的浪费。

从组织的角度来看，人力资源流动通过人力资源与岗位的适度、规范调配，优化组织内的存量人力资源，提高人力资源的适岗率；保持组织的活力、创新热情和创造力；满足组织战略调整和人力资源使用效率的需要；降低组织的人力资源成本。

从人力资源个体的角度来看，人力资源流动通过人力资源与岗位的适度、规范调配，有利于人力资源找到合适的职位和工作，使其能力得到充分的发挥；有利于人力资源个体发现自己的潜能和兴趣，积极性和创造性得到最大限度的发挥；有利于人力资源个体在职业发展上得到心理预期的满足。

2. 人力资源流动的风险

从社会的角度来看，缺乏规范和约束的人力资源流动将会增大社会保障的负担；增加社会不安定因素；增加国家管理的难度，并向国家法律、制度及管理等提出挑战。

从组织的角度来看，缺乏规范和约束的人力资源流动将会损害员工对组织的信任，进而降低员工对组织的忠诚度和凝聚力；将有可能失去组织的核心员工，不利于组织竞争力的保持和提高；将会增加培训开支而增大成本；将有可能泄露组织的商业机密；若处理不好的话，还可能产生劳资纠纷，引发诉讼，不利于组织形象。

从人力资源个体的角度来看，缺乏规范和约束的人力资源流动将会影响个人的资信等级，不利于个体职业发展目标的实现；将可能使个体变成一般的通才，不利于个体专业地位的建立以及专业水平的提高；将可能使个体的职业发展归零，丧失原有的职业地位和利益，并增加职业发展的成本。

（三）人力资源流动的原因分析

人力资源流动从引起流动的原因来划分，可以分为宏观流动、微观流动和个体流动三个层次。

1. 人力资源的宏观流动原因分析

引起人力资源宏观流动的根本原因在于经济发展的不平衡。经济发展的不平衡必然伴随着产业结构的调整变化，从经济学的比较优势理论来看，这种经济发展的不平衡必然带来大规模的人力资源流动。产业结构调整可以是市场拉动型的，也可以是技术进步推动型的。现实中，往往是这两种类型交织在一起，带来行业、组织直至职位的新增或消失、合并或拆分。中华人民共和国成立以后第一次大规模的人力资源流动发生在改革开放后，大量的人力资源向经济率先发展的东南沿海地区流动、向加工制造业流动，这次的流动主要是地域间、产业间的流动。第二次大规模的人力资源流动发生在转变经济发展方式的战略规划提出后，较大规模的人力资源向高新技术行业、第三产业流动。这次的流动主要是产业间的流动，地区间流动的规模没有第一次表现得那么明显。

引起我国人力资源流动除了上述的共性原因外，还有我国的一个个性原因，即我国的社会体制转型——从计划经济走向市场经济。这从制度上解除了束缚人力资源流动的枷锁，为人力资源流动奠定了制度基础。

2. 人力资源的微观流动原因分析

引起人力资源微观流动的原因在于，资源配置的双方主体为追求以最优状态实现资源配置都有改变原配置的动机。从组织一方来说，在市场变动的情况下，组织采取措施改变既有的资源配置——辞退、更换或增招，造成人力资源的流动。从人力资源个体来说，为追求个人较大收益和更好的发展机会，寻找更适合自己的就业空间和岗位，带来人力资源流动。

一般来说，越是人力资源中能力较强、具有不可替代性、价值大、社会联系广的人力资源个体，越具有这种流动的客观条件和动机；越是聚集大量上述这种类型人力资源的部门或组织，人力资源越是处于高流动状态。

3. 人力资源的个体流动原因分析

引起人力资源个体流动的根本原因在于，人力资源个体对自身流动的成本与收益进行衡量比较后自觉的本性需求。这是人力资源流动的理性基础，也是符合社会学与经济学的基本原理的。

人力资源的流动是为了实现自身的追求和价值最大化，改变自身的社会地位。当个体的期望值与实现值之间的差距越小，说明个体愿望得以实现的程度越高，产生流动的意愿越小；反之，如果个体的期望值与实现值之间的差距越大，说明个体愿望得以实现的程度越小，产生流动的意愿则越大。因此，从人力资源个体的角度来看可以说，人力资源流动是人力资源价值不能或没有得到实现的必然产物。

人力资源个体在判断个体期望值与实现值之间差距时必须考虑流动成本与流动收益两个方面的因素。人力资源个体的流动成本是人力资源进行流动时所发生的各项支出的总和，由可以用货币计量的经济成本和不能以货币计量的非经济成本两个部分构成。其中，可计量的经济成本包括为流动所放弃的原有的收入、为寻找新的岗位所花费的各项支出、流动过程中的生活成本、在新环境中增加的各项支出等；可计量的非经济成本包括为流动所放弃的原有的社会资源、其他的发展机会、离开原有环境和人群的心理成本、适应新环境和人群的心理成本等。经济性成本可以直接比较出大小。非经济性成本的比较则是人力资源个体的心理感受和心理需求满足感的感受程度，需要尽量理性地分析判断。人力资源个体的流动收益是人力资源进行流动所带来的各种利益的总和，也分为经济性收益和非经济性收益两个方面，包括货币性收益、技能性收益、机会性收益、文化性收益四个部分。其中，货币性收益是指在新岗位所获得的经济收入；技能性收益是指在新岗位中所获得工作技能等相关知识的提高和发展；机会性收益是指在新岗位或新的就业空间里所获得的发展机会和预期的上升空间，这部分收益里面同时包含了相应的经济性收入的提高；文化性收益是指在新的环境中所获得的文化及其他社会生活知识的丰富和提升，更多地属于一种心理满足和生活的便利。同样的，经济性收益可以直接比较出大小。非经济性收益的比较则是人力资源个体的心理感受和心理需求满足感的感受程度，需要尽量理性地分析判断。难度在于有些收益是不能简单地划分为经济性收益或非经济性收益的。因此，人力资源个体流动的成本与收益比较是社会学与经济学原理的共同运用。

二、人力资源流动的理论基础

关于人力资源流动的相关理论，具有代表性的是勒温的场论、库克曲线、卡兹的组织寿命曲线、中松义郎的目标一致理论等。它们分别从员工个人与环境（场）的关系、创造力发展过程、组织寿命和目标一致性等角度阐述了人力资源流动的必要性。

（一）勒温的场论

美国心理学家勒温在大量研究的基础上提出了个人绩效与本人能力素质、工作环境的函数关系，即

$$B=f(p,e)$$

式中，B 表示员工个人的工作绩效；p 表示员工自身的职业素质和能力；e 表示员工所处的工作环境，也称为"场"。该函数式表达的是员工个人的工作绩效不仅受员工个人的职业素质与能力影响，还受员工个人所处的工作环境，即员工个人所处的"场"的密切影响，且这个"场"对员工工作绩效的影响作用更大。它影响着员工职业素质与能力的发挥。当员工所处的"场"不能令他满意时，就难以取得满意的工作绩效。此时，员工就会想办法改变这个"场"对他的影响。如果这种改变难以实现或无力实现，员工则会选择转"场"，到另一个适合自身能力发挥的环境实现自己的期望。

与员工个人工作绩效息息相关的"场"主要指的是是否获得重用、是否有成就感、是否有上升的空间、是否获得信任、是否获得公平的待遇、是否有归属感、是否有工作满足感等物质的、精神的和心理的多重需求表现。勒温的场论表明，要减少员工的流动，尤其是要减少组织核心员工的流动，就要在组织的工作环境改善上下功夫，增强组织的"场"对员工，尤其是核心员工的吸引力和凝聚力。

（二）库克曲线

美国学者库克通过人的创造力周期的统计曲线来论证人力资源流动的必要性。他认为，员工创造力的发展过程是由学习、成长、成熟、初衰和稳定五个阶段组成的，如图 5-1 所示。图中曲线 OA 表示员工工作前的学习阶段。在这个阶段，随着掌握知识的增多，员工的创造力在不断地增长。图中曲线 AB 表示员工的成长阶段。这个阶段一般指员工参加工作的头 1~2 年，对工作有新鲜感，热情高、干劲大，勇于接受挑战，是员工创造力快速增长的时期。图中曲线 BC 表示员工创造力发展峰值区，即成熟期。这个阶段可以延续 1~2 年的时间。这个阶段的员工工作经验与知识水平在其任职职位上得到了较好的结合，员工的创造力发展至顶峰，这是员工出成果的黄金时期。图中曲线 CD 表示初衰期，即员工的工作热情和潜力在减退，创造力发展速度呈下降趋势。这段时间也将持续 1~2 年。当员工的创造力降到 D 点时，员工的状态保持稳定。此时，如果不改变员工的工作内容或工作环境，员工的创造力将在低水平上持续徘徊，并会因为这种徘徊销蚀掉员工的工作热情和工作积极性，影响员工个人和组织的工作绩效。

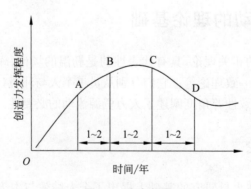

图 5-1　库克曲线

上述分析可知,员工在进入组织的第 3~6 年的时间里,其创造力的发挥最为充分。但是,当员工在同一职位上工作的持续时间达到 6 年或 6 年以上,其工作热情和创造力就会衰退。此时,就需要通过组织内部的适当流动来重新激发员工的创造力和工作热情。因此,适当的、规范的组织内人力资源流动始终是激发组织成员工作积极性和创造力的重要管理手段。管理者要善于运用它来提高组织的竞争力。

(三)组织寿命曲线

组织寿命曲线是美国学者卡兹提出的关于组织寿命长短与组织工作成果的关系曲线。卡兹认为,组织寿命的长短受制于组织内信息沟通水平和组织获得的成果。组织内的员工客观存在着性格、价值观念、工作方式、经济利益等方面的差异,需要通过沟通、协调,才能获得期望的工作成果。卡兹用组织寿命曲线形象地表述了组织这一成长、成熟和衰退的全过程,见图 5-2。在这个过程中,组织构成初期约 1.5 年的时间内,员工彼此不熟悉,交流的信息少,工作成果也不多;但在 1.5~5 年这段组织成熟期时间里,员工之间因为工作关系已经形成较亲密的关系,信息交流水平大大提高,并达到最高点。此时员工之间的配合最为默契,工作成果也最多;到了第 5 年以后,员工之间因失去对彼此的新鲜感,信息交流水平趋于下降,某些矛盾得不到解决,容易出现人际关系紧张状况,而且由于员工长期固定在某一职位上,容易产生倦怠而出现反应迟钝现象。这一阶段表现为组织寿命的衰退期。组织寿命的三个不同时期员工的工作热情和积极性表现有着明显的差异。根据卡兹的组织寿命曲线分析,为了激发组织的整体活力,应该在组织寿命进入成熟期走向衰退期的时候,即在第五年到来之前,采取措施对组织成员进行重新调配,使组织重新走向新一轮的成长、成熟过程,创造组织内信息沟通的新环境,促使组织工作成果的提高。卡兹的组织寿命曲线还告诉我们,员工流动应该"适度",即流动时间间隔不能小于 2 年。因为,过于频繁的人力资源流动,既不利于保持社会组织的稳定和工作的连续性,也使员工总是处于适应新的环境的状态中,影响工作效率的提高。可见,适度、规范的员工流动既有利于组织工作成果的提高,也给组织成员设置了一个实现自我追求目标的机会,对提高整个组织的活力起着积极的促进作用。

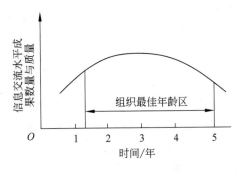

图 5-2 卡兹的组织寿命曲线

（四）目标一致理论

日本学者中松义郎在《人际关系方程式》一书中提出：当组织目标与个人目标完全一致时，个人的潜能才能得到充分的发挥，组织的整体功能水平也才会实现最大化。如果个体处在缺乏外界条件或心情压抑的状态下，其才能也很难在工作中得到充分的展现和发挥，个体的发展途径也不会得到组织的认可和激励。尤其是当个体目标与组织目标不一致的时候，组织的整体工作效率必将蒙受损失，组织整体功能水平势必下降。针对个体目标与组织目标之间的这种关系，中松义郎提出了解决个体目标与组织目标不一致的两个途径。一是个体目标主动向组织目标靠拢，引导自己的志向与兴趣向组织方向发展和转移，努力使其趋于一致。但是，这个途径的困难在于个体目标与组织目标之间的差异难以在短期内趋于一致。二是进行人力资源流动，使员工流动到与个体目标比较一致的岗位、部门或组织。合理的人力资源流动是人力资本在整个行业内的重新配置与配置优化的过程，也是实现帕累托最优的必然途径。只有在个体的目标与组织的期望比较一致，个体的行为容易受到组织的认可和肯定的情况下，个体的积极性和创造性才会得到充分的发挥和开发，才能使个体和组织进入良性循环状态。就上述两个途径分析来看，显然，第二个途径才是解决个体目标与组织目标不一致问题的可选途径。因此，这一理论不仅解释了引起员工流动的动机——为了寻找一个与个体目标相一致的组织，还解释了组织开展员工职业规划管理的意义——实现员工个体与组织的双赢。

目标一致理论论证了人力资源流动对个人成长和组织发展的必要性与重要性。同时表明，人力资源流动是组织实现人力资源开发与管理的重要环节。合理、适度、规范的人力资源流动机制不仅给人力资源提供广泛的择业机会、发展空间，也为实现系统的资源最优化配置创造了条件。目标一致理论因此成为指导人力资源流动管理的重要理论之一。

（五）社会协调理论

这是我国学者孙健敏教授提出来的关于人力资源流动原因分析的理论。他认为个人原因、组织原因和社会原因的协同作用，是导致人力资源流动的根本原因[①]。引起人力资源流动的个人原因，主要有个人追求、价值观、责任心、个性特点、能力专长、心理状态和职业表现等。当前，对经济利益的追求仍然是导致人力资源流动的最主要因素。其次为职业发展、晋升和社会地位、和谐工作环境等因素。当另一个组织提供大大优于现任职组织的上述条件，很可能因此引发员工流动。引起人力资源流动的组织因素，主要包括组织战略或结构调整、组织的领导风格、待遇水平、管理制度、人才机制以及所在行业发展状况等。当组织战略调整时，很可能带来机构和人员的调整，进而带来人力资源配置的调整。引起人力资源流动的社会因素，主要有国家政策、法律法规、人力资源供求关系、信用机制状况、教育的配套状况等因素。这三个方面的因素相互之间存在着一定的关联性：社会因素的变化必引起组织因

---

① 孙健敏.关于跳槽的社会协同论[J].北京：中国人力资源开发，2003(8).

素和个人因素的相应变化,组织因素和个人因素积累到一定的量,也会引起社会因素的变化。上述三个方面因素的共同作用,必将产生人力资源的流动。因此,人力资源开发与管理应该关注这三个因素的变化,并认真研究这三个因素的协调作用,合理、适度、规范地进行人力资源流动管理,使资源配置实现最优化。

三、人力资源流动管理

人力资源流动管理是要通过对人力资源的合理、适度、规范流动,优化人力资源队伍结构,提升人力资源与岗位的适配度,进而提高组织的整体核心能力,为实现组织的发展战略目标提供人力资源支撑。

人力资源流动管理包括人力资源流入与安置、人力资源内部流动管理、人力资源退出管理和人力资源流动风险控制四大内容。人力资源流入与安置指的是人力资源招募与录用,详看本书第六章的论述,这里主要介绍人力资源流动管理的后面三项内容。

(一)人力资源内部流动管理

人力资源内部流动指的是员工在组织内部横向各职位之间的转换、纵向各职级之间的升降以及由于员工学习的需要暂时离职等现象。人力资源内部流动的原因,或是员工需要,或是组织需要,其目的是尽可能实现人职匹配,让员工更满意、更安心、更有积极性和创造性,增进组织资源的利用效率。绩效考评是人力资源内部流动的基本程序。

1. 工作轮换

工作轮换是人力资源内部流动的主要表现之一。属于组织内部横向职位之间的移动。工作轮换通常会在下列情况下进行:员工希望更换工作职位;培训或培养核心专业或管理人才;丰富员工工作内容,激发员工活力;组织机构或业务调整需要;大规模裁员后的员工安置;扁平化组织结构中,为解决有限上升渠道下调动员工工作积极性的问题。工作轮换通常与员工职业工作兴趣、个性化需求、职业发展计划相联系。为员工设计双阶梯职业通道或多阶梯职业通道,以及为员工设计"水平晋升路径"[1]是实践中组织在人力资源内部流动管理中常采取的有效激励模式。

工作轮换管理必须做好两项工作:一是制订符合员工需求的工作轮换计划,并使该计划与员工招聘、培养、使用、晋升计划实现良好衔接;二是做好人力资源内部流动的日常工作。人力资源内部流动的日常工作包括选配合格的"指导者"指导轮换员工的学习计划制订与实施;跟踪记录轮换员工的学习计划实行情况,并检查是否达到预期目标;根据轮换员工学习后的能力、表现及其自身意愿,为他们安排合适的职位。

2. 职务升降

职务升降指的是在纵向各职级之间的升降,包括升职和降职两类。

职务晋升指的是组织根据发展的需要,从符合晋升标准的员工中把优秀者由较低的职

---

[1] 李华,李传昭. 扁平化组织结构下员工晋升路径探讨[J]. 太原:经济师,2004(2).

位提拔到较高的职位的过程。对组织而言,职务晋升是为了激励员工,实现组织发展的需要;对员工而言,职务晋升意味着要承担更重、更大的工作责任,掌握更大的权利和享有较多的工作自由及更好的福利待遇。组织中大多数员工都渴望有晋升的机会。为了确保职务晋升能起到激励员工、实现组织发展需要的目的,晋升管理中应该遵循德才兼备、平等竞争、民主监督、长远规划以及原则性与灵活性相结合的原则,并且做好晋升对象考察和操作流程公开化两项工作。晋升对象的考察依据是通过职务分析和拟任职务的素质模型所确定的选拔标准。考察的重点不是被考察对象已经具备的能力和曾经的绩效,而是他未来的发展潜力与绩效。同时,要特别注意对其工作态度(工作的努力程度、工作热情、主动性和进取精神)、学习能力、适应能力、道德品质(忠诚感、勤勉性、容忍性、合作精神)以及工作稳定性(几年内不离职)等方面的综合考察。考察方法可根据职位高低选用配对比较、主管人评价、评价中心评定、笔试或面试等。高层职位的候选人,还需要组织负责人参与决策,或者请第三方机构参与评价。整个考察、审批程序都必须公开并接受监督。

人力资源市场化配置条件下,晋升是一种常态趋势。组织应该制定和完善员工考察与晋升制度,让职务晋升规范化、标准化,使职务晋升成为增强组织整体核心能力的重要手段。

降职是对组织中考评未能达到标准要求的人员的处置方式之一。它既是对不称职员工的一种惩戒、警示,也是对不称职员工不断提升自己能力和绩效的一种激发。尽管组织中较少采用降职的激励方式,但是,作为人力资源开发与管理的规范化要求,也应该制定相应的制度对降职进行规范,使降职管理达到预期的效果。

3. 离职培训

培训是现代社会、组织的一个重要活动内容。就组织而言,培训不仅是一种有效的激励手段,还象征着组织对员工的重视,预示着员工的良好发展前景。培训分为在职培训、在岗培训和离职培训。前者不影响组织运营的正常进行,后者则会影响组织运营的正常进行,因此需要对组织内成员进行调配。离职培训主要集中在组织的两类人员,即中高层管理人员和技术骨干。离职培训的效果一般优于在职培训,但成本也较在职培训的高。为了获取最大的培训收益,人力资源部门应该根据组织发展战略需要和离职培训人员的需求,结合聘用计划、使用计划、继任计划、财务计划等,制订员工的离职培训计划,并对培训计划的执行以及培训效果进行考评,根据考评结果,对离职培训者进行合理的使用,使离职培训的效用最大化。

(二)人力资源退出管理

人力资源退出是指员工脱离与组织的隶属关系,不再为组织服务也不再享受组织在职员工待遇的现象。这是每个组织发展中都不可避免的一种经济现象,会对组织带来一定的影响甚至震动,因此,必须对其进行科学的引导和管理。构建科学、系统的人力资源退出机制就是组织对人力资源退出实行规范管理、科学管理的一种积极反应。

引起人力资源退出的原因主要有组织内部人力资源的吐故纳新;组织战略调整、体制变革;降低成本、减少开支等。人力资源退出的形式包括自愿离职、再次创业、待命停职、提前退休、末位淘汰和裁员等,让不再适合于组织战略或流程的员工直接或间接地退出组织及其机构,实现组织人力资源的优化配置。

人力资源退出机制包括了人力资源退出政策、流程、方式、策略及帮助五大基本模块。

1. 人力资源退出政策

人力资源退出政策是指界定人力资源退出条件、评价标准、退出时间、退出数量、退出员工待遇及安置途径等方面的总括性纲领。其具体内容由人力资源退出制度进行详细规定和描述。不同的组织,其人力资源退出政策不同;同一组织,在不同的环境、不同的发展阶段,其人力资源退出政策也不相同。一般情况下,组织每年都会对人力资源退出政策做适当的调整,以保持人力资源退出政策的外部竞争性和内部激励性。

2. 人力资源退出流程

人力资源退出流程是指规定人力资源退出过程的操作环节、各环节之间的衔接过渡以及各环节的具体工作内容的完整表述。一般来说,人力资源退出流程大体应该包含核对劳动合同内容、确定退出人员名单、上报审批、通知退出员工、组织离职面谈、办理退出手续等环节。但是,由于人力资源退出的原因、退出的方式和主要责任人的不同,其退出流程也存在着某种程度的差异性。因此,要根据具体的退出原因来调整实际运作的退出流程。例如,由于组织发展战略调整而引起的人力资源退出,在上述退出基本程序的基础上,还要增加宣传解释、了解员工动态、为员工提供援助等环节。

人力资源退出流程要体现程序上的公平、公开、公正,并接受监督。

3. 人力资源退出方式

人力资源退出方式往往根据组织的实际情况来选定。按照引起员工退出的因素划分,退出方式有三大类。第一类是组织的责任,如组织战略调整、内部竞争和经济问题等引起的人力资源退出,应该尽量采用人性化的、与组织文化相一致的方式。再次创业、待命停职、暂时休假、技能培训等方式往往是较容易被员工接受的退出方式。在退出方式选择中尽可能不采用刚性太强的裁员方式。第二类是员工个人责任引起的人力资源退出,如员工自愿离职或犯有严重过错而被除名。第三类是政策性因素引起的人力资源退出,如退休、病退、合同期满解除合同等。第二类和第三类都严格按照规范去执行。

4. 人力资源退出策略

人力资源退出策略是指为了顺利完成人力资源退出过程,避免产生消极后果的一系列措施的总称,包括宣传策略、说服策略、实施策略、风险防范策略等。这些策略中有不少不是在发生退出的时候才去做的,而是在平时管理中就已经做了的工作,如风险防范策略。为了预防与退出员工之间产生法律纠纷,平时的管理中就要做好员工表现的跟踪与考核记录,并将考评结果反馈给员工,经员工签字确认后存档。再如涉及保密要求的员工退出,为了确保组织重要的技术和秘密不外泄,在员工退出之前就应该采取相应的防范措施。不同的退出原因采用的退出策略侧重不同。

5. 人力资源退出帮助

人力资源退出帮助主要是指为退出员工提供心理辅导、再就业和创业的培训、信息服务、技术与资金支持等。人力资源退出援助不仅是组织的责任,而且也是社会的责任。政府组织和非政府组织(NGO)、用人单位三方要在人力资源退出援助中形成合力机制,共同为人力资源退出做好后续服务，减少人力资源的闲置浪费，充分体现以人为本、人尽其才的管理宗旨。

（三）人力资源流动风险控制

人力资源流动风险是指因人力资源流动导致人员变动对组织发展目标实现带来不利影响的程度及其可能性，主要包括失去员工信任，降低忠诚度和凝聚力；可能失去优秀员工；增加培训开支；可能泄露商业机密；可能增加劳资纠纷、引发诉讼等。人力资源流动风险控制是指针对人力资源流动所带来的风险，预先采取防范措施，使风险对组织的伤害减少到最低限度的一系列措施的总和。人力资源流动风险控制可以考虑从以下五个方面进行。

1. 观念先行、制度规范

观念先行、制度规范是指将人力资源流动常态化的观念与组织文化结合起来，并以各种方式向组织成员进行教育和宣传，同时制定和完善人力资源流动管理制度，并严格按制度运作，使制度成为全体员工的共识。在潜移默化中消除员工的不良反应和抵触情绪，有效地预防人力资源流动风险对在职员工和组织的冲击。

2. 调查摸底、预测趋势

为了避免人力资源流动风险可能给组织带来的不良效应，组织应该重视加强对人力资源现状与需求的调查分析，并通过员工的档案管理，及时分析和掌握员工的流动趋势和需求变化趋势，进行人力资源流动及其风险的预测，做好防范的准备，减少流动风险带来的损失。

3. 储备人才、缓解危机

人力资源流动中的最大风险是由核心员工流失带来的。组织核心员工的培养不是短时期内可以实现的。为了预防组织核心员工流失中断组织正常运转，组织应该建立继任制度和人才储备机制，培养后备人才队伍。后备人才队伍不仅可以缓解核心员工流失带来的危机，而且为组织发展战略调整提供人力资源支持。

4. 机制严密、法律保障

人力资源流动的另一个大的风险来自组织技术秘密，尤其是核心技术秘密的泄漏。为保证组织技术秘密的安全，在技术研发和使用中要加强保密机制设置，提高保密机制安全度。例如，研发时采取模块分工，每个成员只负责其中的一个模块，最后才进行统一组合调试。这可以降低因人员流失带来的泄密风险。在机制设置的同时，还要充分利用法律手段，防范风险，保护组织的技术秘密。

5. 条件准备、防范意外

在资金上，组织要建立后备基金，用于核心员工流失而组织又没有后备人才可用的时候，从市场上高薪获取人才，保证组织的正常运转。在人才上，组织要建立组织外部人才档案，即对组织外部符合组织发展需要的人才位置、供应、状况、需求等要建档并及时更新资料，同时，建立与他们之间的良好关系。当组织因核心员工流失影响组织正常运转时，该后备资源将可以作为救急的备选方案之一。

（四）人力资源流动中的两大难题——裁员与留住核心员工

1. 裁员

裁员是指组织强制性地解除组织与那些不再需要的员工之间聘用关系的行为，是一种让员工心理和感情上难以接受、执行中刚性较强的人力资源退出方式。裁员在组织战略调整时期比较容易发生。裁员的目的表现为三个方面：一是降低组织的人力资源成本；二是满足组织运营方向调整或流程再造的需要；三是适应技术变化和组织管理的需要。裁员的实质是员工个体利益与组织整体利益产生冲突，通常被认为是组织与员工之间的一种对立与利益争夺。因此，裁员后遗症、裁员风险成为理论界、实践界共同关心和着力研究的问题。其中的一种积极的、具有建设性的思想认为，如果我们无法帮助员工为组织、为客户创造价值，我们就无法留住他。[①] 在这种思想下，对裁员的理解就不再是组织与员工之间的对立与利益争夺，而是组织与员工之间是合作伙伴关系，因此裁员不具有风险性。但是，现实中更多的倾向是在"裁与不裁"和"如何更完美地裁员"之间寻求平衡。

为了既达到裁员的目的，又能维护组织良好的形象，确保在职员工的工作热情，减少制定、实施裁员决策的管理者的压力，避免组织与周围社区、媒体之间的紧张关系以及一系列不利于组织的消极后果，裁员应该遵循一系列相应的工作原则，即科学合理、公正、沟通和人性化的原则。

为了减少、消除被裁人员的不满情绪，稳定和保持保留人员的工作情绪，必须对裁员工作进行科学规划和管理。这些科学规划和管理体现在裁员工作的步骤里。裁员的步骤一般包括四个环节。一是计划阶段。主要工作是评估裁员的必要性并制定裁员的总体规划，成立裁员工作小组、制定裁员的总原则。二是选择阶段。主要是对裁员对象进行筛选和确认，拟定裁员名单。三是设计与实施阶段。主要是设计和实施裁员补偿方案及职业帮助计划，做好被裁人员的离职准备。四是离职沟通阶段。主要是与被裁员工进行谈话沟通，从心理上缓解他们的不适感，为其办理离职手续，并对其提供相应的帮助。

在裁员中，人力资源部门是裁员的具体执行者和协调者，担当着重要的角色。人力资源部门在裁员中的主要工作包括了资料收集、分析，并为组织决策层提供相关信息和参谋；对参与裁员工作的工作人员进行培训；对被裁减人员开展培训并进行心理辅导；与相关部门协调，做好裁员的善后工作；稳定留用员工的情绪。

2. 留住核心员工

任何组织都希望有一支稳定的核心员工队伍。何为核心员工？即那些掌握着组织的核心技术与广泛的社会关系，并得到组织全体成员认可的组织成员。他们是组织凝聚力的内核所在，也是组织品牌、信誉的代表，具有相当大的市场价值，是市场争夺的对象。他们的流失将会给组织带来有形和无形的巨大损失。因此，如何留住核心员工成了组织人力资源管理中至关重要的问题。

对留住核心员工的分析有两个基本思路：一是从流程入手；二是从需求入手。从流程

[①] 郑大奇. 裁员平衡术[J]. 北京：中国新时代，2004(4).

入手,就是通过对核心员工流失危机过程进行分析,把握核心员工在该过程每一个阶段的行为特点,判断导致核心员工流失的原因,实施一系列适当的、有效的管理干预手段,以期望留住核心员工并充分开发其价值的策略。[①] 从需求入手,就是通过把握和满足核心员工的个性化需求,达到挽留核心员工这一目的的策略。

(1) 从流程入手留住核心员工的策略。从流程入手留住核心员工的关键环节在于进行核心员工流失危机过程分析。组织核心员工流失往往是经历了一个从内隐形态向外显形态转变的过程。这个过程经过的时间比较长,一般由抱怨、倦怠、抗拒和离职四个阶段构成。抱怨是对不满情绪的宣泄,其中隐含着引起组织管理者注意,并相信组织能够给予解决的诉求。如果管理者能及时察觉这种不满的情绪,并实施适当的管理干预,抱怨的情绪就会得到缓解或消除,核心员工的状态又将恢复正常。否则,抱怨就会集聚并转化为职业倦怠。处于职业倦怠状态的员工,往往态度消极、行为懒散、没有团队意识。他们的行为会较大幅度地偏离正常轨道,工作绩效因此大受影响。员工强烈地希望通过这种职业倦怠表现引起管理者的重视,仍然相信组织能够给予解决。如果管理者能及时地察觉这种现象,探究和把握其深层次的原因,并进行适当的管理干预,也会使其回归正常。反之,则会使职业倦怠转化为抗拒心理。当这种抗拒心理积累到一定程度,就会形成员工与组织之间的对立。这种氛围和压力为核心员工的离职准备了客观条件。但离职的主观条件还没成熟。此时,如果管理者能抓住要害进行管理干预,就会感化核心员工的心而使之回心转意。否则,就会使核心员工坚定离职的决心。当外部条件具备时,即有核心员工认为更合适的组织向其发出召唤时,他们就会明确地向组织表示其离职的意愿。此时,如果管理者仍然没有考虑这些员工的意愿,并给予他们实质性的满足,离职意愿将最后变为离职的实际行为。

由上述核心员工流失危机过程分析可知:核心员工在流失危机过程每一个阶段都有明显的、反映其诉求的具体表现。通过这些表现是可以预测其行为发展的。管理者的管理干预是非常重要的中间变量。管理者是否采取管理干预、采取管理干预的时点以及管理干预的有效性强弱都将改变这个危机过程的演变发展,在能否留住核心员工中起着举足轻重的作用。因此,从流程入手留住核心员工的策略,重点在于核心员工流失危机过程分析及其对过程中每个阶段实行及时适当的管理干预,阻断核心员工流失危机过程的发展,达到留住核心员工的目的。核心员工流失危机过程阻断越靠前,其核心成员流失控制效果就越好,造成的损失就越小;反之,则越大。

(2) 从需求入手留住核心员工的策略。从需求入手留住核心员工就是通过把握和满足核心员工的个性化需求,达到挽留核心员工的目的。包括把握核心员工的主导需求;提高核心员工的工作满意度;跟踪调查与分析三项活动。把握核心员工的主导需求的实质就是要知道核心员工最迫切需要什么,需要注意的是人的需求是不断变化的以及人的需求是一个体系,核心员工的需求也不例外。管理者要通过一系列方法、手段,及时把握核心员工的需求动态或需求变化趋势。通过满足其主导需求,提高核心员工的工作满意度。研究表明,员工满意度与流失率高度相关。当采取相应的措施满足核心员工的主导需求后,是否能留住核心员工,还需要进行跟踪调查与分析,调整并提高这些措施的有效性。

---

① 裴春秀. 人才流失过程控制[J]. 北京:中国人才,2004(12).

由上述把握核心员工主导需求，提高核心员工工作满意度的分析可知：核心员工工作满意度与其流失率之间存在着高度相关性。组织要留住核心员工，就要从满足主导需求的角度入手。通过分析、预测和把握核心员工主导需求并满足它们，实现留住核心员工的目的。

专题三 就业目标与就业政策

专题导读

什么是就业？什么是失业？我国的就业目标有哪些？我国有哪些就业政策？本专题将为你了解这些内容提供帮助。

一、就业的相关概念

（一）就业

人力资源管理中的就业指的是具有劳动能力而且有劳动愿望的人参加社会劳动，并获得相应的劳动报酬或经营收入的活动。它包含三个条件：就业条件，指一定的年龄；收入条件，指获得一定的劳动报酬或经营收入；时间条件，即每周工作时间的长度。可见，就业是人力资源与物质资源结合的过程并获得收入的活动，具体表现为人力资源走入某个工作岗位的过程和状态。国际劳工组织对就业的统计标准集中表现在三个方面：①在规定的期间内，正在从事有报酬或有收入的职业的人，这是就业队伍的主体；②有固定职业，但是因病、事故、休假、劳动争议、旷工或气候不良、机器设备故障等原因暂时停工的人；③雇主或独立经营者，以及协助他们工作的家庭成员，其劳动时间达到正规工作时间的1/3以上者。达到规定工作年龄的人力资源凡在这三个统计标准中占据其一的，都属于就业者。

就业率是指就业人口与劳动力人口的比率。根据1982年第13届劳工统计学家国际会议的决定，将就业人口分为两类：第一类是指在指定时期内完成一定工作并以现金或实物形式获得薪金或工资收入的人；第二类是指自我就业者，即完成一定工作并获取收益或家庭获得现金或实物收入的人。这一新标准把所有为自己或家庭从事物质生产和劳务生产的人都包括在就业人口的范畴内，比较符合发展中国家的实际情况。因此，可以概括地说，凡在指定时期内届满规定下限年龄，有工作并取得报酬或收益的人，或有职位而暂时没有工作（如生病、工伤、劳资纠纷、假期等）的人，以及家庭企业或农场的无酬工作者，均计算为就业人口。就业率反映了一个国家或地区的经济发展状况以及社会生活状况与质量。提高就业率始终是各国政府致力实现的一个重要目标。

（二）失业

失业有广义和狭义之分。广义的失业是指生产资料和劳动者分离的一种状态。在这种状态下，劳动者的生产潜能和主观能动性无法获得发挥，不仅浪费社会资源，还对社会经济发展造成负面影响。狭义的失业是指有劳动能力、处于法定劳动年龄阶段并有就业愿望的劳动者失去或没有得到有报酬的工作岗位的一种状态。对失业的界定必须同时符合两个基本条件，即"有就业要求"和"没有获得工作岗位"。国际劳工组织（ILO）对失业的统计标准：凡是届满规定年龄在一定期间内（如一周或一天）属于下列情况的均属于失业人口。①没有工作，即在调查期间内没有从事有报酬的劳动或自我雇用。②当前可以工作，就是当前如果有就业机会，就可以工作。③正在寻找工作，就是在最近期间采取了具体的寻找工作的步骤。例如，到公共的或私人的就业服务机构登记、到企业求职或刊登求职广告等方式寻找工作。

对于就业年龄，不同国家往往有不同的规定。例如，美国为16周岁；中国为18周岁。

失业率是指失业人数与劳动力人口的比率，旨在衡量闲置中的劳动产能，是反映一个国家或地区失业状况的主要指标。失业率可以用以下公式表示

$$失业率 = \frac{失业人数}{在业人数 + 失业人数} \times 100\%$$

失业率被认为是一个反映整体经济状况的指标，是市场上最为敏感的月度经济指标。由于它是每个月最先发表的经济数据，所以也被称为所有经济指标的"皇冠上的明珠"。一般情况下，失业率下降，代表整体经济健康发展，有利于货币升值；失业率上升，则代表经济发展放缓、衰退，不利于货币升值。若将失业率配以同期的通货膨胀指标来分析，则可以知道当时经济发展是否过热，是否会构成加息的压力，或是否需要通过减息以刺激经济的发展。

我国在失业率统计中采用的是城镇登记失业率的概念。城镇登记失业率和失业率是两种不同的概念，使用的统计方法也不同。我国公布的城镇失业率，是登记失业率，它是劳动保障部门就业服务机构对失业人员登记统计汇总的结果，是政府制定就业政策的主要参考依据。由于中国就业服务体系和社会保障体系还不完善，到劳动保障部门就业服务机构登记求职的失业人员数量不够全面、完整，再加上就业和失业登记办法还有待进一步健全与规范，因此，目前存在着实际失业率高于登记失业率的现象。

（三）不充分就业

不充分就业是指届满法定劳动年龄、具有劳动能力和就业意愿的劳动者在比常态劳动时间短的工作岗位上就业的状态，包括兼职工作、季节性工作、零散性工作、临时性工作等。不充分就业也可以用来说明工人所受的教育或训练所建立起来的劳动能力没有得到充分的运用，出现部分闲置的状况。

多数国家政府的劳工部门在收集和分析失业的统计资料时，最后都会将不充分就业列

为表示经济状况健全程度的主要指标。研究失业趋势和人口各组间统计数字的差异,以取得它们对经济发展总趋势和作为政府将采取行动的依据。第二次世界大战结束以来,充分就业一直是许多国家政府的既定目标。应该指出的是,充分就业不能简单地与零失业率画等号。因为在任何时候,失业率总要包括一定数量的游离于新、旧工作之间,但在长期意义上又不是失业的人群。例如,美国2%的失业率时常被引作"基础"比率。

二、失业的分析

(一) 失业的影响

失业的历史就是工业化的历史。在工业化的进程中,失业是不可避免的一种社会经济现象。失业带来的影响一般可以分成两种:社会影响和经济影响。

1. 失业的社会影响

失业的社会影响一般难以估计和衡量,但却最容易被人们所感受。失业威胁着作为社会单位和经济单位的家庭的稳定。失业带来的经济收入问题使家庭的需求得不到满足,家庭关系将因此受到影响甚至伤害。心理学研究表明,失业造成的创伤不亚于亲友的去世或学业上的失败。此外,家庭之外的人际关系也因失业而受到严重影响。往往失业者在社会中容易失去自尊、自信和影响力,面临着被同事拒绝的可能性。最终导致失业者在情感上、心理上受到严重打击。个人的情绪积聚可能会对社会造成不良影响。

2. 失业的经济影响

失业的经济影响一般用机会成本的概念来理解。失业率上升,经济活动产出就会减少。所以,往往失业率上升与经济衰退是伴生的关系。从产出核算的角度看,失业者的收入总损失等于生产的损失,因此,丧失的产量是计量周期性失业损失的主要尺度,它表明经济处于非充分就业状态。20世纪60年代,美国经济学家阿瑟·奥肯根据美国的数据,提出了经济周期中失业变动与产出变动的经验关系,被称为奥肯定律。奥肯定律认为,失业率每高于自然失业率一个百分点,实际GDP将低于潜在GDP两个百分点。换句话说就是,相对于潜在GDP,实际GDP每下降两个百分点,实际失业率就会比自然失业率上升一个百分点。奥肯定律揭示了产品市场与劳动市场之间极为重要的关系,描述了实际GDP的短期变动与失业率变动的联系。根据这个定律,可以通过失业率的变动推测或估计GDP的变动,也可以通过GDP的变动预测失业率的变动。

就业问题是我国政府宏观经济政策要解决的最主要问题之一。奥肯定律为我们提供了一个可能的解决方案,即一定要保持GDP的适度增长。这一方面能迅速提高我国人民的生活水平,同时也能较好地解决就业压力。

小资料

自然失业率(natural rate of unemployment)是指充分就业下的失业率。它是摩擦性失业率和结构性失业率加总之和。由于人口结构的变化、技术的进步、人们消费偏好的改变等因素,社会上总会存在着摩擦性失业和结构性失业。就长期而言,景气循环带来的失业情形常会消弭无踪,社会上只留下自然失业现象。"自然"的定义并不明确,因此没有人能明确地指出一个社会的自然失业率是多少。它会随着人口结构的变化、技术进步、产业升级而变化。

(二) 失业的类型

1. 按照主观意愿,失业可以划分为自愿性失业和非自愿性失业

自愿性失业是指工人所要求的实际工资超过其边际生产率,或者说不愿意接受现行的工作条件和收入水平而未被雇用所造成的失业状态。由于这种失业是劳动人口主观不愿意就业而造成的,所以被称为自愿性失业。也无法通过经济手段和政策来消除,不属于经济学研究的范围。

非自愿性失业是指有劳动能力、愿意接受现行工作条件和工资水平但仍然找不到工作岗位的现象。这种失业是由于客观原因所造成的,因而可以通过经济手段和政策来消除。经济学中所讲的失业指的就是非自愿性失业。

2. 按照失业原因,失业可以划分为总量性失业、摩擦性失业、结构性失业、周期性失业

总量性失业是指人力资源供给大于社会对它的需求,属于供过于求状态下的失业现象,因此,也可以称为"需求不足性失业"。总量性失业的直接表现是大量有就业意愿和劳动能力的劳动人口找不到工作岗位,而且一些已经就业的人员被辞退。它的间接表现是就业人员过剩、开工不足、在职失业等。社会经济长期处于停滞状态或危机状态,这种总量性失业表现得最为充分。

摩擦性失业是指人力资源供给与需求在结合的过程中出现暂时或偶然的失调所造成的失业现象,其实质表现为劳动力在就业或转换职业时进行必要选择的时间代价。在经济、技术迅速发展,知识不断更新以及劳动者素质不断提高的环境下,摩擦性失业会相应地增加。由于摩擦性失业被看作就业选择的代价,经济学家们通常把它看作正常的失业现象。

结构性失业是指人力资源供求平衡的条件下出现的供给与社会对它的需求之间结构不对应、不统一所造成的失业现象。现实中结构性失业现象极为常见。根本原因在于产业结构调整。因为人力资源的能力准备往往滞后于产业结构调整后的需求。①

周期性失业是指经济周期中的衰退或萧条时期社会总需求下降所造成的失业。当经济发展处于周期中的衰退期时,社会总需求不足,厂商的生产规模在缩小,从而导致较为普遍的失业现象。不同行业周期性失业的影响不同,一般来说,需求的收入弹性越大的行业,周期性失业的影响越严重。

除了上述几种常见的主要失业类型外,经济学中常说的失业类型还包括隐藏性失业。隐藏性失业是指表面上有工作,但实际上对产出并没有作出贡献的就业状态,即指那些有"职"无"工"的就业状态。也就是说,这些工作人员的边际生产力为零。当经济中减少就业人员而产出水平没有下降时,即表明存在着隐藏性失业。美国著名经济学家阿瑟·刘易斯

---

① 郑彬,赵祥.产业转型升级初期企业技术培训供给缺失与"技工荒"问题研究[J].特区经济,2015(5):96-100.

曾指出，发展中国家的农业部门存在着严重的隐藏性失业。

三、就业目标与就业政策

（一）社会就业目标

我国的社会就业目标包括充分就业、公平就业、多效就业和积极就业四个方面。

1. 充分就业

国际劳工组织在1962年制定的《就业政策公约》里提出来：实现充分的、生产性的和自由选择的就业。充分就业已成为现代市场经济国家政府普遍的目标。这个目标具有综合意义，是经济目标、社会目标和政治目标的集合。

从经济目标来看，充分就业是经济政策目标之首。经济周期是市场经济的产物民，因此失业成为困扰市场经济国家政策的一个大问题。因为失业带来的经济问题、社会问题甚至政治问题，致使很多国家将缓解失业作为他们的重要经济目标。很多国家通过立法，规定国家保持高水平就业的责任，并定出本国的充分就业目标。按照经济学家的经验估算，失业率在4%~5%以下，即表示达到充分就业的状态。也就是说，低于4%~5%的失业率被作为充分就业的目标。

从社会目标来看，充分就业是社会政策目标的重要组成内容。由于失业带来的纷杂、严重的社会问题，政府不仅将充分就业作为经济领域的核心政策，而且是保障民众劳动权益、就业权益实现的重要政策。保证劳动者的合法权益和人民生活水平是政府的义务。即使有比较完善的失业保障体制，充分就业仍然被现代市场经济国家政府作为解决社会问题、保障公众利益的重要政策内容。

从政治目标来看，充分就业所涉及的劳动权、就业权是基本人权的体现，是劳动者普遍追求的目标。关注和保障劳动者基本人权的实现，就是充分就业政治内涵的体现。国际劳工组织把充分就业定为国际劳工界共同追求的目标，也使充分就业超越了其经济意义，而具有了政治色彩。1964年，国际劳工组织在《就业政策公约》和《就业政策建议书》中阐述了充分就业的目标：每一个会员国家都应当为了鼓励经济增长和发展、提高生活水平、满足对劳动力的需求以及克服失业与就业不足而宣布和执行一项积极的政策，促进充分的、生产性的和自由选择的就业，并把它作为一个重大的奋斗目标。[1] 1995年，国际劳工大会对"全球充分就业的挑战"进行了阐述，总结出"制度特征"。其中，首要的一项就是"将高度优先重点放在充分就业的目标方面"。[2] 可见，充分就业的意义已经远远超出经济范畴，成为经济、社会、政治三位一体的综合目标。

2. 公平就业

公平就业是市场经济的客观要求，也是市场环境的重要内容之一。公平就业中的就业概念已经不是简单的工作岗位问题，而是"包含了得到职业培训的机会、得到就业的机会、得

---

[1] 王家宠. 国际劳动公约概要[M]. 北京：中国劳动出版社，1991：74-75.
[2] 国际劳工大会第82届会议局长报告. 促进就业[R]. 国际劳工组织，1995：74-82.

到在特殊职业就业的机会以及就业条件"等的综合体现。国际劳工组织在第111号建议书中对就业机会做了专门的说明,即所有的人都应当在以下方面不受歧视地享有机会均等和待遇平等:得到职业指导和分配工作的服务;有机会按照自己的选择得到培训和就业,只要他适合于这种培训或就业;根据个人的特点、经验、能力和勤奋程度得到晋升;就职期限的保障;劳动条件,包括工作时间、休息时间、工资照发的年假、职业安全和卫生措施以及与就业相联系的社会保障措施、各种福利和津贴。[①] 因此,政府作为人力资源市场配置的操作机构之一,通过社会政策、职业介绍服务、培训服务等将公平就业直接纳入具体的政策目标中,对公平就业予以高度的重视。同时,政府作为社会利益的协调者和财政再分配的支持者,自觉履行关心、帮助社会弱势群体的责任,使公平就业得以实现。

3. 多效就业

就业是一个综合性的问题,这已经在国际社会达成共识。关注就业问题的社会性,把解决就业问题当作公平的经济和社会发展的主动力,是研究和处理就业问题的指导思想和应遵循的原则。

就业不仅涉及经济效益,而且涉及社会效益、政治效益。就业的经济效益反映的是就业对经济发展量和质的作用;就业的社会效益反映的是作为就业主体的人是否平等地获得价值实现,是否平等地获得发展的机会和条件;就业的政治效益反映的是就业对政治安定和社会安定的作用与影响,具体来说就是就业对保证社会和谐与社会秩序、消除失业所带来的社会动乱、维系政权的稳定等所起的作用。

就业的多方效益彼此之间不是天然统一的。例如,微观经济活动的外部效应往往会损害就业的社会效益和政治效益。我国正在推进市场经济深入发展,必须注意解决这个不统一的问题。例如,通过采取各种社会政策和经济政策,解决好各种特殊群体的生活保障问题和就业问题,弥补就业的社会效益、政治效益方面的损失,使就业的多效性得到充分、完整的体现。

4. 积极就业

积极就业是现代市场经济国家追求的经济目标和社会目标之一。因为发达国家大多有着较高的社会保障水平和较完整的社会保障体系,致使这些国家的公民中存在求职意愿不强的问题,这是造成自愿失业和失业率较高的重要原因之一。积极就业受到了这些高福利国家的高度重视,具体表现是出台各种有利于促进就业的相关政策,如大力发展就业培训、鼓励灵活就业、采取多种激励手段促进就业、加强社会需求信息的传播、社会就业资源的支持等。通过这些措施的制定和实施,为积极就业创造良好的条件和环境。

(二) 就业政策

就业政策是各国扩大就业,进而实现充分就业所采取的一系列指导和措施。这些经济社会政策可以概括为下列几个方面。

[①] 王家宠. 国际劳动公约概要[M]. 北京:中国劳动出版社,1991:64-66.

1. 确立就业的中心地位

1995年,联合国社会发展问题世界首脑会议宣言提出的《关于扩大生产性就业和减少失业行动纲领》指出:要确定就业的中心地位,即把扩大生产性就业置于国家持续发展战略和经济社会政策的中心。包括促进积极就业的政策;在经济政策中把可以直接促进长期就业的计划放在优先地位;建立适当的社会保障机制,减少结构调整和改革对劳动力尤其是对弱势群体的不利影响,并通过教育培训创造条件使他们重新获得就业机会。

2. 兼顾就业和经济发展

各国政府都非常注重把发展经济与解决就业结合起来。联合国主张创造可以大量提高就业的经济增长模式,包括鼓励在经济和社会设施建设中开发劳动密集型项目;提高发展中国家选择合适的科学技术的能力;鼓励发展可以刺激短期或长期就业增长的技术革新和产业政策;向经济转型国家的在岗工人提供培训,减少他们在转变经济发展方式中因适应力弱而大面积失业的现象;促进农村的农业或非农业发展,使农村地区的经济活动和生产性就业持续增长;消除中小企业面临的障碍,并向他们提供支持,刺激他们的发展。

3. 控制失业水平

失业率一直是各国政府密切关注的问题,不少国家为了限制失业率的增长甚至采取强制性措施。如限制雇主解雇雇员、对企业进行财政补贴使其不致破产、举办公共工程等。我国有着与其他国家不同的现实——人口基数庞大且增长量大,在限制失业水平上更是任重道远。不仅要解决达到法定年龄的劳动力的就业问题,大学毕业生的就业问题也持续凸显,下岗人员数量也在增加。因此,我国应当加强失业预警,从多方面控制失业水平,以保持我国的就业形势稳定,社会经济健康发展。

4. 强化教育培训

发展教育培训是解决就业的一个重要的手段。通过教育培训,使劳动者的就业素质和就业能力得到有效的提高,这也是工业发达国家普遍采取的解决就业的有力措施。通过政府机构或非政府机构,大力发展多种形式的劳动者教育培训,尤其是对失业者的再就业培训,强化其就业能力,减少其再就业的障碍。政府要加大对这些培训机构的政策支持和资源投入,尤其在产业结构调整或经济不景气的时期,加强教育培训对控制失业水平意义重大。

5. 加强就业服务

加强就业服务是指政府通过自身的具体工作,直接为求业人员提供多方面的服务。这已经是国际惯例。就业服务包括失业登记、职业介绍、就业指导、再就业培训、发放失业救济、组织生产自救、开展职业技能鉴定等。就业服务是政府进行社会管理的重要职能之一。就业服务水平直接关系到再就业的实现水平,受到各政府的高度重视。

四、我国就业问题分析

我国的就业问题在具有与国际上其他国家共性问题的同时,还有我国自己的个性问题。主要表现在下岗与再就业问题;农村劳动力转移问题;大学毕业生就业问题等。

(1)下岗与再就业问题。随着我国经济体制改革的不断向前推进以及国内外经济形势的影响,企业中富余人员下岗、失业问题日益突出,由此带来的社会效益、政治效益越来越引起社会的关注和重视。再就业因此意义重大。为此,我国实施了再就业工程。它是为解决企业富余人员安置以及失业人员重新就业所采取的就业工作业务措施的总称。同时,中央和地方还采取各项相关政策配套措施,如建立再就业专项基金、奖励积极安置再就业的用人单位、鼓励灵活就业、完善再就业人员的社会保障制度等。再就业工程的实施,不仅带来较好的经济效益,还带来了较大的社会效益和政治效益,对支持我国转变经济发展方式起到了积极的作用。

(2) 农村劳动力转移问题。我国是一个农业人口庞大的国家。工业化、城市化、职业结构的现代化是人类社会发展的必然趋势。农村劳动力转移也因此成为必然。农村劳动力转移对促进我国经济发展起到积极作用的同时,也给我国的社会管理带来了考验,如农村劳动力转移给城市就业带来的压力、给城市公共基础设施建设和公共服务供给带来的压力、给城市管理带来的压力等。经过40年的实践探索,我国对农村劳动力转移的管理和引导已经取得了较大的进步。农村劳动力转移中还要着重注意解决留守儿童的安置、安全和教育问题,着重注意解决留守老人的安置和养老问题。这些问题已经对社会效益和政治效益带来了影响,不容忽视。

小资料

留守儿童问题已是我国的重要社会问题。2013年,全国妇联发布的《我国农村留守儿童、城乡流动儿童状况研究报告》指出,全国有17岁及以下的留守儿童6102.55万人。《慈善公益报》2016年11月14日报道,农村留守儿童关爱保护工作部际联席会议第二次全体会议通报农村留守儿童摸底排查工作情况显示,目前农村留守儿童有902万人。其中,由(外)祖父母监护的有805万人,占89.3%;由亲戚朋友监护的有30万人,占3.3%;一方外出务工,另一方无监护能力的有31万人,占3.4%;有36万农村留守儿童无人监护,占4%。从范围看,东部省份农村留守儿童有87万人,占全国总数的9.65%;中部省份农村留守儿童有463万人,占全国总数的51.33%;西部省份有352万人,占全国总数的39.02%。从省份来看,江西、四川、贵州、安徽、河南、湖南和湖北等省的农村留守儿童数量都在70万人以上。2016年2月,国务院印发《关于加强农村留守儿童关爱保护工作的意见》(国发〔2016〕13号),其中指出:"农村留守儿童问题是我国经济社会发展中的阶段性问题,是我国城乡发展不均衡、公共服务不均等、社会保障不完善等问题的深刻反映。"乡镇人民政府(街道办事处)要"建立翔实完备的农村留守儿童信息台账,一人一档案,实行动态管理、精准施策"。

(3) 大学毕业生就业问题。大学毕业生就业制度改革,使大学毕业生就业问题成为社会关注的焦点。随着我国经济文化的发展,大学毕业生就业矛盾日益突出和复杂,不是一个"难"字可以简单概括的。一方面是大学毕业生找不到工作,另一方面是有工作找不到人去做;一方面是自愿失业,另一方面是就业难。由于大学毕业生是人力资源中素质、知识、能力较高的人群,他们的就业问题受到了政府、社会、家庭的高度重视。政府、教育界、产业界、理论界、社会等都在积极探索,制定相关的政策、改革措施,以期使这个问题得到较好的解决。

小　结

　　人力资源配置是指在市场环境条件下，按照价值规律、市场供求规律和宏观调控的共同作用，将人力资源投入对它有需求的地方，以实现人力资源与物力资源、资本资源相结合，形成现实的经济运动，完成价值创造的过程。广义的人力资源配置主要指的是人力资源在地区间、部门行业间与物力资源、资本资源结合的过程，相应的就是劳动就业。狭义的人力资源配置指的是人力资源在各类企业、组织中与物力资源、资本资源结合的过程。包括人力资源在组织中的岗位安排、晋升或降职、调进或调出、辞职或辞退、调配、派遣等内容。合理的人力资源配置是社会经济保持活力的基本要素之一，也是人力资源经济运动的核心内容之一。人力资源再配置，也称为人力资源流动。引起人力资源流动的根本原因是经济发展的不平衡以及产业结构的变化。而造成人力资源实际流动的理性原因是人力资源个体对流动成本与收益的自觉比较。人力资源流动是市场经济的必然产物。适度的、规范的人力资源流动，对社会、组织和员工都是具有积极的促进作用的。但是，如果缺乏完善的法律制度规范和制约，人力资源流动也会带来较大的风险。因此，必须加强人力资源流动管理。人力资源流动管理包括人力资源流入与安置、人力资源内部流动管理、人力资源退出管理和人力资源流动风险控制四大内容。

思考与练习

一、填空题

1. 人力资源配置的基本形式包括（　　）和（　　）两种。
2. 人力资源配置的指导性原则包括（　　）、（　　）、（　　）和（　　）。
3. 人力资源流动的根本原因是（　　）。
4. 人力资源流动具有代表性的相关理论有（　　）、（　　）、（　　）和（　　）。
5. 人力资源流动管理的内容包括（　　）、（　　）、（　　）和（　　）四个方面。
6. 失业带来的影响一般可以分成（　　）和（　　）两种。
7. 社会就业目标包括（　　）、（　　）、（　　）和（　　）。

二、判断题

1. 就业率被认为是一个反映整体经济状况的指标，是市场上最为敏感的月度经济指标。　　　　　　　　　　　　　　　　　　　　　　　　　　　　　　　　　（　　）
2. 裁员是指组织强制性地解除组织与那些不再需要的员工之间聘用关系的行为，是一种让员工心理和感情上难以接受、执行中刚性较强的人力资源退出方式。　（　　）
3. 在工业化的进程中，失业是不可避免的一种社会经济现象。　　　　　（　　）

4. 人力资源配置是人力资源经济运动的核心内容之一。（　）

5. 人力资源流动风险是指因人力资源流动导致人员变动对组织发展目标实现带来不利影响的程度及其可能性。（　）

6. 道德原则是确保组织人力资源配置指导性基本原则和操作性基本原则发挥作用的基本规范和约束，也是组织人力资源实现合理配置的基本保证。（　）

三、辨析题（先判断对或错，然后进行简要的理由说明）

1. 从微观上来看，人力资源配置是调整社会组织内人际关系和工作关系的重要手段和方式。

2. 失业是市场经济条件下不可避免的经济现象。

四、简述题

1. 简述勒温场论的主要内容。
2. 简述组织寿命曲线的主要内容。
3. 简述人力资源流动的作用。
4. 简述人力资源退出机制。
5. 简述人力资源配置的意义。

推荐书目及其文章

[1] 童玉芬. 就业原理[M]. 北京：中国劳动社会保障出版社，2011.
[2] 李红梅. 国有企业中人力资源配置的分析研究[J]. 中国水运，2007(6).
[3] 谢小冰，谭淑媛. 组织内部人力资源再配置探析[J]. 企业科技与发展，2011(21).
[4] 叶双慧，程明. 从勒温场论看国企人才流失[J]. 武汉冶金管理干部学院学报，2004(3).
[5] 李敏. 浅谈目标一致理论对公共部门人员调配交流的启示[J]. 中共乐山市委党校学报，2008(4).
[6] 郑彬，赵祥. 产业转型升级初期企业技术培训供给缺失与"技工荒"问题研究[J]. 特区经济，2015(5).

第六章
员工招聘

微课资源

人力资源是一个组织生存与发展必需的重要资源之一。当组织的人力资源规划确定后,关系组织发展目标实现的关键性重要环节就是人力资源的招募、甄选及录用(这三项工作总称为招聘)。如何根据组织人力资源规划选对人、选好人乃至用好人(即如何将人力资源的才能充分地激发并发挥出来),直接关系着一个组织的成败,关系着组织在环境中的竞争力高低。因此,招聘在组织人力资源管理工作中越来越受到重视,其中使用的方法与技术也通过不断的实践得到不断的完善和发展,并将现代科学技术进步的成果运用其中,使识人、选人、用人的科学性和有效性得到很大的提高和发展。随着经济全球化的兴起和发展以及社会就业观念的变化和发展,人力资源流动变得越来越普遍。这也为人力资源招聘的发展提供更大的空间和可能。

本章在对人力资源招聘进行基本分析的基础上,对人力资源招聘中的基本技术——招聘的程序、测试的内容及方法、甄选的方法等进行较系统地阐述,对人力资源招聘实现规范化管理的部分工具进行介绍。最后还补充了部分国外先进组织在人力资源招聘中的实践及其经验。

 学完本章,你将能够:

1. 较系统地了解人力资源招聘的体系及内容;
2. 了解人力资源招聘的基本程序及各环节的工作、方法等;
3. 熟悉人力资源招聘中甄选的基本程序及内容、方法;
4. 了解人力资源素质测试的内容及方法;
5. 了解人力资源招聘规范化管理的常用工具;
6. 了解国外先进组织人力资源招聘的经验并能从比较中得到启示。

专题一 人力资源招聘概述

专题导读

人力资源招聘在组织人力资源管理乃至组织发展中具有什么地位和作用？人力资源招聘都有些什么基本程序、途径和方法？需要遵循哪些基本原则？需要使用哪些工具？本专题的学习将帮助你解答上述问题。

一、人力资源招聘是关系组织生存和发展的一项重要活动

（一）人力资源招聘的意义

人力资源招聘是指组织通过一定的方法和程序寻找、吸引并获取符合要求的个体到本组织任职的活动过程，包含征召、甄选、录用三个阶段。因此，招聘实质上是由两个相对独立的过程组成的，即招募和甄选聘用。招募是为了甄选聘用，而甄选聘用必须以招募为基础和前提①。招募是通过一定的媒介发布信息，吸引相应的人员应征的过程；甄选聘用则是使用一定的方法和技术，对应征人员进行测评、筛选并最后确定合适人选的过程。可见，招募与甄选聘用之间的关系非常密切，同等重要，不能重此轻彼。高质量的招聘不仅可以大大减少甄选的成本，还可以减少培训的成本，并可以提高人职之间的匹配度，从而提高人力资源创造的价值。因此，人力资源招聘在组织人力资源管理中具有重要的地位和作用。

1. 实现组织人力资源需求补充的必要手段

人力资源的招聘主要是为了解决组织发展对人力资源的需求。组织在扩大规模、转变发展方式、内部人员调整、自然减员、辞退等情况下都需要进行人员招聘活动。招聘可以在组织内部进行，也可以在组织外部进行，还可以两者结合着进行。

2. 有助于组织竞争力的形成和发展

组织竞争力的来源在于人力资源。如何形成并发展、完善组织的人力资源队伍，提高其素质，进而形成每个组织的组织文化是每个组织形成竞争力的必经过程，也是每个组织形成竞争力的一个重要环节。通过人员的合理补充和调整，不仅可以彰显组织文化，还可以更好地形成一支结构合理的高素质人才队伍，更好地实现组织的发展目标，并提高组织发展目

---

① 郑晓明. 现代企业人力资源管理导论[M]. 北京：机械工业出版社，2002.

标,实现组织更大的、持续的发展。

3. 宣传和树立组织形象的一种重要途径

招聘的过程不仅是组织信息发布的过程,还是向社会传递对该组织信心、信任的过程。通过招募信息的发布,使社会了解该组织;通过甄选录用,使社会对该组织有所判断,并对其有更深的认识,进而在公众中树立和传播该组织的形象。

4. 有助于组织文化的建设和完善

招聘既能满足组织发展对人员的需求,也能通过这个活动触动甚至促进组织现有成员,使组织内部形成有利于组织发展的共识和氛围,使组织成员不断发掘潜能、积极向上,进而形成并提高组织的核心竞争力。频繁的人员流动不利于组织的发展;人员流动"固若金汤"的组织也不可能是一个有竞争力的组织。招聘活动本身就是一个组织文化的体现,同时又是一个组织文化建设和完善的过程。

(二)制约人力资源招聘的基本因素

组织人力资源招聘有外部获取和内部获取两种基本途径。内部获取即晋升或调任,选拔的人员对组织来说具有延续性,有利于开展工作,但容易受组织固有的风格影响和制约,而且有可能引起不利于组织发展的非良性的竞争。外部获取即从组织外进行征聘,选拔的人员与组织之间需要熟悉、磨合,招聘的成本相对较大,风险也较大,但新的工作风格和思路的引入有可能激发组织的活力和创造力。无论内部获取还是外部获取,都需要通过相应的媒介、渠道发布招聘信息,并对应聘者的材料进行审查。内部获取和外部获取的区别在于获取的空间不同、获取的管道不同、获取的方式不同。

不管是内部获取还是外部获取,人力资源招聘总是受组织的用人思想理念、组织发展需要和组织现有状况所指导。一般来说,人力资源招聘受以下因素所制约或引导。

1. 组织的发展战略及相应的人力资源规划

组织的人力资源工作是以组织发展战略为目标和指导并为组织发展战略服务的。人员招聘就是其中的一项重要工作。为哪些部门岗位招人、招什么样的人、招多少、什么时间进行和完成、去哪里招、用什么方法招等招聘计划的制订和实施都是以组织发展战略及其相应的人力资源规划为依据。这是人员招聘的大政方针。

2. 组织关于人力资源的相关理念

组织关于人力资源的相关理念是人员招聘的基本方针和指导思想。它为人员招聘确定意识方面的基调。人力资源的相关理念配合组织发展战略及其相应的人力资源规划,共同构成组织人力资源招聘计划的指南,指导着招聘工作的开展和切实地实现招聘为组织发展服务的工作宗旨。

3. 用人部门及岗位的工作说明书

以上两个因素对人员招聘可以说务虚的成分大一些。而用人部门及岗位的工作说明书对人员招聘则是实实在在的务实。它描述了用人部门及岗位的工作任务及性质、工作要求及标准、工作环境及条件、工作时间及待遇、任职资格及能力等具体的内容。组织凭借工作说明书和人力资源规划中用人的数量发布招聘信息,吸引相应的人员。由此可见,工作说明书的质量在确保人员招聘质量中具有不可替代的基础性作用。

4. 人力资源的供给及竞争状况

满足人力资源招聘的一个重要条件就是人力资源供给。它对内部获取和外部获取都是一样的,即要清楚地了解和把握组织内部或组织外部人力资源的供给状况,同时,还要清楚地了解和把握人力资源的竞争状况,包括人力资源之间的求职竞争和用人单位之间的招聘竞争。这样才能有的放矢地制订招聘策略,实现招聘目标。

二、人力资源招聘的基本工作程序及原则

(一)人力资源招聘的基本工作程序及其工作内容

有效的招聘活动来源于一个相应规范的工作程序。人力资源招聘是一个从出现职位空缺到为此空缺去招募候选人,到最后确定人选并签订录用协议的整个过程。因此,其工作程序包括识别职位空缺、制订招聘计划、征召、甄选、录用与试用、招聘评估等环节。

1. 识别职位空缺

识别职位空缺是人员招聘系统工作的基础,即根据组织发展战略及组织环境,结合组织发展的现状、历史记录及经验,运用一定的分析方法和工具,对组织的职位空缺进行预测和确定。它不仅要预测和确定空缺职位的数量,更要重视正确并明确地界定空缺职位的质量要求。空缺职位质量要求的界定对招聘效果的满意程度起着基础性的作用。工作说明书在识别职位空缺的过程中起着很大的作用;反过来,通过空缺职位的识别又使工作说明书得到不断的完善和发展。

实践中,空缺职位的识别直接关系到征召信息的发布及其对应征人员的吸引质量,即是否能在最经济的时间内以最经济的方法招募到合适的人选。因此,对空缺职位质量要求的界定不能简单照搬工作说明书,而是在工作说明书的基础上结合工作的实际需要及其发展的需要进行表述和表达,减少应征者理解歧义的情况发生,从而提高招募工作的效率。

2. 制订招聘计划

制订招聘计划是开展整个招聘工作的具体依据。招聘计划一般包括招聘岗位及职位、招聘数量、招聘职位的要求、应聘的条件、招聘的时间、招聘宣传、招聘渠道、招聘方法与技术、招聘的组织与实施、招聘预算、招聘效果评估等工作的规划及安排。招聘计划要对上述工作的具体活动、要求及责任人等加以明确。其中,招聘数量的确定不是简单地指空缺职位的数量,还包括为招到满足空缺职位需要的合适人员而确定的应征者数量。空缺职位数量与应征者数量之间构成产出投入比,即最终被组织录用的人员与应征申请人员之间的比值。这里可以使用一个叫作招聘产出金字塔的工具。该工具给出了招聘各阶段对应征人数确定的参考数量,详见图6-1。实践中,招聘过程每一步的产出投入比率会根据空缺职位的质量要求及其人力资源市场的供求状况而做出相应的调整。

招聘工作一般由人力资源管理部门会同空缺职位的用人部门共同进行。人力资源管理

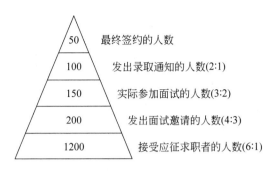

图 6-1　招聘产出金字塔[①]

部门主要负责诸如确定空缺职位的任职要求、发布征召信息、审查应征者的应征资格、组织编写测试题库并测试应征者、组织录用等原则性和事务性的工作;空缺职位的用人部门主要负责诸如出任测试考官、编写专业测试题、编写或修改或完善空缺职位工作分析、甄选入围人员及最后确定录用人员等专业性和技术性的工作。尽管人力资源管理部门与空缺职位的用人部门在招聘工作上分工各有侧重,但双方必须协同配合,才能确保招聘工作的顺利圆满完成。

3. 征召

征召就是通过发布招聘信息,寻找、吸引和接受应征者的过程。征召工作的质量很大程度地决定应征人员的数量和质量,从而影响招聘的效率和成本。

征召的空间是人力资源市场。征召工作不是被动、简单地发布信息、等待应征者上门、接受应征者的资料等机械工作。在人才竞争日益激烈的环境下,为了提高招聘的效率和质量,必须对征召工作进行创新,主要是在开发应征者资源上进行创新,即平时要有针对性地对高素质职位符合应征条件的人选资源进行开发、收集和存储,建立资源备案库(也称为人力资源"蓄水池"),并尽可能与之建立良好的关系;对一般性职位的人力资源供给也要尽量多地掌握供给渠道,以备应急之需。

4. 甄选

征召截止后,即进入招聘的甄选环节。甄选就是根据空缺职位的招聘要求和条件,运用相应的方法和手段,对应征者进行资格审查、能力及性格鉴别、比较和选择的筛选过程,目的是要将不符合空缺职位招聘要求和条件的应征者进行排除,最后选出满足空缺职位要求和条件的人选。

甄选一般包括资料审查和测试两个环节。资料审查是将明显不符合要求和条件的应征者进行排除,从而确定候选人范围。测试是甄选阶段采用的主要手段。测试从阶段上分为初试、复试和面试等环节;从内容上分为心理测试、知识测试、专业能力测试等;从测试形式上分为笔试、人机对话、面试、情景角色模拟等。经过不断地实践和不断引入科学技术进步成果,测试技术得到了很大的发展,在甄选中的作用越来越受到重视和青睐。

---

① 李剑锋. 人力资源管理:原理与技术[M]. 北京:电子工业出版社,2002:34.

5. 录用与试用

录用指的是经过一系列甄选过程及工作,最后对满足空缺职位要求和条件的候选人员进行录用决策的过程。录用一般包括向被录用者发出录用通知书,向落选者发出感谢及致歉函;接受录用者办理录用手续并与其签订劳动合同,建立新员工档案;将录用信息传递给相关部门以备后续工作如入职培训、工作安排等的衔接。

实践中,应征者一旦被录用,签订了劳动合同后,都会有一定期限的试用期(具体时间长短视各单位的实际情况而定)。试用期期间既是为了让新员工进一步了解并熟悉组织及其所在部门、职位的情况,更快、更好地承担岗位工作职责,也是为了用人单位和聘用人员之间通过工作过程而寻找和建立有利于双方发展的契合点。试用期内,用人单位有责任向聘用人员反馈对其试用期的评价、进一步的要求和建议等信息,并听取聘用人员的要求和意见。这也是聘用者在试用期应获得的利益。试用期满,如果双方都满意,双方即建立正式的聘用关系;反之,则解除聘用关系。

6. 招聘评估

整个招聘工作完成后,需要对这次的招聘进行评估。招聘评估包括对招聘结果的评估和对招聘工作的评估两个大部分。对招聘结果的评估主要是指对聘用者的评估,即聘用者与应聘职位的适应度和适应效率的评估,包括聘用者的职业能力、职业素质、发展能力等。这项评估需要持续比较长的时间来完成。对招聘工作的评估主要是指对招聘预算执行情况的评估,即对招聘成本的评估;对整个招聘工作从计划到组织实施全过程及其履行工作职责等的系统评估,包括对相关机构部门的工作评估以及对相关工作人员的工作评估等。通过评估,总结经验,查找问题、漏洞并建立解决问题的预案和措施,为不断完善和提高招聘工作质量做准备。最后,在两大部分的评估基础上撰写招聘评估报告。

实践中的招聘工作一般都包含上述各个环节的工作,只是根据组织的规模大小或空缺职位的性质,具体开展招聘工作时上述各环节的工作繁简会有所调整或进行相关环节的合并。

(二)人力资源招聘的基本原则

为了保证招聘目的的实现,招聘工作必须遵循下列相应的基本原则。

1. 因事择人、竞争择优的原则

因事择人是指从空缺职位的要求出发,根据岗位的任职要求及条件对候选人进行甄选录用。坚持以空缺职位任职要求及条件进行招聘是实现人职匹配、事得其人、人助事成,从而实现组织招聘目的的重要保证。实践证明,凡是违反因事择人原则的招聘必不利于工作绩效的提升,不利于成本控制,不利于组织良性竞争氛围的建设,不利于激发组织成员的积极性和创造性,严重者甚至会导致组织的衰败。因此,因事择人是实现招聘的首要原则。

在坚持因事择人的前提下,还要通过各种形式的测试对满足空缺职位要求及条件的候选人员进行甄别及取舍,优胜劣汰。竞争择优原则既是为了取舍优劣,也是给应征者展现并激发自己的优势和能力提供机会和平台。

2. 公开、公正、公平的原则

招聘工作要在合法的框架下进行。招聘信息、招聘程序和招聘规则要公开;平等对待每一个应征者;严格按制定并公布的招聘程序和规则进行招聘,并自觉接受监督。公开是公正、公平的前提,公正、公平是公开的目的。现代社会,招聘已不仅限于企业、事业单位,政府机关也开始实行人员招聘。公开、公正、公平既是实现组织招聘目的的要求,也是维护应征者权益的要求,还是提高公民素质、建设和谐社会的要求。

3. 人职匹配的原则

从人职匹配原理来看,每一个岗位都有与之相应的特定工作内容及其工作规范与要求。每一个应征者都有各自的从业条件、专业能力、性格特点、理念意识等。人职匹配就是尽量在这二者之间建立一种良性的关系,将合适的人放在与之特性相应的岗位上。只有这样,人力资源的资源价值才有可能实现最大化。关于人职匹配需要考虑的项目可以参考表 6-1。

表 6-1　招聘岗位与个人任职条件的匹配

招聘岗位要求	应考虑的个人任职条件
文化等综合素质水平	学历等级和操行状况
职业种类及性质	专业或工种类别
工作内容及环境	生理、心理、性格特点
技能水平及经验	培训和经历

资料来源:姚裕群. 人力资源开发与管理[M]. 2 版. 北京:中国人民大学出版社,2007:211.

4. 德才兼备、用人所长的原则

人的行为必受其思想意识的指挥和引导。良好的思想意识会让人的才能带来财富,不良的思想意识将可能让人的才能带来灾难。因此,对招聘候选人的甄选不仅要考虑其才能,还要考虑其品德操行,即德才兼备。对应征者品德操行的测试可以通过一系列的测试方式进行,还可以同时配合对应征者品行记录的了解查阅,对应征者品行进行判断。西方发达国家在对公民品行进行记录已经有良好的实践经验供我们借鉴。

每个人的能力、性格都有其自身强弱的表现,即使"多面手"也必有其某个方面相对较强或较弱的情况。因此,在人员甄选中要遵循用其所长、避其所短的原则。通过人职匹配,使其强项得到充分的发挥。另外,从用人成本控制来看,也必须是用人所长、扬长避短。实践中,用人所长主要表现在注重做到人职匹配,注重发掘人的潜能,注重激发人的创造性和积极性。通过改善和创新管理,提高人力资源的价值创造能力。

专题二 人力资源甄选

专题导读

假设组织的空缺职位很受应征者的青睐,但空缺职位需要的人数有限,而且空缺职位对任职有一定的规范要求,而应征者的情况千差万别,你必须对应征者进行甄别选拔。如何甄别选拔应征者?甄选应征者都有哪些方法和手段?如何运用这些方法和手段?本专题的学习将帮助你解答上述问题,并向你介绍一些实用的方法和文本规范,帮助你了解和掌握运用其中相关的一些基本的方法和手段。

一、人力资源甄选的意义

招募工作完成后,招聘工作将要进入对应征者进行甄别选拔的环节。甄选就是根据空缺职位的招聘要求和条件,运用相应的方法和手段,对应征者进行资格审查、能力及性格鉴别、比较和选择的筛选过程,目的是要将不符合空缺职位招聘要求和条件的应征者进行排除,最后选出满足空缺职位要求和条件的人选。组织招聘是否能获取满意的合适人员,这个环节在其中发挥着重要的作用。从组织人力资源工作来看,甄选把的是"进"关。遵循招聘原则的甄选,即使选拔进来的人员符合空缺职位的要求,也可以较好地实现组织人力资源队伍的良性结构。因此,做好甄选工作,不仅可以保证组织人力资源队伍的整体素质达到较高的水平,更好地满足组织发展的需要,而且有助于在组织中形成良性的竞争氛围,建立有利于组织发展的组织文化;此外,还有助于节约人力资源成本。总之,人力资源甄选工作对做好组织人力资源工作有着多方面的重要作用和影响。

二、人力资源甄选的程序

人力资源甄选包括审查应征者的个人资料、测试应征者、评价应征者和录用决策三个主要阶段。这三个主要阶段又分为接受应征者申请材料、审查申请材料并做第一次筛选、笔试初试及筛选、笔试复试及筛选、面试及筛选、对应征者做出综合评价、录用决策确定最终人选、发出正式录用通知书或落选致歉函、入选者体检、录用及试用10个环节。在这10个环节中,前8个环节是甄选的核心环节,后两个环节是甄选工作的必然延续。

（一）审查应征者的申请资料

审查应征者的申请资料是甄选工作的第一个阶段。在这个阶段中包括接受并接收应征者的申请材料、审查申请材料并做第一次筛选这两个环节。应征者应提交的申请材料包括岗位或职位申请表、学历及专业培训等受教育培训的证书、专业技术等级证书、有关就业经历的证明及以往就业单位出具的对应征者的评价材料、专业竞赛获奖证书、联系方式等。其中，岗位或职位申请表包括申请岗位或职位的名称、申请人的个人基本情况、受教育情况、过往的就业记录等。

通过发布招募信息，招聘机构将会收到一定数量的应征者提交的上述资料。当招募期限截止后，招聘机构即可根据空缺职位的工作要求和任职条件等，对接收到的应征者的申请材料进行对照审查。这个阶段的工作量会比较大，而且需要工作者细致核对检查。例如，学历证书、专业技术等级证书等可以登录相关的网站进行核实。通过核查后，参考招聘产出率金字塔，定出排除比率并进行第一轮的筛选排除。

（二）测试应征者

测试应征者是甄选工作的第二个阶段。这个阶段的工作主要是进行各种形式的测试，包括笔试、面试及情景模拟测试三个环节。

1. 笔试

笔试是考核应征者学识水平的主要手段。通过笔试，有效地综合测试应征者在基础知识、专业知识、管理知识、综合分析能力、文字表达能力等方面的水平和状况。笔试是考核应征者知识认知能力的一种有效手段，可信度较高，结果比较客观，而且具有低成本、高效率、大规模等优点。但是，笔试不能较好地全面测试应征者的工作态度、品行、组织管理能力、操作技能、口头表达能力等行为方面的能力水平。

笔试可以分为初试和复试两个不同环节。一般来说，初试涉及的面比较宽泛；复试则比较专业、集中，而且难度较初试要大。笔试往往是通过对一系列题目的笔答来完成。因此，需要事先为笔试设计和建立一个试题库。笔试可以以卷面的形式进行，也可以以人机对话的方式进行。

2. 面试

当笔试成绩达到招聘设计的考核标准后，即让应征者进入面试环节。面试既是为弥补笔试不足的一种重要手段和方法，也是更全面、系统地考核观察应征者的一种较有效的方式。一般来说，面试是通过考官与应征者面对面交流来考核应征者的一种测试方式。通过面试，进一步考核应征者临场解决问题的判断能力、反应能力、应变能力、行为能力、综合表现、综合素质等是否满足空缺职位的任职要求。

面试形式多种多样。按面试考官的数量来划分，面试可以分为单独面试、综合面试、合议制面试等。按面试涉及的问题内容来划分，面试可以分为结构化面试（固定模式型面试）和非结构化面试（非固定模式型面试）。

结构化面试就是向应征者连续地提出一系列与其申请的应聘职位工作相关的问题。这些问题都是事先根据该职位的工作要求和任职要求设计好的，而且每个申请该应聘职位的应征者都要面对并解答这些同样的问题。因此，面试可以获得相对较好的准确性、可靠性、客观性和公正性。结构化面试一般包括情景问题、工作知识问题、工作样本模拟、工作要求问题四种形式。其中，情景问题和工作样本模拟通过设计一些假设的工作情景考核应征者在设计情景中对解决问题的反应和能力，主要考核的是应征者解决问题的行为能力；工作知识问题和工作要求问题则通过提问一些与应聘职位相关的工作知识或任职意图等问题，考核应征者对工作有关知识的系统掌握及反应能力，以及适应工作要求的态度和意愿。

非结构化面试也称为非固定模式型面试，没有固定的模式和问题，也没有固定统一的答案。考官根据空缺职位的任职要求，随意发问，然后通过交流观察应征者在职业意识、人际交往能力、上进心、团队配合等方面的反应。因此，非结构化面试要求考官要具备从总体上把握面试节奏、面试问题要点切入时机、面试引导、效果观察和判断评价等综合能力，尽可能客观地评价应征者。实践中，结构化面试和非结构化面试越来越多地被使用到面试中，并获得不断的改进和完善。

面试一般由五个连续的环节构成，即预备环节、引入环节、正题环节、变换环节、结束环节。预备环节是为了缓解应征者的紧张心理；引入环节是给应征者进入正题环节进行"热身"；正题环节则是进行实质性的面试，从不同的侧面了解和评价应征者的心理特点、工作动机、职业素质、职业能力等；变换环节是面试的尾声，用以更深入地了解和评价应征者；结束环节是给应征者提问以及双方之间进行随意交流的时间。面试各环节的连续顺畅进行取决于考官对空缺职位任职要求、应征者情况等面试背景的熟悉和掌握，考官对面试技巧的熟练运用以及应变能力。

面试由于是面对面的测试，在具有灵活性、直观性、综合性等优点的同时，也具有相对主观性等局限。因此，面试中要注意尽量做到客观公正，而且要求考官事先做好、做足"功课"，使面试的提问和引导更有利于全面、系统地考核和观察应征者，提高测试效果的信度和效度，从而提高甄选的质量。

3. 情景模拟测试

情景模拟测试是从国外引进的一种新的测试方式。它通过模拟某种工作场景，让应征者进入场景扮演其中的某个角色，即担任其中的某个职务，现场处理问题，从而测试应征者判断问题、分析问题、解决问题的综合能力以及心理素质、潜能发挥等多方面的能力素质。情景模拟也是面试的一种形式，但因其将应征者安排在场景角色中的模拟实战特点而备受欢迎。因此将它作为一种相对独立的测试方式进行介绍。

情景模拟测试可以根据空缺职位的任职要求设计相应的场景和角色，由申请不同应聘职位的应征者分别进入不同的角色中进行测试，或申请相同应聘职位的应征者分别进入相同的场景角色中进行测试。在场景角色扮演中完成考核。因此，场景和角色的设计是情景模拟测试的关键。情景模拟测试常用的主要方式有机关通用文件处理模拟，适用于机关、行政部门；工作活动模拟，适用于管理岗位、业务部门；角色扮演，适用于管理岗位、业务部门；现场作业，适用于一线岗位、技术性岗位等；模拟会议，适用于考核决策能力、团队协调能力、领导能力、组织能力等。每次情景模拟测试开始前都要向应征者做统一的指导，使其明确测试的目的和要求,提高测试的信度和效率。以工作活动模拟法测试为例,假设应征者应聘某部门的项目经理一职,设计的工作活动是给应征者一份上级会议纪要、项目的任务及要求、本项目工作能动用的资源等条件,要求他按照会议纪要的精神和内容,结合本项目的要求和实际进行工作布置和安排。该测试的目的是考核应征者的组织协调能力和领导艺术。考官可以以项目组成员的身份共同进入工作活动中对应征者进行观察,也可以置身工作活动外对应征者进行观察。置身其中的好处在于可以通过随时根据现场工作活动的进展情况向应征者发难等形式,进一步深入全面地观察应征者的综合反应及能力表现。这种场景的设计一般不让应征者知道考官置身其中。这既为了减少应征者的紧张和压力,也为了更加客观。为减少应征者的应试紧张和压力,也为了公正,工作活动模拟法测试可以采用电子录像的方式,测试的过程中考官不出现。测试完成后考官通过录像对应征者的表现进行分析评判。再以现场作业法测试为例,假设应征者应聘某办公室秘书的职位,设计的现场是定时为领导写一份工作总结大会上的发言稿。测试的目的和要求是应征者的综合分析能力和文字组织与表达能力。已知条件是各部门的部门工作总结、该工作周期的工作计划、上一周期的工作成果、一些相关的报表数据等资料。应征者根据掌握的这些条件撰写一份工作总结。该测试既要考核应征者对材料的处理、运用能力,分析、综合能力,文字组织表达能力,也要考核应征者的思维敏捷度和准确度、文字工作效率等。因此,情景模拟测试是比较能检测应征者综合能力、综合素质的一种较有效的测试方法。

通过情景模拟测试,可以为综合考察应征者的业务能力提供依据;可以较好地避免"高分低能"的现象发生;可以为用人单位实现人职匹配、合理安排录用者的具体工作提供依据。情景模拟测试还可以发掘应征者的潜能,更好地发现人才、选择人才。

(三)评价应征者和录用决策

评价应征者和录用决策是甄选工作的第三个阶段。这个阶段的工作主要是对应征者的测试进行评判和综合打分,并写出相应的书面评价意见,同时在这个基础上进行录用决策,确定最终录用人选。这个阶段的工作包括评价应征者、录用决策、发放录用通知书或落选致歉函、入选者体检、录用与试用等。

经过几轮的笔试、面试后,将进入由考官或测试机构对应征者的表现进行评价的环节。考官或测试机构根据应征者在测试中的表现——笔试和面试两方面的表现,按照一定的项目及要求对应征者的表现进行打分,并写出综合性的评语。综合性的评语要包括对该应征者性格特点的概括、知识能力的评价、专业能力的评价、反应能力的评价、综合能力的评价、职业素质和综合素质的评价、强项弱项的评价、存在的问题、是否录用的意见、适合岗位任职的建议、今后发展改进的建议等。对应征者的测试评价将成为对应征者做录用决策的重要依据,同时也是将来对应征者被录用后进行任用、培训和发展的一个重要的参考。

应征者的测试评价完成后,招聘工作将进入关键性的决定环节——录用决策。根据应征者的测试评价,确定最终入选人员名单和落选名单。最后,根据这份名单分别发出录用通知书和落选致歉函,并对入选者进行被录用的后续工作。至此,整个招聘的甄选工作就完成。整个甄选工作结束后,还必须对它进行回顾、检讨与评价,撰写该甄选工作的总结,这才是本次招聘甄选活动的正式结束。

专题三 人力资源素质测试

专题导读

人是有性格的,而且人的性格各不相同。这就构成了每个人不同的个性。正如第二章人力资源分析的个体分析中所说的具有相同能力的个体不一定能胜任相同的工作;每个个体只能适应有限的工作要求。为什么会这样?在这其中发挥作用和影响的因素是什么?如何了解、确定并把握这些因素?本专题的学习将为你解开这些谜题,让你了解个性对人力资源行为的影响,以及通过什么方式判断、把握人的个性。这在人力资源招聘中尤为重要,因为它你可以通过它深层次地了解人们的内心活动从而可以更加全面、深入、细致地了解和评价应征者。

一、人力资源素质测试的意义

(一)素质概述

素质一词本是生理学的概念,指人的先天生理解剖特点,主要指神经系统、脑的特性及感觉器官和运动器官的特点。素质是心理活动发展的前提,离开这个物质基础谈不上心理发展。尽管各门学科对素质的解释各不相同,但有一点是共同的,即素质是以人的生理和心理实际作基础,以其自然属性为基本前提的。也就是说,个体生理的、心理的成熟水平的不同决定着个体素质的差异。素质只是人的心理发展的生理条件,而人的心理活动是在遗传素质与环境教育相结合中发展起来的。因此,素质不能完全决定人的心理内容与发展水平。人的素质是以人的先天禀赋为基质,在后天环境和教育影响下形成并发展起来的内在的、相对稳定的身心组织结构及其质量水平。对人的素质的理解要以人的身心组织结构及其质量水平为前提。人的素质包括生理素质、心理素质和文化素质。我国还把素质分为三类8种。三类素质分别是生理素质、心理素质和社会素质。8种素质分别指政治素质、思想素质、道德素质、业务素质、审美素质、劳技素质、身体素质和心理素质。也有人把这些素质统合起来,称为综合素质。它是指一个人的知识水平、道德修养以及各种能力等方面的综合素养,是人们自身所具有各种生理的、心理的和外部形态方面以及内部涵养方面比较稳定的特点的总称。它包括身体素质、心理素质、外在素质、文化素质、专业素质五大部分。

基于上述素质一词的含义,素质一词被引入其他领域而得到广泛使用。从人力资源管理来看,素质是指完成某种活动所必需的基本条件,是指个人的才智、能力和内在涵养的总和,即才干和道德力量的总和。因此,引申出职业素质,即人力资源在职业活动方面形成的职业能力、职业道德的综合表现。人力资源对素质的解释对人力资源开发与管理的发展意义重大。人们开始尝试运用生理学、心理学、社会心理学、管理心理学、组织行为学等学科的知识及其发展成果来分析人力资源的素质,为招聘、培训、绩效管理、激励等人力资源开发与管理活动提供更科学有效的依据和指导。人力资源素质测试之风一时盛行。

20 世纪 90 年代中后期开始,我国兴起素质教育之风。这是针对应试教育而提出来的,即学习者不仅要系统地学习和理解知识,还要训练和形成今后发展所必需的强健的身心素质、专业素质、劳技素质、道德素质等综合素质。只有这样,才能具有竞争力,才能更好地满足社会发展的需要。

（二）人力资源素质测试及其意义

基于上述对素质的解释以及科学技术的进步和发展,对素质进行测试已经是不难做到的事情。这种测试在人力资源管理中越来越受到重视和青睐。

人力资源素质测试是了解和判断人力资源个体素质特点、素质状况和素质水平的一种方法和形式。对人力资源个体而言,了解自身的素质,有助于正确地选择职业、设计并把握自己的发展、有针对性地增强自己某些方面的素质而提高竞争力。对组织而言,了解并把握人力资源的素质,无论对人员招聘、人员配置、人员激励、人员培育和开发,还是日常的人力资源管理都具有重要的意义和作用。可见,运用人力资源素质测试,有利于组织更好地实现科学合理地选人、用人、管人和发展人等人力资源开发与管理活动,从而形成有竞争力的人力资源队伍,提高组织的竞争力。

（三）人力资源素质测试的分类

人力资源素质测试的一个重要的理论支持是现代心理学的发展及其成果的运用。因此,人力资源素质测试的分类也是以心理测量学为依据来划分的。

1. 按测试使用材料划分

按测试使用材料来划分,人力资源素质测试分为文字测试和非文字测试两种。文字测试是指以测量表的形式,用文字、语言、数字等回答问题的测试方式。它是一种相对比较简单、易行的测试方式。非文字测试则是通过图片、实物、器具、模型等非文字形式对被测试者的反应进行观察的测试方式。这种方式往往受工具、器械等条件的限制。

2. 按测试对象范围划分

按测试对象范围来划分,人力资源素质测试分为个体测试、团体测试和自我测试三种。个体测试是测试者与被测试者实行一对一的测试。其比较精细,但成本高、效率低。团体测试是一个测试者面对多个被测试者进行的测试。其效率高,但不够精细。自我测试则是自己运用已有的、可操作的测试方法和手段对自己进行心理测试。这种测试往往是主动积极的,而且目的明确。但受制于个人心理学知识的多寡,而且,对测试结果的分析判断往往只能借助社会上现成的大众化的统一参照,对个体特性的体现不足。

上述三种测试形式各有优劣。测试时可以根据测试的目的进行选择组合,以便获得更客观的测试结果。

3. 按被测试者特点划分

按被测试者特点来划分,人力资源素质测试又可以从多个角度对素质测试进行划分,如从年龄上来划分;从身份上来划分;从性别上来划分;从地域上来划分等。依照不同方式划分的素质测试都能帮助人们了解和掌握相应人群的素质特点、素质状况和素质水平,从而有助于人们制定和调整相应的管理政策、管理制度和管理方法,提高管理的效率。

4. 按测试的项目内容划分

按测试的项目内容来划分,人力资源素质测试分为心理测试、智力测试、一般能力测试、特殊能力测试、个性测试、职业兴趣测试等。

人力资源素质测试方法也是多种多样,常用的方法有谈话法、活动观察法、作品分析法、行为分析法等。

(四)人力资源素质测试的原则

由上述人力资源素质测试的意义可知,人力资源素质测试对个体及其组织的发展都具有重要的作用。但是,社会发展到今天,人们对人的生理和心理的了解和把握还是有限的,对环境在生理和心理上的作用的了解和把握也是有限的。因此,要保证素质测试的准确度、可信度难度不小,这就要求人们在素质测试工作中不仅要有科学认真细致的工作态度和作风,而且要遵循相应的工作原则开展测试活动。人力资源素质测试的基本原则体现为整体性原则、目标性原则、鉴别性原则、预测性原则和易行性原则5个方面。

整体性原则表明人的素质是一个由多方面元素构成的、相互交错的、复杂的整体。在素质测试中不仅要有全局意识,还要分析清楚各元素之间构成的相互关系;不仅要找出并把握主要方面,还要兼顾其他方面,尤其是其他方面在某些特定环境条件下对整体所产生的作用和影响。目标性原则表明每种测试都有自己相应的目的,必须根据具体的测试需要确定测试的具体项目,并选择相应合适的测试工具和方法,这是保证测试信度和效度的必然要求。鉴别性原则表明个体之间存在着差异性,要通过测试区别他们并善用他们、发展他们,就必须使测试结果具有较高的鉴别性,即测试结果要达到较高的信度和效度,这样才能较好地对各个个体进行区分。因此,提高测试的信度和效度是素质测试的共同目标,也是素质测试的难点。预测性原则要求测试不仅能反映被测试者现在的素质状况,还要能根据其素质特点分析判断其素质的发展变化趋势。这对个体发展和组织发展都很有意义。易行性原则指的是在达到预定测试信度和效度的前提下,测试手段和方式要做到尽可能的便捷、高效、经济。

遵循上述的5项基本原则开展人力资源素质测试,非常有助于提高测试的质量和效率。

二、心理测试

（一）心理测试的含义

心理测试是指通过运用一系列手段，甚至器械，将个体的某些心理特征数量化，从而衡量或反映该个体的智力水平、个性特点、兴趣倾向等的一种科学方法。其测试结果具有较高的信度和效度。因此，在人力资源招聘中成为甄选应征者的一个重要工具。随着现代心理学理论和技术的发展，心理测试的标准化、客观性得到了较大的发展。但是，心理测试由于涉及的知识专业性比较强，要想获取较好的测试信度和效度，还必须由专业人士或专业机构来完成测试工作。

（二）心理测试的分类

心理测试根据测试的项目和内容来划分，可以分为能力测试、人格测试、兴趣测试等。

能力测试主要是衡量个体的学习能力和独立完成某项工作的能力，包括智力测试、语言能力测试、非语言能力测试、归纳能力测试、理解能力测试、数字和空间关系能力测试、反应能力测试、准确性能力测试、动手能力测试等方面。

人格测试也称个性测试，主要是衡量和判断个体在态度、情绪、观念意识、性格、气质等方面的特征，从而进一步衡量和判断个体在群体中或在某些具体场景下的行为反应和行为特点。这对组织环境氛围建设尤其重要。

兴趣测试主要在于判断个体的偏好倾向。从职业上来说，就是个体喜欢从事什么样的工作或从事什么样的工作能使他从中获得满足感和快乐感。根据心理学的原理，一个人从事自己感兴趣的工作所取得的成绩往往比从事自己不感兴趣的工作所取得的成绩要高得多，而且，在从事自己感兴趣的工作中容易产生创造性的行为和结果。根据心理学家的研究，个体的兴趣大体可以划分为六类，即现实型、智慧型、常规型、企业型、社交型和艺术型。

将同一个体的能力测试结果与人格测试结果结合起来，可以成为人力资源管理进行人职匹配的重要依据。如果再将兴趣测试结果结合进去，那将实现人力资源潜能的充分发挥。现实中要做到这一点难度不小，这受制于社会文化及价值观、社会经济发展水平及其相应的产业发展水平、社会的教育水平、公民的自身素质等诸多因素的影响。因此，只能尽可能地做到兼顾个体兴趣进行人职匹配。

（三）心理测试常用的方法和工具

心理测试根据测试项目的不同，往往采用的方法和工具也不同。

智力测试常用的是智力测量表，有比纳-西蒙智力测量表、韦克斯勒成人智力测量表、瑞文智力测量表等。

人格测试主要采用的是自陈式测验量表、投射式测验量表两种。自陈式测验量表主要有卡特卡的16种人格因素测验表(16PF)、爱德华个人爱好测验表(EPSS)、艾森克人格问卷(EPQ)、明尼苏达多相人格测验表(MMPI)、Y-G性格测验等方法。自陈式测验方法的做法是向被测试者提出一组有关个人行为、态度、意向等方面的问题，被测试者根据自己的实际情况对问题做出真实的回答。专家将被测试者的回答与评分标准或模式进行比较，通过比较分析判断被测试者的人格特征类型，表6-2是卡特卡的16种人格因素测验。投射式测验量表主要采用图片测试来探知个体内在隐藏的行为或潜意识的深层态度、冲动和动机。常用罗夏墨迹测验、主题统觉测验、句子完成式测验等。

表6-2　卡特卡16种人格因素特征[①]

特质	低程度特征	高程度特征
乐群性	缄默、孤独	乐群外向
聪慧性	迟钝、学识浅薄	聪慧、富有才识
稳定性	情绪激动	情绪稳定
恃强性	谦虚、顺从	好强、固执
兴奋性	严肃、审慎	轻松、兴奋
有恒性	权宜、敷衍	有恒、负责
敢为性	畏缩、退却	冒险、敢为
敏感性	理智、着重实际	敏感、感情用事
怀疑性	依赖、顺和	怀疑、刚愎
幻想性	现实、合乎成规	幻想、狂放不羁
世故性	坦白直率、天真	精明能干、世故
忧虑性	安详沉着、有自信心	忧虑抑郁、烦恼多愁
实验性	保守、恪守传统	自由、批评激进
独立性	依赖、随群附众	自主、当机立断
自律性	矛盾冲突、不明大体	知己知彼、自律严谨
紧张性	心平气和	紧张困扰

三、职业素质测试

职业能力测试分一般能力测试和特殊能力测试两个方面。

一般能力测试在于衡量和判断个体从事某项工作所需要具备的某种潜在能力。美国劳工部的一般能力倾向成套测验(GATB)是比较常用的测试方法。该方法由8项笔试和4项仪器测验组成。通过测量9个因素来衡量和判断个体从事某项工作所需要具备的某种潜在能力。这9项因素包括语言能力、数字能力、空间能力、一般学习能力、形状知觉、文书知觉、

[①] 郑晓明. 现代企业人力资源管理导论[M].北京：机械工业出版社，2002：203-204.

运动协调、手指灵巧、手的敏捷。9项因素中的不同因素组合结果分别代表着不同种类的职业能力倾向,对应不同职业对能力的要求。因此,一般能力倾向成套测验不仅在人员选拔和安置中被广泛运用,而且在职业指导中也受到青睐。

特殊能力测试的目的是衡量和判断个体完成某项具体、特殊工作应具备的能力。特殊能力测试大多采用情景模拟测试的方法进行。通过实战模拟来衡量和判断被测试者在特定职位方面的技能状况和水平。

专题四 人力资源招聘规范化管理工具介绍

专题导读

如何使人力资源招聘达到公开、公正、公平,较好地实现招聘,积极地配合、促进组织发展的目的,这是每个组织招聘都在追求和努力的方向及目标。人力资源招聘的规范化管理就是帮助实现这个目标的一个有效手段。人力资源招聘规范化管理是通过一系列管理制度的建设与实施、招聘工作职责的确定和执行、一系列招聘表格的制定和运用等体现和实现的。本专题摘录了人力资源招聘中常用的管理制度、申请和测试表格等规范化管理工具,以供教学参考和使用。

一、人力资源招聘管理制度

(一)招聘管理制度

第一章 总则

第一条 目的。为规范本单位招聘工作及其管理,充分体现公开、公正、公平的原则,保证及时有效地满足各部门、各岗位补充人员的需要,使其促进本单位发展战略及目标的顺利实现,特制定本管理制度。招聘工作及其管理等事项均按照本制度的规定执行。

本制度的制定以遵守国家大法,依法维护组织及应征者的基本权益为宗旨。

第二条 适用对象。本单位所有招聘员工。

第三条 权责机构。

1. 本管理制度的制定、修改、解释、废止等工作由人力资源部门负责。
2. 本管理制度的核准、通过归属本单位董事会或本单位的管理委员会。

3. 本管理制度的制定、修改、废止等的签发归属本单位最高执行长官。

第四条　招聘原则。本单位招聘坚持公开、公正、公平、因事（岗）择人、竞争择优、人职匹配、德才兼备、用人所长的原则。

第二章　招聘机构及其职责

第五条　招聘工作由人力资源部门和需要用人的部门共同负责。每次招聘均成立招聘工作小组，具体负责当次的招聘工作。招聘工作小组组长由本单位高层管理人员出任或授权。

第六条　招聘工作小组成员组成分别选自人力资源部门和需要用人的部门。需要时还可以聘请外部专家加入招聘工作小组（主要指测试环节）。不同对象的招聘，测试环节考官的构成要不同，而且，测试环节考官的组成应为单数。

第七条　人力资源部门负责招聘中确定工作分析的内容、确定应征者任职资格、撰写并发布招聘信息、组织接受招聘申请、组织对应征者的测试及评价遴选、组织录用及试用、进行招聘评价等原则性和事务性的工作。

第八条　用人部门负责招聘中的测试考官、设计各类测试试题及其答案、修改和完善岗位工作分析、评价并筛选应征者、最终确定录用人选等专业性和技术性的工作。

第九条　人力资源部门设立专职招聘岗位及其人员。专职招聘岗位人员职责详见附则。

第三章　招聘需求

第十条　各部门根据本部门业务发展、工作需要及人员使用状况，向人力资源部门提出招聘员工申请，并填写人员需求申请表，向人力资源部门申报。

第十一条　为实现组织发展战略目标需要储备一定数量的人力资源，由各相关部门根据本部门在组织发展战略目标实现中的作用先提出用人计划和申请，再由人力资源部门根据本单位人力资源规划进行审核确定。

第十二条　由人力资源部门制订人员招聘计划并报董事会或管理工作委员会审批。

第十三条　所有招聘计划需经单位董事会或管理工作委员会审核批准，再由本单位最高执行长官签署招聘，下发执行。

第四章　招聘信息及招聘渠道

第十四条　根据招聘计划由人力资源部门拟定并公开发布招聘公告。

第十五条　根据招聘计划中确定的招聘渠道接受应征申请及其资料。招聘可以从外部招聘，也可以从内部招聘。

1. 内部招聘。所有公司正式成员中符合招聘条件要求的人员都可以提出应征申请，并填写应征申请表，提交给相关部门。

2. 外部招聘。根据招聘计划中确定的招聘地点，设立招聘场地并接受应征申请及其资料，解答应征者对招聘的问题。

第五章　招聘甄选与录用

第十六条　招聘甄选。

1. 按照招聘岗位的任职要求及条件，审查应征资料并进行排除，确定参加招聘测试的人员名单，并向他们发出应征测试通知。

2. 组织招聘的测试工作，并实施相关的各种测试活动；严格按规定收集、整理和保管测试记录及其结果。

第十七条　录用。

1. 根据测试记录及其结果撰写应征者的测试评价和录用决定，并编写应征者测试结果表、录用人员名单、落选人员名单。将名单报最高执行长官审批和签字。

2. 发出录用通知书和落选致歉函。

第六章　报到与试用

第十八条　报到。

1. 收到录用通知书的应征者需在规定的时间内带齐要求的相关资料到本单位人力资源部门报到。经验证无误后，办理聘用手续，签订劳动合同，领取相关工作用品。

2. 报到资料经验证不符合规定要求者，允许其进行补充和修正。若有虚报或伪造者，则取消聘用资格。

3. 因违反规定被取消聘用资格或发出录取通知书后到期没有报到等原因造成没有完成招聘计划时，人力资源部门需将情况整理成文，报董事会或管理工作委员会，等待处理意见。

第十九条　试用。

1. 每个新聘用人员必须经过为期1～3个月的试用期。

2. 来自内部招聘的新聘用成员试用期不少于1个月；来自外部招聘的新聘用成员试用期不少于3个月。

3. 用人部门及人力资源部门定期对试用人员进行考核及评价。对试用期表现优异者报请总经理审批，提前结束试用期，转为正式员工。

4. 试用期结束，由用人部门及人力资源部门对新聘用成员进行考核及评价，并分别给出予以转正、试用期延期、辞退等意见。

试用期考核及评价报告、转正或延期或辞退成员名单等均要报最高执行长官审批和签字才能生效。

5. 批准转正的人员须填写员工转正申请表并归档，办理转正手续。

6. 获批准试用期延期的人员须填写试用期延期申请表，继续接受试用期的考核及评价。

第七章　招聘评估

第二十条　招聘评估分为聘用人员评估和招聘机构工作评估两个部分。

1. 聘用人员评估主要由用人部门对聘用者表现进行考核，并给出综合评价意见，提交人力资源部门。

2. 招聘工作小组组长主持召开招聘机构工作评估会议。参加评估会议的成员以招聘工作小组为主，并通过问卷形式向聘用者及其师傅、领班等进行调查，获取对招聘机构工作的反馈意见。

3. 招聘工作小组根据来自上述两个环节的评价资料撰写综合的招聘总结报告，提交给最高执行长官审阅并签署意见后归档。

第二十一条　相关部门审计招聘成本费用，给出报告，并提交给最高执行长官审阅后归档。

第八章　附则

第二十二条　人力资源部门具有对本制度未竟事项的说明权以及本制度执行中的解释权。

第二十三条　本制度经董事会或管理工作委员会审议通过后即日起生效执行。

（二）测试与甄选管理制度

第一章　总则

第一条　目的。为确保本单位招聘的甄选工作管理制度化、规范化，特制定本测试与甄选管理制度。有关应征者的测试与甄选事项均按照本制度的规定执行。

本制度作为招聘管理制度的子制度，具有对招聘测试与甄选工作进行具体规范和指导的作用，是测试与甄选工作的基本依据。

第二章　测试组织

第二条　测试组织可从测试形式、面试形式、面试方式三个方面进行探讨。

（一）测试形式

对应征者的测试一般分为初试、复试和最后面试三个阶段。初试一般采用笔试的方式；复试可以是笔试，也可以是笔试加面试。每次测试均按测试标准对被测试者进行一次筛选排除。

（二）面试形式

面试是考官与应试者面对面通过特定形式进行交流，以观察应试者表现及反应，进而了解应试者特性特征、能力特征、求职动机心态等各方面情况的一种测试形式。

1. 单独面试。由考官（单个考官或多个考官）与单个应试者进行交流。考官人数为单数。

2. 集体面试。由考官（单个考官或多个考官）同时与多个应试者进行交流。考官人数为单数。

（三）面试方式

面试方式根据招聘岗位的任职要求及其特性等进行具体方式选择或组合。

面试方式一般有交谈问答式、情景模拟式等方式。

第三条　测试试题出题与管理。

1. 每一阶段使用的测试题均提前根据招聘岗位的任职要求及条件由专人进行设计、编写。出题者需签署保密协议。

2. 测试试题及其参考标准出毕即进行密级封存,由本单位保密人员加盖封存印鉴后由专人保管。保管试题者需签署保密协议。

3. 每次测试试题的调用需由试题专职保管人员会同调用试题者、第三者(保卫人员)一起对封存印鉴进行查验,确认封存印鉴完好后进行签名,方可放行测试试题。

4. 测试试题的拆封需由考官、试题调用者、第三者(保卫人员)一起见证并签名,测试试题才能正式使用。

5. 试题设计以鉴别性强、专业性与全面性结合、应备知识及技能与潜能激发结合为原则,围绕招聘岗位的任职要求及条件进行难易比例合理组合,避免过易或过难。

第四条 测试实施。

1. 按测试内容及形式布置测试场地,准备测试器具、手段等测试用品。检查无误后即封闭测试场地至规定时间。

2. 测试预备时间里对应试者的相关证照等进行查验,并宣布测试程序、要求及其规则等注意事项。

3. 测试时间结束即收取应试者的答题记录(若当场有考官评分结果的,相应的评分结果也一起收取),并对答题记录和评分结果进行密封处理,加盖封存印鉴后交由专人保管。

第三章 评价与筛选

第五条 组织专人进行测试答题结果的评判,并给出各应试者相应的测试成绩。再由专人进行应试者成绩登记,编制应试者成绩表。

第六条 根据测试成绩,对照招聘标准进行应试者的筛选排除,确定下一轮的应试人员名单。

第七条 每一轮的测试均按上述程序和要求进行,直至所有测试完成为止。

第四章 面试考官

第八条 面试考官的来源。面试考官一般由本单位高层管理部门、人力资源部门、用人部门等派出人员组成。特殊人员或较高层次人员招聘的面试考官必须同时聘请外部专家构成考官组。

第九条 面试考官的选拔与聘用。

1. 面试考官按照任职资格及条件由人力资源部门进行考察选拔后,报最高执行长官审批,并向入选者发出经最高执行长官签名和加盖单位印鉴的聘用证书,签署聘用协议。

2. 定期对聘用考官进行考核评价,并为其建立聘用考官档案,以备满足招聘测试需要。对聘用考官姓名、来源等资料进行保密。

3. 考官组的成员组成在知识组合、风格特点上应形成互补,不存在缺口。

第十条 考官的任职条件。

1. 具备良好的个人品格及职业道德与职业修养,信誉良好。

2. 掌握相关的专业知识或专业技能,并且专业功底扎实。

3. 了解本单位的状况及其招聘目的和目标,熟悉招聘岗位任职要求及条件,并能对其有较好的透彻理解和正确的表达。

4. 掌握并能熟练地运用相关的测试技术、手段及工具。

5. 具有良好的沟通能力、沟通技巧和口头表达能力。

6. 与应试者之间没有连带关系。

7. 具有担任招聘测试考官的经历及获得良好评价者优先。

第五章 测试与甄选的注意事项

第十一条 测试注意事项。

1. 测试试题付印之前应对试题的正确性、清晰性进行细致的检查,确认无误后方可印刷。面试前则要对测试场地、测试用具、测试环境等进行最后检查和确认。

2. 每次测试的测试试题都要有备用试题,以备应急时启用。

3. 启用备用试题需要报告最高执行长官,经长官审批签名后方可正式启用。

4. 面试考官需具有掌控整个面试现场的能力,尤其是掌控测试时间、调动应试者的应试状态、营造轻松的测试氛围等方面的能力和技巧。

5. 面试中提问等过程的用语及行为应尊重应试者的人格。

6. 面试考官应及时地记录应试者的表现和反应,以及应试过程的重要事项,以备对应试者进行客观公正的评价。

第十二条 甄选注意事项。

1. 甄选应严格遵循招聘工作原则进行,确保应试者获得客观、公正、公平的对待。

2. 每一轮的甄选依据、过程及其结果都要一一记录在案,以备发生争议时查证。

3. 每一轮的甄选结果都要公开、公示,接受监督。

第六章 测试与甄选监督

第十三条 成立招聘测试与甄选监督小组。小组成员由职工代表、本单位纪律委员会成员等组成。向董事会或管理工作委员会负责。

第十四条 监督小组对整个招聘测试与甄选工作具有监督权。

1. 对监督中发现的一般性问题的直接处置权。

2. 对招聘测试与甄选中出现的重大问题提出处置意见的提议权。

3. 对各轮甄选结果的公证权。

4. 对测试过程中发生争议的仲裁权。

5. 对招聘工作人员的违纪现象进行处置或提出处置意见的权力。

第七章 附则

第十五条 本管理制度的制定、修改、解释、废止等工作归属人力资源部门。本管理制度的核准、通过归属本单位董事会或本单位的管理委员会。本管理制度的制定、修改、废止等的签发归属本单位最高执行长官。

第十六条 人力资源部门具有对本制度未竟事项的说明权以及本制度执行中的解释权。

第十七条 本制度经董事会或管理工作委员会审议通过后即日起生效执行。

二、招聘工作岗位职责

（一）招聘主管岗位职责

招聘主管总的工作职责是全面负责本单位的招聘工作，建立并完善招聘管理制度及招聘工作体系，组织落实本单位制订的招聘计划，确保招聘工作的顺利完成。

招聘主管隶属人力资源部门，下辖若干招聘专员。

招聘主管的具体工作职责如下。

（1）根据本单位的人力资源规划、本单位业务发展需要以及本单位现有编制状况，统计和协调各部门的用人需求和招聘需求。

（2）编制年度、季度和月度的人员招聘计划。

（3）招聘渠道的建立和评估。

（4）负责组织人员的招募、测试、甄选与录用等工作。

（5）整理并汇总、分析相关的招聘资料，形成相应的文字报告或表图等。

（6）建立和完善本单位的人才选拔体系及招聘流程。

（7）建立后备人才选拔方案和人才储备机制。

（8）完善人力资源总监及最高行政执行官交办的其他临时性的相关事项。

（二）招聘专员岗位职责

招聘专员隶属招聘主管。其主要的工作职责是协助招聘主管完善本单位的招聘管理制度及招聘工作体系，负责招聘工作的具体实施。

招聘专员的具体工作职责如下。

（1）根据本单位的人力资源规划、本单位业务发展需要、本单位现有编制状况以及各部门的人员需求计划，编制本单位人员招聘计划。

（2）拟定招聘信息报招聘主管审批。

（3）发布招聘信息。

（4）联系、租用招聘场地，组织招聘场地的布置和招聘的准备工作。

（5）组织和主持接受应征者申请，收集申请材料，解答应征者提问。

（6）组织和主持对应征者材料的筛选、测试等工作。

（7）建立和维护录用人员资料库等。

（8）填写录用通知书或落选致歉函，并将其发送出去。

（9）向人力资源市场等人力资源中介机构收集相关信息，建立联系、寻求合作等。

（10）负责本单位人员流动情况及人员流失情况等的原因分析及解决方案的草拟。

三、部分常用招聘管理表格

（一）部门人员需求申请表

申请部门				部门经理		
申请原理	□辞退员工 □员工离职 □业务量增大 □新增业务项目 □新设部门					
	说明					
需求计划说明	职务名称	工作描述	所需人数	上岗时间	任职条件及要求	
	职位 1				专业知识	
					工作经验	
					工作技能	
					其他	
	职位 2				专业知识	
					工作经验	
					工作技能	
					其他	
合计：	_____人					
薪酬标准	职位 1	基本工资		其他待遇		
	职位 2	基本工资		其他待遇		
部门经理意见				签字： 日期：		
人力资源部门意见				签字： 日期：		
最高行政执行官意见				签字： 日期：		

（二）应聘人员登记表

应聘职位：　　　　　　　　　　　填表日期：

姓名		性别		年龄		出生日期	
籍贯		民族		身高		体重	
学历		职称		健康状况		婚姻状况	
毕业学校				所学专业			
外语语种		外语级别			参加工作时间		
联系方式					身份证		
期望薪资			上岗时间		其他要求		

受教育经历	起止时间	学校名称	所学专业	学历

工作经历	起止时间	单位名称	任职岗位及职务	证明人

培训经历	起止时间	培训机构	培训内容	相关证书

受过的奖励和处分（含奖励或处分的级别、发出单位）	

个人兴趣及爱好	

个人专长及自我评价	

（三）员工转正申请表

姓名		性别		出生年月	
岗位		所属部门		联系方式	
学历		专业		试用期	
个人鉴定				签名： 日期：	
所属部门鉴定	1. 试用期员工表现评价： 2. 考核意见： □提前转正。日期： □按期转正。日期： □延期转正。日期： 转正后职位：　　　　级别： 　　　　　　　　　　　　签名： 　　　　　　　　　　　　日期：				
人力资源部门鉴定	1. 试用期员工表现评价： 2. 考核意见： □提前转正。日期： □按期转正。日期： □延期转正。日期： 转正后职位：　　　　级别： 转正后薪资待遇： 　　　　　　　　　　　　签名： 　　　　　　　　　　　　日期：				
最高行政执行长官审批意见	签名： 　　　　　　　　　　　　日期：				
备注					

（四）招聘工作计划表

<table>
<tr><td rowspan="5">招聘计划</td><td>职位名称</td><td>招聘数量</td><td>招聘时间</td><td colspan="2">任职要求及条件</td></tr>
<tr><td></td><td></td><td></td><td colspan="2"></td></tr>
<tr><td></td><td></td><td></td><td colspan="2"></td></tr>
<tr><td></td><td></td><td></td><td colspan="2"></td></tr>
<tr><td></td><td></td><td></td><td colspan="2"></td></tr>
<tr><td rowspan="5">招聘小组成员</td><td>姓名</td><td>职务</td><td>所属部门</td><td colspan="2">招聘工作中的主要职责</td></tr>
<tr><td></td><td></td><td></td><td colspan="2"></td></tr>
<tr><td></td><td></td><td></td><td colspan="2"></td></tr>
<tr><td></td><td></td><td></td><td colspan="2"></td></tr>
<tr><td></td><td></td><td></td><td colspan="2"></td></tr>
<tr><td rowspan="8">招聘广告发布方式及广告费用预算</td><td rowspan="2">广告发布方式</td><td colspan="3">招聘职位类别</td><td rowspan="2">广告费用预算</td></tr>
<tr><td>基层岗位</td><td>中层职位</td><td>高层职位</td></tr>
<tr><td>报纸</td><td></td><td></td><td></td><td></td></tr>
<tr><td>专业杂志</td><td></td><td></td><td></td><td></td></tr>
<tr><td>网站</td><td></td><td></td><td></td><td></td></tr>
<tr><td>人才市场</td><td></td><td></td><td></td><td></td></tr>
<tr><td>猎头公司</td><td></td><td></td><td></td><td></td></tr>
<tr><td>其他</td><td></td><td></td><td></td><td></td></tr>
<tr><td rowspan="4">其他相关事项及费用预算</td><td colspan="3">相关事项</td><td colspan="2">支出预算</td></tr>
<tr><td colspan="3"></td><td colspan="2"></td></tr>
<tr><td colspan="3"></td><td colspan="2"></td></tr>
<tr><td colspan="3"></td><td colspan="2"></td></tr>
<tr><td>费用预算合计</td><td colspan="5"></td></tr>
</table>

（五）应试人员面试评价表

姓名		性别		出生年月	
毕业学校		专业		学历	
应聘职位		面试时间			
测试项目	评定等级				
	优	良	好	一般	差
1. 个人修养、品格、性格等					
仪容仪态					
工作态度					
兴趣爱好					
团队合作意识					
人际沟通					
求职动机					
工作主动性					
工作责任感					
环境适应力					
自我要求和约束					
自我认知及其评价					
2. 知识状况					
一般知识					
专业知识					
相关知识					
前沿知识					
语言表达					
观察分析理解判断能力					
知识的学习能力					
3. 专业能力和技能					
工作经验及其与应聘职位的关联度					
专业技能					
应变能力					
对专业发展的理解及掌握					
发展潜力					
专业实操表现					
解决问题的实际能力					
创新能力					

续表

综合评价	面试考官	1. 综合评价： 2. 录用决策： □录用 □储备 □不予录用 □其他： 签名： 日期：
	用人部门	1. 综合评价： 2. 录用决策： □录用 □储备 □不予录用 □其他： 签名： 日期：
	人力资源部门	1. 综合评价： 2. 录用决策： □录用 □储备 □不予录用 □其他： 签名： 日期：
	最高行政执行长官	1. 综合评价： 2. 录用决策： □录用 □储备 □不予录用 □其他： 签名： 日期：

资料来源：上述人力资源招聘规范化管理工具的编制参考了孙宗虎. 人力资源部规范化管理工具箱[M]. 北京：人民邮电出版社，2007：51-64.

资料链接

华为招聘人才的 5 项素质评估模型

华为创立于 1987 年，从不足 20 人、注册资金仅为 2 万元的一家用户交换机销售代理公司，发展到如今在 IT、无线电、微电子、通信、路由、程控交换机等领域具有举足轻重地位的大公司。2021 年华为全年销售收入约为 6340 亿元，拥有员工约 194 000 人。2020 年，华为位列世界 500 强第 49 位。如此成就来自于华为强大的人才队伍支撑，而华为人才招聘的 5 项素质评价模型在其中发挥了不可替代的重要作用。从 2006 年开始，华为在集体面试中引入了人才招聘的 5 项素质评价，即主动性、概念思维、影响力、成就导向和坚韧性。这 5 项素质铸就了华为人才的基因密码。

第 1 个素质：主动性。主动性是指人在工作中不惜投入更多的精力，善于发现和创造新的机会，提前预测事情发生的可能性并采取行动，从而提高工作绩效，避免问题的发生或创造新的机遇。这种主动不只是简单的积极行动，而是强调预见性，而且这种预见性要产生好的结果。

主动性分为零级至三级4个等级。从零级的没有主动性到一级的主动行动,再到二级的主动思考、快速行动,最后到三级的未雨绸缪,每一个提升都是一次飞跃。华为的用人标准是至少达到主动性二级,也就是说,只有能主动思考、快速行动的人,公司才会录用。

以华为的微波产品为例。华为的微波产品开发所带来的成功就是主动性三级人才打造的。早年总裁任正非认为微波产品没有发展潜力,提出舍弃微波这条产品线的投入开发,但微波产品线总裁彭智平根据自己对市场的嗅觉,觉得这是一个好产品。于是在不影响目标任务的基础上继续研发微波产品。两年以后,在非洲市场发现埋光纤不现实,建基站成本太高,微波设备是最低成本的通信工具。正在任正非万分后悔的时候,彭智平说:"任总,没问题。我们的微波产品已经可以交货了。"这个故事体现的就是主动性三级人才未雨绸缪的能力。

第2个素质:概念思维。概念思维是一种识别表面没有明显联系的事务之间内部联系本质特征的能力,也就是在面对不确定现象的时候,能根据有限的信息做出全面的判断,找出其中的关系并抓住要害。这是一种大的思考结构,能做这种结构化思考的人就是聪明人,也是聪明与不聪明的区别——思维方式。

概念思维分为零级至三级4个等级,如图6-2所示。

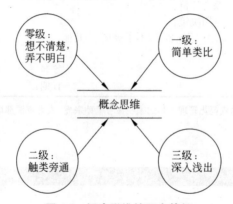

图6-2 概念思维的四个等级

1997年,李一男在华为领导无线产品的开发。当时华为要从固网转到无线产品开发,没有任何技术积累。李一男就从国外类似产品的一张产品说明书开始,构建起了庞大的华为无线产品开发体系。之所以能创造这样的奇迹,是因为李一男能够深入浅出地抓住事物的深层规律及其关键。

第3个素质:影响力。影响力是指施加影响的能力,让他人支持自己观点的能力。影响力实际是人与人之间的一种场能,这个场能是一个人的魅力所构成的天然资源,是一种人和人相互影响的方式。影响力的结果是认同,因此,领导以权力对下属的影响不属于影响力范畴。

影响力分为零级至三级4个等级,如图6-3所示。零级的人影响不了别人;一级的人用简单的道理说服他人;二级的人能换位思考,情商高;三级的人有一种智慧,具备未来领袖应有的潜质。

图 6-3　影响力的四个等级

第 4 个素质：成就导向。成就导向是指拥有完成某项任务，并在工作中追求卓越的愿望。成就导向高的人在工作中会强烈地表现自己的能力，并且不断地为自己树立标准。这就是自驱力。

成就导向分为零级至三级 4 个等级，如图 6-4 所示。从零级的安于现状，到一级的追求更好，再到二级的自设富有挑战性的目标，最后到三级的敢于冒险做决策，追求成功。

2011 年，余承东受命负责华为终端公司的日常管理工作。当时的华为终端公司营收不过一两百亿元，而且手机产品都是运营商定制，没有品牌，质量一般。面对这种情况，余承东毅然决定断臂求生，宣布不再给运营商代工，要做自己的品牌。正是有了这种置之死地而后生、勇于冒险的精神，才能敢于大刀阔斧地改革，紧紧抓住市场的需求。最终在他的领导下，消费者业务提升到了一个惊人的高度。他的成就导向达到了三级。

第 5 个素质：坚韧性。坚韧性是指在艰苦或不利的环境条件下能克服、战胜困难，努力实现目标；或在面对他人的敌意、挑衅时，能保持冷静和稳定的状态，在压力下突围。坚韧性是成功的基础，是人生的厚度。坚韧性越强，挑战困难的自我超越需求越强。

坚韧性分为零级至三级 4 个等级，如图 6-4 所示。

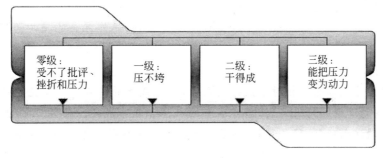

图 6-4　坚韧性的四个等级

1996 年，时任华为董事长的孙亚芳负责策划市场干部大辞职，这在华为干部历史上是浓墨重彩的一笔。通过让所有干部辞职的方式，公司重新挑选人才，旨在打破本位制度，构建"哪里需要人才，人才就往哪里去发展"的公司文化。干部依据公司的发展而流动，不再"板结"在自己的一亩三分地上。这个项目让我们看到项目负责人的坚韧性达到了三级，正是她通过建设性的方式解除了销售干部长期板结、捆绑客户，而新的人才无法分得好的客户资源的矛盾。

华为人才招聘的 5 项素质之间有内在的逻辑：主动性代表一个人的一种态度和追求；概念思维是一个人的本体，一个人的本体是良好的、强大的，才可能驱动成功；影响力是一个人与外部进行能量和信息交互的场能，场能越强，对周边的影响也就越大；成就导向是一个人的目标追求，目标追求越高远，驱动力越强大；坚韧性是构建一个人人生的基础，一个人的坚韧性越厚实,他在人生中克服困难、战胜困难的决心就越强大。

华为是如何用这 5 项素质综合评估招聘人才的呢？表 6-3 是对应的三类人才分类标准。

表 6-3　三类人才分类标准

基本素质	开创型人才	守成型人才	执行型人才
主动性	二级及以上	一级及以上	一级
概念思维	二级及以上	一级及以上	一级
影响力	二级及以上	一级及以上	一级
成就导向	二级及以上	一级及以上	一级
坚韧性	二级及以上	二级及以上	一级

5 项素质对应的人才分类标准如下。

1）不堪大用的人

5 项素质中有一项为零级的,均不被视为人才。因为某项出现零级,意味着这个人在这个方面有明显的、难以弥补的缺陷,难担企业重任。若对其进行培养,不仅成本高,风险也大。所以,5 项素质有一项为零级的人不会被重用。

2）执行型人才

执行型人才在 5 项素质中没有零级,这样的人没有明显不足,但也没有明显的优势,他们适合做具体的执行工作,能按照公司的要求踏踏实实地做好本职工作。技术骨干、职业专家一般属于这一类人才。他们虽然难以做到高屋建瓴,但总能在自己擅长的领域把事情执行到位。

3）守成型人才

在坚韧性上达到二级。相对于执行型人才,他们最大的特点在于不论交给他们什么任务,都一定能得到满意的结果。因此,守成型的人适合从事成熟业务的日常管理运营工作,擅长把打下来的江山守住,稳扎稳打,逐步发展壮大。这类人才适合用在大部分成熟的管理岗位上。

4）开创型人才

5 项素质均达到二级以上,这样的人才是非常稀缺的。开创型人才适合负责开拓性、创新性较强的工作,比如新业务的开发、新市场的突破等。他们擅长在未知领域发现规律、打破陈规、找到突破口,实现从 0 到 1 的突破,适合担任带头人。

小　结

人力资源招聘是每个组织都必须面对和解决好的问题。它直接关系到组织发展战略目标的实现,关系到组织在环境中的发展能力和竞争能力。

人力资源招聘是由征召、测试甄选、录用三个主要环节构成的整体。征召即是根据招聘职位的任职条件及其要求向社会发布招聘信息,吸引应征者并接受应征者应聘职位申请的过程。测试甄选则是按照招聘职位的工作说明书及该职位的实际要求,设计一系列的测试试题,运用相应的测试方式和手段,考核应征者适应应聘职位的能力及素质,并对其作出综合评价和录用决策的过程。测试甄选阶段完成后,即可根据测试综合评价及其录用决策,向应征者发出录用通知书或落选致歉函,并办理入选者的试用手续,与其签订劳动合同。试用期间还要对试用者的表现进行考核评价,进行是否允许其转正的决策。

人力资源招聘程序包括识别职位空缺、制订招聘计划、征召、甄选、录用、效果评估等环节。其中,识别职位空缺并准确地表达空缺职位的工作任务、任职条件与要求是人力资源招聘目的实现的重要基础;测试甄选则是人力资源招聘中的关键环节。现代的人力资源招聘测试手段先进、形式丰富多样,测试的信度和效度得到了很大的提高,为人力资源招聘的甄选提供了有效的支持和依据。人力资源招聘工作必须严格按照招聘工作程序进行,并遵循相应的原则。人力资源招聘工作的基本原则是因事择人、竞争择优的原则,公开、公正、公平的原则,人职匹配的原则,德才兼备、用人所长的原则。

思考与练习

一、填空题
1. 人力资源招聘是由( )、( )和( )三个部分构成的整体。
2. 从人力资源管理来看,素质指完成某种活动所必需的基本条件,是指个人的( )、( )和( )的总和。
3. 人力资源招聘的基本途径有( )和( )两种。
4. 人力资源测试的基本原则是( )、( )、( )、( )和( )五个方面。
5. 人力资源招聘的甄选的基本工作程序包括( )、( )和( )三个主要环节。

二、判断题
1. 面试一般由五个连续的环节构成,即预备环节、引入环节、正题环节、变换环节、结束环节。( )
2. 人职匹配原则就是尽量在岗位工作内容及其工作规范要求与应征者的从业条件、专业能力、性格特点、理念意识之间建立一种良性的关系,将合适的人放在与之特性相应的岗位上。( )
3. 人力资源招聘的测试形式就是指笔试。( )
4. 人力资源素质测试包括一般能力测试和特殊能力测试两种。( )
5. 人力资源招聘评价就是指对入选应聘者的评价。( )

三、辨析题(先判断对或错,然后进行简要的理由说明)
1. 人力资源招聘中应遵循德才兼备、用人所长的原则。

2. 人力资源招聘就是人力资源招募。
3. 人力资源招聘的基础性工作是识别空缺职位。

四、简述题

1. 人力资源招聘工作的基本程序。
2. 人力资源招聘测试有哪些主要的测试方式。
3. 简述人力资源素质测试的主要内容及其测试意义。
4. 简述人力资源招聘的意义。

推荐书目及其文章

[1] 埃登博洛. 招聘、选拔和绩效的评估方法[M]. 李峥, 译. 北京: 中国轻工业出版社, 2011.
[2] 寇家伦. HR最喜欢的人才测评课: 人才测评实战[M]. 广东: 广东旅游出版社, 2014.
[3] 孙宗虎. 人力资源部规范化管理工具箱[M]. 北京: 人民邮电出版社, 2007.
[4] 吴春华, 张瑾. 人员素质测评理论与方法[M]. 天津: 天津教育出版社, 2005.
[5] 郭彦宏. 浅谈人力资源管理中胜任素质问题及对策[J]. 东方企业文化, 2014(24).

第七章
员工培训与职业发展管理

微课资源

　　员工培训与发展是组织人力资源开发的一项重要内容,也是组织人力资本投资的重要形式,是开发现有人力资源和提高人力资源素质的基本途径。21世纪是知识爆炸、知识技术更新日新月异的世纪,无论从个人的角度还是从组织的角度来看,要保持机体的生命力和竞争力,培训与发展必不可少。因此,员工培训与发展越来越受到组织及其个人的重视。如何确立培训与发展目标、制订培训计划、组织培训实施;如何通过员工培训提高人力资本的存量;如何运营员工培训,使员工培训真正达到促进组织及其个人协同发展的"双赢"目的……这些都成为新世纪员工培训与发展必须研究和解决的问题。

　　本章将在结合经济与社会的发展需要阐述员工培训与发展的目的及作用基础上,对员工培训的内容、形式,员工培训的运营体系,员工培训的方法、原则,员工培训规范化管理的常用工具,以及员工职业发展及其管理等进行系统的阐述和介绍。

 学完本章,你将能够:

1. 了解并理解员工培训的目的、作用及其特点;
2. 理解员工培训的原则;
3. 了解并熟悉员工培训的主要内容及形式;
4. 了解并熟悉员工培训的方法;
5. 了解并熟悉员工培训的运营体系及其各部分的主要内容和要求;
6. 了解员工培训规范化管理的常用工具;
7. 了解员工培训与员工职业发展关系管理的基本原理以及员工职业发展的有关基本内容。

专题一 员工培训与职业发展管理是组织发展的必要保证

专题导读

什么是员工培训？为什么要进行员工培训？员工培训与职业发展管理有什么关系？员工培训与职业发展管理对推进管理、增强组织竞争力、提高组织绩效有什么重要作用？本专题将使你对员工培训的含义、目的、作用、特点、员工培训与职业发展管理的关系等有一个较清晰的认识和理解，从而走出或避免掉入对员工培训的认识误区，为更好地重视员工培训、开展员工培训奠定认识基础。

一、员工培训

（一）员工培训的含义

员工培训是指组织以组织发展需要及员工自身发展需要结合为依据，通过一定的方式和手段，促使员工的认识与行为在知识、技能、品行等方面获得改进、提高，从而使员工具备完成现有工作或将来工作所需要的能力与态度的活动。

员工培训是组织人力资源开发与管理的一项重要活动，是组织实现人力资源转化为人力资本必需的重要环节。对员工个体而言，员工培训可以帮助员工建立一个系统的知识体系和学习能力，从而为员工高质量地完成本职工作提供保证，更为员工获得良好的职业发展以及实现更大的自身价值创造条件。对组织整体而言，从一般意义上看，员工培训使员工更好地理解和熟练运用工作责任、工作知识与技能标准等，从而提高员工的工作能力，改进工作态度，圆满地完成工作任务，实现组织目标；从深层意义上看，员工培训不仅增强了员工的素质，而且开发了员工的潜能，通过将员工被开发出来的潜能与组织发展战略结合起来，即将员工个体的发展与组织的发展有机地结合起来，员工培训实现的将是人力资源转化为人力资本的过程，这对组织而言是一种价值回报巨大的投资——人力资本投资。它使员工培训与发展——员工个体的发展和组织的发展成为一个良性成长的有机体。这是组织核心竞争力的源泉。

员工培训是由组织人力资源部门负责规划、组织的一项目的性明确，有组织、有计划，旨在促进员工和组织共同发展的系统化教育、训练等开发活动。因此，培训的对象是组织的全体成员；培训的目的是改进和增强员工的工作态度、工作能力，激发员工的发展潜能；培训的内容是与工作有关的知识、技能、态度、品行等的综合体系;培训的主体是组织,即培训是由组织进行规划与实施的,组织可以举办具体的培训活动,也可以不举办具体的培训活动,只接受并支持员工培训计划的实施,如员工利用工余时间参加非全日制的学历教育,提高自己的素质水平和层次,组织将其纳入组织的培训计划中,对其给予时间上、经济上甚至实践条件上的支持和帮助。这些都是培训主体的体现。由此可见,员工培训具有全员性、针对性、系统性、前瞻性、实用性和发展性结合等特点。

(二)员工培训的目的和作用

组织人力资源工作包括识人、选人、用人、育人和留人五个基本活动,其中育人环节就是培训教育。对员工的恰当培训将使组织获得较高的投资回报率,因为培训的目的不仅仅局限于基本知识和技能的增强与开发,更多的在于对员工潜质的发掘,提高其学习能力和创造能力。因此,培训的根本目的更应该在于促进员工学习能力的建设和加强,成为创造智力资本的重要途径。

员工培训的目的各有不同,具体来说表现如下。

(1)从根本目的来看,培训是为了共同满足组织发展战略的需要和满足员工个体发展的需要。如上所述,通过培训,不仅使员工改进和增强工作态度、工作技能,高质量地完成组织的工作任务,而且使员工增强了学习能力、激发了员工的潜能,为实现员工的职业发展,进而为促进组织的更大发展奠定基础、准备条件。因此,这也是培训的最高目标。

(2)从岗位要求来看,培训是为了岗位工作的要求以及改进岗位工作现有绩效。这是培训最起码的目的。

(3)从员工个体来看,培训是为了满足员工职业发展的需要。由于员工与组织之间存在的职业联系,如果能将员工职业发展与组织发展战略结合起来,培训将走向最高目标——共同满足组织发展战略和员工个体发展的需要。

(4)从管理变革来看,培训是为了改变员工对工作及其组织的态度。心理学、行为学的原理告诉我们,态度决定行为。改变、调整态度将可能改变、调整行为。这对形成组织凝聚力、提高组织绩效有一定的作用。

(5)从响应环境发展来看,培训是为了使员工适应新理念、新知识、新技术、新工艺、新规则等的要求,更好地顺应环境对组织及员工个体发展的要求。

可见,员工培训与发展是组织发展的必要保证。正是基于上述员工培训的目的,工业发达国家长期以来都非常重视员工培训,并对此付诸了积极的实际行动。国际大公司的培训总预算一般占上一年的总销售额的1%～3%,最高达7%,平均达1.5%。美国政府要求企业至少将企业工资总额的1.5%用于员工培训。法国政府则要求100人以上的企业要将工资总额的1.5%用于培训,法国企业的员工培训投入一般都在这个标准之上。我国大多数企业的员工培训费用在0.5%以下。[1]

---

[1] 杨杰.组织培训[M].北京:中国纺织出版社,2003.

二、员工培训与职业发展管理的关系

如上所述,员工培训是为了共同满足组织发展战略的需要和满足员工个体发展的需要。这里的问题在于能不能实现"共同"发展和如何实现"共同"发展。

毋庸置疑,员工培训与职业发展之间存在着密切的联系。通过培训,员工的素质得到不同程度的提高,员工的潜能得到激发和开启,这些都使员工素质上升到一个新的高度,为其职业发展提供了基础和条件。在这个员工培训的过程中,实施培训的主体——组织和接受培训的客体——员工都共同付出了相应的成本投入。从经济学的角度来看,他们都会为此期待着成本的回收和价值的最大化。而在这个问题上,组织与员工个体之间并不是天然一致的,甚至可能是对立的。解决矛盾的焦点在于员工培训与其职业发展是否能有机地联系起来。当员工培训纳入组织培训与组织发展计划时,似乎就没有这个问题。现实并非完全如此,因为员工培训纳入组织培训与组织发展计划只是解决问题的一个部分,它让培训明确了组织与员工之间的需求而确定培训目标,仍然更多地考虑的是组织发展的需要,而忽略员工个体发展的实现。因此,问题的关键在于当员工经过培训素质获得提高以后,他的发展需求是否能同时得以实现。这不取决于培训,而取决于组织的管理制度,取决于组织对育人、用人、留人三者关系的辩证认识和妥善积极的处理态度与能力,取决于对培训在促进组织发展实现中的现实地位和意义的理性、前瞻性的认识与行动反应。

这就必然要考虑和建立员工职业发展管理,即将员工的职业发展规划与组织的发展战略规划结合起来,用培训在其中架起一座桥梁。只有组织发展与员工个体发展共同得到满足,这样的培训投入产出才是最经济的,也才有可能实现培训成本投入的价值最大化。

员工职业发展看似员工个体的事情,实质并非如此。当初员工在应聘中选择这个组织,某种程度上体现了员工对组织及其发展的认同和看好,愿意将自己的发展放在这个组织的发展中一起来考虑。而对员工进行培训一方面说明了组织对该员工发展的期望,另一方面也是该员工对组织的期望。前者期望员工经过培训能带来更大的价值产出,后者期望通过培训能获得职业上的更大发展。当这两者交织走到一起的时候,双方的发展期望都得以实现。如何使这两者交织走到一起,这就必须通过员工职业发展管理才能实现。也就是说,员工职业发展不再是员工个体的事情,而是员工个体及其组织共同的事情,应该纳入组织的发展战略规划中进行综合管理。员工职业发展的两层含义也对其给予了佐证。

员工职业发展包含两层含义。从员工个体来看,每个员工都有从工作中获得成长和发展的愿望与要求,都有通过不断追求期望的职业、位置来满足这些愿望和要求的计划与行动。正是这种职业发展的愿望与要求促使员工个体积极地、主动地参加培训,改进工作方式、调整工作态度、增强学习能力、发掘个体潜能。从组织的角度来看,重视员工个体的职业发展计划设计,并结合员工个体的素质特点和组织发展战略规划,以积极、开放的心态指导员工完善个体的职业发展计划,通过诸如培训、晋升、工作满足感的提高等手段帮助员工实现个体的职业发展计划,使个体的职业发展计划成为组织发展战略规划的有机组成部分。从组织层面理解的员工职业发展实质就是员工职业发展管理。这个管理需要从源头抓起,即从招聘中把好选人关,选对人——选素质特点和发展期望适合组织发展需要的人,而不一定是最好的人,因为个体的职业发展与他自身的素质和历程发展密不可分。员工职业发展管理的第二个方面体现就是用人,把合适的人放在合适的位置上。这里包含了用人中的发展观,即在发展中用人,在使用中实现人的发展。这就离不开员工培训。因此,培训与员工职业发展有着天然的密切联系,也是员工职业发展管理的重要环节。认识了这种关系将有利于组织更有效地开展员工培训,提高员工培训的价值产出。这是员工个体及其组织的共同期望,也是组织及其员工的共赢,更是人力资源是组织发展根本资源的体现。由此,员工培训与职业发展管理的关系建立又从一个侧面表明,员工培训与职业发展管理是组织发展的必要保证。

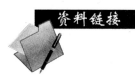

培训与员工职业发展的关系

　　DF 公司从一家设备简陋的小化工厂发展到了今天的跨国公司,员工培训在其中发挥着巨大的作用,功不可没。该公司的培训特点是了解员工需求,积极帮助员工建立培训计划和职业发展规划,将员工的需求动机与组织的发展目标有机地结合起来。因此,培训项目调动了员工的积极性,促进了公司的发展。但是,在最近一次的办公例会上,当讨论到某员工的培训费用处理时,一贯头脑冷静的人力培训科科长在例会上突然大发脾气,致使问题讨论不下去……事后,该科长递交了一封信给领导,信中详述了例会上大动肝火的原因。下面是信的摘录:

　　"……我们一直为公司能吸引到最好的人才感到自豪。在过去的几年里,我们有许多员工参加了公司的培训计划,尤其是公司支付员工学习费用的培训计划。在公司的大力支持下,其中不少员工已经通过业余时间攻读完大学课程并获得学士学位,甚至硕士学位。但是,这种学费的支付使公司成本上升而受益很小。去年的培训项目总支出就将近150万元。问题还不在这里。现在的问题是,通过培训能力获得提升的员工向公司提出辞职。今年这种现象就有15例。例会上讨论的那个员工是第16例。公司花费了大量的投入培养员工,而这些员工又都是公司中的优秀分子。如此下去,真可谓是'帮他人做嫁衣裳',公司的发展堪忧。"

　　负责公司人事工作的领导立即着手对公司的培训及晋升工作进行调研。结果发现,这些已经调离和正在提出辞职的员工都是公司的骨干或优秀员工,都参加过各种业余学习并获得相应的毕业证书,都是公司为其支付全额学费,都是获得毕业证书后没有获得来自公司对他们的相应反应。就以例会上讨论的那位员工来说,在统计室工作9年,工作一贯认真负责、勤恳踏实、效率和效果俱佳。她花了6年时间完成财会专业的业余学习,成绩全优,获得了本科毕业证书和学士学位。公司为她支付了所有的学习费用。她的理想是担任公司财务处的会计。但是,拿到毕业证书一年多了,公司没有人去过问过她的事……公司员工培训目前的状况是,各分公司、各部门自己决定培训计划,而这个计划没有与公司的发展、任务以及员工个人的需求衔接,也就难以有一套公司的总体培训规划和方案,致使人力计划系统不能确定组织中哪些人是可以晋升和如何晋升……如果这个问题不在苗头之时解决，公司损失的就不仅仅是培训费用，而是优秀的人才。

三、员工培训在保证组织发展中需要解决的几个认识误区

员工培训与职业发展管理尽管是组织发展的必要保证，但并不因此就一定能保证实现组织发展，因为组织发展的实现受制于复杂的多种因素的共同作用。员工培训与职业发展管理只是其中的一种。现实中，人们对员工培训与职业发展管理在组织发展中的作用存在着一些错误的认识，因此使培训工作受到一定的影响。这些认识误区主要表现在以下几个方面。

（一）只要加强培训就能解决组织工作绩效问题

培训固然是提高员工素质，从而提高组织工作绩效的重要途径和手段。但是，影响组织工作绩效的因素很多，员工培训只是其中的一个。在员工培训以外，诸如管理制度、管理风格、管理方式与手段等都对提高组织工作绩效有着重要的影响和作用。这不是员工培训范畴内的事情，而是组织管理制度建设、管理变革和创新的事情，但又与员工培训目标实现息息相关。因此，运用和开展员工培训之前还必须对组织发展现状及存在的问题和导致问题的原因进行系统的、科学的分析，据此确定员工培训的目的及解决其中问题的作用，为规划培训、投资培训、组织实施培训提供依据，获取良好的培训投入产出效益。

（二）只要加强培训就能解决员工的工作态度问题

培训中一个重要内容就是工作态度的转变和培养。但是，不是所有的员工工作态度问题都能通过培训获得解决，因为造成员工工作态度问题的原因是复杂的，可以是组织氛围的原因，可以是组织结构的原因，可以是管理制度的原因，可以是管理方式和手段的原因等。只有通过分析，搞清楚造成员工工作态度问题的真正原因，针对它采取相应的对策，才能真正地解决问题。否则，越培训，致使存在的问题越严重，反而会适得其反。

（三）只要招聘选好人就不需要培训

招聘的选人对实现组织发展确实非常重要。选择合适的人并把他放在适合的位置上，组织发展就成功了一半。由于组织是在环境中生存和发展的，环境是不断变化的。在适应环境变化发展的过程中不得不通过培训来提高组织成员对环境的适应能力和发展能力。这是组织发展获得成功不可缺少的另一半。因此，再优秀的人才被招录到组织后都需要不同程度和类型的培训。培训既是为了帮助他更快地熟悉新组织的环境和工作要求而尽快地发挥作用，更是为了不断地发挥他在组织中最大作用而进行不可缺少的"能量"补充。任何招聘都不可能代替培训。招聘与培训是组织人力资源工作中紧密相连的两个部分，两者不可或缺。

（四）培训投入只是提高组织的运营成本

组织的任何培训都需要花费投入，必然地产生相应的成本。这是不争的事实。但是，一个科学的员工培训与发展体系的建立和运营，其结果必然使培训成本转化为人力资本，为组织带来巨大的价值回报。所谓科学的员工培训与发展体系的建立和运营，指的是通过对组织现状及其发展战略规划进行系统分析，并据此确定培训目的、培训需求和培训目标，规划并组织实施员工培训与发展，最终实现员工培训与发展保障组织发展战略实现的根本目的。可见，科学的员工培训投入的不仅仅是成本，而是能带来呈几何级数般增长的收益回报的人力资本，是组织发展不可多得的投资。正是因为这样，国际上优秀的组织都非常重视对员工培训的投入。我国民间流行的一种说法"省什么也别省对孩子的教育投入"也有异曲同工之效。

（五）员工培训是组织的义务、员工的权利

在维权意识越来越强的社会进步环境下，员工对自身权益的认识越来越清晰，这是社会进步的重要表现。员工培训从投入来看，确实是组织的义务、员工的权利。但是，从投资来看，员工培训对组织不仅是义务，也是权利；对员工个体来说，培训不仅是权利，也是义务，因为根据投资收益原理：谁投资，谁收益。组织投资员工培训必然要从中获得相应的回报，但是员工培训投资主体与投资收益的非一致性特点又决定了收益者非组织单方。同时，员工与组织的关系决定了在竞争的环境下要实现组织的发展需要，组织必须对员工进行必要的培训；而员工为了获得在组织中的生存和更大的发展，也必须积极、主动地参加培训，促进组织实现更大发展。由此可见，员工培训不仅是组织的义务，也是员工的义务；不仅是员工的权利，也是组织的权利，二者不能偏废。

（六）员工培训就是为了补充更新知识

毋庸置疑，补充和更新知识是员工培训的一个重要内容。但是，并不因此等于什么知识新就培训什么知识，而是要根据组织实现发展战略的需要来设计员工培训目标和与目标相应的培训内容，对知识进行有目的、有步骤的系统培训，而不是简单盲目地跟潮流。另外，从员工培训的目的来看，培训不仅仅解决的是知识的补充和更新，更要同时进行技能的提高和工作态度的转变与培养。这既是员工培训的另外两个重要的内容，也是将知识转化为实际有效产出的必然要求。态度、知识、技能三者的关系决定了只有将它们有机地结合起来，才能有效地实现员工培训成本转化为人力资本的培训根本目的。而员工培训的职业性更决定了工作态度、专业技能的培训是员工培训的重点。

（七）员工培训不应该成为组织管理的常态工作

在我国，大约有80%的组织在没有培训的情况下即让新员工正式上岗工作，因为这些组织认为组织管理的常态工作是组织的经营和发展，而不是员工培训。如果没有理想的经营

效益和组织发展,培训又有何用?于是,经营好时无须也无暇进行员工培训;经营差时无力也无心进行员工培训;忙人无暇培训,闲人正好去培训完成计划;培训后员工跳槽怎么办等。这些对员工培训目的与作用的错误、狭隘、偏激的认识,致使组织忽略了员工培训工作的及时、系统、全面、长远的规划、组织和实施,使组织的持续发展壮大因此受到极大的制约,严重者甚至是致命的制约。

可见,不从思想上端正对员工培训的认识,组织不可能实现真正的可持续发展,组织发展战略规划的实现也就无从谈起。

专题二　员工培训体系的构建

专题导读

员工培训的目标是什么?培训些什么?怎么培训?谁来培训?在哪里培训?将要花费多少培训费用?这是关系到员工培训目的实现与培训作用发挥的系统问题。本专题将帮助你解答这些问题,并对员工培训的培训目标建立、培训内容、培训原则、培训方式和方法、培训预算等有一个清楚的、系统的认识和理解,从而更好地、更有效地开展员工培训工作。

一、员工培训体系的构成

任何组织的员工培训体系一般都包含这么几个方面,即培训原则、培训目标与培训对象、培训内容、培训方式与方法、培训队伍和培训制度建设等。培训原则是员工培训开展和运作的重要指导与依据;培训目标与培训对象是培训内容、培训方式与方法选择和确定的前提;培训队伍与培训制度建设是员工培训实现的条件和保证。这几个方面共同构成员工培训的完整体系。

二、员工培训原则

为了更好地实现员工培训的目的,发挥员工培训的作用,员工培训必须遵循以下相应的一系列培训原则。

(一)为实现组织发展战略规划服务的原则

组织发展战略规划是组织发展的最高纲领,对组织各项工作的开展具有指导性的意义。

员工培训的根本目的与作用就是为了共同满足组织发展战略的需要和满足员工个体发展的需要。而组织发展战略规划的实现又离不开每个阶段、每个项目的具体实施和完成。因此,员工培训目标与培训对象的确定,必须服从并服务于组织的发展战略规划和短期经营目标,既考虑满足组织短期发展的需要,也要具有长远的战略眼光,未雨绸缪,将组织的短期目标与战略规划通过员工培训有机地结合起来,以真正实现组织员工培训的目的,发挥培训的作用。

(二)目标明确的原则

明确的目标对行为具有明确的导向作用。员工培训应遵循目标明确的原则。它包含两个层面的意义:一是从组织的角度明确培训的目标和对象,进而使培训资源获得更充分有效的运用,增大培训的价值产出;二是从员工个体的角度为员工设置明确的受训目标,既有助于对员工进行培训考核,也有助于员工清楚地把握努力的方向和程度,获得更好的培训效果。可见,目标明确的原则是实现员工培训目的与发挥员工培训作用的前提和保证。

(三)差异化的原则

员工培训是职业教育培训,有着自身独特的个性。差异化是它的标志,也是它的必然要求。员工培训差异化包含三个层次的意义。一是与普通教育相比产生的差异化。员工培训主要体现为以在职、在岗培训为主的职业教育培训,具有强烈的对象职业性、内容职业性、方式方法职业性等职业性特点,有着区别于普通教育的明显个性特点。二是就同一组织而言,培训的内容和方式方法也存在着差异性。因为组织是由不同的层次、不同的岗位、不同的业务和不同的人力资源个体共同构成的有机体,这些不同的层次、岗位、业务和个体在组织发展战略实现中都具有各自的作用,不可替代和或缺。这就使培训必须有所针对、有所区别、有所侧重,在普遍性培训的同时强调个性化。只有这样,才能真正实现员工培训的目的,发挥员工培训的作用。三是从员工个体的差异性来看,员工培训的全员性特点并不能否认员工之间差异性的客观存在,即同样的培训方式方法和内容对不同素质特点的员工会产生不同的培训产出效果。这就意味着培训不可能、也不应该像"撒胡椒面"那样平均分配和使用培训资源,应该有所区分轻重缓急、一般与特殊。这也是符合帕累托的二八定律的。

(四)激励性原则

由员工培训的根本目的可知,员工培训不仅是转变工作态度、更新和增长知识、熟练和提高技能,也是员工实现职业发展的重要途径和手段,这正是员工积极、主动参与培训的动力所在。因此,员工培训必须与员工职业发展结合起来,使员工职业发展规划与组织发展战略规划构成有机的整体。通过培训实现员工的职业发展规划,再通过员工职业发展规划的实现促进组织发展战略规划的实现,最终又由组织发展战略规划的实现为员工进一步的职业发展创造更多的机会和更广阔的空间,从而进一步激发员工参加培训的愿望和参加培训的主动性、积极性,形成一个良性的再生循环。

(五) 既注重实效又具有前瞻性的原则

员工培训的根本目的决定了员工培训必须注重实效,即注重培训的内容和培训的方式方法设计与运用。学以致用,将培训转化为价值产出始终是员工培训的宗旨所在。这不仅要求组织在培训中和培训后为受训员工提供实践培训价值转化的机会和平台,也要及时地对培训效果进行跟踪反馈,使培训者及时地了解和掌握培训效果,调整和修改培训对象、培训方案设计、培训内容、培训方式和方法,从而更有效地实现员工培训的目的。

注重实效不等于只顾眼前,而是要将组织的发展现实需求与长远战略需求结合起来,将当下务实的培训与未来相对务虚的培训结合起来;将员工培训与组织发展战略目标实现结合起来,体现人力资源培训的前瞻性,使有限的培训资源为组织的可持续发展发挥出更大的作用,实现更大的价值产出。

任何一个好的员工培训只有在上述培训原则的指导下才能得以实现。

三、员工培训目标与培训对象

(一) 员工培训目标

员工培训目标是对组织培训目的的具体化表现。每个员工培训项目都有自身相应的目标,它既是确定培训内容和培训方式方法的依据,又是服务于培训目的,满足组织发展战略规划实现的保证。因此,确定培训目标是搞好员工培训的基础性工作。

员工培训的目的要求培训目标的确定必须建立在对组织发展需求、组织现状——尤其是组织目前人力资源素质状况对组织发展的满足程度、组织所处环境的状况及其变化趋势对人力资源素质的未来需求等进行综合分析、预测的基础之上。通过综合分析、预测,了解和把握组织人力资源素质现状与组织现实发展和长远发展之间的关系,从中寻找和确定组织的员工培训目标——近期的培训目标、远期的培训目标、各项目的培训目标,作为制订和组织实施员工培训工作计划的依据。培训目标的正确与否——即是否具备针对性、前瞻性、可行性、效益性,直接关系到组织员工培训工作的效果和效益,从而关系到组织发展战略的实现。所以说,员工培训目标的确立意义重大。

员工培训目标确立的环境分析有一系列科学的分析方法和分析工具。

(二) 员工培训对象

明确员工培训目标以后,接下来就是确定培训对象。由员工培训的全员性、针对性特点可知:全体员工都有接受培训的权利,都需要进行培训,但是又必须有所区分。早在100多年前管理之父泰罗经过观察与研究表明,不是所有的员工经过培训都能胜任同一项工作的。因此要对员工进行甄选。由此可见,把所有员工培训到同一个层次或同等程度或同一个类型或在同一个时间里进行培训,显然是不可能也是不现实、不经济的。因此,必须有所侧重地选择和确定培训对象,这也是员工培训中差异化原则的要求。

根据帕累托的二八定律：组织中20%的人员创造着组织中80%的价值。在组织资源有限的情况下,必须有针对性地确定培训对象。一般来说,组织中的以下人员需要优先培训。

(1) 在改进目前工作中可以发挥较大作用的员工。通过培训,使他们更加熟悉并熟练掌握自己的工作及相关技能,在工作中获得较大的突破,并带动共同工作的其他成员。

(2) 组织计划安排其担任另一复杂的或重要的岗位工作的员工。通过考核,结合员工自身的职业发展规划以及组织发展的需要,某些员工将会被组织安排调岗或晋升,从事另一项难度较大、工作关系较复杂、责任较重的新工作。由于这些工作对组织发展影响较大,而被选中的成员尽管有任职的潜能,但为了更好、更快地胜任新岗位的工作必须对他们进行培训。

(3) 具备发展潜质并有理想、有追求的员工。这些人往往是组织发展中依靠的骨干分子。通过培训,使他们掌握全面的管理知识和技能,或掌握更复杂、更高级的技术,让他们进入更高层次的岗位或更重要的岗位,使他们的潜能在新的空间得到充分的发挥。

从上述三类培训对象的确定来看,组织培训对象的确定是根据组织发展需要、员工个人素质及需要、组织当前的发展状况和未来的发展规划等来确定的。因此,除了上述三类优先考虑的培训对象外,在注重实效的培训原则下,组织还可以根据各类需要分别确定其他的培训对象,形成培训对象计划,并据此开展有针对性的员工培训活动。在确定培训对象时必须考虑两个问题：一是经过培训是否能提高组织的效率和效益;二是经过培训是否能使员工真正成为组织发展中的精英或有用之才。这两个问题的解决牵涉的不仅是培训对象的选择问题,还包括培训内容和培训方式方法的设计问题。

四、员工培训内容与培训方式方法

(一) 员工培训形式

组织员工培训的形式多种多样。具体的培训形式根据培训目标、培训内容、受训者的情况等因素而定。组织员工培训的形式一般有以下类型。

1. 按照培训对象的性质划分

按照培训对象的性质划分,培训形式可以分为新员工入职培训和员工在职培训两类。

新员工入职培训也称新员工引导,是指组织向新入职的员工提供有关组织自身基本情况、新员工任职部门的基本情况和任职岗位的基本工作及其要求等,使新员工尽快熟悉工作环境,消除焦虑感,促进其组织化的活动及过程。新员工引导分为一般性引导和特殊性引导两个部分。一般性引导主要为了介绍组织的基本情况,诸如组织的发展历史、现状和发展目标,组织的架构及其关系、组织的各项管理政策与制度、组织的效益及福利状况等,使新员工对组织有一个基本清楚的系统了解。一般性引导由人力资源部门完成。特殊性引导则侧重于介绍新员工将要任职部门的职能及其规章制度,新员工将要任职岗位的工作任务与职责,认识本部门成员以及了解自己在本部门中的工作关系等,使新员工对自己的工作和具体工作环境有一个直观、明确的了解,能尽快地进入工作。特殊性引导一般由部门来完成。特殊性引导中如果出现技术性比较强的环节,也可以聘请组织内或组织外专家来进行。转岗培训某种意义上也可以粗略地归在新员工培训中,只是由于员工已经熟悉了组织的基本情况,可以省略掉一般性引导。特殊性引导则视具体情况来选择确定。

在职培训是组织中员工培训的常态和主要形式,是指组织中的成员不离开工作岗位,一面工作一面接受培训的培训形式,是相对于脱产培训而言的培训形式。在职培训往往是在实际工作中接受培训,针对性和实效性比较显著,而且不影响工作。但是,相对于脱产培训,在职培训在理论与技能的系统性、时间的充裕方面会比较弱。

2. 按照培训时间的性质划分

按照培训时间的性质划分,培训形式可以分为在职培训和脱产培训两类。

在职培训参见上一划分中的阐述。

脱产培训是指员工离开工作岗位,专门接受培训。这种培训往往是在组织外进行的。它的最大特点是能系统地获得理论与技能的教育训练,时间充裕,问题是有可能影响组织的工作。因此需要组织进行合理的安排和调配。

3. 按照培训内容划分

按照培训内容的不同划分,培训形式可以分为知识性培训、技能性培训和态度类培训三类。

知识性培训是指以业务知识为主,兼顾相关知识的培训,目的在于更新、补充知识。技能性培训是指以受训者工作技术和能力提高为主要内容的培训,目的在于提高工作效率和改进工作方法。态度类培训是指以工作态度改进和培养为主要内容和目标的培训,包括工作责任感、合作态度、敬业精神、创新意识等。

4. 按照培训对象的层次划分

按照培训对象层次的不同划分,培训形式可以划分为基层员工培训、专业技术人员培训、管理人员培训三类。

基层员工培训主要是针对一线员工操作技能的提高而进行的培训。专业技术人员培训主要是针对专业技术人员提高专业领域能力的培训。管理人员培训则是专门针对各级管理层人员的培训,主要为了提高他们的管理理论水平和管理能力与管理艺术。

5. 按照培训时间的长短划分

按照培训时间的长短划分,培训形式可以分为短期培训、长期培训和轮训三类。

此外,按照培训对象岗位的不同划分,培训形式还可以划分为各专项能力的培训,如财务会计培训、销售培训、生产计划培训、安全员培训、质检员培训等各种类型。培训类型的划分目的是为了了解各种类型培训的特点和要求,有效地设计和开展培训活动。

(二)员工培训内容

合理确定组织员工培训内容对实现组织的培训目标和培训目的具有重要的意义。员工培训内容确定的基本原则是服务于组织发展战略目标,与员工职务特点相适应,兼顾对组织环境变化的适应性。因此，组织员工培训内容一般可以分为知识性、技能性、态度性三个方面。

1. 知识性培训内容

知识性培训内容主要是指与员工工作有关的各方面的知识，包括事实性知识和程序性知识等，这是员工培训的首要内容。员工只有理解和掌握了这些专业知识，才能将知识转化为生产力，增大价值产出。组织中不同的培训对象和不同的培训目标所涉及的专业知识构成是有所区别、有所侧重的。这就要求在培训知识性内容设计上要根据培训对象和培训目标的特点与要求来考虑，突出针对性、实效性。

2. 技能性培训内容

知识转化为生产力离不开一定的技能条件。技能性培训内容主要指的是满足具体岗位任职要求的业务技能和人际交往技能等。在技能性培训内容上，有些内容是各岗位都需要具备的，如技术性能力中的认知能力；再如人际交往技能。但各岗位在这些能力上的要求程度因岗位的性质有强弱之分，如人际交往技能，对销售部门的要求往往高于财务部门。业务技能则各岗位之间差异性比较大。

3. 态度性培训内容

态度是影响行为及其结果的重要因素，也是影响能力形成的重要因素。培训中的态度性培训内容主要是指工作态度。一般体现在工作责任感、职业素养、工作热情、敬业精神、合作态度、创新意识、荣誉感、忠诚度、归属感等方面。员工态度性培训内容的设计为的是通过培训转变、调整、培养和提升员工的工作态度，从而提升员工的工作能力，进而提高员工的工作绩效。另外，员工工作态度的转变还可以促进员工培训目的的实现，增强培训效果。

（三）员工培训方式方法

1. 培训方式

培训方式的划分常以培训发生的地点为标准，把培训方式划分为现场培训和非现场培训两类。

所谓现场培训，顾名思义就是在实际工作的场所进行和接受培训，包括在岗培训和非在岗培训两种。在岗培训指的是在受训者的工作岗位上进行培训；非在岗培训指的是不在受训者的岗位上进行培训，但岗位的工作情况是相同或相似的。现场培训的优势在于能使受训者通过实际学习和训练，及时地将所学的东西在实践中进行转化。及时发现问题、解决问题，培训的效率和效果都比较好。不足之处是培训者和受训者的正常工作压力较大，往往适用于工作中不太复杂的、常见的技术问题的解决。

非现场培训是指离开实际工作场所进行和接受培训。由于离开了实际工作场所，培训者和受训者可以在没有实际工作压力的情况下专心地教授和获取新的知识和技能，受训者还能专心实习和钻研新的技能，使自身的知识和技能水平实现一个较大的提升。这种培训方式适用于技术和技能复杂度较大的培训。

2. 培训方法

不同的培训类型和培训内容往往采用不同的培训方法。常用的员工培训方法有演示法、传递法和团队建设法三类。

演示法,顾名思义就是通过为受训者做示范来进行培训,包括讲座法、录像法、现场演示法、自学法等具体方法。

传递法就是通过一些具体的形式模拟来进行培训,包括师傅带徒弟法、情景模拟法、角色扮演法、案例分析法、商业游戏法等具体方法。

团队建设法主要解决的是员工的合作意识与行为配合等问题,包括行为示范法、冒险性学习法、团队培训法、行为学习法等具体方法。

小资料

新型学徒制,又称为现代学徒制。是一种新型的职业教育模式和发展方向。其核心是校企联合,企业发挥培训主体作用,政府进行政策支持,是一种招生即招工、上课即上岗、毕业即就业,"企校双制,工学一体"的教育新模式。主要为企业培养青年技能人才,可以称为"学徒培训工"。培养目标以中高级技工为主;目的在于扭转教育中普遍存在的"重书本理论轻实践"的现象,更好地服务于转变经济发展方式战略目标对人力资源的需求。

(四) E-Learning

1. E-Learning 的含义

E-Learning(electronic learning),中文译作"数字(化)学习""电子(化)学习""网络(化)学习"等。不同的译法代表不同的观点:一是强调基于互联网的学习;二是强调电子化;三是强调在 E-Learning 中要把数字化内容与网络资源结合起来。共同之处在于都是数字技术,强调用数字技术对教育实施过程发挥引导作用和进行改造。网络学习环境含有大量数据、档案资料、程序、教学软件、兴趣讨论组、新闻组等学习资源,形成一个高度综合集成的资源库。

E-Learning 是一种通过应用信息科技和互联网技术进行内容传播和快速学习的方法。E-Learning 的"E"代表电子化的学习、有效率的学习、探索的学习、经验的学习、拓展的学习、延伸的学习、易使用的学习、增强的学习。

美国教育部 2000 年度教育技术白皮书里对 E-Learning 进行了具体的阐述。

E-Learning 指的是通过互联网进行的教育及相关服务提供过程。

E-Learning 提供给学习者一种全新的学习方式,增强了随时随地学习的可行性,从而为终身学习提供了可能。

E-Learning 改变教学者的作用和教与学之间的关系,从而改变教育的本质。

E-Learning 能很好地实现某些教育目标,但不能完全代替传统的课堂教学,也不会取代学校教育。

美国 E-Learning 专家罗森伯格认为,E-Learning 是利用网络技术传送强化知识和工作绩效的一系列解决方案。他指出,E-Learning 要基于三大基本标准:第一,E-Learning 互联网,能即时储存、利用、更新、分配和分享教学内容或信息;第二,E-Learning 利用标准化的网络技术,通过电脑传送给处于网络终端的学员;第三,E-Learning 注重的是最宏观的学习,是超越传统培训典范的学习解决方案。

综合上述对 E-Learning 的理解，E-Learning 是借助强大的互联网技术实现无障碍学习和培训的新型教育培训方式。它突破了传统教育培训在时间、空间、手段、经济等方面的限制，使施教者与学习者在互联网和现代信息技术手段下，实现更灵活、高效、经济的学习和训练。但是，E-Learning 不否定传统的教育培训方式，也不能取代传统的教育培训方式。传统教育培训方式的社会性、情感交互性和课堂气氛是 E-Learning 难以实现的，而 E-Learning 的跨越时空、强大的多维技术手段、信息传递处理及存储技术、跨越空间的资源整合能力等优势是传统教育培训所无法实现的。因此，E-Learning 不排斥传统教育培训方式，而是与传统教育培训方式共同构成完整的现代教育培训体系。为了进一步深化 E-Learning 的应用，提升 E-Learning 的培训效果，国际教育技术界在对 E-Learning 进行深入思考后提出了"混合式学习（blended learning）"。

2. E-Learning 系统

在线学习系统（learning managed system，简称 LMS），也称网络培训平台、在线教育系统等，是现代远程教育发展的产物，实现网络教育培训管理的一套软件系统，包括以下主要功能：课件发布管理、在线课件管理、学习资源管理、在线考试管理、报表分析管理、学习社区管理、外部接口管理和角色权限管理等高级管理功能。

在线学习系统由后台管理系统和前端学习系统组成。后台管理系统的功能主要是对培训信息的维护管理，从培训前的培训需求调研、培训计划制订，到培训过程中的培训实施，以及培训结束后的培训档案入库、评估追踪，做到了对培训管理过程全部业务周期的覆盖，可以满足大型组织对面授培训管理电子化的要求。前端学习系统的功能主要是给学习者提供学习平台，包括学员的学习情况、学习待办、学习资源、学习资讯等信息，通过与在线学习系统、在线考试系统的集成，实现培训的电子化管理和监督。

在线学习是通过计算机互联网，或是通过手机无线网络，在一个网络虚拟教室进行网络授课、学习的方式。通过互联网虚拟教室进行远程视频授课、电子文档共享，从而让教师与学生在网络上形成一种授课与学习的互动。随着 3G、4G 快速无线网络的普及，以及 5G 几乎零延时无线网络的逐步形成，只要一部大流量手机在手，就能更方便直接地实现掌上在线学习。无线网络的快速发展使人们的日常互动变得更加便捷、高效、即视感更强。

在线学习方式是由多媒体网络学习资源、网上学习社区及网络技术平台构成的全新的学习环境。相对于其他的学习模式来说，它具有无可比拟的优势。主要表现在：①它更容易实现一对一的学与教之间的交流；②它充分尊重学生的个性、激发学生的动机；③它不受时间、地点、空间的限制，也可以实现与现实一样的互动。

在线学习方式也具有一定的局限性，主要表现在以下方面。①人性化的沟通情感温度较弱。网络人为地拉开了人与人之间的距离，为直接的情感交流设置了障碍。学习者与学习者之间、教与学之间情感交流和情绪沟通有一定的局限性，可能致使学习的效果大打折扣。②实践功能仍待继续加强和完善。要真正获得和掌握知识、技术，仅仅通过 E-Learning 的讲解还不够，必须亲自参与练习，在现实环境中运用。随着现代信息技术的发展，计算机模拟实训的仿真度越来越高，越来越多的实训可以利用计算机来更完美地获得实现，如零部件的模拟设计、工作流程的模拟等。③教学内容传输上的局限。传统的培训是讲师可以对学习环境、学习内容和学习方式进行实时控制，即根据课堂需要随时重新安排和变更教学内容、方法及教与学之间的情感互动，提升教学效果；但在 E-Learning 情况下，由于与被培训者的网络隔离和教学资源的相对固定，教学的灵活性、机动性的反应较弱，这就无可避免地产生了内容的关键阻隔。④平台建设上的局限。在学习的内容上，目前我国在高质量、多媒体互动的 E-Learning 课件和平台建设上还有待加速向战略性资源整合、协同发展。不同的界面重复注册、软件的标准化程度不高、在线课程的格式不同、难以互通兼容等资源浪费的严重现象不容忽视。它既不利于管理，也不利于降低成本费用，导致在线学习系统的效益难以提高。

在线学习系统是一个可以扩展和开发的学习平台，有助于加强企业知识的沉淀、管理、传播和创新，增强企业核心竞争力；有利于以更低成本了解更多知识、更快地进行学习，提高员工的个人业务能力和企业人员的综合素质，从而提高企业的绩效。

在线学习系统对于培训管理者来说，有利于减轻培训的工作负担，丰富自身的教学手段，提高管理水平，提供始终如一的高质量培训，而且效果可量化评估。对于员工来说，则可以随时随地自主地安排学习，提高学习的主动性和积极性，促进个人的全面发展和价值提升。

在线学习系统目前被广泛地应用在政府机关、企业事业单位、学校等组织开展教育培训活动，成为新世纪人力资源教育培训的重要方式。

3. E-Learning 的发展趋势

在线学习已经成为许多组织人力资源培训的重要方式。肖恩·英格伦基于他的实践与研究，提出了 E-Learning 的 7 个发展趋势。

(1) 有效促进销售的课程将成为主流。那些富有竞争力且能让员工受到良好培训的企业将有更多的机会增加销售额，并扩大其品牌效应及价值。而成熟的、能够随时随地有效提升内部专业知识的学习策略将有效驱动销售额和生产力的增长。

(2) E-Learning 将在社会上获得更广泛的认同。企业将继续利用 E-Learning 这种学习方式，以减少培训的开支费用。

(3) 综合服务、统一的学习平台。企业将更多地寻求单中心的中央数据库来管理他们的 E-Learning 系统，推进标准化、跨组织、流媒体的学习文化。这将有利于提高资源共享的价值，提高管理并降低费用。

(4) 规模较小的单一内容供应商将受到排挤。单一的产品必须适应开放式的架构，必须符合标准才有可能在市场上生存下去。这是针对 E-Learning 产业的发展来说的。

(5) 区域化和专业化的企业将在培训服务领域占据重要地位。随着 E-Learning 各个领域专业产品和服务走向成熟，更加具有针对性的区域化和专业化的服务提供商将成为市场的引领者和宠儿。传统的大型系统需要招募专业的员工去维护并且训练；而这些专业的产品短小精悍、贴近企业应用，更易于部署，也更容易匹配那些预算有限的企业。

(6) 学习策略将变得更加精简和国际化。单中心、开放式架构下的综合服务为企业在全球各地的分支机构提供了统一的学习平台，也为全球共享统一的标准化学习内容提供了可能。而在此基础上，拥有针对各地分支机构差异化需求的、个性化的微调能力也将变得更加重要，不可或缺。

(7) E-Learning 将作为一个平台，帮助企业有效地在现有和潜在的客户中扩大品牌影响力,实现企业与客户之间的互动学习,从而促进销售和开发。

4. 中国 E-Learning 的产业状况

中国企业 E-Learning 还处于初始阶段,主要有以下几个特点。

(1) 基本上处于 E-Training 阶段。中国企业 E-Learning 基本上处于 E-Training(电子化培训)阶段。以美国为代表的发达国家用"E-Learning",不仅强调"教学"中的"学",还表明学习型组织已经在企业中广为接受和建立。而多数中国企业,即使是大企业,在建立起完善的培训体系上仍有较大的距离,建立学习型组织的观念虽然提了好多年,但是还没有普遍变为企业的组织行为并得到有效实施。因此,企业 E-Learning 在中国更多的还是"E-Training",即用信息化手段代替或部分代替传统的面授培训,而且这种情况主要在大型企业,中小企业基本没有涉及。

(2) 区域市场差异巨大。中国按地区分布,可以把企业 E-Learning 市场分为一级市场(北京、上海、深圳、广州等大型城市)、二级市场(沈阳、武汉、青岛、大连、成都等中型城市)、三级市场(各省地区的小城市)。一级市场占据企业 E-Learning 约 85%～90% 的市场份额,二级市场份额只有 10%～15%,三级市场份额几乎为零。

企业 E-Learning 区域市场主要集中于大城市的原因在于实施 E-Learning 的企业绝大部分是大型企业,这些企业又主要分布于大城市。尽管有些实施 E-Learning 的企业分布在中小城市,如保险、银行,但是它们的 E-Learning 平台部署和内容发布也都集中在大城市。

(3) 行业分布差异较大。实施 E-Learning 的企业在行业分布上表现出较大的差异。据调查分析发现,我国"IT、通信、电子类""金融、财经类""教育、培训类""政府、机构类"组织占实施 E-Learning 客户的比例较高,而"餐饮、零售、商贸类""交通、建筑类""能源、化学类"组织占比例则很小。究其原因,实施 E-Learning 较多的企业在信息技术设施、信息技术技能、运用信息技术的观念等方面要优于其他企业,这说明企业 E-Learning 的发展离不开这些因素的影响和作用。

五、培训队伍与培训制度建设

(一) 培训队伍建设

培训队伍包括培训管理队伍和培训师资队伍两个部分。

培训管理队伍是指在组织员工培训过程中从事培训工作的相关管理人员,包括从事培训环境分析、编制培训计划、组织实施培训和对培训进行评价等环节的相关管理人员的总称。培训管理队伍是组织培训工作的具体规划者和组织实施者。他们不仅需要掌握系统的员工培训知识和技能,还要熟悉并能正确解读组织发展战略规划对人力资源的需求;不仅要对本组织全体成员的素质特点及其职业发展规划有系统地掌握,还要对组织外部社会文化、价值观、态度的变化以及它们对组织内成员的影响等有一定的了解和把握。一支优秀的培训管理队伍在知识结构上、能力结构上、个性结构上、专业结构上、经验结构上和年龄结构上要合理。为了提高组织员工培训的管理质量,还需要不断地对培训管理队伍进行相应的培训和考核评价。

培训师资队伍是指在组织员工培训中从事知识、技能与态度等培训内容教学与训练的专门性人才的总称。组织员工培训的师资队伍建设往往是专兼结合、内外结合。一般性的专业知识和专业技能培训由组织内的师资完成,特殊性的或难度较大的知识和专业技术的培训由组织外聘请师资完成。无论组织内还是组织外的培训师资都需要具备相应的师资资格。为了组织员工培训工作的顺利进行,也为了更好地达到组织员工培训目标的要求,组织必须建立培训师资档案库,掌握培训师资的状况和变化,对师资进行定期考核评价,根据组织培训发展的需要及时更新或提高培训师资队伍的水平。

(二)培训管理制度建设

培训管理制度是组织培训工作规范化的客观要求,也是组织培训实现规范化管理、运作的保证。组织培训管理制度包括各项培训制度,如新员工入职培训制度、在职人员培训制度、外派人员培训制度、各职能部门培训制度、培训岗位职责、培训工作流程、培训评价制度等。本章专题四将对组织员工培训管理制度常见内容进行较详细的介绍。

培训管理制度建设是指建立、健全和完善与培训管理有关的各项规章制度和规范,使组织培训工作做到有章可循、有法可依。确保组织培训工作的公开、公平。培训管理制度建设的另一项重要工作是确保培训管理制度的落实和有效执行,并在落实与执行过程中对培训管理制度进行修正、完善,确保培训管理制度的规范作用和指导作用。

培训管理制度的制定主要由人力资源部门进行,各职能部门的培训制度建设可以会同相关职能部门共同完成。培训管理制度制定后需提交组织董事会或管理工作委员会审议批准通过方能生效,经组织最高行政执行官签字后公布执行。

员工培训的运作与管理

专题导读

每个组织的员工培训都需要做哪些工作?这些工作又分别包含哪些内容?每项工作之间存在着什么样的内在联系?这些工作又应该如何进行?本专题将带你了解组织员工培训是如何运作与管理的。

如果把组织员工培训当作一个项目来看,根据项目运作与管理的原理,员工培训的运作与管理包括培训需求调查与分析、培训计划制订、培训组织与实施、培训评价四个环节。培训需求调查与分析是为了确定培训目标;培训计划制订是为了具体实现培训目标;培训组织与实施是对培训计划的落实、执行与保障;培训评价是对该培训项目的考核与鉴定。这四个环节是相互关联、环环相扣的一个闭合循环,每一项或每一次培训都要建立这样一个独立的闭环,而每一个独立闭环的经验教训又可以指导其他培训的开展,提高培训的有效性。下面我们分别对该闭环的四个环节进行介绍和阐述。

一、培训需求调查与分析

培训需求调查与分析是确定是否需要开展培训,以及如果需要开展培训,应该确定什么样的培训目标的工作过程。因此,培训需求调查与分析是直接关系到培训成功与否的关键性环节。培训需求调查与分析包括组织需求调查与分析、任务需求调查与分析、人员需求调查与分析三项内容。

(一)组织需求调查与分析

组织需求调查与分析的目的是要了解和分析判断为配合组织发展战略的实现,组织应确定哪些相关的培训;为实现这些培训,需要利用哪些资源和支持。因此,组织需求调查与分析主要了解分析组织发展战略、组织发展的长远目标和近期目标。具体的调查与分析包括组织人力资源需求调查分析、组织效率调查分析、组织文化调查分析三项内容。

组织人力资源需求调查与分析是为了判断组织长远发展与近期发展对人力资源种类、数量和质量的需求状况,并对照组织现有人力资源的素质状况,分析其是否能满足组织发展的需要。如果是种类、数量上的问题,则将分析结果交由招聘环节去解决;如果是某些种类和质量上的问题,则进一步分析通过培训是否能获得解决。据此形成培训目标。

组织效率调查与分析是对组织生产效率、产品合格率、成本费用预算执行情况、生产设备手段的效率等进行调查分析,以此判断如此的效率水平能否满足组织发展目标实现的需要。依此确定需要培训,并在确定需要培训的情况下制定相应的培训目标。

组织文化调查与分析是从组织管理哲学及价值体系角度判断组织现有状况下员工的工作态度是否能满足组织发展的需要,也据此确定培训目标。

(二)任务需求调查与分析

任务需求调查与分析是通过对组织任务的分析,判断组织人力资源现有素质状况,主要是承担任务的人员素质状况是否能满足需要,依此来确定是否需要培训,以及制定培训目标。任务需求分析的做法可以参见第三章工作分析。

(三)人员需求调查与分析

人员需求调查与分析包括主动需求和被动需求调查分析两个部分。

所谓主动需求是指员工个人职业发展的需求。通过调查分析,了解员工职业发展规划,结合员工在组织中的工作绩效和组织发展的需要,将员工的发展需求纳入组织发展需求中,为实现这些需求而确定培训目标。

所谓被动需求是指按照工作说明书的规定和要求,对照相应员工的工作绩效,分析员工的实际素质与工作要求之间存在的差距,依此确定员工培训目标。

培训需求调查与分析可以通过任务分析法、绩效分析法、观察法、调查问卷法、审阅技术手册与相关工作记录法、访问法等方法进行。

通过上述的各项调查分析,综合起来,即可确定组织员工培训目标。培训目标是指培训活动的目的和预期效果。培训的开展是以培训目标为依据进行的。培训目标既能满足组织发展及受训者个人的需要,也能帮助受训者理解培训的目的,还能作为评价培训的一个尺度,同时也是规划和组织培训资源的依据。

培训目标一般包括培训要求、经过培训应达到的最低水平、接受培训的条件和内容三方面的内容。培训目标的确定应做到与组织发展目标一致;目标的指向性具体、明确和清晰;考核的标准适度并具可操作性。

二、培训计划制订

培训计划制订是指以培训需求分析确定的培训目标为依据,拟订培训计划,作为培训获得开展的依据和指导。培训计划必须包括培训内容、培训对象、培训时间、培训地点、培训师资、培训材料、培训方式及考核方式、培训经费预算等内容。

培训对象的确定是培训计划的首要内容。培训内容则要符合培训目标的要求并配合培训对象的特点进行设计,确保培训目标的实现。培训内容要明确、清晰。培训时间的安排视培训内容、性质和受训者的具体情况而定。培训地点的选择以培训内容、培训手段来定。培训师资、材料和方式方法等以培训内容和培训目标来定。最后,还要对整个培训活动需要的资源及其费用加以确定,给出一个预算标准。这既是为了满足培训顺利进行的需要,也是考核培训成本及投入产出的需要。

三、培训组织与实施

确立培训目标并围绕目标制订相应的培训计划后,就进入培训计划的落实与实施环节。培训的组织与实施就是根据培训计划,组织培训需要的各项资源,并具体实施培训活动,协调和解决培训活动中出现的问题。因此,培训组织与实施的具体工作是保持与培训者和受训者的联系,及时掌握培训的进展情况;沟通培训者和受训者,保证培训的顺畅进行;保证各项培训资源的及时供应;协调与培训相关的其他关系等。培训组织与实施和培训计划一起共同构成员工培训活动的实体部分。

四、培训评价

这是组织员工培训闭环的最后一个环节,也是对本轮培训的一个考核与鉴定。培训评价分为对受训者的评价和对培训工作的评价两个部分,也相应地称为培训绩效评价和培训责任评价。

(一)培训绩效评价

培训绩效评价主要是对培训成果的评价,包括受训者的培训成果以及培训后在工作绩效上的成果两个部分。培训绩效评价是培训评价的重点。

培训绩效评价的指标主要有反应指标、学习指标、行为指标、成果指标等内容,用于考核和检测受训者对培训计划的反应;对所学知识、技能的理解和掌握程度;受训者接受培训后在实际工作中的行为改变及其效果;受训者接受培训后对组织发展的贡献等。前两项的评价在培训结束的同时即可进行考核并做出鉴定;后两项的评价则要在一定时期内进行跟踪考核才能做出评价。

(二)培训责任评价

培训责任评价主要是对负责培训活动的部门及其工作人员在履行工作责任方面的评价。通过评价,分析本轮培训中存在的问题或总结本轮培训中值得推广的经验,为改进培训工作、提高培训质量和效益指明方向和制定相应措施。培训责任评价由负责培训活动的部门及其人员个人自评和集体分析与接受培训服务的相关部门、人员的评价共同构成。

培训责任评价指标主要有考核培训计划质量的评价指标,考核培训组织与实施效果的评价指标,考核培训成果的评价指标等。在考核培训成果的评价指标中除了包括上述培训绩效评价指标外,还应该包括受训者对培训工作的意见、培训投入预算的执行情况、培训的投入产出比较等指标。对培训投入产出的比较分析中,要考虑培训的直接成本和间接成本以及培训的直接效果和间接效果。培训的直接成本是指在培训中发生的成本费用;培训的间接成本是指为接受培训而损失的工作量以及离开工作岗位而引起的人际关系疏远和再次回到工作岗位的适应时间等无形成本。培训的直接效果是指受训者接受培训后劳动生产率的提高程度;培训的间接效果是指培训使受训者在知识上、能力上、态度意识上发生的变化而对工作环境产生的影响,也是一种无形的成果。考核培训责任时,对培训的有形成本和效果的考核评价比较直观、容易,对无形的成本和效果的考核评价则有较大的难度。

培训责任评价常采用问卷法、追踪法、现场验证法、对照法等方法对培训部门及其成员的培训责任落实进行考核评价。

专题四 员工培训规范化管理工具介绍

专题导读

如何使组织员工培训较好地实现培训的根本目的，积极地配合、促进组织及其成员的共赢发展，这是每个组织员工培训都在追求和努力的方向及目标。组织员工培训的规范化管理就是帮助实现这个目标的一个有效手段。组织员工培训规范化管理是通过一系列管理制度的建设与实施、培训工作职责的确定和执行、一系列相关表格的制定和运用等体现和实现的。本专题摘录了组织员工培训中常用的管理制度、相关表格等规范化管理工具，以供你参考和使用。

一、组织员工培训管理制度

（一）新员工入职引导培训管理制度

第一章　总则

第一条　为规范本单位新员工入职引导培训的管理，使新员工尽快熟悉和适应本单位及其将要任职部门、任职岗位的情况和要求，顺利投入工作，特制定本管理办法。

第二条　本制度的制定以国家相关法律、法规为依据，以维护新员工和本单位的利益为准则。

第二章　培训目标

第三条　新员工入职引导是为了让新员工在最短的时间内了解本单位的历史、发展及现状、相关政策与制度、组织文化等环境，帮助新员工确立个人的职业发展规划，明确个人未来在本单位的发展方向。

第四条　让新员工了解本单位及用人部门和岗位的相关信息，以及本单位对他的期望。

第五条　满足新员工进入新群体、加强彼此沟通的需要。

第三章　培训内容与培训师资、资料、经费

第六条　新员工入职引导分为本单位培训和用人部门培训两个阶段。各自的培训内容详见附录1：新员工入职引导培训内容表。

第七条　新员工入职引导的培训者以本单位人力资源部门的培训师为主，结合用人部门主管共同构成。人力资源部门的培训师主要负责对本单位阶段的培训；用人部门主管负责对部门阶段的培训。具有培训资格的用人部门的高级技工可成为对新员工进行专业技能指导的培训师。

第八条 特殊工作岗位的专业技能培训可以聘请本单位外专家担任培训师。

第九条 所有培训师必须具备培训任职资格,并持证上岗。

第十条 培训材料由人力资源部门根据新员工入职引导培训目标及内容的要求进行确定。遵循贴近实际、实用、具有代表性、真实可靠、经济好用的原则选择培训材料。

第十一条 根据培训内容、师资、材料等培训所需资源,编制新员工入职引导培训预算。预算要有详细的细目、明确的金额。

第四章 培训管理与机构

第十二条 新员工入职引导统一由本单位人力资源部门负责,各相关部门予以配合。

(1) 人力资源部门制订新员工入职引导计划,确定配合部门责任。

(2) 人力资源部门组织培训资源,实施培训计划。

(3) 人力资源部门负责本单位培训阶段的具体培训内容和培训活动的实施。

(4) 用人部门负责本部门培训阶段的具体培训内容和培训活动的实施。需要时,人力资源部门应对用人部门阶段的培训予以相应的支持。

(5) 培训中需要相关部门配合支持时,积极地予以配合是这些相关部门的责任和义务。

第五章 培训纪律

第十三条 为保证培训效果,新员工入职引导必须遵守相关的培训规则和要求。关于培训纪律详见附录2:培训管理实施细则。

第六章 培训评价

第十四条 入职引导结束后,必须对培训进行考核与评价。

第十五条 入职引导培训考核与评价分为培训效果考核与评价、培训责任考核与评价两个阶段。

1. 培训效果考核与评价

培训效果考核与评价是对新入职员工经过引导培训后效果的考核与评价。

① 考核与评价的内容为:就新员工对本单位及将要任职部门的发展历史、现状、组织文化、组织架构、业务范围、各项规章制度、工作责任、工作流程等的了解程度给出评分和说明。

② 考核形式分为应知和应会两个部分。应知部分考核为闭卷笔试;应会部分考核主要采取实操形式进行。

③ 考核与评价由人力资源部门会同相关用人部门共同完成。

④ 考核与评价结果记录在册并归档。

2. 培训责任考核与评价

培训责任考核与评价是对培训责任落实效果的考核与评价。

① 考核与评价的内容包括培训责任部门及其相关人员履行培训职责的表现、新员工入职引导计划的质量、培训计划各部分的执行完成情况、新员工对培训的意见、新员工接受培训后的效果、培训预算的执行情况、培训成本与效益的分析等。

② 考核形式包括座谈会、问卷调查、报表分析、个别访谈等。

③ 考核与评价由自评和他评结合共同完成。

④ 考核与评价结果记录在册并归档。

第十六条 根据培训评价撰写培训总结报告，提交最高行政执行长官审阅批示。

第十七条 审计部门对培训预算经费执行情况进行审计，并出具审计报告，提交最高行政执行长官审阅批示。

第七章 附则

第十八条 本管理制度的制定、修改、废止、解释归人力资源部门负责。

第十九条 本管理制度的制定、修改、废止必须报最高行政执行长官审阅。

第二十条 本管理制度的生效或废止必须经董事会或管理工作委员会审议批准通过。最高行政执行长官签署后执行。

附录1：新员工入职引导培训内容表

培训阶段	培训内容
单位培训	1. 单位概况 （1）发展历史及现状、业务性质及范围、在同行中的地位、外界评价、发展趋势 （2）组织文化、组织氛围 （3）组织架构、管理流程与业务流程、组织高层管理人员情况、各部门的主要职能及部门之间的工作关系 2. 相关规章制度 （1）组织人事规章制度：人力资源管理制度、薪酬制度、福利保障制度、培训制度、考核与评价制度、晋升制度、奖惩制度、招聘制度、考勤制度 （2）财务制度：费用报销制度 （3）其他
部门培训	1. 用人部门概况 （1）用人部门的历史及现状、业务性质及范围、在本单位中的地位、外界——主要指本单位其他部门对它的评价 （2）部门文化、部门工作氛围、部门成员及其特点 （3）部门架构、主要职能和职责、部门管理流程与工作流程、部门各岗位之间的工作关系 2. 部门规章制度 （1）部门工作规则 （2）任职岗位职责、岗位业务操作流程 3. 岗位专业技能培训与指导 4. 其他 相关部门的介绍

附录2：培训管理实施细则

第一章 目的

第一条 为更好地落实新员工入职引导培训管理制度，确保新员工入职引导培训的顺利进行，特制定本细则。

第二章 培训管理机构

第二条 新员工入职引导培训由人力资源部门统一负责管理，相关各部门协助管理。

第三条 人力资源部门统一制订培训计划，负责培训的组织与实施，相关各部门协助配合。

第四条 培训中所需资源由本单位提供，相关各部门协助支持。

第五条 协助配合与支持新员工入职引导培训是各部门的义务与责任。

第三章　培训安排

第六条　培训分集中培训和部门培训两个阶段。

（1）集中培训由人力资源部门负责。开始时间为新员工报到后的第二天，为期××天。培训地点见培训通知。

（2）部门培训由人力资源部门和用人部门共同负责，以用人部门为主，人力资源部门予以指导和支持。开始时间为集中培训完成，新员工到岗后的第二天，为期××个月（具体期间安排视部门实际情况而定）。

第四章　培训纪律

第七条　受训员工必须自觉遵守培训纪律。

（1）受训期间不得无故随意请假，如有特殊原因须按请假程序办理请假手续。

（2）请假程序：填写请假申请表，附上请假相关证明，先交任职部门主管审批签名，然后交人力资源部门审批签名。

（3）请假相关证明必须真实可靠，不得作假。

（4）受训期间要自觉遵守受训课堂纪律。每天进行考勤登记；上课期间关闭手机等通信工具；上课期间不得做与课程无关的事情；上课期间要保持课堂的安静，有问题举手发言；服从培训班的管理。

（5）尊重培训者和培训管理人员，服从培训管理人员的管理。

（6）配合培训管理，按要求认真填写并按时上交各种相关调查表格，并确保这些表格填写内容的真实性、可靠性和客观性。

第八条　对违反培训纪律的处理。

（1）没有获得请假批准而缺席者，以旷工论处，予以批评警示。

（2）培训期间无故随意迟到或早退，累计时间在××小时者，以旷工半天论处；累计时间超过××小时，以旷工一天论处。

（3）培训期间旷工累计××次，取消其培训和任职资格，并予以张贴公示。

第九条　受训期间有违法行为的，取消其培训和任职资格，并予以张贴公示。

第五章　考核与评价

第十条　各项培训结束后，即由人力资源部门组织相关人员对受训新员工进行培训效果的考核。

第十一条　考核分为笔试和实操演练两个部分。

（1）第一阶段的培训主要采用笔试的方式进行考核。第二阶段的培训主要采用实操演练方式进行考核，必要时配合一些笔试考核。

（2）考核试题由人力资源部门组织专人进行设计，并由专人进行保管。

（3）对考核进行客观、真实的打分和分数登记。

第十二条　考核结束后对受训者受训结果和受训期间表现进行综合评价。其中，受训结果评价占60％；受训期间表现评价占40％。

（1）给出综合评价等级，其中综合评价分为A、B、C、D、E五个等级。A为最高等级，E为最低等级。

（2）划分各等级并给出相应的评价意见。A（90分以上）——重点培养；B（80～

89 分)——可以上岗；C(70～79 分)——合格,仍需一面上岗一面接受培训；D(60～69 分)——须再次进行培训,延期上岗；E(59 分以下)——予以辞退。

第六章　申述与仲裁

第十三条　受训者对考核与评价结果不服,可向本单位监察机构提出申述。

第十四条　本单位监察机构接到申述后的第 2 个工作日,即要对申述进行调查、核实,××工作日后对申述给出明确答复。

第十五条　受训者对监察机构的答复不满意,可向更高一层的监察机构提出申述。直至问题解决为止。

第十六条　本单位相关部门有义务配合各级监察机构的调查、取证。不得无理阻扰调查、核实工作的正常进行。

第十七条　申述与仲裁处理的依据为国家的相关法律、法规以及本单位的相关管理制度。本单位的相关管理制度必须符合国家相关法律、法规的要求。

第十八条　本单位监察机构直接隶属董事会或管理工作委员会。

第七章　附则

第十九条　本管理细则与新员工入职引导培训管理制度一起使用。

（二）在职人员培训管理制度

第一章　总则

第一条　在职人员培训既是为了服务于组织发展战略的实现,也是为在职人员个人职业发展规划的实现准备条件。

第二条　本单位的所有在职员工都有享受培训的权利。

第三条　为规范本单位在职员工的培训管理,使在职员工更好地享受培训权利,获得个人的职业发展,也为了保证和促进组织发展战略的实现,特制定本管理办法。

第四条　本制度的制定以国家相关法律法规为依据,以维护新员工和本单位利益为准则。

第二章　培训目标

第五条　传递组织文化,全面提升员工的整体素质,提高经营与管理的效率和效益,是单位总的培训目标。

（1）转变和培养员工的工作态度,建立相互信任、和谐、积极进取、不断创新的工作环境和工作氛围。

（2）增强和提高员工的工作能力,进而提高工作效率和工作质量,降低成本费用。

（3）提高、完善、充实员工的相关专业知识和专业技能,为岗位调整、人员晋升等提供条件。

（4）建立和完善本单位人员培养、选拔机制。

第三章　培训工作流程

第六条　培训工作流程是开展培训工作、确保培训质量和效果的准则。培训工作必须严格按照培训工作流程进行。

第七条　培训工作流程是由培训需求调查分析、培训规划设计、培训组织与实施、培训评价四个环节构成的闭合循环。它们之间有着内在的逻辑联系,不能超越和省略。上一环节的质量直接影响下一环节的质量。

第四章　培训需求调查分析

第八条　组织中培训需求提出的渠道和程序。

（1）员工个人。员工个人将自己的培训愿望及需求提交给所在部门主管；部门主管结合本部门的工作需要进行审核并签署意见，汇总本部门员工个人的培训需求后，提交给人力资源部门。

（2）职能部门。各职能部门主管根据本部门的工作需要及其员工个人的培训愿望及需要，提出本部门员工培训计划，提交给人力资源部门。

（3）人力资源部门。人力资源部门根据各职能部门提交的员工培训计划，结合组织发展战略需要，统一综合制订整个组织的员工培训计划，报最高行政执行长官审核批准。

第九条　各渠道提出的培训计划必须包含培训目的及具体目标、培训内容或项目、培训时间、培训地点等信息。此外，各部门的员工培训计划以及整个组织的综合培训计划还必须包含培训对象、培训经费预算、培训形式、培训要求与标准等信息。整个组织总的培训计划还要有培训方式方法、培训师资、培训材料等信息。

第五章　培训内容

第十条　培训内容包括知识性、技能性和态度性三种类型。具体内容设计根据培训目标和培训对象来确定。

第十一条　培训内容的设计要符合培训目标的要求以及培训对象的实际。以实用、易学易懂、易操作、普遍性与特殊性结合、先进技术与适用技术结合、知识提升与技能提升相结合、兼顾高需求的满足为原则。

第十二条　培训内容的设计可以由组织内部完成，也可以聘请组织外部的专家来完成，还可以由组织内部成员和组织外部专家共同完成。

第十三条　每项培训内容必须同时设计与培训内容相应的培训要求和培训标准。它们将成为实施培训内容的指导，也是培训考核的依据。

培训要求要简洁、明确、易懂。培训标准要准确、明确、清晰、具有鉴别性。

第六章　培训形式

第十四条　脱产培训与在职培训相结合，突出在职培训。

第十五条　知识讲授与技能实操相结合，突出技能实操。

第十六条　组织内部培训与组织外部培训结合，突出内部培训。

第十七条　培训形式的选择以有利于实现培训目标、完成培训内容、受训者从培训中获得更好的培训满足、不影响组织业务的正常运转、组织培训资源可以承受等为原则。

第十八条　培训方式方法的设计与培训形式配合。

第七章　培训组织与实施

第十九条　组织的各类培训活动统一由人力资源部门负责。各部门协助配合。

第二十条　培训地点、培训师资与材料、培训时间、培训形式与培训方式方法、培训经费申请以及其他培训资源的获取等均由人力资源部门负责与落实。

第八章　培训纪律

第二十一条　为保证培训效果，在职员工培训必须遵守相关的培训规则和要求。（关于

培训纪律可参考《新员工入职引导培训管理制度》中的培训管理实施细则,结合在职人员的特点来制定)

第九章 培训评价

第二十二条 每项培训结束后都要进行培训考核与评价。

第二十三条 每个培训考核与评价都必须包含培训效果考核与评价和培训责任考核与评价两个部分。

1. 培训效果考核与评价

培训效果考核与评价是对在职员工经过培训后效果的考核与评价。

① 考核与评价的内容为:对经过培训后的在职员工在专业知识、专业技能、态度等方面取得的收获及其获得提高的程度进行评定考核并给出评价意见。

② 考核形式分为应知和应会两个部分。应知部分考核为闭卷笔试;应会部分考核主要采取实操形式进行。

③ 考核与评价由人力资源部门会同相关部门共同完成。

④ 考核与评价结果记录在册并归档。

2. 培训责任考核与评价

培训责任考核与评价是对培训责任落实效果的考核与评价。

① 考核与评价的内容包括:培训责任部门及其相关人员履行培训职责的表现、在职员工培训计划的质量、培训计划各部分的执行完成情况、受训者对培训的意见、受训者接受培训后的效果、培训预算的执行情况、培训成本与效益的分析等。

② 考核形式包括:座谈会、问卷调查、报表分析、个别访谈等。

③ 考核与评价由自评和他评结合共同完成。

④ 考核与评价结果记录在册并归档。

第二十四条 根据培训评价撰写培训总结报告,提交最高行政执行长官审阅批示。

第二十五条 审计部门对培训预算经费执行情况进行审计,并出具审计报告,提交最高行政执行长官审阅批示。

第十章 培训档案管理

第二十六条 每项培训必须建立档案。培训档案的建立与管理由人力资源部门负责。

第二十七条 培训档案必须包括组织培训档案和员工个人培训档案两个部分。

(1) 组织培训档案由培训需求分析、培训计划、培训组织与实施、培训评价等的记录及材料构成。

(2) 员工个人培训档案主要是将员工接受培训的具体情况和培训结果等详细记录备案,包括接受培训的时间、地点、内容、目的,以及受训者的培训自我鉴定、培训考核成绩表、培训机构对他的评价等记录及材料。员工个人培训档案是员工轮岗、晋升等的重要依据。

第十一章 附则

第二十八条 本管理制度的制定、修改、废止、解释归人力资源部门负责。

第二十九条 本管理制度的制定、修改、废止必须报最高行政执行长官审阅。

第三十条 本管理制度的生效或废止必须经董事会或管理工作委员会审议批准通过。最高行政执行长官签署后执行。

二、培训工作岗位职责

（一）培训主管岗位职责

培训主管总的工作职责是以提高员工的综合素质、挖掘员工的潜能为宗旨，全面负责组织的培训工作。根据组织发展战略目标，建立与完善组织培训管理体系和管理制度，编制培训计划，组织落实与实施培训计划，以确保培训工作的顺利进行，为组织长期发展目标和近期业务目标的实现提供人力资源素质保障与支持。

培训主管隶属于人力资源部门，下辖若干培训专员。

培训主管的具体工作职责如下。

（1）建立和完善组织的培训体系、培训管理制度、培训工作流程。

（2）根据组织发展各阶段的规划需求、组织任务需求以及员工个人发展的需求，制订组织培训计划并报相关领导审批。

（3）负责培训计划的组织与实施。

（4）对培训工作进行跟进，根据组织环境变化及时做出必要调整。

（5）各项培训结束后及时进行培训评价，总结分析培训存在的问题，提出改进措施，撰写培训工作总结，报相关领导审核。

（6）负责培训师资队伍建设和管理。建立培训师资队伍档案，定期对培训师资队伍进行考核。

（7）负责培训目标及其培训内容的设计；负责培训课程体系的开发和管理；负责培训考核方式及其考核内容的设计。

（8）负责制定组织年度培训经费预算；负责对预算使用的管理。

（9）负责协调组织培训工作与组织各部门之间的相关各项关系。

（10）建立并管理组织培训档案。

（11）加强与外部培训组织的沟通以及关系的建立，及时掌握培训发展的动态。

（二）培训专员岗位职责

培训专员隶属于培训主管，其总的工作职责是协助培训主管制定和完善组织的培训体系与管理制度，编制培训计划和负责组织实施的具体工作。

培训专员的具体工作职责如下。

（1）负责培训需求调查分析，拟定组织培训计划，负责培训计划组织实施的具体工作。

（2）做好培训前期准备工作，协助培训师开展培训活动。

（3）协助培训主管跟进培训工作，根据组织环境变化及时提出调整建议。

（4）协助培训主管设计培训目标及其培训内容；进行培训课程体系的开发和管理；设计培训考核方式及其考核内容。

（5）负责讲授部分培训课程。

(6) 协助培训主管开展培训师资队伍建设与管理。
(7) 协助培训主管开展组织培训档案的建设与管理,负责组织培训档案的建档工作。
(8) 在培训主管指导下负责对与培训相关的内外部资源的开发、引进、使用和管理。
(9) 协助培训主管开展培训评价,撰写培训总结报告。

三、部分常用培训管理表格

(一) 新员工入职引导培训计划表

姓 名		学 历		任职岗位	
培训时间	培训内容		培训地点	培训讲师	联系人
培训经费预算					

(二) 新员工入职引导培训评定表

姓 名		任职岗位		所属部门	
学 历		受训时间		培训机构	
评定项目	评定等级				
	A(优)	B(良)	C(中)	D(不合格)	
对组织基本情况的了解					
对组织相关管理制度的了解					
对任职部门基本情况的了解					
对任职岗位的了解					
对任职岗位技能的实际操作表现					
培训过程中的表现					
自我评定					签名: 日期:
任职部门评定					签名: 日期:
人力资源部门评定					签名: 日期:

（三）员工培训申请表

姓名		任职岗位		所属部门	
任职时间					
申请理由					
经费预算					
期望培训内容		期望培训方式		期望培训时间	
部门主管意见				签名： 日期：	
人力资源部门意见				签名： 日期：	

（四）员工培训档案

一、个人基本情况							
姓名		任职岗位		所属部门			
学历		专业		任职时间			
二、培训情况							
培训项目	培训时间	培训方式	培训地点	培训机构	培训评定	相关证书	备注

（五）培训讲师评估调查表

学员姓名		任职岗位		所属部门		评估日期	
课程名称				培训讲师姓名			
评价项目	评　价						
培训目标的理解	□非常明确　□比较明确　□不明确　□有偏差						
培训内容与目标的关系	□非常吻合　□比较吻合　□联系不大						
讲授的清晰性与条理性	□很好　□比较好　□一般　□差						
培训材料的演绎	□准确、生动　□准确但不够生动　□不够准确、生动						
课堂的掌握（教学配合）	□很能调动学员　□中规中矩　□沉闷						
讲授节奏的控制	□很好　□比较好　□一般　□差						
课程对今后工作的帮助	□帮助很大　□比较有用　□作用不大　□几乎没作用						
对课堂的总体评价	□很满意　□满意　□一般　□不满意						
其他意见和建议							

（六）员工培训需求调查表

一、培训现状调查				
参加过的培训项目与培训内容		培训机构	培训时间	培训方式
以往培训是否对个人做过培训需求征询		□有　□没有		
培训后技能、绩效是否获得明显提升		□明显提升　□稍有提升　□没有作用		
二、员工培训需求调查				
培训项目	培训内容		期望培训时间	期望培训方式
营销管理	□现代营销战略与策略			
	□销售队伍与销售业绩管理			
	□推销技巧			
	□谈判技巧			
	□客户关系管理			
	□网络营销技术			

续表

培训项目	培训内容	期望培训时间	期望培训方式
营销管理	☐成本分析与控制		
	☐财务报表分析		
	☐预算编制与管理		
	☐资本运营管理		
	☐内部控制与风险管理		
	☐财务管理的工具		
人力资源管理	☐国内外人力资源管理发展现状		
	☐人力资源规划与工作分析		
	☐薪酬管理		
	☐绩效管理		
	☐人力资源培训		
	☐劳动合同管理		
生产管理	☐生产计划的编制与控制		
	☐现场管理		
	☐精益生产管理		
	☐全面质量管理		
	☐安全生产管理		
采购与供应管理	☐供应链管理		
	☐物流管理		
	☐采购成本控制		
	☐客户关系管理		
行政管理	☐文书写作		
	☐会议管理		
	☐档案管理		

三、其 他

1. 除上述培训项目与内容外,你还想获得哪些方面的培训?

2. 你在工作中经常会遇到哪些困难?

四、培训管理流程图

组织培训管理流程如图 7-1 所示。

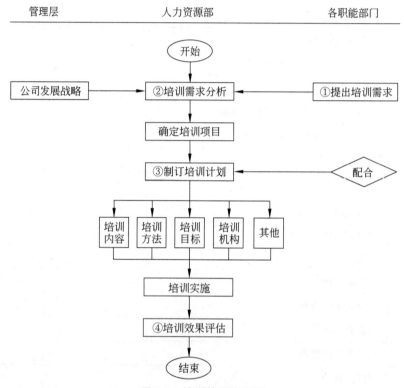

图 7-1　培训管理流程图

图 7-1 说明如下。

（1）控制节点①指各职能部门根据组织发展业务向人力资源部门提出培训需求申请。

（2）控制节点②包括员工个人培训需求、工作绩效需求、组织发展需求分析三个部分。它确保培训需求分析的准确性、有效性。

（3）控制节点③指根据培训需求分析确定培训目标及培训项目，编制培训计划。培训计划应包括培训目标、培训对象、培训项目与内容、培训课程及材料、培训时间、培训方式方法、培训地点、培训机构、培训师资、培训经费预算等。

（4）控制节点④指培训结束后对培训进行评价，包括培训效果评价和培训责任评价。写出书面评价报告。

资料来源：上述人力资源培训规范化管理工具的编制参考了孙宗虎．人力资源部规范化管理工具箱[M]．北京：人民邮电出版社，2007：85-90，98-102，105-106．

专题五 员工职业发展管理

专题导读

人力资源流动是经常的事情。例如组织中优秀的员工流走,或心生离意,或者没有流走但工作热情和业绩大不如从前;更有甚者,接受培训后提出辞职;或者业务上业绩优异的员工被提拔到管理岗位后如"虎落平阳";或好不容易觅得的人才却不能发挥预期的作用……这些到底是怎么回事?组织中现实存在的这些问题困扰着管理者,影响组织的发展。本专题将带你去寻找解决这些问题的方法和思路。

一、对个人及组织意义重大的员工职业发展管理

导读中提到的种种现象表现尽管有所不同,但其根源是共同的,即组织没有对员工的职业发展进行管理。员工职业发展管理对员工个人及其组织都意义重大。

(一)职业发展的含义

职业发展,也称为职业生涯、职业规划,简单地说就是一个人的职业经历,是指一个人一生中所有与职业相联系的行为与活动,以及相关的态度、价值观、愿望等连续性经历的过程,也是一个人一生中职业、职位的变迁及工作、理想的实现过程。职业发展是一个动态的过程,它并不意味着职业上的成功与否。

每个工作着的人都有自己的职业发展历程。有些职业发展历程中前后之间的关联性比较密切;有些则关联性不大;有些发展"如鱼得水";有些发展不尽如人意……从对职业发展历程的分析研究中我们得到一个重要的结论:职业发展有管理和没有管理、系统深入地管理和随意管理,它们所呈现的结果有着极大的差别。职业发展不只是员工个人的事情,而是关系到员工个人发展及其组织发展的共同的事情。因此,员工职业发展及其管理受到了组织的关注和重视。最早对职业发展进行系统研究的是美国麻省理工学院的教授施恩,他在20世纪60年代就提出职业发展的概念——职业锚。

小资料

职业锚的概念最初产生于美国麻省理工学院斯隆研究院的专门小组,是从斯隆研究院毕业生的纵向研究中演绎而成的。1961年、1962年、1963年的斯隆学院44名毕业生,自愿

形成了一个专门小组,愿意配合和接受施恩所进行的关于个人职业发展和组织职业管理的研究与调查,并且在1973年返回麻省理工学院,就他们演变中的职业与生活接受面谈和调查。施恩在对他们的跟踪调查和对许多公司、个人及团队的调查中,形成自己的一些观点,并提出职业锚的概念。他认为"设计这个概念是为了解释,当我们在更多的生活经验的基础上发展了更深入的自我洞察时,我们的生命中成长得更加稳定的部分"。所谓职业锚,是自我意向的一个习得部分。个人进入早期工作情境后,由习得的实际工作经验所决定,与在经验中自省的动机、需要、价值观、才干相符合,达到自我满足和补偿的一种稳定的职业定位。它清楚地反映出个人的职业追求与抱负,以及个人职业需要及其所追求的职业工作环境。职业锚的形成是通过工作经验的累积而产生的,是一个把职业发展与完整的自我观进行整合的过程。

施恩将职业发展分为9个阶段。

1. 成长、幻想、探索阶段(0~21岁)

成长、幻想、探索阶段的主要任务是发展和发现自己的兴趣、需要、能力、才干、价值观和抱负,寻找现实的角色模式,接受教育与培训,获取丰富的信息。这一阶段充当的角色是学生、职业候选人。

2. 进入工作阶段(16~25岁)

进入工作阶段的主要任务是进入劳动力市场,谋得第一份工作,并与雇主达成正式契约,成为组织中成员之一。这一阶段充当的角色是应聘者、新学员。

3. 基础培训阶段(16~25岁)

基础培训阶段的主要任务是了解、熟悉组织,接受组织文化,融入工作群体,尽快成为组织正式成员;忙于适应日常的工作程序,应付工作。这一阶段充当的角色是实习生。

4. 早期职业的正式成员资格阶段(17~30岁)

早期职业的正式成员资格阶段的主要任务是成功地承担与第一次分配的工作有关的任务及责任;发展和展示自己的技能与才干,为提升或进入其他领域的横向职业成长打基础;根据自身才干与价值观,结合组织中的机会与约束,重估当初追求的职业,并做出决策。这一阶段充当的角色是组织中心的正式成员。

5. 职业中期阶段(25岁以上)

职业中期阶段的主要任务是选择一项专业或进入管理部门;在自己选择的专业或管理领域内继续学习,保持竞争力,力争成为专家或职业能手;承担较大责任,确定自己的地位;开发个人的长期职业计划。这一阶段充当的角色是职业中期的正式成员。

6. 职业中期危机阶段(35~45岁)

职业中期危机阶段的主要任务是现实地评估自己的进步、职业抱负和个人前途;对接受现实或争取看得见的前途做出具体选择;建立与他人的良好关系。

7. 职业后期阶段(40岁直到退休)

职业后期阶段的主要任务是成为一名良师,学会发挥影响,指导、指挥别人,对他人承担责任;扩大、发展、深化技能,或提高才干,以担当更大范围、更主要的责任;若求安稳,就此停滞,接受和正视自己影响力和挑战力的下降。

8. 衰退和离职期阶段(40 岁直到退休)

衰退和离职期阶段的主要任务是学会接受权力、责任、地位的下降;基于进取心和竞争力的下降,学会接受和发展新的角色;评估自己的职业发展历程,着手退休。

9. 离开组织或职业阶段(正式退休,年龄因人或因国家地区而异)

在失去工作或组织角色后面临的两大问题或任务:保持认同感,适应角色、生活方式、生活标准的急剧变化;保持一种自我价值观,运用自己积累的经验和智慧,以各种资源角色,对他人进行传、帮、带。

对上述施恩职业发展 9 个阶段进行概括,可以得到个人职业发展的 4 个阶段:探索阶段,即施恩 9 个阶段中的 1、2、3 阶段;立业阶段,即施恩 9 个阶段中的 4、5 阶段;维持阶段,即施恩 9 个阶段中的 6、7 阶段;离职阶段,即施恩 9 个阶段中的 8、9 阶段。

根据每个人的素质特点,形成他们各自对职业锚的定位、规划。关于职业锚,常见的有 8 种类型,如图 7-2 所示。

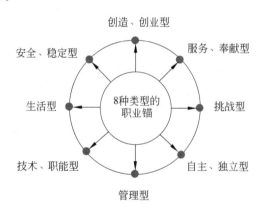

图 7-2　8 种类型的职业锚

(二) 职业发展管理的含义

职业发展管理是指组织和员工个人对职业发展进行设计、规划、执行、评估、反馈和调整的综合过程,因此它也是员工和组织共同努力与合作,使员工个人职业发展目标与组织发展目标结合,获得员工个人与组织共同发展的过程。

职业发展管理包括职业发展自我管理和组织协助员工进行职业发展管理两个部分。职业发展自我管理是职业发展成功的关键。组织协助员工进行职业发展管理是职业发展成功不可缺少的助力。组织通过向员工提供相关信息,帮助员工分析、认识自己,对员工职业发展进行评估和指导,为员工提供各种发展的机会、渠道和支持……所有这些指导、帮助和支持都有助于员工职业发展目标的实现。由于组织在协助员工实现职业发展目标时是紧紧围绕着组织发展这条主线的,所以,员工职业发展目标实现的同时,也是组织发展目标实现之时。而通过组织发展目标的实现又为员工职业发展目标的实现提供更多的机会、渠道、支持和条件。两者之间形成一种相生相长的良性互动作用。现代人力资源开发与管理的理念不仅要重视组织发展，还应该重视员工个人发展需求的满足。因为这两者之间有着必然的相互促进关系。融合这两个目标应该成为组织追求发展的指南，也是组织确立发展战略目标与工作策略的依据。

职业发展档案建设是加强职业发展管理的重要基础性工作，应该受到各组织在思想上和行动上的高度重视。

（三）职业发展管理的意义

职业发展管理的根本目的是为了实现组织及其成员的共赢。从组织的角度来看，通过职业发展管理，不仅可以掌握员工职业发展的规划，还可以通过对他进行指导、支持和帮助，使个人的职业发展成为组织发展的持续增值资源，为实现组织发展目标服务。从员工个人的角度来看，个人职业发展有组织这个背景和舞台，并获得来自组织资源的指导、支持和帮助，个人职业发展目标更容易得到实现。具体来说，职业发展管理的意义体现在以下几个方面。

(1) 有利于组织对其成员发展需求的把握，从而有利于组织改进、调整和完善管理理念、管理制度、管理方式，实现对人力资源更有效的开发和使用。

(2) 有利于组织协助员工根据组织发展需要和环境特点，不断调整职业发展计划，提高员工对环境的适应能力。

(3) 为员工实现人的全面发展和价值的全面实现提供有利条件。个人职业发展规划实现的过程也是人对自己完成全面认识的过程，进而也是人实现不断调整、完善自我的过程。员工个人及其家庭的生活质量会因此得到提高。

职业发展管理的双重收效使工业发达国家的企业越来越重视职业发展管理，并从中获益。我国是从20世纪90年代开始引入职业发展管理概念的。30年过去了，受着多种因素的影响和作用，这种意识、理念还没能在我国的企业中扎下根来。反过来，我国的企业也没能从中获益，人力资源潜力更没有获得应有的开发，人力资本投入与收益还处于较初始的阶段和水平。严格地说，还谈不上人力资本。因此，重视和加强职业发展管理对提升我国企业的竞争力任重而道远。

（四）职业发展规划的内容

职业发展规划就是对职业生涯乃至人生进行持续系统计划的过程。个人的职业发展规划一般与组织发展相结合。因此，职业发展规划也是指个人在对自己职业生涯主客观条件进行测定、分析、总结的基础上，对自己的兴趣、爱好、能力、特点进行综合分析与权衡，结合时代特点，根据自己的职业倾向，确定其职业奋斗目标，并为实现这一目标做出行之有效的安排及调整的过程。它是一个针对个人职业选择的主观与客观因素进行综合分析和测定，确定个人职业奋斗目标并努力实现这一目标的过程。

一个完整的职业发展规划由职业定位、目标设定和通道设计3个要素构成。因此，职业发展规划的具体内容包括以下几个方面。

1. 自我评价

自我评价主要指对个人的需求、能力、兴趣、性格、气质等的综合分析，借此确定自己具备什么样的综合能力及素质，比较适合哪些类型的职业，进行自我的人职匹配。

2. 环境分析

环境分析包括社会环境和组织环境，也就是分析时代发展的形势需求特点，配合分析自我的人职匹配的可行性和发展性。组织环境与社会环境密切关联。短期的职业发展规划比较注重组织环境的分析；长期的职业发展规划更多地注重社会环境的分析。

3. 职业发展机会评估

在上述评价、分析的基础上，进行职业发展机会评估，即将自我的主观条件与所处的客观环境因素结合，对社会环境、组织环境提供的职业发展机会进行分析评价，为个人职业发展确定方向、方位。职业发展机会评估包括长期机会评估和短期机会评估，且短期机会与长期机会结合、呼应。

4. 职业定位及职业发展目标确定

根据职业发展机会评估，确定职业发展定位，并在职业定位的基础上设计职业发展目标。

职业发展目标的设计必须根据个人的专业、性格、气质、价值观、人生目标以及社会的发展趋势进行综合考虑来确定。因此，每个职业生涯目标都必然是由长期目标、中期目标与短期目标共同构成，并对应形成长期规划、中期规划和短期规划体系。

5. 制订行动方案

根据职业发展目标，制订具体的行动方案及措施。行动方案由职业生涯发展路线的选择、职业的选择、相应的教育与培训计划的制订等构成。

6. 职业发展规划的实施与修正

职业发展规划的实施与修正是指执行行动方案，并对实施结果进行评价，根据职业发展目标，结合变化了的社会、组织环境，对行动方案进行必要的、适时的调整，并对行动进行必要的修正，保证职业发展目标的实现。

二、职业发展管理的基本内容及操作

（一）职业发展管理中的角色

如前所述，职业发展不仅仅是员工个人的事情，它是员工与组织共同的事情。因此，职业发展管理中关联的角色包括员工、组织及组织的管理者三个方面。这三方在职业发展管理中的角色不同，作用也不同。组织是职业发展规划设计和实现的"舞台"，组织发展越有活力，这个"舞台"上提供的机会就越多。组织中的各级管理者是职业发展规划的"指导"（犹如球队中的教练员），他给你信息、给你策略、给你方法、纠正你的偏差、训练并提高你的能力、给你上场锻炼表现的机会、帮你调整位置、帮助你分析评估自己……这就是组织管理者在职业发展管理中扮演的角色。员工个人是职业发展管理的主角,他要清楚自己想要什么(各阶段的、终极的)、自己能得到什么;如果想要得到更多,自己还缺什么;从哪里和怎么去"补缺"。正是员工作为主角在职业发展管理中的这种主人意识,才使职业发展规划这台戏在组织和管理者这两个配角的配合下获得演出的圆满成功。对职业发展管理中角色的分析又再一次证明了职业发展管理的意义重大。

(二)职业发展管理的基本内容

对职业发展管理中角色及其责任的进一步演绎,就形成了职业发展管理的基本内容。

1. 组织的职业发展观

组织的职业发展观是每个组织对职业发展管理的思想观念、行为指南。组织的职业发展观是组织价值观体系的重要组成部分,也是组织文化核心层中的构成之一。员工是组织的成员,组织的职业发展观必然对员工职业发展规划发生影响和作用。从另一个角度来说,基于组织成员与组织发展目标实现之间的关系,组织必然也必须对本组织员工进行规划——人力资源规划。这时,组织的职业发展观自然地从中发挥其影响作用。

组织对本组织员工进行规划,不同时期的着眼点是不同的。20世纪七八十年代,员工规划的立足点在于选拔人员。一个"选"字道出了组织与员工个人之间明显的主、客关系。那个时期的员工是相对被动的。进入21世纪,组织对员工规划的着眼点已经转变为真正意义的职业发展规划。作为组织管理的新思路,组织发展与员工个人发展一致化和相互促进的意识贯穿在组织员工规划及其人力资源开发管理的全过程。职业发展管理因此成为现代组织长期发展和用人的战略性任务。

2. 人力资源开发管理是职业发展的"执行导演"

职业发展需要"舞台"。组织是员工职业发展的"舞台"。人力资源开发与管理则是这个"舞台"上的执行导演(组织的最高管理机构是这个"舞台"的总导演),其作用和职责主要体现在三个方面:①组织中工作岗位的设计与其中任务、规则、要求的确定——提出组织对员工的需求;②组织对员工的任用——职务安排;③组织对员工的使用——日常管理。

由施恩职业发展9个阶段的分析可知,工作岗位是职业发展的落脚点。整个职业发展所涉及的主题就是工作岗位问题——工作岗位的进入、工作岗位的变化及调整、工作岗位的提升、工作岗位的退出。工作分析解决的就是工作岗位的问题。通过工作说明书,提出组织对人力资源的需求——为员工提供职业发展的实现空间。职务安排则是将员工职业发展与工作岗位实际结合起来。日常的管理就是实现这种结合的具体工作。简单地说,就是员工的职业发展与组织人力资源招聘、配置、开发与管理的结合过程。

3. 组织职位阶梯是员工实现职业发展目标的渠道

在科层制的等级制组织中,工作岗位就意味着组织职位阶梯中的不同位置。职务安排就是把员工放在组织职位阶梯中的某个位置上。组织的职位阶梯由纵向和横向的四个象限构成。人的社会地位的变化也是由垂直和水平四个象限构成的,把这两个坐标重叠起来可以发现,人的社会地位的上升与组织职位阶梯的纵向晋升阶梯一致;人的社会地位的下降与组织职位阶梯的纵向降职一致;组织职位阶梯的横向变化对人的社会地位升降的影响不太明显(现实中由于同层横向各部门性质、权限、资源的不同,实际的社会地位还是有区别的,有些甚至区别很大)。由于人的社会地位向上走是社会的普遍追求,员工在组织阶梯中追求纵向晋升阶梯的上升和跳跃成为其职业发展的目标,并成为职业发展规划的重要核心内容。此时,组织发展如果把员工职业发展纳入其中,就能实现组织发展与员工发展的一致化和相互促进的共赢局面。

4. 技术与管理(业务与行政)是组织中员工职业发展的两条路径

任何组织的工作岗位都可以分为技术与管理或业务与行政两种类型。由此决定了员工职业发展只有两条基本路径,即技术专家和管理者或业务能人和管理能人。从专业化的原理来看,在这两条路径中选择其一持续努力向前发展,是很有可能到达这条路径的顶峰,也是最经济的方法。当然,前提是员工自身具备的素质符合相应路径的进入及发展要求。由于这两条路径对任职者的素质要求侧重上有着较大的差异,当人力资源从技术路径转入管理路径来发展(这在现实中有不少的例子),却未必能有理想的结果,正如本专题开题所列举的问题一样。而从管理路径向技术路径转移的可能性则微乎其微,即使是原来有技术根底的人力资源。在当今技术飞速发展的环境下,原来的根底无法满足路径转移的需求,更难在路径转移后帮助任职者向上发展。这就涉及两个问题:一个是选对路径,另一个是在同一路径上持续努力发展。选对路径要解决的是对人力资源素质类型的判断和确定,使人职匹配(人职匹配是人力资源实现产出价值最大化的重要基础)。从职业发展规划设计的角度来说,就是要使员工客观、准确地认识自我、评价自我,这是实现人职匹配的态度保证。在同一路径上持续努力发展要解决的是不断提升人力资源的素质与职位晋升的问题,也就是绩效管理、培训和激励。当路径选择上出现偏差时,可以通过路径调整或培训来解决问题,这就是职业发展管理的调整和修正。

由上述职业发展管理的基本内容分析进一步可知,职业发展管理对组织发展和个人发展都至关重要。而且职业发展管理的基本内容要求人们在职业发展规划设计中必须完成下列工作。

(1)帮助员工客观、全面、发展地认识自我、评估自我。这是职业发展规划设计的前提。

(2)帮助员工分析和认识职业环境状况和发展趋势。这是职业发展规划设计的依据。

(3)指导员工确定职业发展目标。这是职业发展规划目的——组织发展与员工发展走向一致化和相互促进实现的前提。

(4)帮助员工确定和实现职业发展路径。

(5)帮助员工制订和实现选择工作岗位或调整工作岗位的计划。

(6)帮助员工拟订提高其自身素质的工作计划、培训计划,并助其实现它们。

其中(4)~(6)三条是职业发展管理的核心。

(三)职业发展管理的操作

职业发展管理的操作包括确定组织职业发展管理的目标、制订职业发展规划、组织提供职业发展渠道、开展职业发展规划评价、日常的职业发展管理工作五个方面的工作。

确定组织职业发展管理的目标要解决的是职业发展管理"为什么"和"怎么做"的问题。组织职业发展管理的基本目标是员工组织化,目的是共同促进组织的事业发展和员工的个人发展,这是回答"为什么"的问题。协调组织与员工的关系,为员工职业发展提供机会和帮助,这是回答"怎么做"的问题。

制订职业发展规划的主要工作是制订职业发展规划表、员工进行自我评估、组织对员工进行评估、组织向员工提供工作岗位信息、组织向员工提供职业发展咨询五个项目。制订职业发展规划表既是组织对员工实施职业发展规划与管理的主要方法,也是实施和观察职业发展规划,对职业发展规划进行控制的重要管理工具。职业发展规划表的制订离不开员工评价——自我评价和组织评价。通过员工评价,清楚地判断员工的素质特点,据此制订员工职业发展规划。此外,工作岗位信息对制订职业发展规划起到了看清环境的功效。当员工通过双向评价判断自己的素质特性以后,工作岗位信息则为素质特性提供"安身之处",让职业发展找到归宿。职业发展咨询则帮助员工诊断其职业发展规划中存在的问题,并给出解决问题的建议。上述五个项目共同构成制订职业发展规划的整体。

职业发展管理中核心内容是职业发展路径的选择、进入和变化。组织在其中发挥着重要的作用,也是组织的重要责任。组织在向员工提供职业发展路径时要解决以下几个问题:一是组织的发展前途;二是职业路径的明晰性;三是工作与职业的弹性化。组织的发展前途直接关系到员工的职业发展愿景。明确、清晰的职业路径结构有助于员工清楚地了解和把握自己在组织中的职业发展走向和节点,从而采取有针对性的行动。职业发展管理的目的之一是促进员工的全面发展。刚性的工作与职业难以实现这个目的。因此,弹性化的工作与职业设计受到职业发展规划的"青睐"。

开展职业发展规划评价是进行职业发展规划控制的必然要求,也是进行职业发展管理的重要手段之一。通过职业发展规划评价,帮助员工个人及其组织检讨职业发展规划实施中存在的问题和制约,明确下一阶段甚至今后的努力方向和努力的措施,这对职业发展管理来说是意义重大的完善和调整环节。评价包括自评和组织评价。

组织中员工职业发展既是组织人力资源开发与管理的重要内容之一,同时又与组织人力资源开发与管理中的日常工作有着密切的联系,渗入组织人力资源开发与管理日常工作的方方面面,如与招聘的联系、与职务晋升和调配的联系、与培训的联系、与绩效管理的联系等。因此,日常的人力资源开发与管理工作必须有意识地、自觉地把职业发展管理放入其中,使职业发展管理与人力资源开发管理真正融为一体。这既是职业发展管理的要求,也是职业发展管理的根本目的——实现组织发展与员工个人发展的一致性和相互促进。

三、职业发展管理应注意的问题

(一)职业发展规划的质量保证

如上所述,制订职业发展规划表既是实行职业发展规划控制的重要依据,也是职业发展管理的重要手段。因此,职业发展规划的制订必须要保证其质量。这就必然要求在制订职业发展规划时遵循相应的原则。这些原则包括具体性原则、清晰性原则、现实性原则、连续性原则和可度量性原则。其次,就是在职业发展规划制订前做好信息工作。最后,就是为组织与员工个人的职业发展规划制订建立一种分工合作机制。

(二)职业发展管理的主体还是员工个人

职业发展管理有了组织的介入不等于就是组织取代员工个人。职业发展管理的主体还是员工个人,要靠员工个人的自觉性,组织在其中的作用只是指导、支持、帮助、配合,不能因为组织的介入而违背员工个人的意愿,这是职业发展管理的大忌,也不利于职业发展管理根本目的的实现。也就是说,职业发展管理中要充分尊重员工的个人意愿。

(三)为员工职业发展规划提供自我成长的机会和帮助、指导是组织的义务

根据义务与权利是对等的原理,由职业发展管理的根本目的可知,组织在职业发展管理中不仅享受收益,还要承担义务和责任。承担义务、责任的付出和努力与未来享受收益的多少成正向相关关系。因此,组织在职业发展管理中要清楚地了解自己的义务和责任,并努力地履行好这些义务和责任,才能使职业发展管理的根本目的得到圆满的实现。

(四)职业发展管理要讲究策略

职业发展是一个动态的过程以及职业发展的显著个性化特点,这些都给职业发展管理带来一定的难度和复杂性,加上职业发展中角色的多重性作用也使职业发展管理在多角色的共同活动中变得更为复杂。因此,职业发展管理没有不变的模式,要讲究策略,随机制宜。

小　　结

员工培训是任何时期组织实现运作目标、实现持续发展不可缺少的活动。在当今环境下,面对日新月异的知识技术更新、日益多元化的思想构成、越来越复杂多样的人与人之间的关系、竞争的加剧等,员工培训显得越来越举足轻重、意义重大。员工培训不仅解决组织运作目标的实现,而且是组织实现发展战略的重要保障,同时也是员工职业发展的重要支持和条件。员工培训的这种共赢效果,使员工培训越来越受到组织的青睐和重视。工业发达国家从政府到组织在经济发展工为本的意识下都非常重视员工培训。法定的培训经费投入标准的制定就是一个很好的体现。我国在这方面的意识和行动正在提高,但仍需继续努力。

员工培训的主要内容可以概括为三个方面,即专业及相关知识培训、专业技能培训、态

度培训。培训形式有在职培训和脱产培训。根据不同的依据,还可以把培训划分为各种不同的类型。各种形式或各种类型的培训都有自己的特点,满足不同对象和目的的需求。实行培训也有各种不同的方式方法,培训者可以根据培训对象、培训目的、培训内容等来选择确定合适的方法。员工培训是一个由培训需求调查分析、培训规划制定、组织与实施培训、培训评价四个环节构成的闭合环。在这个工作程序中,培训需求调查分析是整个培训活动开展的前提,对培训活动的效果起着决定性的基础作用。培训规划制订是培训活动开展的依据和指导,也是培训评价的依据和标准。组织与实施培训是对培训规划的落实和具体执行。培训评价是对整体培训活动进行价值分析和价值管理。所有员工培训活动都必须按照这个工作程序进行。

员工培训与员工职业发展之间有着必然地联系。职业发展离不开培训,职业发展还能促进培训发展。职业发展是员工职业经历的历程序列记录和表现。职业发展不仅是员工个人的事情,而是员工与组织共同的事情。现代管理的意识是在组织中努力实现员工个人发展与组织发展的一致化和相互促进。因此,需要重视和加强职业发展管理。职业发展管理是员工个人、组织及其管理者三方共同完成的工作。员工个人是其中的主角,组织及其管理者在其中起到指导、支持、配合和帮助的作用。

思考与练习

一、填空题

1. 员工培训内容可以分为(　　)、(　　)和(　　)三种类型。
2. 按照员工培训对象的性质,可以把员工培训划分为(　　)和(　　)两种类型。
3. 员工培训的基本原则是(　　)、(　　)、(　　)、(　　)和(　　)五个方面。
4. 员工培训的四个环节包括(　　)、(　　)、(　　)和(　　)。
5. 培训评价是对(　　)和(　　)评价的总称。
6. 职业发展规划中的三个关联角色分别是(　　)、(　　)和(　　)。

二、判断题

1. 员工培训是由组织人力资源部门负责规划、组织的一项目的性明确,有组织、有计划,旨在促进员工和组织共同发展的系统化教育、训练等开发活动。(　　)
2. 员工培训与职业发展管理是组织发展的必要保证。(　　)
3. 培训队伍建设包括培训管理队伍建设和培训师资队伍建设两个部分。(　　)
4. 职业发展是一个人一生中职业、职位的变迁及工作、理想的实现过程,因此是一个动态的过程。(　　)
5. 员工职业发展管理对个人及组织意义重大。(　　)
6. 组织中员工职业发展的两条路径分别是技术路径与管理路径(或业务路径与行政路径)。(　　)

三、辨析题（先判断对或错，然后进行简要的理由说明）

1. 组织职业发展管理的根本目的是组织发展与员工个人发展的共同实现。
2. 员工培训的根本目的是共同满足组织发展与员工个人发展的需要。
3. 员工培训是组织人力资本投资活动。
4. 职业发展管理是职业发展自我管理和组织协助员工进行职业发展管理共同组成的。
5. 员工培训必须以培训需求调查分析为前提。
6. 培训评价只是对培训结果的评价。

四、简述题

1. 简述员工培训运作的基本程序。
2. 简述施恩职业发展的 9 个阶段。
3. 说明员工职业发展的两层含义。
4. 职业发展管理有哪些主要内容？

推荐书目及其文章

[1] 鲍勃·派克. 重构学习体验[M]. 孙波,庞涛,胡智丰,译. 江苏：江苏人民出版社,2015.
[2] 拉姆·查兰,斯蒂芬·德罗特. 领导梯队：全面打造领导力驱动型公司[M]. 徐中,林嵩,雷静,译. 北京：机械工业出版社,2016.
[3] 孙宗虎. 人力资源部规范化管理工具箱[M]. 北京：人民邮电出版社,2007.
[4] 埃德加·施恩. 职业锚：发现你的真正价值[M]. 北森测评网,译. 北京：中国财政经济出版社,2004.
[5] 聂竹明. 从共享到共生的 E-Learning 理论与实践[M]. 合肥：安徽师范大学出版社,2015.
[6] 理查德·尼尔森·鲍利斯. 你的降落伞是什么颜色[M]. 李春雨,王鹏程,陈雁,译. 北京：中国华侨出版社,2014.
[7] 洛克. 把握你的职业发展方向[M]. 钟谷兰,曾垂凯,时勘,译. 北京：中国轻工业出版社,2006.

第八章
绩效管理

微课资源

　　任何组织,其成员的工作业绩客观地存在着差异性。因此,市场经济的等价交换原则与人的行为产生的链条结合,也客观地要求对成员的工作业绩进行考核、反馈及运用,以此确定成员的工作业绩与其应得报酬的关系,通过这种合理关系的建立,达到提高成员素质、激发成员持续工作积极性和创造性的目的。可见,工作业绩的考核与管理对组织管理及其发展意义和作用重大,越来越受到管理者的青睐和重视。通过学者们的研究,进行工作业绩考核与管理的各种技术手段、方法得到了不断的丰富和发展,为充分激发人的工作积极性提供了有利的条件支持。

　　本章从绩效管理的含义入手,阐述绩效管理的目的、内容、功能作用和原则;介绍绩效考评的系统及其要求;介绍绩效管理的流程及常用的方法、手段;阐述绩效考评结果的反馈和运用;分析绩效管理中常见的认识误区和操作误区;最后有侧重地介绍一些常用的绩效管理工具。

 学完本章,你将能够:

1. 正确地认识绩效管理的目的和功能作用;
2. 了解和把握绩效管理的内容、原则;
3. 理解和把握绩效考评系统的构成、考评标准体系、考评要求及考评的工作流程;
4. 掌握绩效考评的常见方法和手段,正确运用它们;
5. 理解和把握绩效管理的流程;
6. 正确地认识绩效考评和绩效管理中存在的认识误区和操作误区,并在实践中避免它们。

专题一 人力资源开发管理的重要手段——绩效管理

专题导读

组织为什么要开展绩效管理？绩效管理有哪些功能？绩效管理在组织管理中的地位、意义表现在哪些方面？本专题将为你解答上述疑问，帮助你较好地认识绩效管理的目的和作用，正确地理解绩效管理的含义。

一、绩效管理的相关概念

讲绩效管理，必然涉及绩效、绩效考评、绩效管理等相关概念。对这些概念的正确理解是组织搞好绩效管理，提高绩效管理效果的重要基础。

（一）绩效的含义

绩效的本意是"表现"，是个体或组织的工作表现、直接业绩、效益的统一体。它包含绩与效两个方面，是业绩和效果、效益的有机组合。绩，往往是指工作业绩，即成员履行职责所获得的直接结果，一般以完成工作的质和量来表示。效，则是指工作的效果或效益，即成员履行职责的直接结果的效用度。一般以工作的投入产出比来衡量。由于不同的工作态度及其行为会使同一工作结果反映出不同的投入产出比，因此，效的深层含义是指品行和纪律等的反映。综合来看，可见，绩效是由工作业绩、工作能力、工作态度及品行等构成的统一体。

绩效具有多因性、多维性、动态性和时效性等特点。多因性是指绩效的高低受技能、激励、机会、环境等多方面因素的影响；多维性是指构成绩效的维度是多向的，不仅有工作结果、工作能力，还有工作态度及其工作行为等，是一个综合性的有机体；动态性既源于多因性，也源于这些因素的可变性和发展性，因此导致绩效也会不断地发生变化；时效性是指任何绩效都是在一定时空下的工作表现及其相应的业绩、效益，因此，对绩效的考评也必须讲究时效性。

从绩效的本意及其构成来看，绩效受成员个体技能、组织外部环境、组织内部条件以及组织激励效应等因素的影响。其中，成员个体技能是指组织成员所具备的履行职责所需要的核心能力，包括个人的天赋、智力、教育水平等个人特点，属于内在的因素，经过培训和开发可以获得提高和发展。组织外部环境是指不为组织所控制和左右的、来自组织外部的影响因素,包括公共教育服务、社会价值观念、社会道德风气、科技进步水平、政府的政策制度、法律法规等。组织内部条件是指组织和个人开展工作所需的各种资源,包括工作目标与工作计划、工作流程设计、工作环境、工作的技术装备及手段、承担某项工作任务的机会、组织文化、组织管理机制和管理水平等。组织内部条件是组织可以控制的因素。组织的激励效应是指激发组织和个人为达成组织目标的主动性、积极性、创造性的机制。激励效应也是组织可以控制的因素。

绩效与上述这些影响因素之间存在着一种函数关系,即绩效的因变数与环境自变数之间的函数关系,其核心内容就是绩效是组织内外环境共同作用的结果。可以用下列函数式进行表示

$$P = f(s,m,o,e)$$

其中,P 是指绩效(performance);s 是指技能,即成员自身的工作能力和基本素质(skill);m 是指成员的工作态度(motivation);o 是指机会,及取得业绩的外部机遇(opportunity);e 是指环境,即成员进行工作的客观条件(environment)。从这些自变数来看,它们之间客观地存在着相互联系和制约关系,因此,单个自变数的变化难以对绩效的提高发挥较好的作用。

(二)绩效考评的含义

绩效考评是绩效考核与评价的总称,是指以工作目标或绩效标准为依据,运用一套科学的评价方法、量化指标及评价标准,对组织、部门或个人履行职责实现绩效目标的程度、实现绩效目标的行为以及实现绩效目标所获得的投入产出比进行综合考核与评价,并将上述考核结果与评价向组织、部门或个人进行反馈的过程。绩效考评的目的在于通过对组织、部门和个人履行职责进行全面综合的考核与评价,判断他们各自是否称职,并据此作为组织改善管理的基本依据,确保组织目标的实现以及组织的可持续发展。

绩效考评是一项系统工程,是一个由战略目标体系、目标责任体系、指标评价体系、评价标准及评价方法等内容构成的有机整体,其核心是促进组织效益和效率的提高以及增强组织综合实力,其实质是激发组织、部门或个人的积极性,人尽其才。绩效考评就是对组织、部门和个人完成绩效目标情况的一个跟踪、记录、考核与评价。

绩效考评按照不同的标准划分有不同的类型。按考评时间分,可以分为日常考评和定期考评;按考评主体分,可以分为主管考评、自我考评、同事考评、下属考评、外部考评;按考评结果的表现形式分,可分为定性考评和定量考评。

(三)绩效管理的含义

绩效管理是指各级管理者和成员为了达到组织目标共同参与绩效计划制订、绩效辅导沟通、绩效考核评价、绩效考评结果应用、绩效目标提升的持续循环过程。绩效管理的目的是持续提升个人、部门和组织的绩效。其中,绩效计划制订是绩效管理的基础环节,没有合理的绩效计划就谈不上绩效管理;绩效辅导沟通是指管理者与被管理者之间保持双向沟通,

确立和实现绩效目标的过程,是绩效管理的通道,它关系到绩效管理是否能落到实处;绩效考核评价是绩效管理的核心环节,也是绩效管理的实体,直接决定着绩效管理的成败及其影响;绩效考评结果应用是绩效管理取得成效、发挥作用的关键,没有绩效考评结果应用及以它为基础建立的相应的激励机制,绩效管理的目的不可能实现。可见,绩效管理体现了"以人为本"的管理思想。一方面把组织、部门、成员个人的绩效提升到管理层面上来,通过对绩效的考核、评价和反馈,激发组织部门、成员的工作积极性与创新精神;另一方面通过绩效信息分析,帮助组织部门、成员制订改进方案和措施,提高部门、成员的工作绩效,从而推动组织既定战略目标的实现。可见,绩效管理强调的是组织目标和个人目标的一致性、组织和个人的共同成长,是促进组织发展、提升组织综合实力不可缺少的重要条件。

综上所述,绩效管理是管理者和团队、成员共同提高绩效、获得绩效的过程。在这个过程中,提高团队、成员的绩效是管理者的责任,而获得绩效是管理者与团队、成员共同的任务。从操作层面来看,绩效管理是管理者和团队、成员就绩效目标达成协议,并为目标不断互动、实现目标的过程。绩效管理可以分析出团队、成员的绩效根源,使团队、成员的绩效得到提高,组织目标得到实现,管理关系和协作关系得到转变,并为组织开展培训、薪资管理、晋升、职业发展等提供重要的依据。同时,它还能提高管理者的素质。可见,绩效管理还是一个互动的提升过程。

绩效管理按照管理的主题可分为两大类,即侧重于激发组织成员工作积极性的激励型绩效管理和侧重于规范组织成员工作行为的管控型绩效管理,其共同之处在于都以提升组织整体绩效为目的。由于客观存在着组织目标与成员个体目标的差异性、影响绩效因素的复杂性以及绩效管理各环节不可避免的人的因素的作用,致使组织绩效管理成为组织管理中的一大难题,备受实践者和研究者的共同关注与探索,并得到不断的完善和发展。

二、绩效管理的意义

全面正确地认识绩效管理的意义和价值既是有效施行绩效管理的客观要求,也是有效施行绩效管理的保证。从绩效管理的基本含义出发,绩效管理的意义表现在以下几个方面。

(一)绩效管理是组织开展战略管理的重要手段,也是目标管理的重要手段

组织的使命和愿景只有转化为日常组织部门、成员的具体工作目标,才具有价值和意义。绩效管理通过把组织的愿景和战略目标转化为组织绩效指标体系,落实到组织的每个团队、成员,成为团队、成员的工作目标,使组织愿景和战略目标与团队、成员的日常工作紧密地联系在一起,并通过各种考核与评价的手段,及时地、全方位地了解和掌握组织战略目标的执行情况,把握时机,及时采取措施,确保组织战略目标的实现。

(二)绩效管理的根本意义在于激发团队、成员的工作积极性

组织的目标体系不是用来控制团队和成员的,而是用来凝聚、激发他们的工作积极性

的。组织目标体系使团队和成员因目标而自信、因目标而行动。通过组织目标的实现,感受团队和成员工作的价值,感受他们在组织中的地位和作用,进而激发他们的成就感、使命感和归属感。当这些感受转化为实际行动,团队和成员自觉主动履行职责的积极性就得到了启动和发挥,激励的目的就获得了实现。

(三)绩效管理是提高组织绩效的重要有效途径

绩效管理是一种使组织不断获得成功的管理思想和具有战略意义的、整合的管理模式。它通过绩效考评,使组织清楚地了解和掌握组织中各团队、成员的工作态度、工作能力和工作表现状况以及存在的问题,采取相应的手段和方式开发团队、成员的潜能,提高他们的素质。在组织中形成一个以绩效为导向的组织文化,给团队、成员提供表达自己工作愿望和期望的机会,从而激发团队、成员更加投入地工作,并从中获得更大的工作满意感和工作成就感。

(四)绩效管理可以促进组织质量管理的提升

质量既是组织绩效的重要组成部分,也是衡量组织绩效的重要指标。各类组织的质量管理已经成为当今社会的焦点和热点。绩效管理的过程就是加强全面质量管理的过程。绩效管理通过给管理者提供管理的技能和工具,使管理者能够将全面质量管理看作组织文化的重要组成部分。一个设计科学的绩效管理过程本身就是一个追求质量的过程,即达到组织内外部客户期望,使团队、成员将精力放在质量目标实现上的过程。当组织以全面质量管理为其价值目标时,组织的生产率和竞争力将获得持续的提高。

(五)绩效管理能满足组织结构调整所带来的管理变化的要求

组织结构的调整是组织对社会经济状况的一种自然反应。这种反应在全球经济发展复杂、多变的环境下尤为迫切和明显,且这种反应的表现是多种多样的,例如减少管理层次(扁平式管理结构的构建)、缩小规模、适应性、团队合作、高效率工作系统、战略性业务组织、授权等。组织结构的调整必反映或要求管理思想和管理风格的相应改变。例如,给团队、成员更多的自主权和责任,以便面对顾客需求能做出快速反应;给团队、成员更多参与管理的机会,提高他们的工作满意感;给团队、成员更多的支持和指导,不断提高他们胜任工作的能力。组织结构调整所带来的或要求的这些变化,都必须通过建立绩效管理系统才能获得实现。因此,绩效管理成为组织结构调整后实现管理变化的重要保证。

(六)绩效管理能够促进组织管理流程和业务流程的优化

组织管理可以简单划分为对人的管理和对事的管理。对人的管理属于激励问题,对事的管理则是流程问题。所谓流程,就是一项工作或业务如何运作的程序。它涉及因何而做、由谁来做、如何去做、做完传递给谁等问题。上述四个环节的不同安排都会对产出结果有很大的影响,极大地影响着组织的效率。绩效管理从组织目标出发,为了实现组织整体效益和工作效率的提高,通过上述四个方面的不断调整、变革,缩短业务处理的路径、环节,使组织运行效率提高。在提高组织运行效率的同时,实现组织管理流程和业务流程的不断完善与优化,获得更大的组织效率。

(七)绩效管理是组织人力资源开发与管理的重要依据

绩效管理通过绩效考评,给组织成员建立真实的、系统的业绩档案,既有利于组织了解和掌握每个成员的特点,也有助于成员了解自己的工作业绩以及自身对工作岗位的适应性。在此基础上,结合组织发展战略目标的要求以及成员职业发展规划,为开展有效的组织人力资源决策——人职匹配、员工培训、薪酬确定、晋升决定、技能开发、人员招聘等提供重要的依据和方向。因此,绩效管理是组织人力资源管理的核心环节和核心内容,决定着人力资源开发管理的方向、目标和内容。

专题二 绩效考评的内容、标准体系及原则

专题导读

绩效考评是绩效管理的核心环节和实体。绩效考评具体考什么?有什么功能作用?绩效考评的标准体系由哪些内容组成?为了保证绩效考评的信度和效度,绩效考评应该遵循什么原则?本专题将为你解开上述疑问提供帮助和答案。而且,还将为你建立有效的绩效考评系统奠定基础。

一、绩效考评的内容

(一)绩效考评的基本内容

绩效考评的基本内容包括个人特征、工作行为和工作结果三个方面[①]。这三个方面在内

---

① 石金涛. 现代人力资源开发与管理[M]. 上海:上海交通大学出版社,1999:164-165;张一驰. 人力资源管理教程[M]. 北京:北京大学出版社,1999:175.

容上各有侧重,在适用范围上各有不同,而且都存在着表现各异的不足之处。绩效考评基本内容的具体分析见表 8-1。

表 8-1 绩效考评项目的适用性

项目	个人特征	工作行为	工作结果
内容构成	技能、能力、需要、素质、个人品德等	工作态度、工作表现、工作反应等	工作数量、工作质量
适用范围	适用于对未来的工作潜力做出预测	适用于评价那些可以通过单一方法或程序化的方式实现绩效标准或绩效目标的岗位	适用于评价那些可以通过多种方法达到绩效标准或绩效目标的岗位
存在不足	没有考虑情景因素,通过预测效度较低;不能有效地区分实际工作绩效,使员工容易产生不公正、不公平感;将注意力集中在短期内难以改变的人的特质上,不利于绩效的改进	需要对那些同样能够达到目标的不同行为方式进行区分,以选择真正适合组织需要的方式,这是极为困难的。当团队成员认为其工作重要性较小时,意义不大	结果有时不完全受被评价对象的控制;容易诱使评价对象为了达到一定的结果而不择手段,使组织在获得短期效益、局部效益的同时丧失长期效益、整体效益

根据绩效考评基本内容的上述特点,绩效考评指标不仅会因组织的不同而不同,而且即使在同一组织,因岗位性质不同,选择的绩效考评指标也会有所不同。因此,组织要根据自己的特点来选择相应的指标作为绩效考评的依据。这将直接关系到绩效考评的信度和效度。

对绩效考评的基本内容,也有学者把它概括为业绩考评、能力考评和态度考评三个维度[①]。业绩考评是对现实效率的考评,是外在的,可以把握的;能力考评是对未来效率的追求,是内在的,不易衡量却又现实存在的。业绩考评是对成员承担岗位工作的成果、效率所进行的评定。影响成员对组织贡献的大小不仅取决于所承担任务完成的状况,还取决于能力、态度等业绩以外的因素。所以,业绩考评、能力考评和态度考评必须三位一体。能力考评是考核和评价成员在其岗位工作过程中显示和发挥出来的能力,即以该岗位履职必备能力为基础,对成员工作中表现出来的能力做出考核与评价的过程。例如,成员对工作计划、指令的正确理解、接收和反应;对工作中存在问题的判断和解决;对达成目标所进行的沟通、协调等。而影响能力显示、发挥甚至提高的因素又是态度。态度是能力向业绩转换不可或缺的重要媒介之一。它是成员对工作、对团队、对组织的一种心理反应在工作中的折射。态度考评就是考核与评价成员这一系列心理反应对工作业绩作用的表现,如积极性、责任感、团队意识等。但是也应该认识到,现实中对业绩的影响是复杂的,不仅是能力、态度这两个因素,还有工作性质、组织环境与条件等因素。这些客观因素会左右成员的能力、态度等主观因素发挥作用,进而左右业绩目标的实现。因此,绩效考评必须是在一定环境条件下的绩效考评。这种一定环境条件要通过考评项目指标体系具体地反映、表达出来。

(二)绩效考评项目指标体系

根据绩效考评内容,绩效考评的项目也包含三个大部分。

---

① 程恒堂. 人力资源管理[M]. 北京:化学工业出版社,2005:110-112.

1. 业绩考评项目

业绩考评项目主要反映岗位工作成果,如表 8-2 所示。不同工作性质的岗位,其工作成果的具体表现各不相同。

表 8-2　工作业绩考评项目

考评项目	考评的主要内容
工作完成程度	组织计划目标的完成情况;数量与质量统一的情况
工作数量	在规定工作周期内完成的工作数量或处理业务的情况或工作进度的情况或对工作时效的把握情况
工作质量	在规定工作周期内所完成工作或所处理业务或工作进度或对工作时效的把握等达到规定的相应标准要求的程度

2. 能力考评项目

能力考评项目主要反映岗位工作过程中显示和发挥出来的行为与岗位任职要求之间的一致性程度,如表 8-3 所示。不同工作性质的岗位对能力的要求侧重不同,考评的项目侧重也会有所区别。

表 8-3　工作能力考评项目

考评项目	考评的主要内容
综合能力	对事物的认识、反应、处理能力;对发展变化的认识和预见能力
知识	对履行岗位职责所需的实际知识、相关知识、社会常识等的了解和掌握情况
理解判断能力	运用知识认知环境,发现问题并把握事物本质,及时做出反应的情况
沟通协调能力	为达到工作目标与相关部门或成员进行协作、配合、交流的情况
研究与创新能力	运用知识不断探索事物本质,有自己独到见解,积极寻找解决问题的新思路、新方法、新途径,提高工作效率和效益的情况
计划能力	根据组织目标规划、落实、实施岗位工作,以及自我评价工作效果进行改进、调整的情况
执行能力	对组织计划指令、各项标准的落实、实施和自我改进、调整的情况,执行岗位工作程序及其规定的情况
技能	履行岗位职责所具有的专业技术、技能的熟练程度、发展情况
身体素质	履行岗位职责所要求的身体素质、心理素质等

3. 态度考评项目

态度考评项目主要考评工作中的责任感、积极性、纪律性等工作态度的内容,如表 8-4 所示。

表 8-4 工作态度考评项目

考评项目	考评的主要内容
责任感	履行岗位职责的各种相关表现
积极性	履行岗位职责的主动性、能动性、热情等的相关表现
纪律性	有秩序地进行工作的情况,包括遵守和执行组织相关规定、标准、准则、制度的表现,遵守和执行岗位工作程序、规定的表现
创造性	进行自我管理、自我实现的愿望、追求和表现
团队合作意识	团队协作、配合的意识及表现

在绩效考评中,上述三个维度的考评内容只是确定考评的项目,而实际考评中还要有一系列相应的考评指标,即考评要素及其考评标准。这既是为了考评的可操作性,也是为了使被考评者清楚相关的要求,明确努力的方向和程度。关于考评的基本要求与标准如表 8-5 所示。

表 8-5 绩效考评要素及其定义

考评种类		考评要素		定 义
业绩考评	事务作业	工作质量	正确性	工作过程的正确性
			出色程度	工作结果的有效性
		工作数量	总量	完成的工作总量
			速度	处理工作的速度
		工作的改进与改善		采用合理的方式改进工作的情况
		统筹安排		有效地配置人员,带领组织成员完成任务
	营业	签订新合同		签订新合同数量及新合同带来的收益
		人力资源		引进人才与开发人才
		业务管理		开拓新业务及其所带来的效益,维持和强化老业务取得的成绩
		合同管理		合理安排已签订的合同,保证合同的实施并获得预计的收益;及时妥善地处理已签订合同出现的问题
		教育指导		传授业务知识、技能和技巧,指导属下提高业务能力,并为属下提供必要的业务信息服务
		特殊任务		执行紧急任务或例外工作的情况
		工作的改进与改善		采用合理的方式改进工作的情况
		统筹安排		有效地配置人员,带领组织成员完成任务
能力考评	基本能力	职务能力		本职工作业务知识及相关联知识的掌握程度;社会知识的掌握程度
		职务技能		本职工作必需的业务技能和技术
		基本技能		文字处理能力;语言表达能力;计算能力

续表

考评种类		考评要素		定　义
能力考评	经验性能力	思考能力	理解力	正确、迅速地理解上级指示和本职工作要求的能力
			判断力	在理解的基础上正确把握现状、问题,并对问题性质做出正确判断的能力
			想象力	运用新观点观察和思考事物的能力
			计划力	根据组织使命和环境条件制订计划、方案,并有效地完成任务的能力
		交际能力	表达能力 文字表达能力	运用文字准确表达自己意图、意见、观点、主张的能力
			表达能力 语言表达能力	运用口头语言准确表达自己意图、意见、观点、主张的能力
			折中力	吸收他人意见又坚持自己主张,说服他人有效地实现组织目标的能力
			指导力	有效地指导、教导和培养属下,凝聚属下的能力
			监督力	掌握属下性格特征和能力特点,有效激发属下工作积极性的能力
态度考评			出勤状况	出勤的情况
			纪律性	遵守各项规章制度的情况;服从命令、听从指挥的情况;遵守工作程序的情况
			协作性	本职工作内的合作态度;本职工作外的合作精神
			积极性	对待本职工作的热情及其表现;改进和改善工作的热情及其表现
			责任心	对待本职工作的责任态度;对待属下工作结果的责任态度

资料来源:程恒堂.人力资源管理[M].北京:化学工业出版社,2005:113(有调整)。

(三) 绩效考评项目指标体系的要求

　　为了使绩效考评具有可操作性,还必须对绩效考评的内容做进一步的细化,由此形成相应的考评项目指标体系。绩效考评项目指标体系就成为绩效考评的依据和尺度。

　　绩效考评项目指标体系的构成包括表现考评内容的指标名称、用于揭示考评指标特征的指标定义、用于区分各等级特征规定的标志、用于揭示各等级之间差异的规定的标尺四个部分。其中,标志与标尺之间是一一对应的关系,通常把它们称为绩效考评的评价尺度。

　　绩效考评评价尺度可以分为量词式、等级式、数量式、定义式等类型。各种类型分别适应于不同的考评对象。

　　为了更好地体现绩效考评的公正、公平,提高绩效考评的信度和效度,绩效考评项目指标体系的设计必须符合相应的要求,即内涵明确清晰的要求、具有独立性的要求、具有针对性的要求等。其中,内涵明确清晰的要求是指每个绩效考评项目指标必须有明确、清楚的定义,不会带来歧义和误解。具有独立性是指每个绩效考评项目指标必须有独立的定义和清晰的界定。具有针对性是指每个绩效考评项目指标必须是对应某个特定绩效项目和绩效目标,并能反映出相应的绩效标准的。可见,绩效考评项目指标体系的上述三个要求,目的是减少因考评项目指标的模糊、非独立性和非针对性所带来的考评误差和偏差。

二、绩效考评的功能与原则

（一）绩效考评的功能

根据上述绩效考评的基本内容及考评项目，绩效考评的功能是多方面的、多重效用的。具体表现为以下几点。

1. 诊断及导向功能

通过绩效考评，对组织、团队及其个人的工作业绩、工作能力、工作态度等进行诊断分析，反馈绩效信息，由此掌握组织结构、团队及个人的现状、存在的问题，结合组织、团队及个人的发展目标以及组织、团队及个人所处的环境及其变化趋势，为组织、团队及个人新一轮工作的开展提供重要的依据，为组织、团队及个人进行变革、发展、调整提供方向，明确今后各层次努力或提高的方向及目标。

2. 监测与控制功能

通过绩效考评，显示组织、团队及个人在组织目标实现过程中从劳动环境、劳动条件、技术设备等硬件到组织文化、管理方式、工作方法、工作制度等软件上的一系列情况，并对这些表现、状况与组织目标要求进行比较、评价，及时掌握其中存在的问题，查找造成问题的原因，引导组织、团队及个人对各层次的工作活动实施有效的控制，完善组织、团队及个人的管理，确保绩效目标的实现。

3. 沟通与提升的功能

通过绩效考评结果的反馈，为管理者与被管理者之间提供一个沟通、交流的管道和机会，增进彼此之间的了解、理解，以更好地达成共识，提高管理的有效性。同时，通过绩效考评结果的反馈，使管理者和被管理者从全局的角度清楚地把握各自需要努力和改进的目标，为提升各自的能力以及相互之间的合力明确方向和目标。

4. 激励与规范的功能

绩效考评结果的反馈本身就是对组织、团队及个人工作业绩、工作能力和工作态度所做的一种充分、有力的肯定，也是组织、团队及个人获取工作满意感、成就感的一种方式。同时，因绩效考评结果带来的奖酬或惩处，则是从外部对组织、团队及个人工作绩效的相应反应。通过这一系列的反应，不仅可以激发组织、团队及个人的工作积极性，而且可以更进一步地规范组织、团队及个人的行为，使组织目标与团队目标、个人目标更好地融合协调在一起，使组织、团队及个人真正了解目前所处的状况及危机，从而促使他们化解风险、抓住机会，实现组织更大发展的主动性和积极性。

（二）绩效考评的原则

绩效考评是一个复杂的系统工程。要确保绩效考评的信度和效度，绩效考评工作还必须遵守相应的一系列原则和要求。具体表现在以下几个方面。

1. 公开、公正的原则

公开、公正是实现上述绩效考评功能的要求，也是上述功能发挥作用的要求。公开，就是对绩效要素、标准及其水平的制定要公开；对绩效考评工作的程序、结果要公开。公开是使考评具有信度和效度的基础。而且，从影响绩效的因素来看，通过公开，还可以吸纳被考评者对绩效考评有建设性的意见，完善绩效考评，从而更好地实现绩效管理的目的——不断提高组织绩效。公正，就是要实事求是地进行客观的考核与评价，从绩效要素、标准及其水平的确定都秉承实事求是的态度，坚持科学性、合理性与先进性结合。这是保证绩效考评信度与效度的重要基础。缺乏公正性的绩效考评是没有任何意义的。

2. 反馈与修正的原则

所谓反馈，就是将绩效考评的结果及时地与团队、成员进行沟通，一方面，使管理者通过这个沟通，了解被管理者对自身工作绩效的反应，及时掌握被管理者在其中的态度反响、存在的困惑或者对管理者及组织的需要和要求，有利于管理者为被管理者提供有针对性的服务和指导，有利于组织调整和完善相关的政策、制度，促进被管理者个人目标或个人价值的实现；另一方面，使被管理者通过自己的工作绩效，了解、掌握自己在能力、态度上的优势、劣势，对今后的工作及职业发展进行修正或完善。

3. 规范化和制度化的原则

为减少和避免绩效考评的主观性、随意性，必须将绩效考评从绩效项目及标准设计、考评程序设计到考评活动、考评结果反馈及其使用等都纳入规范化、制度化管理，使绩效考评合法化，并在实践中不断地完善它们。这样，既有利于对考评实行全员监督，甚至外部监督，也有利于组织及其成员全面、系统地了解组织及个人的绩效变化情况，促进组织和个人的共同发展。现实中，绩效考评的规范化、制度化不能流于形式。

4. 讲究信度与效度的原则

讲究信度与效度是绩效考评的座右铭，也是实现绩效考评根本目的的保证。所谓信度，是指绩效考评结果的一致性和稳定性，即不同评价者对同一评价对象评价的一致性。所谓效度，是指绩效考评结果与绩效考评内容的相关程度，即绩效考评内容对考评对象能力的反映程度。科学有效的绩效考评必须是以较高的信度和效度为基础，达到客观、合理地评价组织、团队及个人的绩效，进而有效地实现绩效管理目的。

5. 可行性与经济性结合的原则

可行性是指绩效考评与组织客观环境之间的适应性、与实际考评对象之间的适应性，即绩效考评方案必须具有较强的可操作性。经济性是指绩效考评的投入与考评所带来的对组织发展的效用之间的关联性，这是对绩效考评投入的人力、物力、时间和精力等资源成本进行的核算和评价。单纯考虑可行性有可能使绩效考评方案过于理想；单纯考虑经济性有可能使绩效考评过于简单而缺乏信度和效度。因此，必须将可行性和经济性结合起来，以期更好地发挥绩效考评的功能作用。

专题三 绩效考评的工作流程与方法

专题导读

科学的绩效考评必须遵循一套规范化的工作程序和运用一系列科学的方法、手段。绩效考评的工作程序包括什么？有哪些步骤和工作组成？每个环节包含哪些工作？绩效考评有哪些方法？这些方法有什么基本原理？本专题将向你展示一个完整的绩效考评工作程序，使你对绩效考评的工作程序有一个清楚的了解和掌握，同时还向你介绍绩效考评的若干主要方法，有助于你提高绩效考评的工作成效。

一、绩效考评的工作流程

绩效考评的工作流程通常由制订绩效考评工作计划、考评技术准备、组建并培训考评队伍、收集相关资料信息、考核与评价、考评结果反馈和运用6个环节构成。考评结果反馈和运用划归绩效管理。现实中，一般不做这么明确的区分。绩效考评的工作最后必包含对考评结果的反馈和运用环节。

（一）制订绩效考评工作计划

制订绩效考评工作计划是开展绩效考评工作的前提，也是开展绩效考评工作的依据。绩效考评工作计划也称绩效考评工作方案。一份完整的、具可操作性的绩效考评工作计划必须包括明确的绩效考评目的和对象；确定相应的考评内容、考评项目指标体系及考评形式和考评方法；确定考评的时间和工作进度；确定考评队伍的人选，并对考评队伍进行必要的培训；预算考评经费；确定考评结果反馈和运用的形式等内容。其中，明确绩效考评的目的和对象、确定相应的考评内容、考评项目指标体系及考评形式和考评方法，它们之间构成一个相互联系递进的链接。前者决定后者。它们是整个绩效考评计划的基础与核心工作，解决的是为什么考评、对什么进行考评和怎么考评的问题。往往，不同的考评目的对应不同的考评对象、考评内容、考评项目指标体系及考评形式和考评方法。

（二）考评技术准备

绩效考评是一项技术性要求较强的工作。其技术性主要体现在考评项目指标体系的设计和确定、各项考评标准的确定、考评形式和方法的设计和确定。尽管考评项目指标体系及考评标准与考评内容相对应，只有三个方面，但是，由于岗位工作性质的差异性，导致考评项目指标体系及考评标准必须具有可鉴别的区分度。这就给考评项目指标体系及考评标准的制定带来了较大的难度。由于考评项目指标体系及考评标准的确定直接关系到绩效考评的信度和效度，因此，考评的技术准备是绩效考评工作中的重要环节。

考评项目指标体系及考评标准确定后，还必须设计和确定相应的考评形式和方法。它关系到从何处、以何种方式、收集何种信息的问题。也是考评项目指标体系及考评标准具体实施途径的设计、确定和要求。有效的考评形式和方法是考评项目指标体系及考评标准得以有效反映的保证。

（三）组建并培训考评队伍

考评队伍素质直接关系到绩效考评工作效率及成败的人力资源。组建考评队伍应考虑两个因素，即能够全方位地对考评对象进行观察和有助于消除或减少个人主观影响作用。这样，考评队伍往往会由下列人选组成，即考评对象的直接主管、高层管理者、相关部门管理者、同一部门的同事、下级人员、客户、专家等这些人选又根据考评对象的不同，选择和组成又有所不同。例如，对一般组织成员的考评不需要下级人员、高层管理者；对没有与组织外部发生业务关系的考评对象，则不需要考虑客户人选。

考评队伍人选确定后，为保证考评工作的效率和成败，还必须对考评队伍进行培训，使其了解和充分认识绩效考评的意义、要求、程序和纪律，正确理解和把握绩效考评项目指标体系及考评标准，确保在考评过程中的正确运用。由于绩效考评具有较强的技术性，这使考评队伍的培训显得越发地重要和意义重大。

（四）收集相关资料信息

信息是绩效考评得以顺利进行的重要基础之一。绩效考评收集的信息包括考评对象的工作业绩成果、工作能力表现、工作态度表现等。根据资料的不同类别，可以采用不同的收集方法。各种记录法是最常见、也是最常使用的方法，工作业绩成果信息的收集多采用这种方法，此外，还有问卷法、抽查法等。问卷法是设计一系列与考评项目相关的问题，向考评对象以外的成员收集关于考评对象在工作能力、工作态度方面的表现的信息。

信息收集要形成制度化，要与考评项目指标体系相一致，而且要遵循客观、真实、及时、完整、全面的原则。

（五）考核与评价

根据考评项目指标体系及考评标准，对收集回来的有关考评对象的信息进行处理、分析，并给出各单项的评价和综合评价。评价的一般程序是，首先确定单项的等级和分值；其次对同一单项下的所有评价进行综合，获得该项的一个综合评价；最后对不同项目的所有评价进行综合，得到对该考评对象的一个综合评价。这个过程是一个由定性到定量再到定性的考核与评价过程。考核与评价不仅要考虑考评对象以外的成员对考评对象的评价，还必须考虑考评对象自身对自己的自我评价。

考核与评价要秉承实事求是的态度，严格遵循公正、客观的原则进行。

（六）考评结果反馈和运用

考评结果是组织、团队调整、改进、变革管理的重要信息来源和依据，也是成员改进、提升自我的重要信息和依据。因此，必须将考评结果按照规定的程序和管道，反馈给相应的部门或人员，并对其做出相应的反应。

对考评结果的运用主要有个人运用和组织运用两个层面。就个人运用而言，通过谈话的形式向考评对象进行考评结果反馈，帮助考评对象改进个人绩效或调整、完善个人发展规划，并对实现个人发展规划提供必要的帮助和支持。就组织运用而言，根据考评结果反馈的信息，对考评对象做出任用、晋升、加薪、奖励、培训、调岗、惩处等相应的反应；还可以根据考评结果反馈的信息，检查组织管理的各环节及各项制度、政策，查找问题，采取措施。

考评结果的反馈和运用是绩效考评的最后一个环节，也是最关键的一个环节。它关系到绩效考评目的是否可以实现，关系到绩效考评作用是否得到充分的发挥。这是组织管理水平的一个体现，也是考评对象权利实现的客观要求。可见，重视并做好这个环节意义重大。

小资料

德国西门子公司每年均由主管人员和属下就这一年的工作绩效进行约谈，既将本年度的工作绩效考评结果告知属下，也听取属下对考评的意见，同时，还听取属下对下一年度工作及个人发展的设计和要求。公司根据员工的工作绩效、个人发展要求及公司发展目标实现的需要，综合考虑，对员工的职业发展提供相应的帮助和支持，激发员工更大的工作积极性。这种积极的考评结果反馈和运用，使西门子的人力资源管理带有强烈的人本意识，为公司吸引和留住优秀人才筑起了很好的平台。

二、绩效考评的常用方法

绩效考评的方法很多。从不同的考评角度来分，常用的绩效考评方法有两类，分别是行为导向型考评法和结果导向型考评法。

（一）行为导向型考评法

1. 简单排序法

简单排序法也称序列评定法。它是一种通过对考评对象按照一定考评项目标准从高到低排出顺序来完成绩效评定的考评方法。该方法的好处是简单易行，并有一定的可信度。其不足是应用范围受限，即考评对象数量要控制在一定的范围内，一般以15人以下为宜；而且只适用于同类职务人员的考评。

2. 成对比较法

成对比较法也称配对比较法。它是以考评要素为依据，对参加考评的人员进行两两逐一比较，按照从高到低的顺序对参加考评的人员进行排序。每个考评要素都采用这种方式进行操作，最后进行汇总，求出每个参加考评人员的平均排序数值，得到他们各自最终的考评排序结果。这种方法的好处在于通过每个考评要素的两两比较，易于发现每个成员的出色表现和长处，同时也易于发现每个成员的不足和问题所在，便于及时调整管理。但是，这种方法也有其缺陷，即由于受成本、时间和主观因素的限制，不宜大范围地进行。

3. 强制分配法

强制分配法也称硬性分步法。它以统计学正态分布原理为基础，假设组织成员的工作行为及工作绩效整体呈现正态分布，然后按照正态分布的规律，预先规定成员在工作行为及其绩效上的比例关系，即预先规定每个分布段占比及相应的考评得分范围，再根据考评要素的运用，将被考评者的考评结果对应分配进入各相应的分布段。这种考评方法就是强制分配法。强制分配法与其说是一种考评方法，不如说是一种划分比例和限制考评分数的方法。它只能把成员分为有限的集中类别，难以具体比较成员之间的差别，也难以为工作问题诊断提供有效信息。因此，这种方法往往与其他考评方法结合使用。

4. 关键事件法

关键事件法是指对那些能够影响组织绩效的重大要素进行记载考评的方法。这些重大要素既包括导致成功的有效行为，也包括导致失败的无效行为。这些重大要素都被称为关键事件。考评者通过观察和记录这些关键事件，以关键事件作为考评的指标和衡量的尺度，对被考评者的工作行为及绩效进行评定。

关键事件法是对被考评者进行一段较长时间的观察，并将观察期间发生的关键事件一一记录下来。不仅注意被考评者的行为，还注意行为产生的相应情景。由此得出一个较系统、客观的结论。因此，这个方法的最大特点是以事实为依据，因果对应。通过考评，使每个被考评者了解自己的成绩和不足或问题，明确改进的方向。

关键事件法的运用一般有三个步骤。首先选择并确定关键事件。这是考评的内容，也是考评的标准。关键事件确定后，考评的具体方法也就随之确定。其次对关键事件进行观察、记录。最后汇总分析关键事件的记录并做出总体评价。关键事件法的使用可以与组织的年度或季度运营计划结合起来进行，有利于抓住改进和提高绩效的关键环节。但是，这种方法只适宜做定性分析，不能做定量分析，也难以用于成员之间的比较、区分。

5. 图表评定法

图表评定法的操作是，首先确定与被考评者工作相适应的若干基本考评要素，其次对应各考评要素列出各种行为程度的选择项，并相对应于每个考评要素，对成员的工作表现确定出相应的行为程度，最后进行汇总，得出成员的绩效结果。图表评定法使用的表格如表 8-6 所示。

表 8-6 图表评定法

姓　名：　　　　　工作名称：　　　　　部门：　　　　　日期：

考评要素	考评等级				
	很差，完全不符合要求	低于一般，有时不符合要求	一般，基本能符合要求	良好，符合要求	优秀，经常超出要求
质量：完成工作的精确性、完整性及接受性					
数量：是否达到可接受水平的工作量要求					
可靠性：成员在实现工作承诺方面的可信程度					
积极性：工作中是否愿意主动承担责任					
适应性：是否具备对工作变化的迅速反应能力和灵活性					

资料来源：程恒堂.人力资源管理[M].北京：化学工业出版社，2005：117(表 6-8)。

（二）结果导向型考评法

1. 工作记录法

工作记录法也称生产记录法或劳动定额法。它首先设置与工作相关的考评指标，然后制定工作记录考评表，由班组负责人填写成员的实际工作成果并由成员本人确认与签名，再交由统计人员进行统计，以此作为考评的主要依据。该方法的好处在于参照的标准比较明确，易于做出评价。它的不足之处在于考评标准的制定难度较大，而且只考虑工作成果，无法反映影响工作成果的因素，不利于全面、系统地评价被考评者的绩效。这种方法多用于对组织中生产一线成员的绩效考评。实践中，这种方法往往与其他方法结合使用。

2. 目标管理法

目标管理是一种自上而下又自下而上的领导者与下属双向多次互动的过程。目标管理法是由管理学大师彼得·德鲁克提出来的，他认为"每一项工作都必须为达到总目标而展开"。总目标的实现又以个人目标、部门目标的实现为基础，总目标、部门目标是个人目标的依据。为确保总目标的实现，必须兼顾个人目标和部门目标，并保证个人目标、部门目标和总目标的一致性。自上而下和自下而上的双向多次互动的目的就是解决一致性问题，并在这个过程中使个人了解组织发展战略的意图，又使组织了解部门、个人在实现组织发展战略意图过程中的需求，并对这些需求给予满足，最终确保组织发展战略目标的实现。可见，目标管理法不仅是一种管理方法或手段,更是一种管理思想。它把管理客体中的人放在了一个主动的位置上。通过让管理客体中的人参与到组织发展目标的制定过程,为成员提供清晰、明确的工作目标以及由此构成成员考评的明确标准,以此来发挥他们的主观能动性。这样,目标既是组织成员努力的方向和动力,也是对成员进行考评的依据。这使目标管理法具有很强的激励意义。通过目标管理,加强了上下之间的沟通,并有利于实现成员的自我管理和成就激励,更好地调动成员的工作积极性。这些就是目标管理法的最大优点。目标管理法存在的不足是需要为目标的多次反复商讨耗费较大的资源。另外,在成员个人目标确定上,度的把握有一定的难度,而且目标管理的实现需要管理主体与管理客体中的人进行良好的配合。

目标管理法的实施一般包括六个环节,即确定组织目标、根据组织目标确定部门目标和个人目标、讨论部门目标和个人目标、确定个人目标、目标实施及业绩考评、向成员反馈信息并共同商讨分析,最后,带着改进措施转入下一个目标管理的循环过程。

在目标管理法的运用中,其中一个关键点在于目标确立的有效性。目标的有效性体现在:目标表述的明确清晰、目标时限清楚、实现目标的条件明确、目标内容主次分明、目标结果明确、上下目标的一致性强等几个方面。

专题四　绩效管理

专题导读

绩效管理是一种什么样的管理思想？绩效管理的目的是什么？绩效管理系统由哪些部分构成？绩效管理的基础是什么？实践中,绩效管理存在哪些误区和问题？如何解决这些问题？本专题将对这些问题给予解答,为你更好地了解和把握绩效管理提供相应的信息和帮助。

一、绩效管理概述

（一）绩效管理的基本思想

绩效管理是在 20 世纪 30 年代美国管理学家舒哈特(Shewhart)提出的质量持续改进循环(质量管理中的 PDCA 循环)①的基础上发展而来的。绩效管理的思想是以目标为导向,管理者与被管理者共同确定目标及其实现目标的工作计划,并以此作为努力的方向和标准,在实施的过程中共同发现问题、不断改进提高,以达成目标的过程。因此,绩效管理的宗旨就是形成组织与部门、个人之间的利益与责任共同体。即组织发展战略的实现必须分解为部门及个人的工作目标,通过部门及个人工作目标的实现达成组织发展战略目标。而在部门及个人工作目标实现的过程中,组织必须提供相应的条件支持,满足部门及个人的需要。只有组织发展战略目标与部门目标、个人目标一致,组织的绩效才能获得持续的提高和发展。

小资料

PDCA 循环最早由管理学家舒哈特提出来,管理学家戴明将它运用到质量领域,成为质量全面管理应遵循的科学程序,因此也被称为质量环或戴明环。P(plan),计划:明确问题并针对问题及其可能的原因设计解决方案与计划;D(do),实施:实施行动计划;C(check),检查:系统地评价实施结果;A(action),处理:对评价结果进行相应的反馈,或修订计划,或对解决方案进行标准化。由此进入第二轮新的计划,开始第二轮的循环。这种螺旋上升式的循环不仅解决了问题,还因此提升了整个管理的水平和绩效。可见,PDCA 循环是能使任何一项活动有效进行的一种合乎逻辑的工作程序,特别是在质量管理中得到了广泛的应用,对改进和解决质量问题起到针对性强、效果明显的作用。

绩效管理重在"理"。一是理清各层次目标之间的关系——利益关系及责任关系,并确立各目标之间的制约机制,形成一种良性的循环。二是确立一种理念——绩效管理组织、部门、个人明确绩效管理不仅是为了考评,更是为了改进和提高。绩效信息的分析不只是简单地告知组织、部门、个人的绩效状况,更是组织、部门、个人确立改进和提高方向及其措施的重要依据。三是明晰一个道理——绩效管理更多的是组织为部门及个人提供服务,满足他们的需要。只有组织、部门及个人的共同发展才能获得组织真正的可持续发展。可见,绩效管理是将组织、部门、个人的绩效三位一体地"捆绑"在一起,将个人绩效提升到关系到组织目标实现的高度来认识和运作。

(二)绩效管理系统的构成

绩效管理系统由绩效标准界定、绩效衡量(考评)和绩效信息反馈三个部分构成。

1. 绩效标准界定

绩效标准界定是整个系统的基础。它既是考评的重要尺度依据,也是部门、个人的工作与组织目标关联性的重要客观写照。绩效标准界定以岗位工作分析或组织工作流程图分析为依据。岗位工作分析确定的是个人工作与组织的关联性;组织工作流程图分析确定的是部门工作在组织运作中的地位和作用。因此,绩效标准界定既是确定考评的项目范围及定义,也是确定各项目衡量的等级划分。

2. 绩效衡量(考评)

绩效衡量(考评)是绩效管理系统的核心部分。它是运用绩效标准对部门、个人的绩效进行衡量,确定绩效等级以及给出绩效评价的过程。绩效衡量中,对定量项目的衡量比较容易进行,对定性项目衡量则有一定的难度,这也是绩效管理中一直探寻改进的地方。

3. 绩效信息反馈

绩效信息反馈就是通过一定的渠道和方式,将绩效考评结果告知部门、个人,并协助其进行改进、提高的过程。绩效信息反馈是绩效管理的最后环节,也是实现绩效管理目的的直接运作。通过绩效信息反馈,使部门、个人及时、清楚地掌握自己的状况,制定改进、提高的措施,组织对部门、个人实现改进、提高给予应有的协助与支持,最终实现组织、部门、个人绩效的全面提升。可见,绩效信息反馈是绩效管理各环节的灵魂。

综上所述,绩效管理是一个系统工程,不仅涉及标准的建立、标准的运用,更重要的是对绩效考评结果的处理。对绩效考评结果的处理是绩效管理的根本,反映绩效管理的指导思想。

(三) 绩效管理的模型

每个组织的绩效管理都有自己的特点,都有所不同。但是,任何组织绩效管理系统的设计都会有一个共同的基础,即每个组织绩效管理系统建立所考虑的主体部分应该是相同的,具体如图 8-1 所示。

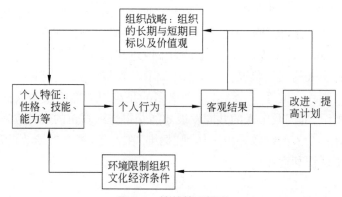

图 8-1　绩效管理模型

资料来源:雷蒙德·A.诺伊等.人力资源管理:赢得竞争优势[M].北京:中国人民大学出版社,2001:344(有补充)。

二、关键业绩指标管理

(一) 关键业绩指标管理是绩效管理的重要基础

绩效管理中常遇到难以对考评指标进行客观量化的问题。实践发现,对所有的绩效指标进行量化是不可能的,也是没有必要的。根据组织运作流程的输入、输出关系,只要抓住其中的关键性参数,对这些关键性参数进行设置和管理,同样可以达到绩效管理的目的。这些关键性参数可能不能都实行量化,通过行为性指标体系,也可以较好地衡量绩效的实现状况。可度量是可管理的重要基础。因此,关键性参数的设置对组织绩效管理意义重大。关键性参数也称关键业绩指标,它是衡量组织战略实施效果的重要工具。

组织的关键业绩指标(KPI,key process indication)是指对组织运作流程输入端、输出端的关键参数进行设置、取样、计算、分析,衡量流程业绩的一系列目标式管理指标。它把组织战略目标分解为一系列可操作的工作目标,并以此作为组织绩效管理的基础和工具。通过这一系列的目标式管理指标,部门、个人都能明确各自的业绩衡量指标及标准,即明确各自的工作方向和具体目标,有利于绩效目标的实现和提高。因此,建立明确、可行的关键业绩指标体系是组织绩效管理的重要基础。

关键业绩指标体系的建立,其关键点和难点在于如何选择和确立对反映组织运作流程起关键性作用的关键参数。关键性参数的选择和确立既要起到"纲举目张"的作用,又要具有较强的可操作性。这就要求关键业绩指标的确立遵循相应的五项原则,即 SMART 原则。具体性原则(specific)——业绩指标要具体切中特定的工作指标,忌笼统、泛化;可度量原则(measurable)——业绩指标要量化或行为化,验证这些业绩指标的数据、信息可以比较容易地获取;可实现原则(attainable)——经过一定的努力后业绩指标可以实现,即业绩指标不宜过高或过低,应该科学合理;现实性原则(realistic)——业绩指标是实实在在可以被证明和观察的;时效性原则(time bound)——业绩指标要具有期限,反映特定时期的技术与管理水平。

可见,关键业绩指标的设置和管理目的是建立一个有效运转的组织绩效管理机制,将组织战略转化为组织内各部门及成员的具体活动指南,最终实现增强组织核心竞争力的目的。

(二)关键业绩指标的选择标准

为了更好地设置关键业绩指标,进行有效的组织绩效管理,关键业绩指标的设置必须按照相应的选择标准要求进行,即指标的重要性、指标的可操作性、指标的敏感性、指标的职位可控性。其中,指标的重要性是指确立的关键业绩指标必须是对组织价值目标实现影响具有关键作用或重大作用的;指标的可操作性是指确立的指标必须有明确的定义及计算方法,并且比较容易获取相关数据、信息;指标的敏感性是指能够明显区分绩效高低程度;指标的职位可控性是指指标的内容是该职位人员控制范围内的,通过有效的激励可以实现的。

关键业绩指标的选择需要以组织整体价值创造的工作流程分析为基础。通过流程分析,并结合组织环境及其组织发展目标及发展阶段的状况,寻找其中影响和作用较大的指标,将其确立为关键业绩指标。因此,对组织整体价值创造的工作流程的描述在关键业绩指标确立中相当重要。它要对组织的战略目标及各阶段的目标有一个清晰、准确的理解和把握,对组织所处环境有一个清楚、客观、预见的认识。这些对关键业绩指标的选择和确立都有很大的影响。

(三)关键业绩指标的建立

1. 建立组织关键业绩指标需要回答的主要问题

关键业绩指标是对组织整体价值创造起关键性作用的工作业绩的描述和定义,是组织战略目标具体化为部门及个人目标,并通过部门及个人目标的实现带来组织战略目标的实现。因此，关键业绩指标的建立必须明确回答以下几个问题，即组织的使命及战略；组织的战略目标、关键成功要素（CSF，critical success factors）和关键业绩指标（KPI）；部门目标、关键成功要素（CSF）和关键业绩指标（KPI）；运营关键成功要素（CSF）和关键业绩指标（KPI）。其中，组织的使命及战略回答的是："作为一个组织，我们应该做什么？我们如何去达成我们的使命？"通过这些问题的回答，使组织的部门及成员明确自己的任务和价值取向。组织的战略目标、关键成功要素和关键业绩指标是将组织抽象的战略具体化为努力的目标及其措施，并对其进行落实的一系列活动。一项战略是否成功要通过战略目标的一系列可衡量属性来评价，这些可衡量的战略目标属性就称为关键成功要素（CSF）。对任何组织来说，关键成功要素就是那些能确保组织竞争能力的有限个领域，是为保证组织的发展壮大必须良好运作的少数关键领域。正是这些有限的关键领域创造了让组织满意的业绩而使组织保持良好的竞争力。因此，关键成功要素必须具有 5 个重要的属性，即战略决定关键成功要素，关键成功要素提供战略实施成功与否的主要信息，关键成功要素决定组织的长期竞争力，关键成功要素具有可衡量性，管理控制过程始于对关键成功要素的准确识别。综上所述，战略决定关键成功要素，关键成功要素是管理控制系统设计与发挥作用的重要基础。不仅组织有关键成功要素，组织内的部门也有自己的关键成功要素，也要进行部门关键成功要素的识别和管理控制。每个关键成功要素都对应有一套关键业绩指标。一个关键业绩指标可以适用于多个关键成功要素。将关键业绩指标与其目标价值标准进行对比，就可以对相应的关键成功要素进行评价，从而对组织战略进行评价和控制。

2. 关键业绩指标的开发

关键业绩指标的建立必须经过一个从定性到定量的过程。通过确立具体的目标，发现监测这些目标完成情况的因素，即确立定性的关键成功要素，然后确立如何监测以及如何观察关键成功要素的结果，从而推导出定量的关键业绩指标体系。这个过程也再次告诉人们，绩效管理不仅要考虑结果，更要考虑形成结果的过程，并通过不断地对形成结果的过程进行优化，保证绩效考评的战略导向，确保组织战略目标的实现。

关键业绩指标的确立包括指标定义和考评标准设定两个方面。指标定义解决的是要从哪些方面衡量和评价工作业绩，即"考评什么"。考评标准设定解决的是各指标应该达到的要求程度或水平，即"做到什么程度，做多少"。关键业绩指标确立后，还要对它进行审核，以确保这些指标能够全面、客观地反映考评对象的业绩，并易于操作。

组织关键业绩指标确立的要点体现在流程性、计划性和系统性，也就是说，在明确组织战略目标的基础上，找出组织的工作重点，即组织价值评估的重点，然后根据组织工作重点找出这些关键领域的关键业绩指标；接下来，组织内各部门根据组织的关键业绩指标，分解并建立部门的关键业绩指标；最后将部门的关键业绩指标细化为各岗位的业绩衡量指标，即岗位业绩考评的要素和依据。建立和考评关键业绩指标体系的过程就是统一组织各部门及成员向组织战略目标努力的过程，也是促进绩效管理的过程。可见，绩效管理是管理双方就目标及如何实现目标达成共识的过程，也是增强组织成员成功实现目标的管理方法。

关键业绩指标的开发应该注意，组织中的每个职位在组织整体价值创造中都有各自特定的作用和影响力。关键业绩指标的确立及其考评都应该考虑职位任职者对指标结果的控制力。若任职者对指标不具控制能力，这项指标就不能作为衡量任职者业绩的指标。关键业绩指标的开发还应该注意的是,不同工作性质和工作任务,由于它的关键成功要素不同,它的关键业绩指标也不同。关键业绩指标要具有能恰当地反映和评价工作特点的作用。

3. 关键业绩指标开发应符合的要求

绩效考评的导向性是通过绩效指标,尤其是关键业绩指标的设定来实现的。为了保证绩效考评的战略导向,关键业绩指标的设置必须符合以下的要求。

(1) 绩效指标应分出考评层次,紧紧抓住关键业绩指标。即绩效考评通过抓重点和关键,向组织成员传递一个重要的信息——要将自己的工作行为导向组织战略目标,因此,必须把握好工作的重点和关键。

(2) 关键业绩指标要能反映整个价值链的运营情况,而不只是其中的单个节点的运营情况。即要从整个价值链的角度去考评每个部门或成员在其中的作用,因为在组织整体价值链中各部门或成员的价值创造客观地存在着相互依存关系。

(3) 要重视对整个价值链业务流程的动态考评。即若实现组织的战略发展要求,组织必须对环境具有很高的响应能力和响应速度。单纯对结果进行考评难以满足这一要求。这必然要求重视对整个价值链业务流程的实时动态考评。

(4) 关键业绩指标要能反映整个价值链各节点之间的关系,并注重相互间的利益相关性。即在组织整体价值创造过程中,各节点之间是相互依存的,具有内在统一性和利益相关性。为确保整体价值目标的实现,就要通过关键业绩指标的设置,处理好各节点之间的相互关系及利益相关性,促使他们之间为组织整体价值目标的实现形成有效的协作配合状态,并保持这种状态。

(5) 关键业绩指标的设计要处理好定性与定量的结合与协调。

(6) 重视确立关键业绩指标的同时不能忽略其他任何指标的作用。组织整体价值目标的实现不仅需要关键业绩指标,也需要其他指标的配合。

(7) 重视对组织学习创新、长期成长能力的考评。在组织战略导向下的绩效考评,学习创新、长期成长能力的考评既是组织战略的要求,也是组织战略实现的保证。

三、绩效管理的操作

(一) 绩效考评误差的控制

要控制绩效考评误差,必须清楚绩效考评操作中存在哪些问题以及这些问题会带来什么误差。

1. 量化考评中存在的问题

(1) 注重对单个部门的考评,忽视对组织整体价值创造的考评。组织整体价值是一个共同协作创造的过程及其结果,是组织各部门及成员相互协同关系的反映。因此,绩效管理必须是对整体绩效的考评和反馈。

(2) 指标数据往往注重眼前财务结果多,轻视组织长期成长能力的形成。根据业绩指标具有导向性作用的特点,注重眼前财务结果,不仅助长急功近利的投机心理,而且会破坏组织长期可持续发展的良性循环。

（3）注重对结果的考评，忽视对过程的考评。对结果的考评只能帮助我们看到事物的终端，而不能看到事物的全貌，尤其容易忽略导致结果的过程，因此，无法把握导致结果的真正原因，有针对性地解决问题，阻断危机的发生。从全面价值管理的思想来看，任何结果的形成都离不开过程的作用。只有把问题解决在形成之前，才能获得满意的价值结果。所以，事前、事中的控制更有利于整体价值的提升。

（4）注重组织内部考评，忽视组织外部利益相关者的考评。实践中，绩效考评被当作组织内部自己的事情。现代社会，组织战略的实现离不开组织外部利益相关者的作用和影响，而且，他们对组织整体价值实现的作用和影响变得越来越大、越来越明显。这客观地要求组织重视改进与组织外部利益相关者的关系，以此获得更多、更好的外部资源配合。把组织外部利益相关者纳入组织绩效管理范畴因此变得越来越必要和重要。

2. 考评标准设置上存在的问题

（1）考评标准设置不严谨。主要表现在考评项目的指标定义不严谨，标准设计不科学或区分度不明显，致使考评结果的信度和效度受到很大的影响。

（2）考评内容不完整。即考评指标体系不能全面完整地反映组织整体价值创造的过程和结果，尤其是关键业绩指标不能真实地涵盖整个价值链，致使绩效考评的目的难以实现。

3. 考评队伍人员素质上存在的问题

（1）晕轮效应。即考评中只重视某些突出的特征，而忽视全面整体地客观评价。

（2）宽严倾向。即考评中所做的评价或偏高，或偏低，缺乏明确、严格、一致的判断标准。这种现象在评价标准主观性较强的情况下比较容易出现。

（3）平均倾向。即大多数考评对象的得分居于"平均水平"，不能公正地对考评对象的业绩进行有效的区分，进而不能有效地激励考评对象的工作积极性，不利于绩效管理目的的实现。

（4）近因效应。即只看局部、眼前，而忽视全局和长远效应，不利于通过考评促考评对象实现长期成长。

（5）首因效应。即以第一印象作为对考评对象的判断、评价。

（6）个人好恶。即考评中带着个人好恶来评价考评对象，致使对考评对象的评价有失公允。

（二）对考评结果的申诉与处理

1. 对考评结果的申诉

考评结果反馈是绩效管理的灵魂。但是，当考评结果反馈出现下述两种情况的时候，就会出现考评对象对考评结果的申诉。第一种情况是，考评对象对考评结果不满，或者认为考评者在考评标准掌握上有不公正的地方；第二种情况是，考评对象认为考评结果的运用有失公平。

对考评结果的申诉是考评对象享有的权利，也是确保绩效管理目的实现的客观要求。当出现考评结果申诉，组织就要严肃、认真地对待，通过充分的调查研究，给予公正、合理的解决。

2. 对考评结果申诉的处理

（1）尊重和重视考评对象对考评结果的申诉，给考评对象以公正、合理的解释，并告知解决方案,跟进解决过程。

(2) 把对考评申诉的处理作为管理互动,改进和完善管理,争取共同进步的过程。

(3) 注重处理结果。即通过认真分析造成申诉的原因,有针对性地采取改进措施,解决问题,促进绩效管理目的的实现。

(三) 完善绩效管理

根据绩效管理中存在的上述问题,为确保绩效管理的信度和效度,必须完善绩效管理。

1. 提高考评指标及标准的客观性

考评指标及标准的客观性是避免上述问题产生的重要条件之一。要提高考评指标及标准的客观性,必须重视工作说明书的科学性和准确性,因为工作说明书是考评指标及标准制定的依据。另外,提高考评指标及标准的客观性,还需要加强对考评项目的量化界定,包括对定性项目的行为性量化界定。

2. 选择合理、合适的考评方法

根据考评的内容和考评对象的特点选择与之相应的考评方法。这些方法必须是能公正地区分不同成员之间业绩差别的。

3. 提高考评者的素质

考评者对考评结果的信度和效度影响重大。因此,提高考评者的素质在完善绩效管理中具有重要作用。提高考评者的素质包括考评者队伍的选拔、对考评者的培训以及对考评者工作的监督等方面。

4. 考评结果必须坚持以事实为依据、客观公正

考评结果必须坚持以事实为依据、客观公正是避免晕轮效应、个人好恶、首因效应等考评偏差的重要条件。

5. 公开保证公正

一是考评指标及标准的公开;二是考评程序的公开;三是考评结果向考评对象的公开。公开的过程就是接受监督的过程。受到监督是保证公正的重要条件。

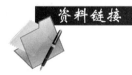

华为的绩效管理体系让员工成为有成效的奋斗者

2020年3月31日,华为发布了2019年年度报告,2019年实现全球销售收入8588亿元,同比增长19.1%;净利润627亿元,经营活动现金流914亿元,同比增长22.4%。在极为不利的国际市场环境下实现全球业务稳健增长的根本原因有两点,一是得益于"以客户为中心,以奋斗者为本,长期坚持艰苦奋斗"的企业文化;二是得益于不断在企业内部推行管理和组织变革,激活了组织。使华为组织内部持续保持激活状态的法宝就是华为的绩效管理体系。

一、华为绩效管理的发展

华为的绩效考核制度从建立至今经历了不断发展变革的过程。早在1995—1997年,华为的考核只是一个单一的过程,首先在市场部试行,主要考核内容包括工作态度、能力和业绩三个方面,目的是为了强化管理意识、推动管理观念的普及和提高管理水平。1998—2001年,华为将考核作为绩效评价的工具,考核内容以绩效为中心,目的在于强化成果导向,推动员工务实、做实,不断提高工作水平。这个阶段也是华为绩效考核制度的优化阶段。2002年至今,华为以"目标—绩效"为导向,将绩效考核融入人力资源管理的全过程,不断地根据市场和管理的需要增加或调整绩效考核内容,比如增加跨部门团队考核的内容,增加伙伴满意度的考核并适当降低销售业绩比重等,旨在不断推动"目标—绩效"指引下的员工自我管理,形成自我激励与约束的机制,不断提高工作效率和效果。华为绩效管理制度的发展告诉我们,以"目标—绩效"为中心的考核更符合事物的客观规律性。评价一个人、提拔一个人,不能仅仅看素质这个软标准,还要客观地看绩效和结果这两个硬标准,因为绩效和结果是实实在在存在的,可以透过绩效和结果看做法、看关键行为中表现出来的素质高低。在绩效考核中要以提高客户满意度为目标,建立以责任结果为导向的价值评价体系,而不能以能力为导向。这就是华为的绩效管理。

经过20多年的实践与完善,华为的绩效管理体系从根本上解决了价值创造、评价与分配的内在逻辑关系连接等问题,为华为的发展战略落地、导向冲锋以及激励奋斗者做出了极大的贡献。

二、华为的绩效管理体系构成

任正非曾提出华为的员工可以分为三类:第一类是普通劳动者;第二类是一般奋斗者;第三类是有成效的奋斗者。有成效的奋斗者是华为的中坚力量。如何激励员工积极成为有成效的奋斗者呢?奥秘就在华为的绩效管理制度里。科学实用的绩效管理让奋斗者因奋斗而骄傲,让更多的人积极努力地去成为有成效的奋斗者。

华为的绩效管理不仅考核员工做了什么及其结果,还考核员工职业发展与生活目标的实现质量,因为这些与员工实现持续的高绩效创造息息相关。因此,华为的绩效管理涵盖了业务、绩效、职业和生活四个领域,如表8-7所示。业务领域是华为绩效管理的目标和核心指标体系;绩效领域是华为绩效管理的考核与反馈;职业领域是华为高绩效文化的落脚点,处理员工职业发展与企业高绩效实现的关系;生活领域是华为绩效管理以奋斗者为本的体现。

表8-7 华为的绩效管理

四个领域	管理者的作用	管理者的能力
业务领域	(1)保证每个员工有任务; (2)确保按要求的标准进行; (3)在规定的时间内完成; (4)工作趋于熟练化	(1)分析任务要求和员工能力; (2)分析个人能否达到任务要求; (3)向员工阐明任务要求,必要时传授知识或技能; (4)检查工作过程,给予支持,评价结果

续表

四个领域	管理者的作用	管理者的能力
绩效领域	(1) 保证当前绩效令人满意； (2) 分析绩效下降的原因； (3) 提出更高的目标激发员工不断学习、提高； (4) 为员工学习和发展创造机会	(1) 明确规定期望员工应达到的绩效水平； (2) 诊断员工绩效出现问题的原因； (3) 提供支持与创设挑战,使员工得到学习机会； (4) 与员工一起总结经验,获得最大收益
职业领域	(1) 挖掘员工职业发展潜力； (2) 为员工职业生涯抉择提供建议； (3) 帮助员工做出最适当的选择； (4) 支持员工达到预期目标	(1) 了解员工内在需求和动机； (2) 客观评价员工职业发展愿望与自身能力的匹配度； (3) 在组织内或更广阔的就业市场中为员工职业生涯发展设计最佳途径和实现策略
生活领域	(1) 了解清楚问题的实质及对员工和组织绩效的影响； (2) 协调员工与组织的利益； (3) 策划帮助员工达到预期生活目标的方案； (4) 在适当的时机向员工表达情感支持	(1) 倾听和了解员工需求； (2) 了解清楚能给员工提供怎样的帮助； (3) 让员工思考他所面临的问题； (4) 帮助员工找出解决这些问题的最恰当方法

由此可见,华为的绩效管理不仅仅局限于绩效考核,而是将整个企业管理融入绩效管理中,构建起更具实用性和实效性的绩效管理体系,最终实现员工与企业的共同成长。

华为绩效管理体系由绩效管理组织(指标体系)、责任体系(考核对象)和考核工作流程三个部分构成,包括了指标体系设计、绩效责任考核及考核结果应用,如图8-2所示。通过绩效管理组织和绩效责任体系来落实和实现组织的战略目标。

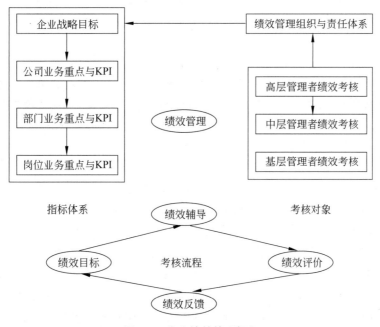

图8-2 华为绩效管理框架

三、华为绩效管理的三个关键点

(一)以奋斗者为本的高绩效文化

以奋斗者为本的高绩效文化是华为绩效管理的理念和灵魂。

绩效管理是企业人力资源的"指挥棒",它以企业文化为支撑,企业倡导什么、支持什么、反对什么,都在绩效考核指标中体现、表达出来。华为企业文化的核心是:外部以客户为中心,内部以奋斗者为本,长期坚持艰苦奋斗,不断自我批判。

华为高绩效文化的逻辑体现是:企业的发展基于客户需求并最大限度地为客户创造价值;企业的人力资源是客户价值创造的坚实支撑,因此,企业管理的一个主要核心任务就是激发企业人力资源的奋斗精神与持续的创造力,引导并激励员工为组织的战略目标实现做出贡献,实现组织和员工个人的共同成长。企业要持续发展,必须以客户为中心持续为客户提供高价值的满足感,这必然对员工的奋斗精神和创造力提出更高的要求;而要鼓励奋斗者持续奋斗,就要提供与其高绩效相匹配的高回报,促使其保持持续的奋斗精神及高绩效,实现企业与员工个人的共同可持续发展。这既是华为绩效管理的高绩效文化,也是华为绩效管理的根本目的。因此,绩效考核要以提高客户满意度为目标,建立以责任结果为导向的价值评价体系,而不能以能力为导向。"三高机制"(高压力、高绩效、高薪酬)驱动着华为人积极努力地成为有成效的奋斗者。

(二)以战略为牵引的强目标导向

组织绩效管理最怕失去目标导向而变为对人的简单评价与激励,使上下级之间纠缠在分数与等级的高低以及分配的多少,导致在彼此争论与试图说服中迷失组织战略目标的达成。因此,组织绩效管理的体系建设与过程实施必须紧紧围绕组织战略进行设计,使公司战略目标与部门、岗位的重点业务及KPI真正融为一体,成为组织战略的坚实支撑。这样的绩效管理才是组织发展战略的价值体现,自然也是组织发展战略的重要组成。

华为的绩效管理体系就是通过战略解码将公司战略层层分解到各责任单元,最终导出战略重点业务及其KPI,由此形成各层级组织绩效目标,然后再设定个人绩效目标。整个过程逻辑清晰,体现了极强的战略目标导向性和关联性,坚实地支撑起公司战略并保证公司战略的实现。概括来说,组织战略目标清晰是组织绩效管理的方向,是绩效管理体系建立的重要依据和指南。始终用战略牵引绩效管理,是华为绩效管理的精髓所在。

图8-3是华为用战略牵引绩效管理的"五看三定"模型。

(三)严格区分贡献让惶者生存

惶者,乃常怀忧患之心和危机意识,敏锐感知环境变化并对环境变化提前做好准备的人。所谓"生于忧患,死于安乐"。华为绩效管理的严格区分贡献让惶者生存,就是通过实行严格的差异化激励机制,打破因组织过于稳定而滋生的懈怠,激活组织,使组织成员尤其是组织中的干部队伍时刻保持危机感和忧患意识,时刻保持对市场、行业、竞争的敏感和警醒。

华为的员工绩效评价分为A、B、C三个档次,按照员工比例固定分配,A档一般占员工总数的5%,B档占员工总数的45%,C档占员工总数的45%,还有5%的员工将被视作"待查"档。A档与B档之间的差距较大。如果员工连续获得C档或者"待查"档,则不仅不能拿到绩效奖励(加薪、奖金、配股),还会被降薪、调岗。不仅损失收入,还可能给职业生涯带来风险。在这种严格区分贡献的绩效管理中,员工既是给华为工作,也是在为自己的明天打

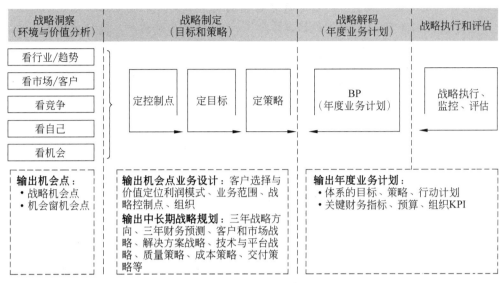

图 8-3 "五看三定"模型

拼。如此强压力,一方面可以整体提高管理与领导的水平,因为华为要求所有干部签订绩效承诺书,以此督促干部言行一致、重视绩效结果。以责任结果导向考评的制度,对干部的行为实施有效的约束。每年年初会根据上年实际完成的各项指标制定新一年的工作指标,并签订绩效承诺书。承诺内容根据目标的高低分为持平、达标、挑战三个等级。等级间差距较大,相应的激励也较大。每个财政年度结束,公司会根据目标的实际完成情况对干部进行评估和考评。在这种螺旋式上升的绩效考评中促使整体干部能力获得较大的提高。另一方面,使优秀者成为学习的标杆与榜样,高绩效对应高报酬的强吸引,激发更多的组织成员努力取得高绩效,使高绩效形成正向导向,产生更多有成效的奋斗者。绩效评价结果与员工切身利益息息相关,保证了员工实现组织战略的积极性、主动性和创造性。

四、华为绩效管理中的绩效承诺制

研究华为的绩效管理,不能少了各层级的个人绩效承诺制(personal business commitment,PBC),正是它把绩效指标体系与具体责任人连接起来,给绩效指标体系的数据赋予了生命。个人绩效承诺分为员工和干部两个系列。不管是哪个系列,绩效承诺的责任评估结果都将直接决定承诺人在华为的前途,对干部的绩效承诺考评较一般员工更加严格、更加严厉,考评结果直接影响干部的升职、降职甚至免职。对此,任正非如是说:"我们要辞退那些责任结果不好、业务素质也不高的干部;我们也不能选拔那些业务素质非常好,但责任结果不好的人担任管理干部。他们上台,有可能造成一种虚假繁荣,浪费公司的机会和资源,并不能带出一支有战斗力的团队。"所以,对于不能完成"军令状"的干部,华为的处罚是严厉的。具体表现:①一把手降职甚至免职,同时,本部门的副职不能提拔为正职,目的是促进部门正副职间的密切配合;②冻结该部门全体成员下一年度的调薪,该部门成员若在之后一年内调往其他部门也不得调薪,从后进部门调往先进部门的员工要适当降职使用;③获降职的干部,一年内不论在本部门还是跨部门都不得提拔使用,以示公正;④一年后对降职干部的工作进行全面、严格的考核。华为的绩效承诺制使华为绩效管理有血有肉、丰满灵动起来，也在华为的企业发展史上创造了许多经典的案例和奇迹。在非洲的某项目施工现场曾经发生过这么一件事情：因施工现场温度过高，当地员工拒绝施工。面对空荡荡的施工现场，该项目负责人没有抱怨，而是脱下衣服，抱起钻机自己干了起来。华为的其他同事看领导都自己动手干起来了，也纷纷脱下衣服加入施工中。该项目负责人的行动在于他对自己承诺责任的强烈意识。

绩效承诺制让干部主动地承担起责任，用实际行动践行艰苦奋斗的精神，绩效潜能获得极大的激发，形成了一支优秀的干部队伍，这支优秀的干部队伍又激励、带动下属员工成为有成效的奋斗者，让整个公司的"绩效水平—竞争力"得以提升。对此，任正非如是说："我们认为考核是考核不走优秀干部的。不坚持考核，是以公司结束为代价的。"严格、严厉的考核既是华为绩效管理的亮点，也是华为建立高效干部队伍的制度保障。

小　　结

绩效管理是组织管理中常用的有效的管理工具和方法。它通过对考评对象绩效的考核与评价，使其了解自己的工作业绩状况及其存在的问题，也使组织清楚地把握组织中各部门及成员工作业绩对组织目标实现的作用和影响，及时采取措施，提高绩效。因此，绩效管理是由确定绩效考评指标及其标准、进行考评、考评结果反馈三个部分构成的系统。绩效考评指标及其标准的确定是基础，进行考评是这个系统的核心工作，考评结果反馈是这个系统的灵魂。绩效考评在绩效管理中扮演着重要的角色，是绩效管理的核心部分。绩效考评的工作流程通常由制定绩效考评工作计划、考评技术准备、组建并培训考评队伍、收集相关资料信息、考核与评价、考评结果反馈和运用6个环节构成。绩效考评有一系列的方法，其中目标管理法是绩效考评中常用的、效果显著的方法之一。绩效管理是在绩效考评的基础上对管理进行改进和提高的活动。开展绩效管理必须首先确定对组织整体价值创造带来影响的关键成功因素及反映这些因素的关键业绩指标。关键成功因素及关键业绩指标的确立是以组织使命及战略目标为依据，对组织战略进行具体量化。关键业绩指标的确立，使工作绩效导向组织战略目标，有助于组织战略的实现。因此，必须确保关键业绩指标确立的有效性和科学性。实践中，绩效管理难免存在认识和操作上的偏差，从而影响和削弱绩效管理的作用。完善绩效管理是每个组织追求的目标。

思考与练习

一、填空题

1. 绩效具有（　　）、（　　）、（　　）和（　　）四个特点。
2. 从绩效的本意及其构成来看，绩效受（　　）、（　　）、（　　）和（　　）等因素的影响。

3. 绩效考评是一项系统工程,是一个由( )、( )、( )、( )和( )等内容构成的有机整体。

4. 绩效管理是指各级管理者和成员为了达到组织目标共同参与( )、( )、( )、( )和( )的持续循环过程。

5. 绩效考评的基本内容包括( )、( )和( )三个方面。

二、判断题
1. 绩效管理能够促进组织管理流程和业务流程的优化。( )
2. 绩效管理是组织人力资源开发与管理的重要依据。( )
3. 绩效管理的根本意义在于激发团队、成员的工作积极性。( )
4. 考评结果的反馈和运用是绩效考评的最后一个环节,也是最关键的一个环节。( )
5. 关键事件法是指对那些能够影响组织绩效的重大要素进行记载考评的方法。( )
6. 目标管理法运用的关键点在于目标确立的有效性。( )
7. 绩效管理的宗旨就是形成组织与部门、个人之间的利益与责任共同体。( )

三、辨析题(先判断对或错,然后进行简要的理由说明)
1. 绩效管理的目的是持续提升个人、部门和组织的绩效。
2. 绩效管理是一个系统工程。

四、简述题
1. 简述绩效管理的意义。
2. 简述绩效考评的功能。
3. 简述绩效考评的原则。
4. 简述绩效考评的工作流程。
5. 简述完善绩效管理的措施。

推荐书目及其文章

[1] 张友源. 重构绩效管理——七步激活执行力[M]. 北京:经济管理出版社,2019.
[2] 杰森·劳里森. 重构绩效管理:如何打造高效能自驱型团队[M]. 鞠婧,译. 北京:清华大学出版社,2021.
[3] 陈萍萍. 企业人事招聘与绩效考核[M]. 北京:清华大学出版社,2021.
[4] 理查德·威廉姆斯. 组织绩效管理[M]. 北京:清华大学出版社,2002.
[5] 司徒琳. 南明史 1644-1662[M]. 上海:上海书店出版社,2007.

第九章
薪酬管理与员工福利

微课资源

薪酬对组织而言永远是一个复杂而又敏感的话题。在组织成员的心中,薪酬传递着丰富的信息:工资数额,工作性质与职位特点,身份、地位,工作业绩表现,能力及发展前景,激励导向,劳动力市场竞争状况,组织绩效与发展前景等。薪酬是组织成员从事劳动的报酬,也是对组织成员激励的主要体现和手段。一项好的组织薪酬计划既可以使组织成员高效积极地工作,也可以使组织劳动成本保持在一个可以接受的水平。因此,薪酬管理始终是人力资源管理中最主要、难度最大的工作,倍受组织的重视。这项管理工作的好坏直接关系到组织人力资源积极性的调动,进而关系到组织战略的实现。

本章将重点讨论薪酬的构成、影响组织薪酬水平的因素、薪酬管理的原则、薪酬制度的设置、薪酬体系的建立及薪酬控制、员工福利等问题。同时,对诸如股权激励等高层管理人员的薪酬政策进行介绍。

 学完本章,你将能够:

1. 了解薪酬的构成及影响薪酬水平的因素;
2. 了解并掌握薪酬管理的原则;
3. 了解薪酬制度的构成;
4. 了解并掌握薪酬体系的构成及薪酬控制;
5. 了解员工福利的构成;
6. 了解薪酬的激励作用。

薪酬是经济因素与非经济因素的总和

专题导读

什么是薪酬？薪酬由哪些部分构成？薪酬结构指的是什么？影响薪酬水平的因素有哪些？薪酬的原则是什么？薪酬的三种基本支付方式是什么？本专题将为你解答上述疑问，使你对组织薪酬及薪酬管理有一个正确的认识和理解。

一、薪酬的含义及其构成、结构

（一）薪酬与人力成本

薪酬是指用人单位以现金或现金等值品的任何方式支付给员工的劳动报酬，是员工从事劳动而得到的以货币形式或非货币形式所表现的价值补偿，是工资、奖金、津贴、补贴、提成及其他形式的各种利益回报的总和。对薪酬的理解有狭义和广义之分。狭义的薪酬是指与劳动有直接关系的那部分报酬。广义的薪酬是指与雇佣关系有关的组织支付给员工的所有报酬总和。因此，不能简单地将薪酬等同于工资来理解。广义的薪酬在组织人力资源管理中是常用的有效激励方式和手段。

人力成本是薪酬的另一种表现形式，是从会计核算的角度对用人单位在用人方面花费的所有相关费用总和的表现。人力成本也有广义和狭义之分。狭义的人力成本是指直接用于支付员工劳动报酬的那部分开支，直接计入生产成本。广义的人力成本是指用人单位为员工支付的社会保险费用、培训费用、改变工作环境费用、福利费用、人力资源开发与管理的各项工作费用等，计入相关的间接费用账户，最后通过分摊的方式计入成本。我国在用人单位人力成本计算上的方式，致使外界误认为我们的人力成本比较低，容易产生我国产品在国际市场上倾销的嫌疑，不利于我国企业在国际市场上的竞争。

（二）薪酬的构成

组织中的薪酬一般由三个大的部分构成，即基本薪酬、奖励薪酬、附加薪酬。

基本薪酬主要指的是工资。它以员工的劳动熟练程度、工作复杂程度、责任大小、工作环境、劳动强度等为依据，兼顾劳动者的工龄、学历、资历等因素，按照员工实际完成的劳动定额、工作时间或劳动消耗等而计付给员工的劳动报酬。可见,基本薪酬与劳动付出有着直接的、密切的联系,是对劳动者劳动付出的价值报酬。实践中,基本薪酬往往表现为职务薪酬、岗位薪酬、结构薪酬、技能薪酬和年功薪酬等类型。基本薪酬的主要作用在于帮助劳动者恢复劳动能力以及维持劳动者家庭的基本生活,避免收入风险。它与劳动者的工作努力程度、劳动成果的大小关联性不大。某种意义上可以把基本薪酬看作保健因素。

奖励薪酬主要是指对员工超额完成任务或取得优异工作业绩所给予的额外报酬,是对劳动者工作努力程度及工作业绩的突出表现的赞许和奖赏。某种意义上说,奖励薪酬是对劳动者成就需求的满足,具有较好的激励作用。奖励薪酬可以是各种形式的奖金,也可以是股权,还可以是非货币形式的其他激励方式,如奖励度假、奖励进修、晋升、赋予更重要的职位和责任等。

附加薪酬主要是指根据劳动者的特殊劳动条件和工作性质,以及特定条件下的额外生活费用计付给劳动者的劳动报酬。这部分薪酬与劳动及其劳动环境、条件有直接的关系。附加薪酬的作用在于鼓励劳动者从事具有特定苦、脏、累、险等性质的特殊岗位工作。习惯上,把属于生产性质的附加薪酬称为津贴,如高温作业津贴、井下作业津贴;把属于生活性质的附加薪酬称为补贴,如物价补贴、住房补贴等。某种意义上可以把附加薪酬看作保健因素。

(三)薪酬结构分析

组织中的薪酬结构包括内在薪酬和外在薪酬两大部分。

内在薪酬是指所从事的工作本身给组织成员带来的酬劳,往往指的是非经济性待遇。主要是对成员心理需求方面的满足,是非物质性的、无形的报酬,如成长的机会、有兴趣的工作、挑战性的工作、承担重要的责任等。可见,在组织管理中,内在薪酬是一种相当有效的成就激励手段。

外在薪酬是指与劳动直接联系的那部分薪酬,是属于经济性待遇的那部分薪酬。包括直接薪酬、间接薪酬、非财务薪酬等。其中,直接薪酬是指与劳动(工作)直接相关的报酬,属于薪酬的主体部分。一般包括基本薪酬、奖金、各种津贴、业绩工资、分红、利润分享等。间接薪酬是指与劳动(工作)没有直接关系的那部分经济性报酬。包括组织的福利开支、社会保险、教育资助、培训费用、非工作时间的经济性报酬等。从激励的角度看,这部分薪酬属于保健因素。为了使保健因素对维持和激发员工的工作积极性起到积极的作用,可以实行员工自选项目的自助弹性福利计划,满足员工差异性较大的需要。非财务薪酬是指个人不领取款项,由组织给予一定经济性给付的待遇。这部分薪酬体现的是经济性待遇和非经济性待遇结合的报酬形式,带有一定程度的成就激励作用,如舒适优雅的办公环境和条件、特设的餐厅和停车位、配车配司机配秘书等。

上述对薪酬结构的分析,既帮助人们了解薪酬的内容和作用,又帮助人们在管理中通过有效的设计薪酬结构,使薪酬不仅体现劳动报酬,构成人力成本,同时还是有效的激励手段,激发员工的工作积极性,增大组织绩效。

二、影响薪酬水平的主要因素

薪酬既是用人单位对员工支付的劳动报酬，也是劳动者个人及用人单位运营业绩的一种反映，还是行业特点、人力资源市场竞争状况、国家法律政策的反映。因此，影响薪酬水平的因素可以从组织外部和组织内部两个方面来进行分析。

（一）组织外部因素

影响薪酬水平的组织外部因素主要是指那些不能被组织所控制的影响因素，包括宏观经济发展状况、人力资源市场竞争状况、国家的法律和政策等。

1. 宏观经济发展状况

根据人力资源需求是派生需求的理论，宏观经济发展状况对人力资源的就业有着较大的客观影响和作用。就业是人力资源薪酬的基础，也是人力资源获取报酬的基本途径。另外，宏观经济发展状况良好，可以为用人单位获取好的运营业绩提供更多的机会，使组织有更大的发展，而用人单位运营业绩的高低及其发展直接关系其员工薪酬的实现，以及薪酬水平的高低。

2. 人力资源市场竞争状况

工资是人力资源市场竞争的价格信号，受人力资源市场供求变化所决定。人力资源市场的供求关系表现为三种类型，即供过于求、供不应求和供求平衡。当供过于求时，工资率就会下降；当供不应求时，工资率则会上升。用人单位薪酬水平的确定就是以人力资源市场的工资率作为基准和参照的。也就是说，人力资源市场的竞争状况决定了工资率，进而决定用人单位的薪酬水平。

人力资源市场的竞争状况包括总体人力资源市场的竞争状况、区域人力资源市场竞争状况以及行业人力资源市场竞争状况。区域人力资源市场竞争状况和行业人力资源市场的竞争状况要求用人单位在薪酬水平设计时，必须考虑行业与地区薪酬水平的特点，在顺应人力资源整体市场竞争态势的同时，顺应人力资源局部市场的竞争特点，由此减少组织成员的流失，保证组织发展对人力资源的需求。

3. 国家的法律和政策

国家对用人单位薪酬的影响和作用主要通过法律和政策的形式来实现。首先，国家通过制定一系列相关的法律法规，规定最低工作标准，确保劳动能力的恢复及其家庭成员的基本生活。其次，政府通过制定相关的政策，如税收政策、工资政策、财政政策等，以及采用相应的行政手段，对用人单位的薪酬水平进行调控。最后，政府还提供发布各行业、工种的薪酬指导线，指导用人单位合理地确定薪酬水平，给求职者提供择业参考，也给用人单位与员工进行薪酬谈判提供依据。

（二）组织内部因素

影响组织薪酬水平的组织内部因素主要是指那些能被组织所控制的影响因素，包括组织的运营状况及其业绩、组织的发展力、组织的薪酬文化与薪酬政策、组织的薪酬管理制度、组织成员的工作绩效状况、工会的力量等。

1. 组织的发展战略及其发展力

组织发展战略是组织发展方向、发展定位、发展目标确立的依据，决定着组织发展力。组织的发展力，即组织实现可持续发展的能力和潜质。它关系到组织运营所获得价值回报的持续性和回报水平。组织的发展力主要表现在组织的核心竞争力上，即组织在行业中是否具有强劲的竞争优势并不断地发展壮大。一般来说，一个具有较强发展力的组织，其薪酬水平同样也具有竞争优势，因此能吸引并留住更优秀的人力资源，使组织更具发展力。组织发展战略在各个时期表现出来的发展力是不同的，因此，各阶段的组织薪酬战略定位及其策略必带有对应发展阶段的特点，并与对应阶段的组织发展战略及其发展力相适应。

2. 组织的运营状况及其业绩

组织的运营状况及其业绩是决定组织薪酬水平的根本因素。因为组织的薪酬来自组织运营的价值回报。组织运营状况及其业绩是组织薪酬的物质基础。一般来说，组织的生产率水平高，运营业绩持续稳定发展，其薪酬水平就高；反之，薪酬水平就低。组织运营状况及其业绩又受多种因素的影响，如宏观经济环境、国家经济发展政策与税收政策、行业市场竞争状况、组织发展战略及其所处的发展阶段、组织的运营管理能力与水平等。这些因素通过影响组织的运营状况及其业绩，进而影响组织的薪酬水平。

3. 组织的薪酬文化与薪酬政策

组织的薪酬文化主要表现为组织的薪酬理念，即组织的价值取向、价值观念。它关系到组织的薪酬制度和政策导向，是支撑组织整个薪酬体系的指导思想。有什么样的薪酬文化，就有什么样的薪酬体系。例如，以人为本的薪酬文化强调的是将组织利益与成员个人利益结合，满足个人需求，激发成员更大的工作积极性。股权激励、分红、提成、奖金等就是这种薪酬文化物质层的具体体现。薪酬政策是薪酬文化的具体规定和指南，是指导薪酬管理操作的条文指南，属于薪酬文化的制度层内容，如奖励政策、工资政策等。一个组织的薪酬文化和薪酬政策是决定组织薪酬水平的直接因素。

4. 组织的薪酬管理制度

组织的薪酬管理制度指的是组织就薪酬工作所制定的带有法令性质的规定，是组织中就薪酬工作大家共同遵守的办事规程或行动准则。组织的薪酬管理制度包括正式薪酬规则、非正式薪酬规则和实施机制三个部分。正式薪酬规则是指组织按照一定的目的和程序有意识创造的一系列工资工作的规范及契约，对人们的行为构成激励和约束；非正式薪酬规则是指组织成员在长期实践中无意识形成的、具有持久生命力并构成组织文化的一部分，包括价值信念、伦理规范、道德观念、风俗习惯及意识形态等因素；实施机制则是为了确保上述规则得以执行的相关制度安排，它是制度安排中的关键环节。这三部分构成完整的制度内涵，构成组织的薪酬管理制度不可分割的整体。组织的薪酬管理制度也是影响组织薪酬相对水平和绝对数量的重要因素。

5. 组织成员的工作绩效状况

在市场经济社会，薪酬是与个人的劳动（工作）绩效紧密挂钩的，即组织成员的劳动（工作绩效）大小与其所得到的报酬直接相关。而且，组织成员的劳动（工作绩效）又直接决定组织的整体绩效，从而决定组织成员所获得的薪酬水平。换言之，组织成员要想获得较高的薪酬水平和薪酬量，就必须提高劳动（工作）绩效；或者，组织要想增大组织的整体绩效，必须想办法激发组织成员提高个人的劳动（工作）绩效，薪酬激励就是其中最常用和效果较明显的手段之一。

6. 工会的力量[①]

工会，也称为劳工总会、工人联合会。工会是指基于共同利益而自发组织的社会团体，是雇主相对人的团体，因此，雇主相对人是成为工会会员的实质性资格条件。工会这个共同利益团体指的是诸如为同一雇主工作的员工，或在某一产业领域的个人等。工会组织成立的主要意图，在于可以与雇主谈判工资薪水、工作时限和工作条件等。我国的新《工会法》规定，工会代表职工的利益。它的基本职责是依法维护职工的合法权益。

三、薪酬的作用

一个完整的薪酬结构应该同时具有保障作用、激励作用和调节作用。

（一）保障作用

薪酬的保障作用是指员工所获得的经济性薪酬至少能保证员工自身及其家庭的基本生活和发展的需要。薪酬的保障作用一般是通过基本工资来体现的。它有助于员工获得工作安全感，发挥工作积极性。

（二）激励作用

薪酬的激励作用是指员工所获得的薪酬不仅能满足其基本生活需要，而且是对其工作成就和能力的肯定与奖酬，促使他更积极地投入工作。薪酬的激励作用主要通过基本工资以外的部分来体现，尤其是薪酬中的非经济性薪酬组成。因此，要科学地进行薪酬结构和构成的设计，使经济性薪酬更好地满足多元化需求，非经济性薪酬更好地满足成就感需求，进而促进员工个人绩效和组织整体绩效的共同提高。

---

① 彭昕. 通用汽车的工会悲剧[J]. 金融实务，2009(3).

(三)调节作用

薪酬的调节作用是指组织对组织整体绩效进行再分配,缓解因绩效工资差异带来的不平衡,实现薪酬上的相对公平。薪酬的调节作用主要通过提供福利的形式来表现。福利是组织关心员工、体现组织社会责任感的重要表现。组织通过提供各种福利,凝聚员工,使员工对组织形成归属感。以福利形式实现薪酬的调节作用要注意福利形式的多样化,使薪酬中属于保健因素的这个部分能发挥更好的作用。

四、薪酬的原则

组织的薪酬必须符合公平性、合法性、竞争性、激励性和经济性五个基本原则。

(一)公平性

公平性是组织薪酬的第一原则。只有做到公平,薪酬才能对组织成员起到激励作用。薪酬的公平性原则包括外部公平和内部公平两个方面。外部公平是指根据劳动力市场或同行业组织的薪资水平来确定组织的薪资标准,使本组织的薪酬在市场、行业中具有一定的竞争力。内部公平是指同种职位、同等绩效薪资相等;不同职位,不同绩效薪资差别合理,坚持按劳分配。内部公平是员工在薪酬上获得公平感的需要。在薪酬管理中,薪酬的内部公平比外部公平作用和意义更重大。内部公平是员工通过内部比较而产生的一种主观感受,是基于过程公平的结果公平。追求内部公平的员工要求的是基于过程公平的结果公平。

(二)合法性

薪酬制度必须符合国家的政策与法律法规。这是薪酬设计和薪酬管理的重要依据,如国家对劳动力最低工资的规定,对职工保险规定等。

(三)竞争性

竞争性体现在三个方面。一是组织制定的薪酬标准应该在社会上、人力资源市场中或同行业中具有吸引力,能吸引并留住优秀的人才为组织发展效力。二是组织内各部门、岗位、职位的薪酬标准具有竞争性,能体现岗位、职位之间的价值区别,能激发组织成员向着更能体现自身价值的空间去努力和发展,激发组织成员积极向上的欲望和行动。三是组织的薪酬水平不仅对员工具有吸引力,而且,由薪酬带来的人力成本在同行业中也是具有竞争力的。

(四)激励性

组织薪酬不仅是对劳动付出的报偿,而且是对创造性、积极性的一种奖励。好的薪酬管理应该是能使员工感觉到成就满足的薪酬体系设计。薪酬中无论经济性薪酬还是非经济性薪酬，对员工都具有激励他们提高工作效率和创造积极性的作用。

（五）经济性

薪酬的另一面就是人力成本。高的薪酬水平能提高薪酬的竞争性与激励性，但也必然导致人力成本的上升。控制成本是每个组织共同追求的目标之一。因此，一套经济合理的薪酬制度既应当保持最大可能的劳动生产率，又应该能控制人力成本保持组织的市场竞争力。从薪酬的结构来看，就要充分发挥好非经济性薪酬的效用，实现获得激励效果的同时降低人力成本的目的。实践也证明，不是经济性薪酬越高，就越有激励性，因为人的需求具有多样性的特点，只有合适的薪酬体系才是最有激励性和竞争性的。

五、薪酬模式与基本支付方式

（一）薪酬的构成

从薪酬的构成来看，薪酬的各个构成部分存在着刚性，也存在着差异性。刚性指的是薪酬中具有不可变性的部分。差异性指的是薪酬中具有可变性的部分。薪酬中的每个构成部分都同时具有刚性和差异性，只是各自在刚性和差异性上的表现程度不同。以横坐标代表刚性，以纵坐标代表差异性，形成一个薪酬四象限图，如图9-1所示。下面通过这个图对薪酬各构成部分的特征进行分析，进而得到不同的薪酬模式。

图 9-1　薪酬四象限图

1. 基本工资

基本工资处于第Ⅰ象限，具有高差异性和高刚性并存的特征。现实表现就是，组织中员工之间的基本工资差异性明显，而且一般能升不能降。

2. 奖金

奖金处于第Ⅱ象限，具有高差异性和低刚性并存的特征。奖金的幅度与员工的绩效、贡献挂钩。每个员工的工作绩效和贡献不一，奖金的差异性因此明显。同时，随着组织运营的发展以及组织战略目标的变化，奖金也会不断地调整，只是这个调整服从于组织战略目标实现的要求，与组织各发展时期的要求相适应。

3. 津贴

津贴处于第Ⅲ象限,具有低差异性和低刚性并存的特征。从津贴的性质来看,只要是同一岗位或同一工作的,津贴的差异性较小。由于津贴具有较大的组织内部性,因此,其变数也是较大的。

4. 社会保险与福利

社会保险与福利处于第Ⅳ象限,具有低差异性和高刚性的特征。根据国家法律规定,在同一个组织中社会保险与福利是每个员工都应该享有的利益,一般差异性不大。随着国家相关法律与政策的调整,该项目也会发生一些变化,但是,变化的频率不大。

(二)薪酬模式

薪酬模式是指薪酬各构成部分组合的形式及特点。从上述薪酬构成各部分特征的分析来看,组织的薪酬模式可以有三种类型,即高弹性薪酬模式、高稳定性薪酬模式和折中模式。

1. 高弹性薪酬模式

所谓高弹性是指具有高的伸缩空间、幅度。高弹性薪酬模式的特点是薪酬具有较高的差异性和低的刚性。在这种模式中,薪酬主要根据员工的工作绩效来定,随员工工作绩效的高低而变化。因此,薪酬的起伏可能性较大。在这种薪酬模式中,突出奖金在薪酬构成中的比重,基本工资部分也实行诸如计件工资等绩效薪酬形式。这种薪酬模式具有强的激励效用,但员工的安全感不强。这种模式适用于需要激发高的工作热情、鼓舞斗志的组织。

2. 高稳定性薪酬模式

所谓高稳定性是指具有小的伸缩空间、幅度。高稳定性薪酬模式具有低的差异性和较高的刚性。在这种模式中,奖金的比重较小,主要依据员工的工龄而不是绩效来计算薪酬,而且这是薪酬构成的主要部分。因此,员工的薪酬收入相对比较稳定。这种模式给员工较强的安全感,但激励效用不高,组织的人工成本与组织绩效不成正比,适用于需要稳定的组织。组织可以通过在稳定中满足不同员工的需求来保持员工的工作热情。

3. 折中模式

现实中高弹性或高稳定性都是相对于某个时期的需要而强调的暂时状态。更多的是既考虑高弹性对员工的高激发作用,也考虑高稳定性对员工高安全感需求的满足,这就是折中的薪酬模式。即通过高弹性,不断激发那些有成就需求的员工实现成就;通过高稳定性满足具有高安全感需求的员工,使他们在获得高安全感的情况下积极关注组织的长远发展目标,并为之效力。这是一种理想的薪酬模式,其设计的难度在于寻找高弹性与高稳定性之间的结合点。这种模式要求组织具有较高的管理能力和适合这种薪酬模式的管理机制。

(三)薪酬的基本支付方式

薪酬有三种基本支付方式,即职位(position)、能力(person)和业绩(performance),也称"3P"理论。

基于职位的薪酬设计包含的逻辑是薪酬的支付应该根据职位的相对价值来确定。这种支付方式的核心是对某一职位所应该履行的义务、承担的责任进行支付,而与谁在这个职位上工作无关。可以简单地把它概括为"对事不对人"。这种支付方式的优点是职位价值的衡量相对简单,具有较强的客观性,比较适用于传统产业和管理职位等。

基于能力的薪酬设计则与基于职位的薪酬设计正好相反,叫作"对人不对事",即不论员工在哪个职位工作,不论他实际做了哪些工作,只要他自身具备了一定的知识、技能和经验,组织就要支付给他相应的薪酬。这是一种能够有效促进员工学习、成长的方法。通常来说,研发人员、销售人员、高层管理人员等比较适合这种方式。

基于绩效的薪酬设计比较容易理解,那就是完全依照员工的工作绩效来支付薪酬。无论他处于什么职位、拥有什么样的能力、在工作中如何努力,只以最终的绩效结果为薪酬支付的依据。例如,传统的计件工资制就是典型的基于绩效的薪酬方案。基于绩效的薪酬具有更强的公平性、灵活性、激励性。通常来说,销售人员比较适合这种方式。

专题二 薪酬管理的基本理论

专题导读

薪酬是员工从事劳动(工作)的报酬,也是对员工进行管理和激励的主要手段。它不仅向员工传递组织承认其劳动价值的信号,更向员工传递其在组织中地位、价值的信号。因此,薪酬对员工来说既有经济学的含义,也有心理学和社会学的含义。为了更好地运用好薪酬这个管理和激励的重要手段,搞好薪酬管理,必须了解薪酬管理的理论基础。支撑薪酬管理的理论基础有哪些?它们分别是什么?对薪酬管理起什么作用?本专题将为你解答这些问题,为你理解薪酬管理奠定基础。

一、公平理论

(一)公平理论的主要观点

公平理论是美国心理学家亚当斯于1963年提出的,它侧重于研究利益分配的合理性和公平性对员工工作积极性和工作态度的影响。该理论指出,员工的工作动机不仅受他所得的绝对报酬的影响,而且受他所得的相对报酬的影响,因此,员工不仅关心他的收入的绝对值,而且关心他的收入的相对值。前者指的是实际收入,后者指的是自己的收入与他人收入的比较值。当员工发现自己的收入等于或高于他人的收入时,心里感到满意而努力工作;反之,则感到不满意,并因此产生不公平感。为缓解这种不公平感,员工往往会采取一些对工作不利却有利于自己恢复公平感的行为。往往,这些行为都是不利于组织整体绩效提高的。可见,不公平感的产生是经过比较得来的一种主观心理感受。不公平感带来的影响是不可忽视的。关于公平理论在本书第十章员工激励的专题二中会有详细介绍。

(二)公平理论在薪酬管理中的应用

公平理论的理论核心告诉管理者,组织的薪酬体系必须满足公平的要求才能实现管理和激励的目的。因为员工在很大程度上是通过与他人的收入比较来评价自己在组织中的所得、地位和作用的,而且员工的工作态度和工作行为都会因此受到这个比较的影响。值得管理者注意的是,决定员工这种比较结果的是员工的主观感受。也就是说,就算管理者认为本组织的薪酬水平在同行业中是具有竞争力的,员工应该为此感到满意而积极配合管理,但是,这只是管理者的角度和感受。往往员工所处的立场以及员工所掌握的信息不同,他们所做出的判断和感受就不相同。清楚这一点,管理者在薪酬水平和工作结构决策时,就必须把员工的立场和感受考虑进去。

员工对薪酬所做的比较往往有三种类型:一是外部公平性,即与同行业中其他组织里从事同样工作的雇员的收入水平比较;二是内部公平性,即与本组织内部不同工作之间收入水平的比较;三是个人公平性,即与本组织内部不同岗位的人的收入进行比较。这三种比较都会带来员工在不同范围的流动,都会影响员工的工作态度和工作行为,如表9-1所示。因此,组织管理应该根据每种不公平感的产生而采取有针对性的措施,减少这些不公平感对组织目标实现的不良影响。

表 9-1 薪酬结构的基本感念、后果及其管理措施

薪酬结构的决策领域	员工薪酬比较的焦点	不公平感所产生的后果	管理工具	管 理 措 施
薪酬水平	外部公平性	员工向组织外部流动,劳动成本因此增高;员工工作态度下降,工作行为受挫,劳动效率下降	市场薪资调查	改进工作环境和工作条件;根据组织整体绩效状况适当提升薪酬水平;调整薪酬结构和构成;加强组织文化建设;抓主要矛盾:组织中人力资源队伍的核心骨干分子
工作结构	内部公平性	员工出现内部流动(调配、转岗等);员工之间的合作受阻;员工工作态度下降,工作行为受挫,劳动效率下降	组织内部工作评价	采取调配、轮岗等方式,使员工感受不同工作的要求和责任;重新考察评价各工作对组织整体绩效的贡献和作用,进而重新考察评价其相应的报酬的科学性和合理性;加强组织文化建设
薪酬等级	个人公平性	员工向组织外部流动;员工的工作态度和工作积极性受挫,劳动效率降低	工作标准与资格标准调查	重新考察工作说明书的科学性与合理性,进一步提高各岗位任职资格、条件、职责与利益确定的准确性;重新考察人职匹配的科学性与合理性;加强员工培训,提升员工素质;加强员工职业发展管理,拓宽员工发展管道和机会

资料来源:本表参考了郑晓明. 现代企业人力资源管理导论[M]. 北京:机械工业出版社,2002:471(表8-1)。

二、双因素理论

（一）双因素理论的主要观点

双因素理论是美国心理学家赫兹伯格于1959年提出来的，是内容型激励理论中的一个主要组成部分。赫兹伯格在大量调查的基础上发现，导致员工感到不满意的因素与导致员工感到满意的因素是不同的。前者往往是由工作环境引起的，后者却是由工作自身产生的。对影响工作环境的因素进行改进，只能消除或降低员工缺失的满意感，却不能使他们变得满意，更不能激发他们的工作积极性；而对影响工作环境的因素不做改进，员工缺失的满意感就会加强，工作的积极性和行为就会受到影响，进而影响劳动效率的提高。赫兹伯格将这类因素称为"保健因素"。这类因素包括诸如组织政策、组织管理、工作关系与工作环境等。另一类是由工作本身所带来的对满意与否造成影响的因素，赫兹伯格将它称为"激励因素"。它主要包括工作成就感、工作绩效的社会价值反馈、工作自身的挑战性、肩负的责任及在组织中的地位作用、获得职业发展等。这类因素的运用对激发员工的工作积极性，提高劳动效率有很大的影响和效应。关于双因素理论在本书第十章员工激励的专题二中会有详细介绍。

（二）双因素理论在薪酬管理中的应用

双因素理论对薪酬管理有重大的指导意义，主要表现在以下几个方面。

（1）薪酬不仅是对员工劳动付出的报酬，更是对员工价值与贡献的承认和肯定。即薪酬不仅有管理工具的作用，更具有激励手段的作用。

（2）薪酬结构和构成的设计不仅要认真对待属于保健因素的基本工资部分，使它有效地履行保障员工及其家庭基本生活与工作的需要。基本工资一旦确定下来，就要保持它的相对稳定性；而且，更要认真设计属于激励因素的绩效工资、各种形式的奖酬等。通过科学的考核评价体系，使这部分的薪酬结构和构成真正与员工的贡献挂钩，体现员工贡献的价值和作用，达到激发员工工作积极性、提高工作绩效的目的。

（3）根据保健因素的维持和提高能够消除或降低缺失满意感的原理，组织薪酬管理时在保健因素设计中要尽量保持它的稳定性，并在没有极大地影响成本的情况下有计划地、适当地予以增加。

（4）在一定条件下，双因素之间是可以发生转化的。管理者应注意防止激励因素向保健因素的转化。而保健因素的个性化、多元化设计，有可能使部分保健因素向激励因素转化。因此，管理者在薪酬管理中要重视保健因素的个性化、多元化设计。

（5）薪酬体系设计中要注意，属于保健因素的基本工资设计应与其相应岗位的工作性质和岗位作用相匹配；属于激励因素的绩效工资和各种形式的奖酬也要体现岗位工作的特征。属于激励因素的薪酬部分在与员工工作绩效挂钩的基础上可以相应增大比例，借此提升激励的效用。

三、期望理论

（一）期望理论的主要观点

期望理论是美国心理学家弗洛姆在他 1964 年出版的《工作与激励》一书中提出来的。他认为激励的效果，即调动员工积极性，激发其内在潜能的强度。激励的效果受两方面因素的作用，分别是期望值和效价。期望值是指根据个人经验判断，一定行为能够导致某种结构和满足某种需要的概率。效价是指达到目的对于满足个人需要的价值。它们的关系可以用下面的公式来表示

$$激励的效果 = 期望值 \times 效价$$

根据这个公式，当员工把目标的价值看得越大，能实现目标的概率越高，则激励的作用就越强；反之，则越弱。为此，弗洛姆还提出了一个实现有效激励的模式，即

$$个人努力 \longrightarrow 个人绩效 \longrightarrow 组织奖酬 \longrightarrow 个人需要（个人目标）$$

根据激励的效果是效价和期望值的乘积的基本原理，这个模式表述的是，只有当组织成员认为努力会带来良好的绩效评价，而良好的绩效评价结果会带来组织对其相应的奖酬，组织的奖酬会满足组织成员的个人需要或个人目标时，组织成员才会受到激励而提高积极性。关于期望理论在本书第十章员工激励的专题二中会有详细介绍。

（二）期望理论在薪酬管理中的应用

由期望理论可知，员工提高其工作绩效所能获得的奖酬水平关系到他是否会进一步增强自己的工作动机，从而提高自己的工作绩效。因此，在薪酬体系设计中，要处理好三对关系，即努力与绩效的关系，绩效与奖酬的关系，奖酬与个人需要或个人目标的关系。

1. 努力与绩效的关系

心理学原理告诉我们，人们总是通过一定的努力来实现一定的目标。当个体认为通过努力获得一定绩效的可能性很大时，他就会受到相应的激发而采取相应的积极的行为反应；反之，则采取相反的行为反应。即努力与绩效的关系取决于个体对努力后获得绩效的期望值。期望值过低、过高都不利于激发。期望值分别由个体的主观因素和环境的客观因素共同作用所决定。

2. 绩效与奖酬的关系

在获得一定绩效后，人们总是希望得到与之相应的奖酬，借此肯定自己对组织的贡献和价值、作用。这给下一个周期的工作态度及工作行为将带来直接的影响。

3. 奖酬与个人需要或个人目标的关系

从根本上说，人们希望获得奖酬的目的是满足一定的需要或实现一定的目标。当奖酬可以满足这些需要或实现这些目标时，说明个体的行为得到了组织的奖赏，因而会继续发生，甚至被提高。反之，则会被抑制，甚至消除。

从上述三对关系的分析来看,管理者要善于把握员工的个性特点和状况,了解员工的个体需要,帮助员工设计体现个体特点的、可行的个人目标。通过工作环境建设和改进管理,提高员工实现或提高绩效的可能性,并在员工实现个人目标的过程中给予相应的、必要的帮助,这有助于提高激励的效果。另外,在奖酬的设计中要注意经济性和非经济性奖酬的配合,善用非经济性奖酬以获取更大的激励效果。

四、代理理论

(一)代理理论的主要观点

代理理论又称委托—代理理论,是契约理论的重要发展。威尔森于1969年创立该理论。该理论主要分析企业利益相关者之间存在的利益差异和目标分歧,以及如何利用薪酬制度使这些利益相关者之间的利益与其目标连接在一起。该理论认为,现代企业制度的一个重要特征是实现了"两权分离",即所有权与经营权的分离。其结果必然使企业所有者与管理者之间存在"委托与代理"的显性的和隐性的合同关系。这些显性的和隐性的合同关系都表明,企业所有者的利益与代理人的利益往往是不一致的,由此必然产生代理成本。研究表明,在管理者的报酬上存在三种类型的代理成本,即所有者与代理人管理目标的不同,所有者与代理人对待风险的态度不同,决策的基准不同。

1. 所有者与代理人管理目标的不同

所有者追求的目标是单向而明确的,即利润最大化。代理人追求的目标是多元的,如提高自己的声誉或享受特权,或寻求员工满意感。代理人的追求所带来的往往是成本的增加。这种分歧要么导致所有者为实现自己的目标而更换代理人,要么导致所有者提高给代理人的报酬而使其目标尽可能靠近所有者的目标。

2. 所有者与代理人对待风险的态度不同

所有者的身份和追求决定了他比代理人更容易分散自己的投资,即所有者更乐于去做一些潜在回报高但风险也大的项目。代理人不仅不会这样,而且会努力规避风险。这种分歧会使代理人在代理的过程中丧失组织的发展机会,不利于实现所有者利润最大化的目标。

3. 决策的基准不同

所有者决策不仅考虑把握短期明朗的获利机会,而且考虑把握长期的带有风险性的潜在获利机会。代理人的决策主要倾向的是与其利益相关的短期获利最大化。

(二)代理理论在薪酬管理中的应用

代理理论认为代理成本是委托—代理的重要特征。从上述所有者与代理人之间客观存在的分歧来看,降低代理成本的有效途径是使代理人的利益与所有者的长远利益联系起来,使代理人的所得受制于所有者的利益。这是在代理人薪酬体系设计中要解决一个根本性问题,即代理成本最小化。

代理理论指出,代理人利益与委托人利益一致的契约性计划有两种,即行为导向型契约和结果导向型契约。行为导向型契约以佣金制为代表,其成本是显性的。结果导向型契约以利润分享计划、股票期权奖励等为表达,其成本是隐性的。这两种类型各有优劣。结果导向型契约将代理人的利益与组织的盈利和长远发展联系起来,使代理人更加关心组织的利益和发展,对组织是有利的,但是,代理人的风险增大了。这使本能地规避风险的代理人会要求委托人向他们支付较高的报酬作为他们承担高风险的回报。行为导向型的契约通过付给代理人固定报酬的方式来建立委托—代理关系。在这种关系中,代理人承担的风险较小,但因为其利益所得与组织利益及长远发展关系不密切,致使代理人缺乏关心委托人利益的动力。可见,结果导向型的契约关系相对而言是比较理想的选择。但是,在具体的选择中,还必须考虑以下六个方面的要素。

1. 风险规避

代理人规避风险的倾向会降低结果导向型契约的选择可能性。这就要求组织在薪酬体系设计中必须将代理人承担风险的回报考虑进去。

2. 结果的不确定性

制约利润的因素很多、很复杂,因此利润往往具有不确定性,尤其是长远目标的利润。而利润是反映结果的指标之一。因此,代理人为了维护自身的利益,往往倾向于选择不与利润挂钩的行为导向型的契约。这就要求组织在薪酬体系设计中增大激发代理人愿意与组织利益挂钩的因子比例和比值。

3. 工作的程式化

委托—代理关系的运转离不开监督。监督与工作程式化程度有着密切联系。越是程式化的工作,越容易得到监督。但是,现实中的工作程式化的程度在减少,非程式化的程度在增加,导致监督的难度越来越大。行为导向型契约强调的是监督。上述监督难度的加大,致使结果导向型契约变得越来越受到欢迎。可见,在委托—代理关系中如何建立有效的监督机制至关重要。

4. 工作结果的可衡量性

工作结果的可衡量性大小直接关系到是选择行为导向型委托—代理契约还是结果导向型委托—代理契约。工作结果可衡量性越大,越适合选择结果导向型委托—代理契约;反之,则适合选择行为导向型委托—代理契约。

5. 支付能力

由于两种契约类型带来的成本有所差异,因此,委托—代理契约类型的选择取决于组织的发展理念及其支付能力大小。

6. 传统习惯

过往实践上对委托—代理契约类型的选择及经验会影响现在对委托—代理契约类型的选择。

专题三 薪酬管理制度

专题导读

薪酬管理指的是什么？组织为什么要进行薪酬管理？薪酬管理有哪些目标？薪酬管理应遵循什么原则和设计思路？什么是薪酬管理制度？薪酬管理制度包含哪些内容？本专题将为你解答上述问题。

一、薪酬管理的意义

现代组织中，薪酬管理是组织人力资源管理的有效手段之一，也是人力资源管理的重要内容。随着社会对人力资源作用认识的提高，人力成本在组织总成本中的比重不断增加，以及人力资本概念的提出，致使组织的薪酬管理成为组织管理者及其成员共同关心的中心话题。组织薪酬管理也越来越受到重视。

（一）薪酬管理的含义

薪酬管理是指在组织发展战略指导下，对员工薪酬支付原则、薪酬策略、薪酬水平、薪酬结构与构成等进行确定、分配和调整的动态管理过程。它包括薪酬体系设计、薪酬制度建设、薪酬日常管理等活动。薪酬管理服务于薪酬目标。薪酬目标是基于人力资源战略设立的，而人力资源战略服从于组织发展战略。因此，薪酬管理最终为组织发展战略实现服务。

薪酬体系设计主要是薪酬水平设计、薪酬结构与构成设计。薪酬体系设计是薪酬管理中最基础的工作。如果薪酬水平、薪酬结构与构成等方面有问题，将影响组织薪酬目标的实现。

薪酬制度建设主要是指对规范组织薪酬体系和日常管理所选择、确立的准则、法律、规章等活动，并根据组织发展变化的需要，对这些准则、法律、规章等进行完善。薪酬制度既是薪酬体系设计的基本准绳，也是薪酬日常管理的依据。不同性质的组织，其薪酬制度的具体构成侧重点不同。目前常见的薪酬制度有技术等级薪酬制度、职务等级薪酬制度、岗位薪酬制度、绩效薪酬制度等类型。在本专题薪酬制度中还将详细介绍这部分内容。

薪酬日常管理是由薪酬预算、薪酬支付、薪酬调整组成的循环。这个循环可以称为薪酬成本管理循环。薪酬预算、薪酬支付、薪酬调整工作是薪酬管理的重点工作。切实加强薪酬日常管理工作，有利于组织薪酬目标的实现。

薪酬体系建立后，应密切关注薪酬日常管理中存在的问题，及时调整组织薪酬策略，调整薪酬水平、薪酬结构及其构成，以实现效率、公平、合法的薪酬目标，从而保证组织发展战略的实现。可见，薪酬管理在组织管理中意义重大。

（二）薪酬管理的目的

1. 基本安全保障

在成员与组织的关系里，成员处于弱势一方，即风险较大的一方。它使员工具有不安全感。签署劳动合同、给予员工相应的报酬等都是为了满足这种安全感的需要。薪酬管理从薪酬体系设计到薪酬日常管理就是为满足员工的这种安全感需要所做的工作。员工安全感需要的满足是员工工作积极性发挥的重要前提。

2. 吸引和激励人力资源

从资源效用最大化的要求来看，资源永远都是向价值最大化的方向倾斜的。薪酬可以视为投入人力资源价值创造的资源。薪酬体系的设计体现的是组织对人力资源吸引和激励的导向。好的薪酬机制不仅会让强者更强，弱者因此有了努力和发展的方向与标杆，还会将优秀的人才聚集到组织中。

3. 价值肯定

好的薪酬体系设计不仅满足基本安全需求，而且能公正地区分不同劳动绩效对组织发展目标实现的作用大小，即肯定岗位在组织目标实现中的价值作用。好的薪酬管理不仅给员工基于职级的报酬，更要给员工基于岗位价值的报酬，回归到岗位对组织发展目标实现的贡献上来。

4. 结成利益共同体

根据影响薪酬的若干因素分析，薪酬水平既取决于员工个人的工作绩效，也取决于组织运营的绩效。这两者之间存在着荣辱与共的关系。要想员工的薪酬水平高，必须先将组织整体运营绩效做强、做大；而要组织整体运营绩效做强、做大，又必须努力满足员工的需要，激发员工更大的工作积极性，使员工个人绩效得到不断提升。只有组织与员工之间结成利益共同体，才能更好地实现组织的发展目标。薪酬管理就是实现这一目的的重要手段。

（三）薪酬管理的意义

1. 保持组织内部岗位之间具有一定的公平性

从员工的角度来看，既希望同工同酬，又希望能区别劳动贡献的大小，使自己的劳动贡献能获得来自组织的及时肯定和反馈。薪酬管理在满足员工同时存在的这些需要上扮演着重要的角色。对激发员工的工作积极性来说，内部的公平性显得更为重要。科学的薪酬管理必须建立一套管理体系，追求公平、公正、科学、合理的薪酬管理过程。这需要建立客观的评价标准，包括对职位价值的衡量、对任职能力要求的明确，也包括对薪酬等级、薪酬水平和薪酬结构与构成的合理制定。目的是确保用合理的薪酬体系达到最佳的岗位配置效果。

2. 保持组织在一定范围内或在同行中具有一定的竞争力

科学合理的薪酬体系,通过建立循环的激励机制,促使组织实现资源配置优化、管理优化。合理调整薪酬体系,有利于组织制定人才策略,吸引优秀技术与管理人才加盟。科学合理的薪酬管理还是激励员工务实、创新的过程,扩大组织在行业中的影响力,提升组织在行业中的竞争力。

3. 对组织及其人力资源的发展具有较强的激励作用

现代社会,人们不仅有较高的物质需求,同时也有着较强烈的精神需求。薪酬管理通过薪酬体系设计可以较好地满足员工的这些需求,激发员工的工作积极性,进而促进组织的发展。好的薪酬体系是经济性薪酬与非经济性薪酬有机结合的体系。它能使有限的经济性薪酬支出在科学、合理的非经济性薪酬的配合下发挥更大的效用。通过这种薪酬机制的作用,促使组织及其人力资源获得更大的发展。

二、薪酬管理的目标、原则与思路

(一)薪酬管理的目标

一个组织要使薪酬发挥作用,在薪酬管理中必须明确并达到效率、公平、合法这三个基本目标。

1. 效率目标

效率目标是薪酬管理的核心目标。通过薪酬管理,实现组织整体运营效率的提高,这是薪酬管理所追求的。效率目标包含两个层面,一是站在产出角度来看,薪酬的支付能给组织绩效带来最大的价值创造;二是站在投入角度来看,实现薪酬成本控制。薪酬效率目标的本质是用适当的薪酬成本给组织带来满意的价值创造。

2. 公平目标

公平是实现薪酬管理目的的基本要求,也是薪酬效率目标实现的保证。公平目标包含分配公平、过程公平、机会公平三个层次。

(1) 分配公平是指组织在进行人事决策、决定各种奖励措施时,应符合公平的原则。员工对分配公平的认知源于他对于工作投入与所得进行主观比较而产生的感受。在这个过程中还会与过去的工作经验、同事、同行、朋友等进行对比。如果员工在薪酬方面认为受到不公平对待,将会产生不满,进而影响工作积极性的发挥。分配公平又分为自我公平、内部公平、外部公平三个方面。自我公平是指员工获得的薪酬应与其付出成正比;内部公平是指同一组织中,不同职务、职位的员工获得的薪酬应正比于其各自对组织做出的贡献;外部公平是指同一行业、同一地区或同等规模的不同组织中类似职务的薪酬应基本相同。

(2) 过程公平是指在决定各种奖励措施时,组织所依据的决策标准、决策程序和决策方法符合公正性原则,程序公平一致、标准明确、过程公开等。过程公平是结果公平的前提。

(3) 机会公平是指组织赋予所有员工同样的发展机会,包括组织在决策前与员工互相沟通、组织决策考虑员工的意见、主管考虑员工的立场、建立员工申诉机制等。

3. 合法目标

合法目标是组织薪酬管理的最基本前提。合法目标要求组织实施的薪酬制度必须符合法律法规、政策条例；组织的薪酬体系设计必须以法律为准绳，自觉接受法律的约束。只有合法的薪酬管理，才能使薪酬发挥其应有的作用。

（二）薪酬管理的原则

根据薪酬管理的目的和意义，薪酬管理必须遵循以下原则。

1. 竞争性原则

竞争性原则即薪酬体系设计要具有竞争力。对外，组织的整体薪酬水平要位居市场行情的中上游水平，具有较强的外部竞争力；对内，各部门、岗位、职位、级别等的薪酬水平要有明显的区别，具有较强的内部激发力。

2. 公平性原则

公平性原则即薪酬所得必须与其绩效相适应。因此，要制定严密的薪资区分标准，并形成规范制度，避免人为因素主导薪资区分。通过过程公平、机会公平来实现分配的公平。

3. 激励性原则

激励性原则是薪酬的一个基本功能。薪酬设计通过肯定劳动付出而对员工起到激励作用。因此，要依据岗位性质合理调整薪酬结构与构成，加大激励性薪酬的比例，增强薪酬的激励效应。

4. 业绩导向原则

业绩导向原则是薪酬实质体现的要求。薪酬是对员工工作绩效的报偿，因此，员工收入水平要全面跟业绩挂钩，真正体现"按贡献分配"。

5. 充分差距原则

公平不等于平均。公平的实质是合理地区分员工的收入，使员工的收入与其绩效相对应。不同重要性以及不同业绩表现就应该有不同的薪酬。只有做到合理差距，才能使薪酬起到更好的激励作用。

6. 人性化原则

薪酬是满足员工物质需求和精神需求的重要手段。每个员工在这些需求上的具体表现是各不相同的。薪酬体系设计应该以人为本，反应并满足员工的多元化需求。具体来说就是薪酬结构与构成的设计要充分考虑员工的多元化需要，实行弹性管理，更好地激发员工的工作积极性。

7. 动态性原则

从影响薪酬的因素来看，组织的薪酬不可能一成不变，而是随着组织绩效的变化、环境对组织要求的变化以及员工个人绩效的变化等不断地进行调整，使薪酬水平具有竞争性和激励性。也就是说，组织的整体薪酬结构以及薪酬水平要根据组织运营绩效、薪资市场行情、宏观经济因素变化等因素适时调整，能动地适应组织发展及其人力资源开发的需要。动态性是保持组织薪酬具有竞争力和激励效用的客观要求。

（三）薪酬管理的设计思路

组织中的薪酬管理不只是简单地给予劳动者报酬，而是通过给予劳动者报酬，表达劳动者与组织竞争力及其组织发展战略的关系；更是表达对劳动者在这个关系中的价值作用、价值贡献的一种态度，进而对劳动者的工作积极性进行导向，促进劳动生产率的提高，增大组织整体的绩效。组织薪酬管理的设计就是循着这种逻辑思路展开的。它包含了以下几个主要内容。

1. 明确组织的薪酬战略定位

组织薪酬战略既是组织发展战略的重要组成部分，也是组织发展战略实现的重要保证和条件。明确组织的薪酬战略定位，就是明确组织薪酬在组织发展战略中的地位、功能和作用；就是明确与组织发展战略相适应的组织薪酬体系及其运作机制。具体来说，就是要将薪酬结构、构成及水平定位在能留得住人才，并能促使人员队伍较大幅度地提高工作积极性，同时，还能形成对外部人力资源产生较大吸引力的水平。这种薪酬战略定位不是一时的、局部的，而是整体系统的长远规划。

2. 调整薪酬挂钩原则

薪酬水平应该与组织整体绩效及个人绩效相联系。这既是对组织整体绩效的利益分享，也是对个人绩效的肯定。为了更好地发挥薪酬对价值创造的激发作用，还应该建立基于岗位价值、人力资源价值、工作业绩的价值分配体系，使员工收入水平向岗位价值、人员素质、工作贡献方向倾斜。具体来说，就是调整薪酬体系中固定收入与浮动收入、经济性收入与非经济性收入的比例。薪酬体系的设计不仅要考虑满足基本需求的固定收入，更要考虑体现与价值贡献大小变化相适应的浮动收入，促使员工积极关心影响其浮动收入部分的因素。另外，薪酬体系设计还要处理好经济性收入与非经济性收入的合理结合，充分发挥非经济性收入的功效。薪酬体系设计中的这些调整，目的在于增强薪酬的激励效应，使组织薪酬保持一种活力和动力。

3. 建立职位等级制度

组织中各个职位对组织整体绩效的价值贡献各不相同。薪酬体系设计要能充分体现这种区别，即必须建立薪酬的职位等级制度，使职责与权利统一。职位等级制度的建立还为员工开辟了横向发展的机会，满足在职位晋升机会不足的情况下员工个体发展的需求，有利于更好地激发员工的积极性。

4. 引入多元化的激励模式

薪酬激励始终是组织人力资源激励中核心的、重要的手段和杠杆。薪酬体系设计的变化体现的就是薪酬激励方式的变化。组织中员工的需求各异；不同时期同一员工的需求也在变化。组织可以在薪酬结构、构成的设计上做文章，充分利用薪酬杠杆，满足员工差异化的需求，激发员工的潜能，调动员工的工作积极性。

5. 完善组织福利制度

福利是薪酬的重要组成部分之一。从福利的构成来看，它更多的属于保健因素。为了更好地使保健因素成为稳定员工工作贡献的因素，应增大组织福利制度的灵活性，建立在适度集中的基础上的自助式福利体系，满足员工多元化的福利需要。通过组织福利制度的完善，强化福利制度在形成员工归属感和忠诚度、促进员工个人成长上的功能作用。

6. 保持组织薪酬体系对环境变化的动态适应性

根据影响组织薪酬的因素分析，组织内外环境的变化都将要求调整薪酬体系以适应这种变化。组织内外环境变化是常态。为了更好地发挥薪酬体系的激励效用，必须依据组织变革、组织中期运营绩效以及市场薪资行情的变化等因素适时调整组织的薪酬体系，使组织薪酬体系保持在对环境变化具有良性反应的动态适应中。只有具备动态适应性的薪酬体系才是有生命力和驱动力的。

三、薪酬制度

（一）薪酬制度概述

薪酬制度也称薪酬管理制度，是指组织为了规范薪酬管理所必须遵守的一系列法律法规、规章、准则及其实施机制的总称。薪酬制度是调节组织内人力资本管理的重要杠杆，是留住核心员工的重要手段。组织中常见的薪酬制度有岗位薪酬制度、绩效薪酬制度、职务等级薪酬制度、年薪薪酬制度等。

组织薪酬制度设计受组织内外两方面因素的影响。从组织内部因素来看，包括组织的支付能力、工作本身的差别、员工自身的差别、组织文化等。其中，组织的支付能力又受制于组织所处的发展阶段及其盈利水平、组织的规模及竞争力、组织发展的可持续力等。从组织外部因素来看，包括社会劳动生产率、国家的法律与政策、居民生活费用、劳动力市场的供求状况、组织所在行业的薪酬状况、组织所在地的平均收入水平等。其中，社会劳动生产率是组织薪酬设计必须考虑的制约因素。根据国民收入分配必然要受全社会劳动生产率制约的原理，一个国家要想保持长期增长势头，必须使消费基金的增长率低于劳动生产率的增长。这是平均工资水平确立的宏观依据，也是组织薪酬水平确立的重要参考。

组织薪酬制度是诱导员工行为因素集合与组织目标体系结合的最佳连接点，即达到特定的组织目标，员工将会得到相应的报酬。制定健全科学的薪酬管理制度，是管理中的一项重大决策，需要有一套完整而正规的程序来保证它的质量。组织薪酬制度设计的程序如下。

① 确定组织的薪酬原则与策略。这是薪酬制度设计的前提。

② 进行工作分析。这是薪酬制度设计的基础。

③ 开展职位评价。解决薪酬的组织内部公平性问题。职位评价不仅要比较组织内各职位的相对重要性，还要进行薪酬调查，建立统一的职位评估标准，使不同职位之间的薪酬具有可比性。职位评价是工作分析的必然结果。

④ 市场薪酬调查。解决薪酬的组织外部公平性问题。

⑤ 确定组织的薪酬水平，即通过薪酬体系设计为不同职位确定薪酬标准。薪酬等级数

目根据组织的规模和行业的性质特点来定。同时,给每一等级规定一个薪酬变化的范围——薪幅。

⑥ 薪酬制度的实施与控制。薪酬制度一经建立必须严格执行。在保持相对稳定的前提下,薪酬制度应随着组织内外环境变化做出相应调整,以更好地发挥薪酬的激励效用。

为了确保组织薪酬制度的科学性、有效性,在薪酬制度制定中必须遵循公平性原则、合法性原则、效率优先原则、激励限度原则、适应需求原则等。

一个科学合理健全的薪酬制度必须在合法的基础上具有确保员工的工作质量、保证组织的生存与良性发展、维持良好的劳资关系、公平公正地肯定员工的工作表现及贡献、较好地维系员工的地位、满足员工的需求等功能。

(二) 常见薪酬制度的介绍

不同性质的组织,其薪酬制度的具体构成因侧重点不同而有所不同。常见的薪酬制度有技术等级薪酬制度、职务等级薪酬制度、岗位技能薪酬制度、绩效薪酬制度、年薪薪酬制度等。

1. 技术等级薪酬制度

技术等级薪酬制度是根据劳动的复杂程度、繁重程度、精确程度、工作责任大小等因素划分等级,并按等级规定薪酬标准。技术等级薪酬制度一般由工资等级表、技术等级标准和相应的工资标准三个部分构成。

采用技术等级薪酬制度的难点在技术等级标准的确定。技术等级标准的确定必须包括"应知""应会"和"工作实例"三项内容,并以这三项内容作为确定技术等级标准的依据。"应知"是指完成某项技术等级工作必须具备的理论知识,如工艺过程、操作流程、操作的安全知识、设备结构与性能、加工材料性能等。"应会"是指完成某项技术等级工作必须具备的实际操作能力和实践经验。"工作实例"是指按该技术等级工作的"应知""应会"要求,员工必须能完成的该技术等级工作中的典型工作或操作。

技术等级薪酬制度突出技术上的差异及其相应的薪酬差异。所以,一般适用于技术比较复杂的工作环境里的薪酬管理,多用于对工人的薪酬管理中。

2. 职务等级薪酬制度

职务等级薪酬制度是根据职务性质、责任大小、工作环境等因素对职务本身的价值进行评估并划分等级,按等级规定薪酬标准。它是对从业人员担任某职务工作内容进行工资支付的制度。职务等级薪酬制度是以职务评价为基础。员工所执行的职务差别是决定其基本工资差别的最主要因素。任何个人特征因素都不影响薪酬体系的设计。职务等级薪酬制度下,每类职务都有其最高点,即经过若干次工资提升后,在职务不变的情况下,其工资就没有了可上升的空间。

采用职务等级薪酬制度需要具备相应的条件,即组织运营范围和领域比较明确;职务内容具有相对稳定性,且职务意识清楚;职务本身已经实行标准化、规范化管理;组织已经具备按个人能力安排工作岗位的机制;组织中工作序列关系有明确的界限;组织中具有职务性质不同的级数较多等。

职务等级薪酬制度在实践中存在着一些需要改进的问题。一是容易造成机构臃肿或养懒人现象,因为薪酬与职务挂钩,容易导致高职务倾向,而高职务是有限的。为此,就会增设更多的职务,致使机构臃肿。同时,职务的升迁与工作时长有着一定的联系,到了相应的年限,职务就有被提升的机会,致使人员缺乏进取的积极性。而一旦被升到某职务的顶级就没有了向上的通道。这也致使人员缺乏进取的积极性。因此,提高工作积极性一直是行政机关等突出职务等级的工作环境遇到的难题。二是容易造成重职务而轻绩效的倾向。因为薪酬与职务挂钩,往往使人们更多地关心职务的变化,而不是绩效的提升。实践中,职务的提升与绩效的提高并没有必然的联系。其结果将不利于组织整体绩效的发展。

职务等级薪酬制度的上述特点决定了它较多地存在于不易清楚划分绩效差别的工作环境,如行政机关、事业单位等组织。当前的机构改革其中要解决的一个重要问题就是如何在职务等级薪酬制度中加入绩效薪酬的内容,解决职务等级薪酬制度的不足。

3. 岗位技能薪酬制度

岗位技能薪酬制度是以劳动技能、劳动责任、劳动强度、劳动条件等基本劳动要素为依据,以岗位或职务工资和技能工资为主要内容,根据劳动者的实际劳动质量和数量确定报酬的多元组合的薪酬类型。岗位技能薪酬制度把劳动者的收入与组织的绩效挂钩,从结构上把岗位劳动评价与员工个人的劳动绩效评价区分为岗位工资和技能工资。岗位劳动评价是将各类岗位、职务对员工的要求和影响归纳为劳动技能、劳动责任、劳动强度、劳动条件四个基本要素,通过测试和评定不同岗位的基本劳动要素来评价不同岗位的规范劳动差别,并以此作为确定工资标准的主要依据。对这四大基本要素进行分解、细化,就构成具体测评用的岗位劳动评价指标。岗位技能薪酬制度的另一项主要工作是工资单元的设置。岗位技能薪酬制度由技能工资和岗位工资两个单元组成。技能工资主要与劳动技能要素相对应,确定依据是岗位、职务对劳动技能的要求和员工个人所具备的劳动技能水平。岗位工资主要与劳动责任、劳动强度、劳动条件三个要素相对应,确定的依据是这三项劳动要素评价的总和。根据评价划分几类岗位工资标准,一岗多薪。

岗位技能薪酬制度是目前我国企业中采用较多的薪酬制度之一。由于它是一种基本工资制度,因此,往往还需要辅助其他的薪酬制度作为补充。

4. 绩效薪酬制度

绩效薪酬制度是以个人或组织工作绩效为依据,在对个人或组织工作绩效评价的基础上确定薪酬水平的一种薪酬制度。绩效薪酬制度关注的焦点在实际工作效果与薪绩挂钩,以此激发组织成员保持较高的绩效水平或向较高的绩效水平发展。因此,绩效薪酬制度具有较强的公平性,薪酬所得往往与员工的努力成正比,有利于激发员工的工作积极性,形成大家一起关注组织整体绩效的组织文化氛围。

绩效评价是绩效薪酬制度的核心。工作绩效评价的目的不只是为向员工支付合理的劳动报酬提供依据,更是为肯定员工的工作贡献、价值,以及对组织发展的作用,向员工传递个人发展目标与组织发展目标一致的态度。因此,制定科学合理的绩效评价指标体系在绩效薪酬制度中至关重要。工作绩效评价指标体系确定应该具有科学性、可接受性、可操作性,并能清楚地区分绩效的高低,对绩效评价结果做出相应的反应。绩效薪酬制度中薪酬体系设计不仅要考虑经济性收入的满足,也要考虑非经济性收入的满足,使薪酬的激励效应充分地发挥出来。

绩效薪酬制度的实施需要具备相应的条件。主要表现在绩效评价标准要科学合理；绩效衡量要公正有效，并且衡量的结果必须与薪酬直接挂钩；各档次绩效之间有明显的区分。因此，绩效薪酬制度大多适用于能清晰地划分和评价绩效的工作环境。往往是岗位技能薪酬制度或职务等级薪酬制度等薪酬制度的重要补充。

5. 年薪薪酬制度

年薪又称年工资收入，多指企业中以会计年度为期间计发的工资收入总额。由于这种薪酬制度多用于企业的高级雇员、经理等，所以，也称为经营者年薪薪酬制度。年薪薪酬制度是我国从西方国家引入的一种薪酬制度，是顺应委托—代理的企业制度而产生的一种经营者激励-约束机制。

年薪薪酬制度具有几个基本特点。一是以会计年度为单位发放。二是将经营者的收入与会计年度的企业经营联系起来，本质上是一种企业经营活动，这是年薪薪酬制度的核心。三是年薪薪酬制度具有风险性。它通过激励和约束相互制衡的机制，把经营者的责任与利益紧密地结合起来，以保护出资者的利益，促进企业的发展。

年薪薪酬制度中薪酬由基本薪酬和风险收入两个部分构成。其中，影响基本薪酬的因素有企业的经营效益和企业的资产规模、企业员工的平均工资水平、企业的利税水平、当地的物价水平等。影响风险收入的因素有企业的经营效益、承担的责任大小、风险程度等。风险收入根据经营者的经营成果分档浮动，可以是负数。负数部分从基本薪酬或风险抵押金中扣除。国外年薪的构成与我国略有不同。一般分为五个部分。一是作为固定收入的薪水，这是保证经营者个人及家庭基本生活需要的薪资。二是奖金，是对经营者短期经营业绩的奖励。三是长期奖励，往往以股票期权的形式支付，使经营者的收入与企业的经营效益密切相关，一般占到收入的35％左右。四是福利，主要是为经营者提供休假和各种保险待遇等。五是津贴，主要是为经营者提供良好的办公、生活条件和设施等。无论是国外，还是国内，年薪薪酬制度中薪酬的构成趋势是减少基本薪酬部分的比例，增大奖励部分，尤其是增大长期奖励部分的比例，使经营者从长远、全局出发，更关心企业的长期、整体发展。

年薪薪酬制度实施的基础是经营者的业绩评价。这是一个关键性的工作，又是一个比较复杂的工作，不能只是简单地考虑结果，要将结果评价和过程评价结合起来。实践中，对结果的评价比较容易实现，难在对过程的评价，如经营者的创造性、应变性、预见性、刻苦性等的评价就比较困难。但是它对激发经营者提升处理和解决问题的能力与开创性具有积极的作用。

年薪薪酬制度的实施需要具备相应的实施条件。实施现代企业制度运营企业是第一必备条件。只有实行委托-代理制度的企业才能实行年薪薪酬制度。因为在这样的企业中，经营者与出资者的关系、经营者与企业其他雇员的关系都比较明确。同时，还要有科学合理的评价机制，确保经营者的显性业绩和隐性业绩都能获得客观、公正的整体评价。另外，还要有经营者职业化、市场化的宏观环境。

专题四 薪酬设计

专题导读

薪酬设计是组织薪酬管理的核心内容,也是薪酬管理的重要工作。薪酬设计包括哪些内容?这些内容主要指的是什么?薪酬设计需要哪些步骤和环节?薪酬设计与组织战略有什么关系?薪酬设计要遵循什么原则?本专题将为你解答这些问题,使你对薪酬设计有一个清楚的了解和掌握。

一、薪酬设计概述

薪酬设计也就是薪酬制度设计,也称薪酬方案设计。它是以职务分析与评价、定额定员和考核为前提,包括薪酬制度类型选择与确定、薪酬标准的确定、薪酬等级的确定等内容的一个薪酬系统。其中,薪酬制度类型的选择与确定明确了工资表横向上的组成要素;薪酬等级的确定则从纵向上明确了工资的差别幅度;薪酬标准的确定是将工资组成要素与工资差别幅度具体量化的表现。所以说,薪酬设计是一个反映组织薪酬结构与构成、薪酬等级与薪酬标准的综合方案。

薪酬设计应以组织发展战略为依据,根据不同时期的组织运营规划、不同时期组织在行业中的地位及发展阶段,选择不同的薪酬方案设计,以促进和支持组织发展战略的实现。也就是说,组织薪酬设计要与组织生命周期所处的阶段相适应。例如,组织处于创立初期和成长期的时候,组织人力资源的薪酬分为两个部分,一部分是组织开创元老或核心团队,对这部分人员的薪酬重在吸引和留住。因此,这个阶段奖酬所占的比例会较高,甚至许以股份。此时的薪酬构成具有低的基本工资和福利、高奖酬的特点。对另一部分非核心团队成员,薪酬设计则保持社会平均水平。通过这种薪酬构成,既控制了成本,又可激发组织成员为组织成长发展努力向上的热情。但是,当组织进入成熟期的时候,组织人力资源管理的重点在于如何使组织内部的各种计划实现一致性,以及控制成本与有效地运作机理相结合。此时的薪酬设计强调的是组织内部的公平性,以及中长期奖酬与福利体系的建设。目的在留住人才,并实现组织发展某些方面的突破。

为了更好地配合组织发展战略的实现,薪酬设计必须遵循相应的原则。这些原则包括公平性原则、竞争性原则、激励性原则、利益分享原则、薪绩一致业绩优先原则、经济性原则和合法性原则。公平性原则是薪酬设计首要考虑的原则。它是员工对薪酬的公平感。薪酬的公平性一般包括外部公平、内部公平和个人公平三个层次。为了保证实现公平性,组织在薪酬设计中应注意：薪酬制度的制定要有明确一致的指导原则以及统一的、可以说明的规范。同时，薪酬制度是公开的、民主的，使员工能够对其进行了解和监督。而且，薪酬的公平应该强调的是从结果的公平转到过程、机会的公平上来。竞争性原则指的是薪酬标准在市场上具有吸引力，有利于吸纳人才和留住人才。如果说竞争性原则指的是对组织外部，那么，激励性原则指的则是对组织内部，即组织内部不同岗位、工作和职务的薪酬标准要拉开适当的距离，真正体现薪酬的激励作用。利益分享原则是指薪酬设计中要考虑员工个人需要与组织需要的结合以及个人目标与组织目标的利益一体化，即为了更好地激发员工的工作积极性，必须将员工作为组织的一分子，分享他们为组织创造的价值。某种程度上讲，这也是激励的一种表现形式——成就激励。薪绩一致业绩优先原则是指薪酬的构成应该突出员工及组织的绩效与薪酬的关系，既要考虑薪酬的保健作用，也要考虑薪酬的激励作用，使员工的不同价值贡献得到相应的报偿。经济性原则是要考虑，在薪酬体现竞争性和激励性的同时，必然带来组织人力资源成本的增加，而这个增加必须考虑组织的承受能力，以及因成本增加给组织运营带来的风险。合法性原则是指组织的薪酬设计必须符合现行的法律法规。

二、薪酬设计的步骤与内容

组织的薪酬设计一般包括下列内容，即岗位工作评价、市场薪资调查、绘制工资等级表、薪酬水平的比较与确定、工资差距的处理五个步骤与内容。

（一）岗位工作评价

岗位工作评价就是根据工作分析的结果，对工作价值——工作对于组织的相对价值进行判断、确定和排序，将它纳入薪酬结构并提供薪酬结构的标准程序的活动。它是使员工之间或管理者与员工之间对工作进行等级排序认识趋于一致的系统方法。岗位工作评价能帮助组织确定组织的工作等级，以及两个工作之间的相对价值差距。这种连续性的等级有利于引导员工向更高的工作效率发展，而且，在增加新岗位的时候，也易于找到新岗位的恰当薪酬标准。可见，岗位工作评价的基本目的是消除由于不合理的薪酬结构造成组织内部不公平的支付状况，并建立起组织内部岗位之间的联系，组成组织整个的薪酬支付系统，使薪酬具有组织特色的合理薪酬策略。这是组织进行薪酬管理的基础和出发点。

岗位工作评价的关键在于确定组织内岗位的相对关系，即解决好组织内部各岗位之间的相对关系。基本做法是，以组织的工作说明书为依据，同时考虑工作中的劳动定额及一些其他因素，如工作角色的重要性、劳动环境等，确定工作岗位的等级或职级。岗位之间的相对关系包含纵向和横向两个维度。从纵向上来看，同类型的一系列工作岗位中客观存在着等级差别，如技术类型，由低到高分为技术员、助理工程师、工程师、高级工程师等。各等级反映其对工作的付出和劳动贡献的大小是不同的。这就能直接与薪酬挂钩：等级越高，支付的薪酬相对越高。这就实现了组织内部员工的劳动付出与所得报酬之间的比值大体相当——实现薪酬内部公平的格局。而且，通过这种格局，引导员工向上发展和努力。从横向上来看，每个组织都是由若干不同类型的工作系列构成一个完整的工作体系。不同的工作系列中处于相同等级的岗位应当获得大体相同的薪酬支付。这是薪酬内部公平的另一个体现,也是不同工作系列保持稳定的保证。通过这种纵向、横向的岗位工作评价,确定整个组织的薪酬体系和薪酬策略。

岗位工作评价是为了确定组织中工作的相对价值,因此,评价的是工作。评价的质量有赖于对评价因素定义理解的一致性以及评价因素等级划分的合理性。在评价中必须注意解决两个问题。一是对相似工作或完全不同的工作的确认。因为,这些相似或不同将影响评价要素的选取,进而影响工作评价的结果。所以,要求直接将工作信息的收集与工作评价中要采用的要素联系起来。而工作描述并没有包含岗位工作评价所需要的全部信息。这就要求以工作描述为基础,根据岗位工作评价的需要进行信息拓展。岗位工作评价所需要的信息包括工作责任和任务;完成工作所必需的知识、技能和能力;工作的背景信息,如工作环境、工作条件、工作关系等。二是对信息准确性的要求。由于这些信息是用于确定员工薪酬的,信息的准确性意义至关重要。要保证信息的准确性,应尽量做到多角度、多渠道获取信息,而且采集信息的要素口径应该做到一致、系统。

(二) 市场薪资调查

市场薪资调查就是通过各种正常、合法的途径和手段,获取相关组织各职务薪酬水平等信息的活动。它是组织为了保证自身薪酬的竞争性,以市场调查的方式和手段,了解并掌握相关组织的薪酬体系状况,并将它与本组织的薪酬体系状况进行比较,决定是否对本组织薪酬体系进行调整的一系列活动。如果说岗位工作评价重在解决薪酬的内部公平问题,那么,市场薪资调查重在解决薪酬的对外竞争力问题,即薪酬的外部公平问题。市场薪资调查为组织提供了给定岗位在人力资源市场上的最低、最高和平均薪酬水平。这不仅是组织进行薪酬决策的重要依据,而且是组织薪酬实现竞争性、激励性的重要保证。

市场薪资调查一般遵循如下调查步骤:确定调查目的——确定调查范围——确定调查要点——选择调查渠道和调查方法——处理分析调查数据——进行本组织员工薪酬设计。

1. 确定调查目的

确定调查目的就是要在调查开始之前明确此次市场薪资调查是为解决什么问题,调查的结果做何用途。不同的调查目的,调查计划及要求的设计不同。一般来说,调查的结果可以用作组织整体薪酬水平调整、薪酬晋升政策调整、具体岗位薪酬水平调整的依据。

2. 确定调查范围

根据调查目的确定调查范围。一般包括调查对象,如哪些相关组织、这些组织中的哪些相关的岗位等;调查内容;调查的起止时间范围等。调查范围的确定直接关系到调查资料的时效性和使用价值。

3. 确定调查要点

确定调查要点是为了明确调查的关键,抓核心问题。调查的要点一般包括调查的区域、接触的特定组织、涉及的具体工作或岗位。就调查的区域来看,目的是了解员工为工作愿意付出的最长时间或愿意承受的最长距离。接触的特定组织可以是同行业的,也可以不是同行业但具有相同技能的组织。涉及的具体工作往往是指一个行业或组织中成熟、成型的工作，对整个工作具有代表性。在市场薪资调查中，最困难的是确定可对比的工作。解决这个问题的方法不在工作的名称，而在如何利用一份完善的对工作进行描述的工作说明书上。

4. 选择调查渠道和调查方法

薪资调查渠道一般分为外部渠道和内部渠道两类。这里主要指的是外部渠道。内部渠道可以归属到岗位工作评价中进行。外部渠道是指对相关组织的关键性岗位进行调查。相关组织的关键性岗位往往是指在相关组织的薪酬系统中具有代表性的岗位以及在相关组织中流动性相对较强的岗位。前者在一个组织中起关键性的作用，后者是为稳定员工寻找对策。薪资调查的方法很多，主要有由问卷和访问等组成的正式调查方式，非正式调查方式，以及统计部门或专业机构等提供的方法等，薪资调查可以采用多种方式结合的方法。

5. 处理分析调查资料

市场薪资调查必须去收集获取的资料有：相关组织的薪酬政策、相关组织的薪酬结构和构成、相关组织的薪酬标准、相关岗位的薪酬水平及岗位之间的薪酬级差等。薪资调查后，要对收集到的资料进行处理与分析，形成调查结果。在资料的处理分析中要注意识别信息的有效性及价值。

6. 进行本组织员工薪酬设计

通过薪资调查分析，了解和掌握影响员工薪酬的相关制约因素，以及相关组织的薪酬状况，结合岗位工作评价，就可以进行本组织员工薪酬设计，确定本组织的薪酬策略和薪酬体系。

（三）绘制工资等级表

组织薪酬设计简单易行的方法是，根据组织岗位工作评价的结果绘制反映现行薪酬水平的工资等级表。这个环节的工作包括设计职务工资类型、确定职务工资级差、制作工资等级表等。任何薪酬项目都要反映其差别。

1. 设计职务工资类型

设计职务工资类型就是要根据员工担任的岗位职务确定职务工资的级数和级差。我国公务员薪酬实行的是一职多薪，即一个职务等级内设计若干工资级别，从而一个职务等级内有若干个工资额。

2. 确定职务工资级差

确定职务工资级差就是根据岗位工作评价，将岗位工作划分为若干区间，将同一区间的职务定为一个等级，并确定不同等级之间工资级差的幅度，即确定组织内各岗位最低一级到最高一级之间的工资比例关系，以及其他各等级与最低等级之间的工资比例关系。前者反映组织内员工报酬拉开距离的状况，后者充分考虑劳动强度、劳动复杂程度、工作责任大小等方面的差异。工资等级的合理划分为的是使工资能发挥激励作用。

职务工资级差的确定包括无覆盖式和覆盖式两种类型。无覆盖式指的是上一级与下一级的工资额没有重叠部分，适用于职责程度划分明确的职务；覆盖式指的是上一级与下一级的工资额有重叠部分，适用于职责程度划分不太明确的职务。

3. 制作工资等级表

明确职务工资类型和级差方式后，为了对组织各岗位工资级数及其级差进行完整表述，必须绘制工资等级表。每个组织都有体现自身薪酬管理特点的工资等级表。

（四）薪酬水平的比较与确定

当薪酬设计进入这个环节，为了制定适合本组织发展战略目标实现要求的薪酬政策，必须进行薪酬水平的比较，从而确定本组织具有竞争性和激励性的薪酬水平。这里的薪酬水平比较是指本组织的薪酬水平与同行业薪酬水平的比较。通过薪酬水平比较，选择和确定本组织的薪酬政策。常用的薪酬政策有趋同政策、高工资政策和低工资政策等。

1. 趋同政策

趋同政策是指本组织的薪酬水平趋同于同行业的薪酬水平，即根据同行业的薪酬水平来确定自己的薪酬水平。理论上讲是合理的，但现实操作中，如果简单地趋同，将高于市值的岗位工资调低以趋同于同行业的工资水平，势必极大地伤害员工的工作积极性；而不做考虑地将低于市值的岗位工资调高以趋同于同行业的工资水平，也未必就能达到调动员工工作积极性的目的。那么，解决这个问题的方法是，不根据同行业的工资水平对本组织的工资水平进行简单的增减，而是采取工作量调整、提供调职或晋升机会、关心员工职业发展等方式进行缓冲处理，使员工感觉到其劳动贡献与报酬所得基本相符。

2. 高工资政策

高工资政策就是实行高于市场薪酬水平的工资政策。但是，在实行高工资政策中要注意两个问题：一是组织的经济承受能力，因为高工资必带来高的人工成本，进而有可能影响组织的竞争力；二是高工资是否一定带来对组织员工工作积极性的激发而提高工作效率。

3. 低工资政策

低工资政策就是实行低于市场薪酬水平的工资政策。低工资政策有利于组织控制人工成本，但是不利于激发员工的工作积极性以及吸引和留住人才。小型组织比较适合采用这种工资政策。但是，也要在薪酬结构和构成设计中巧妙地用好基本薪酬与奖励薪酬的关系和比例。

（五）工资差距的处理

一般来说，在工资系列中必定有该工资等级的起薪点和顶薪点，中间还有若干个增薪点。由此构成一个完整的工资等级系列。在这些等级中有一个级差幅度。这个级差幅度的确定意义相当重要：如果定得过低，对员工工作积极性的激发作用不大；如果定得过高，又不利于组织人工成本的控制。因此，工资等级差距的处理变得尤为重要。处理中要注意解决以下两个问题。一是适当控制工资等级数目。因为工资等级越少，员工上升的空间和机会也就越少。但是，工资等级越多，管理的难度也会越大，成本也会因此增加，而且，如果增多的工资之间差距不明显，也会使工资的激励效用降低。二是适当控制相邻等级职务的工资重叠部分的比例。因为相邻等级职务的工资如果重叠部分比例过大，则不利于区分两个等级职务之间的差异，也就不利于激发员工的工作积极性。在工资差距处理上应坚持的原则是薪绩一致，突出竞争性和激励性。也就是说，每个等级的薪酬必须与该等级的职责大小、工作难易程度、贡献大小相一致，上一个等级的薪酬可以成为下一个等级员工追求的目标。同时，为了解决薪酬到达顶薪点时员工工作积极性的激发问题，还应该在薪酬结构和构成设计中降低基本工资的比重，加大奖励工资的比重，由此较好地处理工资差距问题。

三、薪酬的控制与调整

薪酬设计完成后，就进入薪酬制度的实行和控制阶段。薪酬制度的实行和控制包含薪酬的实行与控制和薪酬调整两个环节。

（一）薪酬的实行与控制

薪酬的实行就是薪酬方案的执行过程。在这个过程中，为了确保薪酬方案的有效实行，必须定期或不定期地将执行结果与方案中规定的标准进行对比、分析，及时发现和排除不利于薪酬制度实施的问题。这就是薪酬的实行和控制。

薪酬控制要把握三个方面，即薪酬预算、薪酬平均率和成本控制。

1. 薪酬预算

薪酬预算就是根据组织薪酬制度，预算组织各部门在未来一年中所需要的薪酬支出，并汇总编制组织整体的薪酬预算。这个预算是组织进行薪酬实行和控制的依据。薪酬衡量是通过计算组织的薪酬平均率，来判断组织薪酬的标准是否与组织的整体绩效相一致，借此控制薪酬的总支出。

2. 薪酬平均率

薪酬平均率是实际平均薪酬与薪酬幅度中间值的比值。薪酬平均率越接近1，表明薪酬水平越理想。当薪酬平均率大于1时，说明组织支付的薪酬总水平过高；反之，说明组织薪酬总水平过低。如果这种过高是缘于员工上乘的工作表现及相应的工作业绩，那这种结果是满意的；如果这种过高是缘于逐年上升的年资使较多的员工工资接近顶薪点，那这种结果就未必是满意的，需要进行具体分析和处理。同样地，如果组织薪酬总水平过低是缘于员工的工作表现及工作业绩不佳，其结果是不满意的；如果这种过低是缘于组织成员中处于低等级的员工数量较大，那也是不利于组织发展的。

此外，在进行薪酬平均率计算的同时，还要考量增薪幅度，即组织全体成员在平均薪酬水平上的增长数额。它是本年度组织平均薪酬水平与上一年度组织薪酬平均水平之差。一般来说，增薪幅度越大，越容易激发员工的工作积极性。但是，增薪幅度的确定必须考虑组织的经济承受能力以及组织的竞争力。

3. 成本控制

在薪酬方案实施过程中发现薪酬水平过高而导致人工成本过高时，必须进行成本控制。

成本控制的方法有薪酬冻结、延缓提薪、延长工作时间、控制其他开支等。每种控制成本的方法都有它不利的一面,使用的过程中要谨慎,要取得员工的理解与支持。

(二)薪酬调整

在实行薪酬控制中如果发现薪酬方案中存在与环境变化不相适应的地方,则必须对薪酬方案进行调整、修正。薪酬调整包括奖励性调整、生活指数调整、效益调整、工龄调整等薪酬调整方式。奖励性调整和效益调整都与绩效直接相关,既是对工作绩效的肯定,也是对工作绩效的分享。

专题五 员工福利

专题导读

在员工的薪酬结构和构成中,福利占据什么样的位置?有什么作用?员工福利包括哪些内容?本专题将向你介绍员工福利的构成及其作用,让你对员工福利有一个较好的了解。

一、福利是员工的间接报酬

(一)员工福利的含义

员工福利是组织为员工在改善直接的劳动条件以外,从生活的诸多侧面确保和提高员工及其家属生活而开展的活动及措施的总称,包括给员工提供的各种带薪假期,医疗、安全等各方面的保险,员工丧失劳动能力后获得的物质等各方面保障,组织举办的各种文娱活动等。因此,福利是员工的间接报酬,是对组织收益及其国民收益进行再分配的一种方式。福利具有维持人力资源再生产的作用,是凝聚员工的重要手段之一,还是维护社会稳定的重要手段。

员工福利主要由三个部分构成,即经济性福利、非经济性福利和保险。经济性福利通常是指与员工生活、健康、发展有关的货币性或非货币性的补偿,如带薪假期、超时工作的薪酬、各类补贴、医疗保健性福利、员工及其家属的教育性福利、娱乐休闲性福利、其他方面的生活性福利等。非经济性福利一般是指那些旨在全面改善员工的"工作生活质量"方面的福利,如咨询性服务、保护性服务、工作环境保护等。保险主要是指社会保险,是福利中的一项重要内容和组成,在薪酬体系中占据着重要的位置。它包括安全与健康保险、养老金计划、失业保险等项目。

每个组织的员工福利形式具体来说各有差异。但是，在遵循法律法规要求的基础上还是有共同性的，即员工福利一般都是以公共福利、个人福利、带薪假期、生活福利等形式来体现。

（二）员工福利的特点

员工福利具有补偿性、补充性、均等性和集体性等特点。

1. 补偿性

员工福利的本意就是在工资以外对劳动者所提供劳动的一种补偿。因此，享受员工福利必须以履行劳动义务为前提。

2. 补充性

员工福利是对按劳分配、薪绩挂钩的一种薪酬补充，是组织对其收益以及国家对其国民收入进行再分配的一种形式。由于劳动者之间客观存在劳动能力上的差异，以及受家庭供养人员等因素的影响，导致其在个人消费品满足程度上出现不平等。员工福利可以在一定程度上缓解这种不平等。所以，员工福利是工资的必要补充。

3. 均等性

员工福利的分配和享受具有机会均等、利益均沾的特点。每个员工都有享受组织福利的均等权利，都能共同享有组织提供的各种福利事业。

4. 集体性

员工福利的主要形式往往是以集体福利事业的形式出现的，通过集体消费或共同使用公共设施的方式分享员工福利。

（三）组织福利的设计

组织福利的设计由福利调查、福利目标设计、福利成本核算、福利沟通等内容构成。

福利调查是整个福利设计的基础和依据。福利调查的目的是了解组织的福利状况及其对组织发展的影响与作用。福利调查一般包括旨在了解员工对福利项目的态度、看法和要求的制定福利前的调查；旨在了解员工在财政年度内享受的福利项目及其满意程度的员工年度福利调查，以及对福利反馈的调查。

福利目标设计是为组织福利计划确定方向和运作指导。组织福利目标设计一般需要考虑的因素有符合组织的长远发展目标要求、符合组织的薪酬政策、考虑员工眼前需求与长远需求的结合、对绝大部分员工具有激励作用、符合国家的相关法律法规、组织的经济承受能力、组织文化等。

福利成本核算是福利管理中的重要环节。福利成本核算要解决的问题有通过组织的绩效计算出组织可支出的最高福利总费用；与外部福利标准进行比较；制定主要福利项目的预算；确定每个员工应享受的福利额度；制订相应的福利项目成本计划；控制福利成本等。

福利沟通是福利最大限度地满足员工需要的要求,也是组织对员工福利反馈的一种方式或一个管道。通过福利沟通,了解员工对组织福利及其福利管理的满意度。福利沟通是确保组织福利更好地实现组织福利目标,促进组织发展的重要环节与管理活动之一。

(四) 弹性化的组织福利制度

福利作为一种补助性的给予,更多地带有保障意义,是调节组织内公平、维系组织稳定的一个重要手段。因此,每个组织都有自己的福利制度。传统的组织福利制度更多强调的是保健性质。这在福利费用在组织成本中的份额越来越大的情况下,必须有所改变,使福利不仅具有保健性质,而且将保健性质更多地转化为激励性质。组织福利制度弹性化改革就是福利制度变革的趋势。

弹性化的组织福利制度是 20 世纪 70 年代在美国兴起的一项福利制度改革活动。也称菜单式的福利制度,是员工从组织提供的一份列有各种福利项目的"菜单"中根据自己的需要自由选择福利项目。在美国,弹性福利制度因此也称自助餐式福利计划。弹性福利制的最大特点是强调员工福利个性化的实现。每个员工都有自己的满意的福利组合,而且,员工主动参与福利项目的设计、组合过程,使员工的需求在这个过程中获得较好的满足,从而更好地激发福利的激励作用。组织的弹性福利制度并不是无限制的弹性。它的具体操作是,组织根据员工的薪酬水平、年资或家庭状况等因素,为每个员工设定一个福利限额。然后为每个福利项目开列一个相应的金额。员工在自己能享受的福利限额内进行福利项目的组合。

从上述弹性福利制度的含义和具体操作来看,弹性福利制度的优点在于这种福利制度既考虑了组织的利益,也一定程度地考虑员工需要个性化的满足,有利于改善组织与员工的关系,有利于增强员工对组织的满意度、凝聚力,同时也一定程度地对员工具有激励作用。在实际运用中,弹性福利制度还可以提高组织的福利管理效率,更好地吸引人才。弹性福利制度的不足之处在于实施弹性福利制度之初的工作量大而烦琐;员工在进行福利项目选择的需要指导以帮助减少选择的盲目性与短视性;采用弹性福利制度的组织往往削弱了其工会与资方进行薪酬博弈的机会。

福利制度是组织及其成员共同关心的问题,是关系到组织每个成员切身利益,尤其是长远切身利益的薪酬制度组成。合理的福利制度不仅有利于稳定组织的运营发展,而且有利于吸纳和留住优秀的人才。因此,采用什么样的福利制度至关重要。弹性福利制度较好地满足了员工在福利上客观存在的偏好需求,并有利于组织对福利成本的控制。它在实施中存在的诸如工作量大而烦琐等问题,在现代技术手段下将会得到较好的解决。从解决过往福利只具有保健性质的问题来看,弹性福利制度是一个较好的选择,也是福利制度的发展趋势。

二、员工的社会保障

(一) 员工社会保障概述

员工的社会保障是指组织遵守并执行国家相关法律规定,为员工所设立的保护员工基本生活安全项目的总称。社会保险是其中的重点内容和支柱。我国现行的员工社会保险主要涉及养老保险、医疗保险、失业保险、工伤保险、生育保险5个项目。

员工社会保险与商业保险的最大区别在于它是强制性的、社会性的保险。所谓强制性体现在每个员工必须参与社会保险，员工所在组织必须为其员工承保。所谓社会性体现在员工社会保险必须全面普及，覆盖组织中的每个成员。就社会来说，社会保险的社会性还将扩展到全体社会成员。因此，员工社会保险的原则表现为强制性、社会性和互济性3个方面。

（二）养老保险

员工养老保险是指劳动者在达到国家规定的解除劳动义务的劳动年龄界限，或因年老丧失劳动能力的情况下，能够依法获得经济收入、物质帮助和生活服务的社会保险制度。员工养老保险是社会保险制度的重要组成部分。它通过国家、组织和劳动者个人原始收入的再分配，调解劳动者之间的收入分配差距，缩小收入差距，保障劳动者的基本生活，解决劳动者老有所养的后顾之忧，从而保证劳动者的劳动积极性。

根据保险范围、水平、方式的不同，员工养老保险又分为基本养老保险、补充养老保险、个人储蓄性养老保险三种类型。基本养老保险是国家立法强制实行的、由政府、组织与劳动者个人三方共同完成的社会保险行为。补充养老保险是在国家相关法律、法规指导下，在组织及其成员已经参加基本养老保险的基础上，由组织及其成员根据组织的运营效益，自主确定的保险行为。个人储蓄性养老保险则完全属于个人行为。基本养老保险是养老保险的第一支柱。

我国的养老保险始于1953年《中华人民共和国劳动保险条例》的颁布与实施。期间经历了发展、停滞、改革的历程。1978年至今，是我国养老保险制度改革的阶段。在这整个的改革过程中，我国的养老保险制度经历了从企业保险向社会保险的转变；城镇企业职工个人缴纳养老保险向国家、企业、个人等多方负担保险费用转变；单一层次养老保险向多层次养老保险转变。养老保险制度呈现如下特色。

1. 社会统筹与个人账户相结合

我国城镇企业员工基本养老保险制度实行社会统筹与个人账户相结合，国家、企业和员工三方共同负担养老保险费用。这个基本养老保险制度覆盖了各种类型的城镇企业及其员工，以及实行企业化管理的事业单位及其员工，此外，还先后将城镇个体工商户、自由职业人和城乡居民也纳入了基本养老保险范畴。随着我国事业单位改革和行政体制改革的进一步发展，事业单位和党政机关也逐步加入基本养老保险制度。

2. 行政机关基本养老保险制度另成体系

行政机关和部分事业单位在人员构成、经费渠道、工资福利制度等方面都与企业以及企业化管理的事业单位有着很大的区别。1982年《中华人民共和国宪法》颁布实施，标志着我国干部退休制度以法律的形式被正式固定下来。行政机关的基本养老保险费用由国家财政提供，资金来源较为可靠、有保证，而且水平高于企业及其企业化管理的事业单位。也就是说，我国的基本养老保险制度至此实行了双轨制。进入21世纪，国家开始酝酿机关事业单位人员基本养老制度改革。2015年,国务院出台了机关事业单位人员养老保险制度改革决定,并给出实施的时间表。这预示着我国实行30多年的基本养老保险制度双轨制将结束,基本养老保险将走入统一的轨道。

3. 农村基本养老保险制度逐渐成形、完善

我国农村涵养着大量的农业人口。除了外出务工人员外(外出务工人员在其所在企业购买基本养老保险),这个庞大的群体的基本养老问题是政府、社会和民众关注的热点民生问题。1986年我国开始在东南沿海农村地区试行农村社会养老保险。1992年民政部正式颁布实施《县级农村社会养老保险基本方案(试行)》,确立了社会养老与家庭养老相结合;自助为主、互助为辅,国家给予政策扶持;农村各类人员社会养老制度一体化的基本原则。试点方案确定的农村社会养老保险模式为完全积累的个人账户模式。2009年9月1日,国务院发布《关于开展新型农村社会养老保险试点的指导意见》,标志着全国新农保试点工作正式启动。这是由政府组织引导,采取个人缴纳、集体补助、政府补助相结合的方式,以保障农民年老后基本生活的一种养老制度。参保人员可根据自己的承受能力选择缴费档次。随着基本养老制度改革的进一步发展,农村社会养老保险的覆盖面在不断扩大,改革的力度也在不断地加强。

小资料

新型农村社会养老保险,称为"新农保",是继取消农业税、农业直补、新型农村合作医疗等政策之后的又一项重大惠农政策。过去的老农保主要是农民自己缴费,实际上是自我储蓄的模式,而新农保最大的特点是采取个人缴费、集体补助和政府补贴三种筹资渠道相结合的模式。这与老农保的自己缴费、自我储蓄模式有着本质的区别。而且,中央财政对地方的补助直接补到农民头上。新农保在支付结构上分两部分:基础养老金和个人账户养老金。基础养老金由国家财政全部保证支付,这意味着中国农民60岁以后都将享受到国家普惠式的养老金。2020年,我国已基本实现"新农保"试点全覆盖。

4. 基本养老保险的重要补充——企业年金

企业年金是在国家相关法律、政策指导下,由企业及其员工根据组织运营状况协商自主建立的一项养老保险制度,是对基本养老保险制度的重要补充。企业年金的最大特点是养老计划由组织与员工共同协商制定并共同承担责任,费用由组织与员工个人共同承担,基金实行长期积累与市场化运营,政府予以政策性支持与鼓励,并对其实行严格的监管。1991年开始,我国发布了一系列相关文件,提倡、鼓励企业实行补偿养老保险,并将它定位为缴费确定型模式:个人账户方式管理,投资风险个人承担。2000年国务院在完善城镇社会保障体系试点方案中,将企业补偿养老保险更名为"企业年金",明确了企业缴费在工资总额4%以内的部分可以从成本中列支,同时确立了基金实行市场化管理和运营的原则。

企业年金的明确标志着我国城镇职工养老保险走向多层次、多渠道的社会保障体系。机关事业单位基本养老保险制度改革也将把年金引入进去,作为机关事业单位人员基本养老保险的重要补充。到那时,我国的基本养老保险将全面走向多层次、多渠道的社会保障体系。

(三) 医疗保险

医疗保险是社会保险制度体系中的重要组成部分。它是指劳动者生病或非因工负伤时,由国家、社会和组织给予一定经济补偿或医疗服务的社会保险制度,是社会收入再分配的一种方式。其基本功能在于使受到伤病侵害的劳动者的工作能力得到恢复。因此,医疗保险制度通常是由国家立法建立基金制度,强制实施。医疗保险费用由组织及其成员个人共同支付。

中华人民共和国成立后,我国先后建立了企业职工医疗保险制度和行政机关工作人员医疗保险制度。农村实行合作医疗制度。20世纪80年代后期,开始陆续开展大病医疗费用社会统筹和离退休人员医疗费用社会统筹。医疗保险开始走向社会化管理。1998年12月,国务院颁布了《国务院关于建立城镇职工基本医疗保险制度的决定》(国发〔1998〕44号),开始了全国医疗保险制度改革。改革的主要内容包括:保障职工基本医疗需求;用人单位和个人共同负担;社会统筹与个人账户结合;提高医疗服务质量和水平。至此形成了"保基本",即"保大病"为核心,权利义务对等,实行责任分担的新型医疗保险制度特点。2003年1月,国务院颁布《关于建立新型农村合作医疗制度意见的通知》(国发〔2003〕3号)。"新农合"标志着数亿农民无医保的历史就此结束。到2022年年末,"新农合"制度已覆盖约8.12亿人,覆盖率达98%以上。2007年7月颁布《国务院关于开展城镇居民基本医疗保险试点的指导意见》(国发〔2007〕20号)。这一政策的出台标志着城镇非从业居民病有所医有了制度安排。至此,新型医疗保险制度实现了制度全覆盖。但这并不意味着我国的医疗保险制度改革就此完成。医疗制度改革还在不断地深入细化,解决民生问题是政府永恒的话题。

(四) 失业保险

失业是市场经济社会不可避免的一种客观社会现象。失业保险是国家和社会为保证劳动者在等待重新就业期间的基本生活而给予劳动者的物质帮助的社会保险制度,是社会保险的重要组成部分之一。其目的在于通过建立失业保险基金,使劳动者在职业中断期间能从国家和社会得到必要的经济帮助,使遭受失业风险的劳动者得到保护和再配置。失业保险除了对处于失业状态的劳动者给予必要的经济帮助外,还通过提供培训、生产自救、职业介绍等服务,为失业的劳动者重新就业创造条件。

我国对失业的认识经历了一个漫长的认识转变过程。失业概念的产生源于劳动制度改革和企业破产法的实施。1986年10月,我国颁布了第一部关于企业职工失业保险的规定——《国有企业职工待业保险暂行规定》。1993年4月又对此规定进行修订,对保险对象、保险水平、保险项目、保险费用来源、给付条件等做了详细规定。1999年正式颁布了《失业保险条例》,标志着我国失业保险制度的正式建立。

我国对失业保险规定了三个基本条件,即按照规定参加失业保险,职工所在组织及本人按规定履行纳税义务满一年的;非本人意愿中断就业的;已办理失业登记并有求职要求的。失业保险金的标准按照低于当地最低工资标准、高于城市居民最低生活保障标准的水平来确定金额。

目前,我国已明确规定,城镇企业单位必须给员工购买基本养老保险、基本医疗保险、失业保险和工伤保险。条件好的企业还为女员工增加了生育保险。随着我国社会保险制度的不断改革和发展,社会保险制度将得到不断的完善,劳动者的权益将获得更多的保障,有利于更好地维护社会稳定。

小　　结

薪酬是劳动者劳动报酬的表现形式。薪酬包括内在薪酬和外在薪酬两个部分,是经济性报酬与非经济性报酬的总和。薪酬既是对劳动者劳动价值的肯定,也是激发劳动者劳动积极性的重要手段。薪酬体系的设计包括薪酬结构、薪酬构成、薪酬标准、薪酬水平等内容。不同的薪酬结构体现的是不同组织的薪酬文化特点,也反映不同组织的薪酬制度。薪酬具有激励效用,只是每个构成部分的激励效用大小不同,只有与组织及个人绩效直接挂钩的那部分薪酬,才具有较好的激励效用。每个组织的薪酬结构与构成如何设计没有统一模式,应该根据每个组织的发展战略目标要求,发展的各个不同阶段特点,以及组织自身的运营状况及其绩效来确定。影响组织薪酬的因素主要有组织内部因素和组织外部因素。组织内部因素包括组织运营绩效、组织文化理念、员工的个人绩效、组织的薪酬政策、组织的薪酬制度、组织中的工会力量等。组织外部因素包括国家的相关法律法规、人力资源市场的竞争状况、物价的变化等因素。薪酬制度是对组织薪酬活动及其管理的规范和行为准则。

福利是薪酬的重要组成部分,也是薪酬的重要补充,是对组织收益和国民收入进行再分配的一种形式。其目的在于减少组织内部的不公平。福利的构成包括常规型福利项目和社会保障两大部分。为了更好地发挥常规型福利项目的激励作用,福利的趋势是实行弹性福利制度。社会保障主要指的是社会保险,包括基本养老保险、基本医疗保险和失业保险。它们都具有强制性、集体性、均等性和互济性等共同特点。随着市场经济的进一步发展,我国的社会保险制度正在经历着不断变革和发展的过程。

思考与练习

一、填空题

1. 组织中的薪酬一般由三个大的部分构成,即(　　)、(　　)和(　　)。
2. 组织中的薪酬结构包括(　　)和(　　)两大部分。
3. 组织薪酬必须符合(　　)、(　　)、(　　)、(　　)和(　　)五项基本原则。
4. 员工对薪酬公平的比较往往有三种类型,即(　　)、(　　)和(　　)。
5. 根据期望理论,在薪酬体系设计中要处理好(　　)、(　　)和(　　)三对关系。

6. 薪酬管理包括（   ）、（   ）和（   ）等活动。
7. 薪酬控制要把握（   ）、（   ）和（   ）三个方面。

二、判断题

1. 基本薪酬与劳动付出有着直接的、密切的联系，是对劳动者劳动付出的价值报偿。
（   ）
2. 内在薪酬是指与劳动直接联系的那部分薪酬，是属于经济性待遇的那部分薪酬。包括直接薪酬、间接薪酬、非财务薪酬。（   ）
3. 组织的薪酬体系必须满足公平的要求才能实现管理和激励的目的。（   ）
4. 福利是员工的间接报酬。（   ）
5. 员工福利具有强制性的特点。（   ）
6. 社会保险是社会保障的重点内容和支柱。（   ）

三、辨析题（先判断对或错，然后进行简要的理由说明）

1. 组织薪酬管理的设计应明确组织的薪酬战略定位。
2. 组织薪酬管理应遵循动态化原则。

四、简述题

1. 影响薪酬的主要因素有哪些？
2. 薪酬的作用表现在哪些方面？
3. 薪酬管理的目的有哪些？
4. 薪酬设计的步骤与内容分别有哪些？

推荐书目及其文章

[1] 乔治·米尔科维奇. 薪酬管理[M]. 成得礼, 译. 11版. 北京：中国人民大学出版社, 2014.
[2] 刘昕. 薪酬管理[M]. 北京：中国人民大学出版社, 2017.
[3] 孙林. 社会保险理论与实务[M]. 北京：中国劳动社会保障出版社, 2021.
[4] 赵国军. 薪酬设计与绩效考核全案[M]. 修订版. 北京：化学工业出版社, 2016.
[5] 古斯塔夫·勒庞. 乌合之众：大众心理研究[M]. 冯克利, 译. 北京：中央编译出版社, 2011.

第十章
员工激励

微课资源

有效的管理是通过对组织资源的充分利用实现预期的价值目标。借助现代科学技术手段,对组织中的物力、财力资源进行精确的预测和安排并不是一件困难的事情,难的是如何令人力资源效用最大化。实践证明,在物力、财力资源相同的情况下,人力资源对价值目标的实现至关重要。即如何发挥和激发人力资源的积极性、主动性、创造性是提升资源价值产出的重要因素,这就是激励的目的。激励是管理的一项职能,对组织目标的实现具有十分重要的作用。

本章从认识和理解激励的基本原理入手,对激励的含义、激励的内容、激励的过程以及激励的主要理论进行简要地阐述,对激励的意义和应用进行分析和介绍,对组织激励机制的设计与实施进行探讨。最后还将补充优秀企业的激励案例,以助学习者更好地借鉴成功组织的激励实践与经验,使激励这一管理手段在管理中发挥更好的作用。

 学完本章,你将能够:

1. 了解激励的内涵与实质,更好地理解激励的要义;

2. 理解和掌握激励的基本理论要点,并能在案例分析中准确地运用它们;

3. 了解并掌握激励的主要方式及其运用;

4. 了解并掌握适用于不同群体的激励应用,有针对性地开展激励活动;

5. 了解并理解沟通在激励中的作用以及加强有效沟通的方法;

6. 了解优秀组织的激励实践并从中获得有意义的启发和借鉴。

专题一 管理中最核心的问题是对人的激励

专题导读

什么是激励？为什么要进行激励？激励的目的是什么？激励对组织有什么作用？激励有哪些类型和方式？激励应该遵循什么原则？本专题将为你解答这些问题，使你对激励有一个基本的了解和认识。

一、激励是激发人的行为动机的心理过程

（一）激励的含义

激励的本意是指人在追求某个既定目标时的意愿程度，包含激发动机、鼓励行为、形成动力三层含义。心理学家经过研究得出结论：人的行为基本都是动机性的行为，即人的行为都有一定的目的性和目标性，而动机源于人的需求欲望。它们的关系是：需求欲望导致动机的产生，动机再带来相应行为的发生，这就是激励的过程。它以未能获得满足的需求为起点，以需求获得满足为终点。当一种新的需求出现，就是新的激励开始。所以，激励可以看作是人的需求获得满足的不断循环的过程。可以表示为

未满足的需求⟶紧张感⟶内驱力（动机）⟶寻求行为⟶满足需求⟶新的未满足的需求

可见，激励既不是操纵，也不是控制，而是通过满足人的需要对人的行为进行激发，换言之，也就是对人的自动力和积极性的调动。人的需求是人的本性。认识和顺应人性的特点，满足人的需求是实现激励有效性的保证。

激励是一个心理过程，不能直接被察觉，只能通过行为和工作绩效来衡量和判断。衡量和判断激励程度及效用通常有三个要素。一是努力，这是员工在工作中表现出来的行为强度。二是持久，这是员工在完成工作任务上表现出来的长期性。缺乏持久性的热情不能称为积极性。三是与组织目标有关，这是员工行为的质量。

从管理的角度来看，激励是指组织通过设计一定的中间因素，从外部施加推动力和吸引力，增强组织成员通过高水平的努力实现组织目标的意愿。在这个过程中，个体的需求、努力的程度和组织目标构成激励的三个重要因素。因此，激励包含下列几个含义。

（1）激励的基本点是满足组织成员的某种需要。这些需要包括内在性的和外在性的。

（2）激励是对组织成员行为动机的激发和调整的过程。即当组织成员的行为动机与组织发展目标一致的时候，则对其进行鼓励和奖赏；反之，则对其进行遏制和惩戒。

（3）激励贯穿于组织成员工作的全过程。因此，激励是管理的一项职能。

（4）激励与沟通密不可分。有效的激励总是依赖于良好的沟通。沟通直接影响激励制度的运用和激励工作的成本。

（5）激励的目的在于促进组织目标实现的同时也能实现个人的目标。激励一般表现为通过外界所施加的吸引力或推动力，激发组织成员自身的自动力，使组织目标与个人目标达到客观上的统一。

可见，激励就是一个人的行为在外界吸引力或推动力的作用或影响下，对组织目标及其价值观给予认同和接受，在此基础上，组织成员自主地发挥其自身的积极性和创造性，促进组织目标实现的全过程。动机不是无条件产生的。它既取决于人的内在需求，也取决于外在的刺激。当外界的刺激符合人的需求，它就会成为人的行为动机的诱因。对人的激励的发生就在于激励的本质是根据人的需求，组织为其提供适当的刺激和目标，诱导组织成员的动机，调动他们的行为积极性。这里的关键在于诱导组织成员努力的目标必须包含成员的个人目标，使成员在为组织目标努力的过程中个人目标也获得实现。这样，成员才会产生持久的行为动力。因此，了解并设法满足成员的需求是激励过程的重要环节。

（二）人的行为的共性与个性

人的行为具有共性和个性。了解这些，有助于更好地了解和分析人的需求的特点，从而有利于管理的过程中采取更有效的方式、手段，设法满足成员的需求，激发成员的自动力和积极性。

人的行为的共性主要体现在以下几个方面。

（1）人的所有行为都受动机驱使，内在的需求和外在的环境都是影响人的行为的因素。

（2）人的所有行为都是有目的和目标的，是根据自己认定的目标循序完成的，不管这个行为的发生是否符合常理。

（3）人的所有行为都是朝向有利于自身存在和发展的结果而努力的。满足自身利益是人的行为的根本动因。

（4）人的行为都具有可塑性。为了达到目标，人会变换行为方式。

（5）由于情感因素的参与，人的行为并不都是理性的。

人的行为的个性主要体现在以下几个方面。

（1）人在价值观上存在差异。价值观是决定人在同样的情境中产生不同行为的心理基础。

（2）人在个性上存在差异。个性特点决定了人在同样的情境中其行为表现各不相同。

（3）人在能力特长上存在差异。能力是一种复杂的心理因素的综合体现。能力有长短之分、强弱之分、高低之分、类别之分。能力的差异决定了同样情境中人的行为表现及其结果的差异。

人之间的这种不可重复性和替代性，要求管理中的激励必须进行个性化设计，这使激励具有较大的挑战性和现实意义。

二、激励是管理中最核心的构成

管理的目的就是实现组织绩效最大化。组织中所有管理活动都是围绕这个目标设计和实施的。激励贯穿于这些管理活动之中,并在其中发挥十分重要的作用。简单地说,这些作用可以概括为激发、鼓励和调动人的积极性。具体体现在下列几个方面。

(一)激励是管理不可或缺的关键环节

人是组织中最重要的资源。管理的根本问题就是如何用人、如何激发人的潜能的问题。因为在组织资源中,人力资源是其他资源得以有效管理和利用的关键。而人力资源又是诸多资源中最为复杂、最难管理的资源。只有当人力资源在其中的作用充分地发挥出来,组织整体资源带来的价值增值才可能实现最大化。这就客观地要求要了解并把握人力资源的需求、人力资源的个性特征,通过外界吸引力或推动力的作用对人力资源的行为过程进行有效的控制,并对人力资源的行为结果进行客观地评价,从而调整人力资源的行为。这种激发、鼓励和调动人力资源的积极性、主动性和创造性的活动就是激励。因此,激励成为管理不可或缺的关键环节。

(二)激励是发掘人力资源内在潜能的重要手段

美国哈佛大学管理心理学家威廉·詹姆士的研究表明,一般情况下,人力资源的能力发挥只有20%~30%。这个能力可以保证他不被开除。也就是说,人的能力的发挥只是冰山一角。这位管理心理学家的研究还表明:如果对人力资源进行充分的激励,他们的能力发挥将达到80%~90%。也就是说,激励对发掘人力资源的内在潜能具有不可估量的作用。正因如此,激励是组织普遍采用的重要的、有效的管理手段。如果根据人们的不同需要,采取有针对性的激励方式,人力资源的潜能将获得极大的发掘和发挥,进而带来劳动和工作效率的极大提高。

(三)激励是营造良性竞争环境的重要手段

激励的实质是通过满足人的需要对人的行为动机进行作用——激发或抑制、鼓励或禁止,从而使组织成员的行为有利于组织目标的实现。因此,科学合理的激励本身就包含了竞争的精神。它会在组织中传递一种信息:什么样的行为将受到鼓励、褒奖;什么样的行为将受到抑制、禁止甚至惩处。由此营造一种良性的竞争环境和竞争机制,从而激发组织成员积极向上的动力。"个人与个人之间的竞争才是激励的主要来源之一"。麦格雷戈的观点道出了激励的一个主要作用和目的。

（四）激励是提高组织绩效的重要方式

人力资源的工作业绩是能力与激励乘积的函数,可以用公式表示为:工作业绩＝f(能力×激励)。其中,能力是工作业绩的基本保证。而这个基本保证的保证度取决于能力的提升以及激励的高低。一般来说,能力的提升在短期内难以实现,也就是靠能力的提升来实现工作业绩的提高短期内是难以做到的。但是在激励的作用下发挥潜能却比较容易实现。这样,激励就成为提高人力资源工作业绩的最有效的方法和手段。人力资源工作业绩的提高必将带来组织绩效的提高。

（五）激励是组织保持和吸引人才的重要方式

组织目标的实现和组织发展都离不开一支结构合理、数量有保证的人力资源队伍。如何保持组织人力资源队伍的数量充足、质量结构合理,是组织管理的重要任务之一。通过有针对性地满足人的需要留住人才、吸引人才、用好人才是完成这个重要任务的有效方法。有效的激励不仅可以使组织现有成员看到组织发展的前途、自己在组织中的地位与作用,增强对组织的满意感和凝聚力,还可以对组织外成员产生一种号召力和吸引力,吸引组织外的人力资源向组织聚集。实践证明,具有良性激励机制的组织往往是人才聚集以及人才效用最大化的地方。

三、激励的类型

每种激励的类型都有其自身的特点和作用。了解激励的类型有助于我们把握各种类型激励的特点和作用,提高激励的有效性,发挥激励的最大功效。根据不同的标准,激励可以划分为不同的类型。

（一）按激励的内容来划分,激励可以分为物质激励和精神激励

物质需求是人的基本需求。物质激励就是以满足人的物质需求为条件,调节物质利益关系,进而激发人的行为动机并控制人的行为趋向的一种激励类型。物质激励的主要形式有加薪、减薪、奖金、罚款等。市场经济环境下,物质激励不失为一种有效的激励形式。但是,当物质激励达到一定水平后要使它继续发挥作用,必须要较大幅度地提高激励的水平,因此会带来组织成本的较大幅度增加而影响组织效益的实现。而人的需求不仅有物质的,还有精神的。物质激励只能满足人的物质需求,没有办法解决人的精神、心理需求。这是物质激励的局限性所在。

精神需求是人的较高层次的需求。精神激励就是以满足人的精神需求为条件,对人的心理施加影响而激发人的行为动机,影响人的行为的一种激励类型。精神激励的主要形式有表扬或批评、各种形式的褒奖或处分、信任、赋予激励对象更重要的责任、担当更重要的任

务或角色等。精神激励是一种激励成本较低的激励形式。一般来说,当人的物质需求获得较好满足后,精神激励的作用才能较好地显现出来。

可见,物质激励与精神激励是两种激励侧重点不同的激励形式。由于人的需求客观地存在着物质需求与精神需求,因此,客观地要求物质激励与精神激励结合起来运用。只是由于不同时期和不同环境下,人的需求的侧重表现不同,激励的着力点因此不同,激励的类型选择也要有所侧重。

(二)按激励的性质来划分,激励可以分为正激励和负激励

正激励是指当一个人的行为符合组织目标要求时,以奖赏等肯定的方式对其进行鼓励,使其行为得以保持的激励形式。正激励主要有各种奖赏和奖励等,可以是物质的,也可以是精神的,或者是物质的与精神的相结合。

负激励是指当一个人的行为不符合组织目标要求时,以制裁等否定方式对其进行抑制,使其行为消除的激励形式。负激励主要有各种惩罚和惩戒等,可以是物质的,也可以是精神的,或者是物质的与精神的相结合。

正激励和负激励都是以对人的行为进行强化为目的的。根据强化的影响,实践中应多采用正强化,少采用负强化,以更好地激发人的积极性。

(三)按激励的对象来划分,激励可以分为内激励和外激励

内激励是从组织成员在完成工作后获得的满足感,或工作本身带给他的满足感,使组织成员的行为得到激发的激励形式。它是来自成员自身内在的、自发的动力。一般通过改进工作设计、提高工作兴趣、丰富工作内容等,使成员的工作热情建立在高度自觉的基础上,激发组织成员的主动精神和潜能。可见,内激励是激励中的最高境界。

外激励是运用环境的条件制约成员的行为动机,以此来强化或削弱成员的相关行为,改进工作意愿。一般通过建立行为规范、对工作行为及其结果给予相应的报酬或惩罚等,鼓励或限制组织成员相应的行为,激发成员的行为朝着有利组织目标的方向发展。外激励的运用关键在环境条件的设定及其度的把握。

根据上述激励类型的各自特点及其效用,激励类型的选择必须以组织目标、组织成员的需求特点、努力程度三个因素的综合考虑为依据,进行两种以上类型的结合,才能使激励的效用最大化。

四、激励的原则

(一)目标结合的原则

激励的目的就是实现目标。从个体的角度是通过满足需求实现个人目标;从组织的角度是通过激发人的行为、潜能实现组织目标。由于组织目标和个人目标并不是天然一致的,

因此激励形式和手段的设计与选择必须同时兼顾组织目标和个人目标，这是关系到激励效用的一个重要因素。

（二）多种激励形式相结合的原则

每种激励形式都有自身的特点和相应条件下的效用。人的需求具有多重性、多向性。因此，激励也应该是多种形式相结合，如物质激励与精神激励的结合，内激励与外激励的结合，正激励与负激励的结合。只有这样，才能更有效地激发人的潜能，鼓励人的行为朝着有利于组织目标实现的方向发展。

（三）引导性的原则

从激励所包含的激发动机、鼓励行为、形成动力的三个层次来看，激励是调动人的积极性的过程。调动本身带有趋向性。而调动是外在驱动，只有将人的外在驱动变为内在驱动，其行为的动力才能持久。因此，激励的过程其实也就是引导行为驱动内在化的过程。

（四）适度的原则

对于人的行为动机的激发要解决一个适度的问题。过高、过低或过早、过迟都将较大地影响激励的效用。所谓适度，一是指激励媒介的选择要适度，即激励的媒介要与激励对象的需求特点相适应，能通过满足他的需求使其行为动机获得极大的激发。二是指激励的力度要适度。过高不利于下一个需求的满足；过低则作用不大。三是指激励的时机要适当、及时。四是赏罚要公平、公正。可见，适度原则是关系到激励效用的重要尺度。

（五）明确性的原则

一是激励的目的、目标要明确。二是激励的手段和力度要明确且直观。特别是在大家普遍关心的赏罚标准确定上更要明确、直观。实验证明，直观性与激励的影响在心理效应上成正比。

（六）按需激励的原则

人的需求各不相同。同一个人在不同的时期、不同的环境下，其需求的表现会有所不同。人的需求具有多样性。根据激励是一个人的需求获得满足的过程，满足不同的需求将激发不同的行为动机。因此，在激励设计中，必须根据组织目标的要求，结合个人目标来设计激励的机制，这样才能使激励获得较为满意的效用。

专题二 关于激励的经典理论

专题导读

半个世纪以来,管理学家、心理学家、社会学家等分别从不同的角度对激励进行研究,提出一系列关于激励的理论。这些理论在实践中被广为运用,受到学界和社会的公认,称为激励的经典理论。通过本专题的学习,你将对激励的经典理论有一个较系统的了解和认识。

激励的经典理论根据研究的侧重不同,大致可以划分为四类,即内容型激励理论、过程型激励理论、行为改造型激励理论和综合型激励理论。

一、内容型激励理论

内容型激励理论研究的侧重点在于探究激发动机的因素,也就是研究人的需求内容及其如何满足人的需求,因此,称为内容型激励理论,或需求理论。属于该类激励理论的主要有马斯洛的需求层次理论、赫兹伯格的双因素理论、麦克利兰的成就需要激励理论等。

(一)马斯洛的需求层次理论

1. 需求层次理论的内容

这是美国心理学家亚伯拉罕·马斯洛于1943年提出的激励理论,是最早提出并在实际管理者中最具有影响力的一种激励理论。这一理论主要是对激励的原因和起激励作用因素的内容进行探讨。他认为人的需求可以划分为由低到高逐级向上发展的各种不同的层次。当一组需求获得满足后,它将不再成为激励的因素,就应该向高一级需求的满足发展。他将人的需求由低到高划分为五个层次:生理需求、安全需求、爱和归属需求(也称为社交需求)、尊重需求、自我实现需求。

(1)生理需求。这是人生存所必需的最基本的需求,是维持和满足生命的必要条件。因此,这种需求是推动人的行为的最强大的动力。只有在这些最基本的需求达到维持生存所必须的程度后,其他需求才能成为新的激励因素。

(2)安全需求。这是人在保障自身生命、财产、事业或职业、家庭及其处所等安全方面的需求。马斯洛认为,人这个有机体自身就是一个追求安全的机制。科学和人生观都可以视为满足安全需求的组成部分。同样地,当这种需求获得相对满足后,其他因素才能成为新的激励因素。

(3)爱和归属需求。也称为社交需求,即人作为社会人必然存在的人际交往和群体归属等方面的需求,主要表现为群体中成员之间友爱的需要;对一个群体情感的归属需要。与生理需求不同,爱和归属的需求是情感上的需求,与一个人的生理特点、经历、教育背景、宗教信仰等有着密切关系。

(4)尊重需求。人在群体中客观存在着要求获得他人认可、赏识、关心、重视和高度评价等方面的需求,这些统称为尊重需求。尊重需求又分为内部尊重和外部尊重。内部尊重是指一个人的自尊、自主和成就的表现;外部尊重是指一个人在地位、他人认可和关注上表现出来的需求。因此,尊重需求获得满足,能使人产生胜任、自信和肯定自身价值等精神、心理满足,体验自身存在的价值和意义,从而对自己充满信心,对社会充满热情。这是产生行为动力的重要精神和心理因素。

(5)自我实现需求。这是一种追求个人能力极限的内驱力,是实现自我理想和抱负的内在需求,包括自我成长、从事和自己能力相称的工作、发挥自己的潜能、实现自己的人生目标等。总之,自我实现需求就是努力发掘自己的潜能,驱动自己向着自己所期望的形象或目标行进。

2. 需求层次理论的主要观点

(1)需求是个人努力争取实现的愿望,与激励之间存在着重要的关系。需求是激发动机的原始驱动力。人总是在力图满足某种需求中行为着。因此,一种需求获得满足后,另一种需求就会出现。通常,只有低层次的需求获得满足后,才会向高层次需求发展。正是需求的这种特点使它成为激励存在的根本。

(2)生理需求和安全需求是基本需求;尊重需求和自我实现需求是高级需求;爱和归属需求居中,发挥承上启下作用。人的需求由低向高逐级发展。自我实现需求是人类需求的顶峰。能实现自我实现需求的人是具有高度感受能力的社会人。

(3)各级需求层次的产生与个体的发育密切相关。即个体发育的不同阶段需求的层次表现不同。一般来说,需求的层次与个体发育成正向关系,而且需求的演进表现为不间断的、波浪式的向上发展的阶梯状。

(4)一个人在同一时间内可能同时存在几种需求,但其中只有一种需求占主导支配地位。各层次需求相互依赖、重叠。即一种需求获得满足并不表示这种需求因此消失,只表明对这种需求的刺激度以及这种需求对行为的影响度在减弱。

(5)低层次需求比较客观、直观,具有外在性、物质性和相对有限性,因此容易被发觉和被满足;高层次需求基本是精神和心理层面的需求,具有内在性、精神性和无限性,难以辨认和被发觉,一旦获得满足,则对行为具有持久的驱动力,因此它满足的难度较大,需要花费的激励力量也较大。一般来说,随着需求层次的向上递进,需求的满足度在递减。越高层次的需求,其满足度越低。

综上所述,激励是一个动态的、渐进的、关联性的过程。在这个过程中,行为受一系列不断变化的优先需求所控制。需求的优先性受人所处的情境、人的价值追求、人的努力程度、目标等的影响。一般来说,生理需求总是最优先的,而自我实现需求则是满足得最不够的。

3. 对管理的意义

按照马斯洛的需求层次理论,需求是理解行为的关键性因素。因此,管理者应该在管理过程中随时了解被管理者的需求及其变化，并设法满足其需求，引导其行为朝向组织目标实现的方向发展。

（1）满足被管理者的生理需求是最基本的管理目标和管理工作，也是组织生存的基础。

（2）从行为管理来看，心理上安全的期望意义重大。管理者应该将满足被管理者的安全需求作为激励的动力。这也是组织生存和发展的客观要求。

（3）当爱和归属需求成为激励的优先需求时，被管理者往往把工作看作寻求和建立心理契约的机会。当管理中发现被管理者在努力追求这种需求的满足时，就应该致力于加强组织和谐氛围及团队建设，在归属需求满足中引导组织成员向更高层次需求发展。

（4）当尊重需求成为主导需求时，管理的重心要转向提供良好的培训，通过提高组织成员的知识和技能，助其胜任工作。同时，还要对他们的工作成绩给予及时的、充分的肯定和褒奖，提高他们的工作满足感和成就感，激发更大的工作积极性。

（5）创造性是所有人都希望具有的能力，但又是实现难度最大的一种能力。管理者应抓住这一人性的需求特点，为组织成员设计和提供实现创造性的机会和环境，使具有自我实现需求的人的潜能在激励中获得最大的发掘。只要激励到位，人人都能成为创造者。当一个组织的文化有利于这种需求的满足时，这个组织就是最具有竞争力的组织。

（6）管理应该顺应人的本性来激励人，而不应该是与人的本性对立。需求就是人的本性。充分认识和顺应人的本性是实现激励有效性的保证。

（二）赫兹伯格的双因素理论

1. 双因素理论的内容

双因素理论也称激励因素-保健因素理论。它是美国心理学家弗雷德里克·赫兹伯格于1959年提出的。它不是纯理论性的研究成果，而是在对美国匹兹堡地区11个工商机构200多位工程师和会计进行工作满意感的调查研究基础上获得的结论。赫兹伯格通过调查发现，人们对诸如本组织的政策和管理、监督、工作条件、人际关系、薪金、地位、职业、安定、个人生活所需等因素的反应，是当这些因素获得改善，只能防止人们对工作的不满意所带来的损失，不能激发人们对工作的积极性，即这是一种维持人们工作现状的因素。赫兹伯格将这类因素称为保健因素。同时，赫兹伯格通过调查还发现，人们对诸如成就、赏识、工作本身的重要性、晋升、工作中成长、工作中承担较重要责任等由工作本身所产生的因素较敏感。这些因素的改善往往能带来人们积极性的提高，是一种促进人们向上、激发人的潜能的因素。赫兹伯格将这类因素称为激励因素。赫兹伯格在调查中发现，保健因素通常与工作条件和工作环境有关。对它的满足，不能直接起到激发组织成员积极性的作用，但能防止组织成员产生不满情绪。激励因素通常与工作内容和工作本身有关，对它们的满足能产生激发组织成员积极性和潜能的明显效果。

2. 对双因素理论的评价

双因素理论是对马斯洛需求层次理论的一个实际应用，并在应用中获得许多调查数据的支持，具有解释现实的价值。因此，它是一个在管理学界很有影响、被许多管理者所接受的激励理论。该理论表明，如果管理者能够提供某些条件满足保健因素，将会保持组织一定的士气水平。但是,对该理论也存在很多的批评意见。集中表现在以下三个方面。

(1) 保健因素与激励因素难以进行清楚的区分。

(2) 双因素理论是建立在调查研究的结论基础上的。而实际调查中往往因被调查者个人心理因素的影响,使调查结果失去真正的客观性。例如,人们往往倾向将工作绩效中的好归功于个人,将工作绩效中的不佳归咎于环境。这必然影响对激励因素的客观分析。

(3) 双因素理论是一种简化的模型,而人及其人群是复杂的。这必然使双因素理论的普遍适用性受到质疑。因此,对激励因素的划分不宜简单化、绝对化。

3. 双因素理论对管理的意义

双因素理论修正了传统观念对满意和不满意的观点。传统观点认为满意的对立面就是不满意。赫兹伯格则认为,满意与不满意不是一个单一连续体的两个极端。满意的对立面应该是没有满意,不满意的对立面是没有不满意。也就是说,满意与不满意之间是质的差异,而不是量的差异。保健因素和激励因素就是这样的因素。就保健因素来说,有它,组织成员没有不满意,但却不是满意;没有它,组织成员则感到不满意。就激励因素来说,有它,组织成员感到满意;没有它,组织成员没有满意,但也不是不满意。赫兹伯格的这种两分法使其理论在管理上具有明确的意义。

(1) 管理者应提供充分的保健因素以消除不满情绪,但不要因此期望这能明显提高组织成员的积极性。因为保健因素的满足是外在的,只能起到安抚或防止的作用,使行为动机停留在原有的水平上,不能激发动机。

(2) 激励因素才是调动组织成员积极性、主动性和创造性,提高组织成员责任感的最基本的内在因素,具有重要的激励性。实践中值得注意的是奖金的使用问题,切忌将奖金变为保健因素,而要将奖金变为激励因素,即要将奖金与组织的运营业绩及其个人的工作成就区分、连接起来,使奖金成为衡量个人工作成就、激发工作成就的一个重要手段。

(三)麦克利兰的成就需要激励理论

1. 成就需要激励理论的内容

美国心理学家戴维·麦克利兰在 20 世纪 50 年代提出成就需要激励理论。该理论主要讨论在人的基本需求获得满足的前提下,还有哪些高层次的需要可以成为激励的因素。研究的结论是权力、关系和成就这三种需要属于高层次的需要。

(1) 权力需要。麦克利兰通过研究发现,具有权力需要的人往往对施加影响和控制他人表现出很大的兴趣,因此,希望获得更高的权力。这类人有一定的才干和水平,善言辞、爱表现、爱训导人,希望并寻求得到领导地位。麦克利兰还将组织中管理者的权力分为两种,即个人权力和职位权力。追求个人权力的人表现出来的是围绕个人需要行使权力,在工作中需要及时地反馈和倾向自己亲自操作;职位性权力则要求管理者与组织共同发展,自觉接受约束,从体验行使权力的过程中得到满足。

(2) 关系需要。关系需要也称为归属或社交的需要。人的社会属性决定人需要隶属于一定的社会关系,并在这种社会关系中获得欢乐和满足。这与马斯洛需求层次中社交的需求基本相同。关系需要在管理中具有两重性。一种是因注重关系需要讲交情、义气而违背或不重视工作原则。这将导致组织绩效的下降。另一种是将关系需要强烈的人与需要较强合作、配合的工作及其岗位结合。这将带来工作效率的极大提高。麦克利兰对关系需要的解释告诉我们,在管理过程中应如何认识和利用关系需要进行有效的管理。

(3) 成就需要。麦克利兰提出的成就需要与马斯洛需求层次中的自我实现需求相似,具有成就需要的人对工作的胜任感和成功有着强烈的要求,乐于接受挑战,愿意承担责任并希望得到所从事工作的及时、明确反馈;既敢于承担风险,又能以现实的态度、充分的分析评价及准备来对待冒险;全身心地投入工作,并从工作成就中获得满足。他们追求的是工作成就本身,而不是成就的报酬。

具有成就需要的人往往具有以下特点。第一,喜欢设置经过努力后可以实现的目标,渴望有所作为,但又不至于极端的困难。他们认为,一个人从努力中获得成就感和满意感是最大的快乐和满足。第二,希望从所从事的工作中得到明确、及时的反馈,这是成就需要的一个典型特征。因为只有在这些反馈中他们的成就感才能获得满足。第三,成就高于金钱。因此,从成就中得到的鼓励要高于对成就给予物质报酬的鼓励作用。

麦克利兰认为,不同的人对上述三种需要的排序、侧重是不同的。高成就需要的人对组织或地区有着重要的作用。一个组织或地区具有高成就需要的人占的比例大,其发展的速度就会高于平均水平。麦克利兰通过调查研究得出结论:不发达国家之所以不发达,重要的原因之一就是缺少具有高成就需要的人。一个组织或地区的成败与它拥有的具有高成就需要的人数有着重要的关系。成就需要是可以通过教育和培训来提高的。一般来说,管理人员的成就需要比较强烈。

2. 成就需要与工作绩效的关系

麦克利兰通过大量的调查研究,在成就需要与工作绩效的关系上得到几个重要的结论,具体如下。

(1) 具有高成就需要的人更喜欢具有个人责任、能够获得工作反馈和适度冒险的环境。具备这些特征的环境对具有高成就需要者的激励水平会很高。

(2) 具有高成就需要的人不一定就是优秀的管理者,因为高成就需要者更关心的是他们个人如何做好工作,而不是如何影响、控制他人。这在大型组织中尤其突出。

(3) 关系需要和权力需要与管理者的成功密切相关。优秀的管理者往往具有较高的权力需要和关系需要。

(4) 成就需要不完全是先天的,可以通过后天的教育和训练来激发与提高。管理者可以根据工作需要对组织成员的成就需要进行激发和提高。

3. 成就需要激励理论对管理的意义

对成就激励理论在管理中的应用,麦克利兰提出了如下办法。

(1) 经常对被激励者进行成就反馈,使他们明确、及时地了解自己的成就所在,进一步加强对成就的愿望。

(2) 提供取得成就的典范、楷模,以此去刺激有成就需要的人追求成就的愿望和行为。

(3) 及时、充分地肯定组织成员的成就,鼓励和支持具有成就需要的人多出成就。

(4) 鼓励和支持组织成员的创新和创造,以成就激发他们不断创新,获取更大的工作成就。

现实中,具有成就需要的人是有限的。对管理者、从事研究开发工作的人群、知识分子等人群的激励较适宜采用这种激励模式。

二、过程型激励理论

过程型激励理论侧重研究从动机产生到采取行为的心理过程。它的目的是想通过弄清楚人们对付出劳动、功效要求、报酬价值等的认识,把握人们行为的基础,从而实现有效的激励。属于该类型激励理论的主要有弗洛姆的期望理论、亚当斯的公平理论、洛克的目标设置理论等。

(一)弗洛姆的期望理论

1. 期望理论的内容

美国心理学家维克多·弗洛姆于 1964 年在《工作与激励》一书中提出期望理论。他认为,需要本身是一种动力,而需要在没有得到满足之前对需要者来说只是一种期望,即需要作为一种动力是通过期望表现出来的。动力大小与期望大小成正比。期望的大小取决于效价与期望值。一个人从事某一行动的动力是由他行动的全部结果的期望值与期望这种结果将会达到所要求目标的程度的乘积来决定,即激励的效果取决于一个人某一行动的期望值和这个人认为将要达到其目标的概率的乘积。用公式可以表示为

$$激励的效果 = 效价 \times 期望值$$

效价是指一个人对某种特定结果的偏好,或一个人对行为结果或目标的主观评价。通俗地说,效价就是一个人认为某种行动结果对他有多大的价值,也称为目标价值。不同的人对目标价值大小的评价各不相同;同一个人对不同的目标或在不同的环境下,其目标价值大小的评价也不相同。人们行为的普遍心理规律是:把目标价值看得越大,其目标的吸引力就越大,行为的积极性也就越高;反之,则行为的积极性越低。目标价值通常在 -1 到 $+1$ 进行选择。这种选择受个体的价值取向、主观态度、优势需要及个性特征等影响。

期望值是指人们对某个具体行动可能会得到的某个具体结果的概率估计。通常期望值为 $0\sim1$。当概率为 0,表明某个行动肯定不能得到期望的结果;当概率为 1,表明某个行动肯定会得到期望的结果。因此,概率越接近 1,个人受到的激励水平越高,积极性就越大。这种概率的估计受人的个性、情感、动机等因素的影响。

效价与期望值之间的相关关系表现为:当个体认为实现目标的可能性越大,积极性就越高,即使目标价值不高;而当个体认为实现目标的可能性越小,即使目标价值很高,其积极性也不高。因此,要提高激励的效果,必须在目标价值和对实现目标的预期效价上做文章。

2. 期望理论的假设及其在管理中的应用

根据激励的效果是效价和期望值的乘积的基本原理,只有效价和期望值都高的情况下,激励的效果才是令人满意的。具体来说就是,只有当组织成员认为努力会带来良好的绩效评价;而良好的绩效评价结果会使组织对其进行奖励;组织的奖励会满足组织成员的个人目标,此时,组织成员才会因受到激励而提高积极性。这种关系用一个期望值模式来表示为

个人努力──→工作绩效──→组织报酬──→个人目标

这里涉及三个重要的关系变量，即努力和绩效的关系、绩效和报酬的关系、报酬和个人目标的关系。

（1）由工作努力到工作绩效的期望。需要是行为的原动力。人的一切行为都是在需要获得满足的预期中进行。努力与工作绩效的关系指的是个人认为通过一定的努力会得到一定的绩效的可能性。当一个人认为不论自己如何努力，由于目标定得过高，取得好的绩效的可能性不大，他就不会去努力，即缺乏行为的积极性；当一个认为通过努力获得好成绩的可能性很大，他就会去努力，即行为的积极性较高。可见，一个人积极性的高低首先取决于努力与工作绩效的关系。对努力与绩效的期望取决于绩效标准和员工个人能力两个因素。因此，管理中要提高员工的积极性，可以从绩效标准和个人能力两个方面做文章。一是绩效标准既要先进又要合理，确保组织成员中绝大多数人经过努力后能够达到。二是保证组织成员的能力与他所承担工作要求之间的协调、匹配，确保他能胜任工作。前者通过科学的目标管理来实现，后者通过有效的教育与培训机制来实现。

（2）由工作绩效到组织报酬的期望。工作绩效与组织报酬的关系是指个人对一定水平的工作绩效能带来相应奖酬结果的期望程度。组织中绝大多数人并不是把做好工作作为终极目标，而是把通过一定的工作绩效获取相对应的奖酬作为努力的目标。这里的关键在于组织成员取得一定的工作绩效与他所期望因此获得的奖酬之间是否有高的关联度。如果它们之间的关联度不高，工作绩效与组织报酬的期望对组织成员积极性的激发作用就不大，甚至没有激发作用；反之，则工作绩效与组织报酬的期望对组织成员积极性的激发作用就大，即它们之间的关联度越大，工作绩效与组织报酬的期望对组织成员积极性的激发作用就越大。可见，组织成员积极性的高低取决于其工作绩效与组织报酬之间的关联性，而组织的报酬制度则是决定这个关联性的关键。因此，管理中要提高员工的积极性，就要建立以工作绩效为基础，能科学地区分工作绩效的报酬制度。一是将组织成员对组织的贡献与组织奖酬直接挂钩，从正面充分肯定组织成员对组织的贡献并对其进行宣扬。二是使这种肯定和宣扬制度化、常态化，让组织成员清楚努力的方向和目标，保持积极性的持续激发。

组织报酬是一个广义的概念，即它不仅包含薪资、奖金等货币价值，还包含晋升、表扬、树立个人威信、获得尊重、提高社会地位等精神价值。

（3）由组织报酬到个人目标（需要满足）的期望。人总是希望通过努力，使获得的报酬能满足自己的需要。组织报酬与个人目标（需要满足）的期望是指组织报酬满足个人需要的程度以及对个人的吸引力。组织对其成员工作绩效给予的报酬越能满足成员的需要，对成员积极性的激发就越大；反之，则越小。由于人与人之间客观地存在着明显的需要差异性，这就必然带来同一形式的组织报酬对不同的人或同一人在不同时期的效价体验是不同的，因此对其积极性的激发效果也是不同的。这就要求管理中尽可能充分地了解和掌握组织成员的个人目标特点，依此来制定组织报酬制度，奖员工之所需，满足员工之所求。以因人而异的组织报酬制度达到较高的激励水平。

综上所述，期望理论的关键是尽可能充分地了解个人目标以及明确努力与绩效、绩效与报酬、报酬与个人目标满足之间的连锁关系，使组织成员清楚地看到在这个连锁关系中他们的获利，并自我评价为满足个人目标应该付出的努力程度和意愿。从组织的角度来看，组织要激发其成员较高的积极性,就必须加强这个连锁关系的质和量,并对组织成员给予必要的帮助和支持。由于个人目标的差异性,期望理论还是一个权变管理模型,因此不存在一个普遍原则能够解释的激励机制。差异化、个性化的激励是该理论的最大特点。

(二)亚当斯的公平理论

1. 亚当斯的公平理论主要内容

人的社会属性决定人是在自觉不自觉的比较中生存的。大量的事实也证明,人经常将自己的付出与所得与他人进行比较,由此产生的公平感程度会影响他的努力。美国心理学家斯达斯·亚当斯于1963年提出公平理论,侧重研究利益分配的合理性、公平性对员工工作积极性和工作态度的影响。公平理论认为,每个人都有估价自己的工作付出与报酬所得的倾向。他们不仅关心自己获得报酬的绝对值,而且关心自己获得报酬的相对值。这就必然导致他们会自觉不自觉地将自己的劳动付出与所得进行横向社会比较,或将自己的劳动付出与所得进行自我的纵向历史比较。当比较结果是相等的,或是正数,则产生公平感,有利于增强工作动机;反之,则产生不公平感,影响工作积极性。这种比较用公式来表示有下列三种基本情况。

比较公式为

$$A(报酬/投入):B(报酬/投入)$$

其中,A——自己;B——他人或自己的历史。

比较结果可分为

A=B:报酬相当,产生公平感,感到满足;

A>B:报酬大于他人或自己的历史所得,感到非常满足;

A<B:报酬小于他人或自己的历史所得,产生不公平感和吃亏、委屈、气愤、恼怒等情绪,感到不满足。

分配公平感的构成几乎都是主观判断和感受,心理因素在其中起着极大的作用。也就是说,分配是否公平的标准常常是主观的,主要取决于当事人的个性、需要、动机、价值观等个人因素。因此,每个人的公平标准不一样。人们对公平感的反应远不如对不公平感的反应强烈。不公平感使人紧张不安、焦躁。这种情况下,人们往往会通过各种方式改变不公平感。这些方式主要有改变投入、改变报酬、改变对投入或报酬的知觉、改变他人的投入或成果、改变"参照人"、离开这个感到不公平的环境等。这几种方式几乎都不利于工作积极性的保持和提高。综上所述,公平理论的基本观点主要有下列三个方面。

(1)员工对报酬的满意度是一个社会比较的过程。

(2)一个人对自己的报酬满意度不仅受报酬绝对值的影响,还受报酬相对值的影响,而且报酬相对值的影响作用更大一些。

(3)人需要保持分配上的公平感。进一步说,组织、社会需要保持分配上的公平感。在存在公平感的组织、社会中,人们会愉快地努力工作;在缺乏公平感的组织、社会中,人们会无心工作,甚至会出现破坏活动。因此,建立分配上的公平感对组织、社会至关重要。

2. 亚当斯的公平理论在管理中的应用

一个组织和社会要建立公平感是一个非常困难的事情,原因在于:人们用不同的标准来衡量公平；公平感是一种主观感受，因人而异；在对待公平问题上人们存在一种心理冲突。但是，分配的公平对组织、社会来说，又是一个强有力的激励因素。因此，在管理实践中要努力解决好以下问题。

（1）确立组织的价值观，统一对公平的认识。

（2）建立合理的工作绩效评价体系，制定科学合理的、统一的工作绩效衡量标准，并在此基础上建立科学合理的分配制度。

（3）坚持公开、公正的原则进行工作绩效的评价，使分配尽可能公平。程序的公正、公平有助于结果公平的实现。

（4）提高管理者的管理素质和管理水平以及管理基础工作的水平，减少造成工作绩效评价及其分配上产生不公平的因素和可能性。

（5）建立合理的人力资源管理制度并将其不断完善，为提高组织成员的公平感拓宽渠道。

（6）确立组织的公平目标人群，因为公平只是相对的。既然难以使人人都感到公平，那就要选择组织要达到公平的人群。人群的公平感满足往往是对提高组织绩效有着至关重要的作用，并在配合上述问题解决的基础上能够对其他人群起示范、带动作用。

（三）洛克的目标设置理论

1. 洛克目标设置理论的主要内容

目标是决定组织成员激励和绩效的一个重要因素。美国行为科学家埃德温·洛克在泰罗科学管理的理论基础上于1968年提出目标设置理论。他认为，指向目标的工作意向是工作激励的一个主要源泉，即工作本身就可以告诉组织成员需要努力的方向和内容。目标能够有效地影响组织成员的行为需要考虑以下原则。

（1）目标应当是具体的。具体的目标是行为的指南和依据，也是衡量行为效果的尺度。

（2）目标的难度应当适中。过高或过低的目标都不利于组织成员成就的满足。

（3）目标必须被个人接受。即目标不能只是组织的，必须将组织目标与个人目标结合，使组织目标转化为个人目标。这不仅使个人更好地理解目标，也使个人从心理和需求上更易于接受目标要求。

（4）对实现目标的进程进行及时、客观的反馈，使组织成员及时了解行为的结果及其行为结果与目标之间的差距，确保行为按组织目标要求行进。

（5）组织目标设置需要自上而下和自下而上的双向沟通。让组织成员参与组织目标的设置有助于清楚地了解和把握组织对他们的期望和要求，他们在组织目标实现中的作用和付出，明确他们努力的方向和努力的程度，从而激发他们的行为动力。

目标设置是对目标管理的补充和发展。目标设置在某种程度上可以看作组织成员结合组织需要设立的期望值。通过组织目标的实现来实现个人的价值。

2. 目标设置理论在管理中的应用

每个组织成员都有自己的个人目标。管理者的工作就是结合组织目标的要求，帮助组织成员设立具体的、反映成员特点的、有适当难度的目标，使他们认同并内化为自己的目标。

通过目标设置,使组织成员的行为自觉纳入组织目标的范畴。只有当个体渴望得到并努力去实现某个目标时,这个目标才能成为激励因素。因此,在目标设置理论应用中应注意解决以下问题。

(1) 可衡量性目标与不易衡量性目标的关系处理。不易衡量性目标往往是在整个工作行为中具有重要性作用、关系到行为方向的目标。可衡量性目标往往是一些具体的操作标准。

(2) 如何实现成员高水平的目标认同。因为成员对目标高水平的认同是组织目标实现的基础、前提。参与目标设置是其中的一种方式。

(3) 目标结果与实现目标的过程的关系处理。即既要重视对目标实现结果的评价,更要重视对实现目标过程的评价。这是实现科学发展的客观要求。

(4) 加强对管理者的教育和训练,以确保他们在目标设置及其实现中能对被管理者进行有效的指导和帮助。这是保证组织目标实现的重要条件之一。

三、行为改造型激励理论

行为改造型激励理论侧重于行为结果的产生,认为当行为结果有利时,行为会重复出现;反之,行为则会削弱或消退。行为改造型激励理论中最具代表性的是斯金纳的强化理论。它侧重于研究对被管理者行为的改造与修正。

(一) 斯金纳强化理论的主要内容

强化理论是美国心理学家斯金纳在巴甫洛夫条件反射理论基础上提出的操作条件反射理论,也称有效的条件反应理论或行为修正理论。它是通过行为与影响行为的环境之间关系的处理来强化或削弱行为的过程,即通过不断改变环境的刺激因素,达到增强、削减或消除某种行为的过程。强化理论的要义在"强化",即随着一些行为之后发生的某一反应使得这些行为在未来再发生的可能性增大,这种反应就称为强化。例如,海尔集团积极倡导创新,并以创新者的名字命名创新成果。这种强化,使得海尔的创新意识和行为很强、很普遍。但是要注意,强化因子往往需要通过试验来确定。

对行为的强化类型有四种,即正强化、负强化、惩罚和清除。

1. 正强化

正强化产生于人们某种行为之后出现一些愉快的或所期望的反应。这些愉快的或所期望的反应就是强化因子。正强化有利于鼓励某种行为的重复发生。

2. 负强化

负强化是预先告知某种行为发生会引起不愉快或不希望的后果,从而使被管理者按要求的方式修正行为或避免会引起不愉快的行为,从而避免令人不愉快或不希望的后果发生。因此,负强化也称为事先预防性强化。

3. 惩罚

惩罚是指发生某些行为之后,为使这些行为以后减少或不再发生而做出的反应。如果负强化是事先预防性的强化,那么,惩罚则是事后警戒性的强化。它告知人们如果再出现这样的行为所要付出的代价。

4. 消除

消除是指通过取消令人愉快的或期望得到的反应来使某种行为以后发生的频率大大减少甚至消失的过程。

上述四种强化类型分别适用于不同的情况。但是,根据人的心理需求和心理反应,对人的行为影响最有效的是正强化,因为它激发了被管理者有效工作行为的发生。惩罚和消除尽管可以告知被管理者不该做什么,但没有相应地指出应该做什么,对组织目标的实现来说是被动的,而且使用不当也容易导致相反的行为效果。所以,正强化往往比惩罚和消除更有激励效果。负强化则因为它要通过建立令人不愉快的环境,并使之持续到所希望的行为发生为止而不具有可操作性。

(二)强化理论在管理中的应用

强化理论在管理中的应用,目的是组织行为矫正,即根据强化理论的原则改变影响工作绩效的行为,提高组织的工作效率。组织行为矫正可以划分为五个步骤,即确定关键行为、行为测量、行为起因分析、选择矫正策略、绩效评定。

1. 确定关键行为

首先要确定对工作绩效有重大影响的行为。这些行为称为关键行为。按照"二八定律",这些行为在整个工作行为中只占据大约20%的比例,但对工作绩效的影响力却是80%。每项工作或每个部门的关键行为需要根据该工作或部门的性质、特点来确定。这些行为必须是与工作绩效有直接关系并可以测量的。

2. 行为测量

行为测量即测量关键行为的发生频率,并记录下来。行为测量既是为了检验关键行为的确定是否恰当,也是为采取矫正措施后对比行为频率提高做参照。

3. 行为起因分析

行为起因分析就是分析并寻找引起这种行为的外部线索。这种分析包括寻找引起行为的前因线索,确定应进行矫正的关键行为以及该行为的后果三项活动。

4. 选择矫正策略

根据上述三个步骤的工作,设计和确定增强和促进有助于提高工作绩效的行为的策略,达到激励的目的。行为矫正的策略就是四种强化类型的选择或组合。

5. 绩效评定

绩效评定就是对采取矫正策略后的行为绩效进行评定。评定主要包括反应、学习、行为改变和绩效改进四个方面。反应是指被管理者对行为矫正策略的态度。学习是指被管理者对行为矫正策略的理解和接受。这两个方面是评定被管理者在行为矫正前期的准备状况,是基础。后两个方面是绩效评定的核心主体。组织行为矫正的目的就是通过改变行为进而提高绩效。

行为矫正是对组织成员行为的控制和操纵,是管理过程中不可缺少的过程。但是,实践中要注意解决行为矫正与组织成员个性化发展之间可能出现的矛盾。

四、综合型激励理论

激励是一个复杂的、只能通过观察来分析判断的问题,因此,激励理论和原理的运用也往往不是单一的。于是学者们在研究中提出综合型的激励理论。波特-劳勒模型就是一个比较成功的综合型激励理论,主要用于对管理人员的激励研究。

美国心理学家波特和劳勒在弗洛姆期望理论的基础上引申出一个更为完善的激励模型。该激励模型认为,人努力的程度取决于报酬的价值。而现实中,人们能看到的只是需要的能力以及实际得到报酬的可能性。这种可能性又会受到实际工作绩效的影响。显然,只有当人们知道他们能够胜任某项工作或曾经做过某项工作,他们才能更好地评价为满足个人目标所需付出的努力以及由此能够带来的报酬。也就是说,激励不是一个简单的因果对应关系;不是付出努力就一定能获得满意的回报,满足个人目标。管理者应仔细评价员工对报酬的需要结构——个人目标结构,并通过周密的计划、目标管理、建立良好的组织结构并明确其中的职责,把"努力→成绩→报酬→满足"这一连锁关系结合到整个管理系统中,使组织目标的实现带来个人目标的实现,从而激发组织成员的积极性,达到激励的目的。这种二阶结果才是组织成员的真正目标。

波特-劳勒模型主要用于对管理人员的激励研究上。

专题导读

实行有效激励并使激励常态化,这是管理的一个重要问题。建立激励机制是解决这个问题的最有效的方法。什么是激励机制?激励机制由哪些内容构成?如何设计激励机制?激励机制的设计受哪些因素影响?激励机制设计中会遇到哪些问题?本专题将为你解答这些问题,使你对激励机制及其设计有一个清楚的认识和把握。

一、激励机制的内容

激励机制是指通过一系列理性化的制度反映激励主体与激励客体之间相互作用的构造

及运行方式的总称。激励机制的内涵就是构成这一系列制度的各方面的要素。根据激励的定义,构成激励机制的主要内容有以下几个方面。

(一) 诱导因素集合

诱导因素是指能激发组织成员积极性的各种报酬资源,包括有形的和无形的。诱导因素确定的依据是对组织成员的需求。通过对组织成员个人需求的调查、分析和预测,结合组织所拥有的报酬资源的实际情况,把报酬形式融入工作设计中,使其成为激发组织成员工作积极性的因素。需求理论是指导诱导因素分析和确定的理论依据。

(二) 行为导向制度

行为导向制度是指组织对其成员所期望的努力方向、行为方式和应遵循的价值观的规定。它对诱导因素带来的个人行为起着凝聚、导向的作用。因为从需求理论来看,不管是对一个人还是一群人,由需求引发的行为不止一种。加上个体价值观的影响,将使个体的行为方向各异,不利于组织目标的实现。行为导向制度则通过规定和规范的形式,培养组织成员统一的思想意识及其行为方向,使组织各成员的行为服务于组织目标。行为导向制度是实现激励目的中带有把关作用的环节和内容。

(三) 行为幅度制度

行为幅度制度是指对由诱导因素激发的行为在强度方面的控制规则。根据弗洛姆期望理论的基本原理,对个人行为幅度的控制是通过改变一定报酬与一定绩效之间的关系以及报酬自身的价值来实现的;根据斯金纳强化理论的基本原理,按固定比例或变化比例确定报酬与绩效之间的关系会对组织成员的行为带来不同的影响。可见,人的行为幅度是可控的。因此,为更好地达到激励的目的,可以通过行为幅度制度,对个人的努力进行调整,使其控制在有利于组织目标实现的一定范围内。行为幅度制度是调解激励投入与激励效果比值的一个重要手段。

(四) 行为时空制度

行为时空制度是指报酬制度在时间和空间上的相关规定,即特定的外在性报酬与相应特定的绩效关联性的时间限制;成员与一定工作相结合的时间限制;有效行为的空间规定等。行为时空制度可以防止成员短期行为的发生,使组织期望的成员行为在一定的空间范围内具有一定的持续性,从而有利于组织目标的实现。

(五) 行为归化制度

行为归化制度是指对成员进行组织同化和对违反组织行为规范者或达不到组织要求者

进行惩处和教育的规则。组织同化是指通过对成员进行人生观、价值观、工作态度、行为规范、工作关系、特定工作技能等的教育,使成员认同、接受、遵守,并逐渐将其内化为自觉行为的过程。对违反组织行为规范者或达不到组织要求者的惩处只是手段之一,并不是目的。惩处的同时,还要对其进行不断的教育和训练,以提高成员对组织行为规范的认识、认同,并提高其行为能力。因此,行为归化的实质是组织成员不断学习、进步的一个过程,对组织发展意义重大,也是组织文化建设的一项重要内容。

任何组织激励机制的建设都应该包含上述五项内容。每个组织可以根据自身的特点和资源状况,在上述五项内容的具体内部设计上有所不同,由此体现各组织激励机制的差异性和特点。

二、影响激励机制设计的因素

组织是生存在社会环境中的系统,必然受着组织内外环境的作用和影响。因此,激励机制设计必须考虑组织内外因素的共同作用和影响。影响激励机制的因素包括组织外部环境、组织内部状况、团队和成员个人四个层次。

(一)组织外部环境

组织外部环境是组织外部因素对组织行为的制约和影响。包括相关的法律法规、组织所处行业的特征、组织所处的市场情况或社会情况等。相关法律法规对组织的激励机制可能起着鼓励、支持的作用,也可能起着限制、制约的作用。法律法规是组织激励机制设计必须遵守的原则,也是组织激励机制设计的重要依据。组织所处行业的特征决定组织的性质和组织的工作设计及目标设计,进而决定诱导因素集合的确定。组织所处市场情况或社会情况对组织激励机制中行为幅度制度的建立有着重要的影响,如组织所处的市场或社会竞争激烈,为了激发成员的积极性或留住人才,组织激励机制中给予的激发幅度就要增强才能起作用。组织外部环境是不断变化、非常复杂的。任何组织激励机制的设计都必须高度重视组织外部环境的作用和影响。

(二)组织内部状况

组织内部状况是组织激励机制设计的组织内部资源条件,包括组织规模、组织发展阶段、人员结构、组织性质及组织制度等。这些因素将影响组织激励策略的选择和确定。组织规模对激励方式的选择和确立有很大的限制作用。大规模的组织往往激励方式比较丰富,即激励的诱导因素集合丰富,激励的手段多;小规模的组织无法与其相比较。组织的不同发展阶段表现出来的需求、阶段目标有着较大的差异,相应采取的激励方式也应该有所侧重、有所针对。人员结构包括人员的年龄结构、性别结构、文化结构、技能结构、个性结构等。结构上的差异导致结构里各层面的人员对激励的需求不同,对激励诱导因素的反应不同,因此决定了激励机制设计必须满足激励差异化的需要。组织性质及组织制度是组织激励机制设计的根本依据,任何组织激励机制都必然打上组织制度的烙印,受组织制度的制约和影响。

(三) 团队

从系统原理出发,组织又是根据组织性质和业务要求由各部门(或团队)构成的有机整体。组织目标的实现就是在各部门(或团队)之间分工协作的基础上完成的。团队因素包括团队之间的关系、团队内成员的关系、工作结构化程度、工作内容等方面的特点。团队之间的关系是围绕组织目标团队之间既分工又相互配合的状况形成的。激励中既要考量团队的集体业绩,也要考量团队间配合的整体意识和效果。这里的激励是对团队整体的激励。而团队带头人或组织者、团队文化在其中起着重要的作用。团队内成员的关系是围绕本团队的目标、内部成员之间的分工与协作、配合机制形成的。不同性质的团队,其团队成员之间的相互配合要求和程度反映不同,采取的激励方式也应有所区别,如团队成员合作要求高的,激励方式应注重团队整体业绩,反之,则注重成员个人业绩多一些。另外,团队文化导致的团队成员之间的人际关系对团队内的相互配合又有着很大的影响。工作结构化程度关系到对工作行为要求和界定的程度,进而关系到激励方式的选择和运用。工作结构化程度越高,对工作行为的要求和界定越明确,越有利于采用行为矫正的激励方式。工作内容本身就是激励诱导因素集合中的内容之一。

(四) 成员个人

根据需求激励理论,成员个人需求的满足是激励实现的重要因素。每个人的需求不同,同一人不同时期、不同环境下的需求也不同。影响个人需求的因素包括个人的年龄、受教育程度、个人专长及能力、工作性质和工作类型、家庭情况、兴趣、性格、个人理想等。这些因素对组织设计激励策略有着较大的影响。

三、激励机制设计的原则

激励机制的设计实质是要求管理者以人为本的观念为指导,通过理性化的制度来导向和规范组织成员的行为,调动成员积极性,达到管理的有序性和有效性的目的。即激励机制的设计不只是组织方的事情,而是组织及其成员双方、双向的事情,是谋求组织及其成员共同发展的事情。因此,激励机制的设计必须遵循下列原则。

(一) 组织目标与成员个体目标相结合的原则

设置目标是组织激励机制设计中的关键性环节。激励从目标开始,又以目标的实现为目的。从目标开始是为了确立成员行为的方向和标准;以目标的实现为目的是激励机制设计的终极目的。有什么样的目标,就决定了什么样的行为动机。可见,目标的确立至关重要。激励的对象是组织成员;激励的过程是使组织成员的行为动机及其行为动力朝向并促进组织目标的实现。因此,目标的设置和确立必须将成员个人目标融入组织目标中,通过组织目标的实现,获得个人价值的实现与满足。要让组织及其成员通过目标的设置清楚地认识到组织目标与个人目标之间的相互辩证关系,提高目标的合理性和可操作性。这是获得满意激励效果的基础和保证。

(二) 物质激励与精神激励相结合的原则

根据人的属性原理,人既是经济人,也是社会人。由此决定了人既有经济物质的需求,又有社会心理和精神层面的需求。经济物质需求是基础,社会心理与精神层面需求是发展。满足物质需求的激励是外在的,满足社会心理和精神层面需求的激励是内在的。只有将外在的与内在的需求满足结合起来,才是一个完整的需求整体,这样的激励效果才会长久。可见,人需求的满足客观地要求物质激励与精神激励相结合。但是,不同的人对物质和精神的需求表现形式和强度各不相同,因此,在激励机制设置中物质激励和精神激励的幅度也要有所区别、有所侧重、有所针对。这也是获得满意激励效果的要求。

(三) 公平公正的原则

公平是管理的一个重要原则,也是激励的一个重要原则。关于这一点,激励中的公平理论已经做了较好的论述。公正是指激励的程序和激励的诱导因素及其幅度要科学合理并公开、透明,使被激励者清楚地了解它,并根据自己的需求及能力来确定努力的方向、努力的程度、努力的方法。这将有助于更好地达到激励的目的。同时,公正也便于组织成员及其社会监督组织激励机制的运行,保证激励机制作用的有效发挥。

(四) 实效性原则

实效性指的是激励的时机把握和激励程度的把握,即激励要及时、到位。由影响激励机制设计的因素可知,激励具有时机性。超前、滞后的激励,尤其是滞后的激励都不利于激励效果的实现和提高。及时、到位的激励才能使行为得到及时的强化,并通过及时的强化带来行为的持久性。因此,准确地把握激励的时机和正确地确定激励的程度,是决定激励效果至关重要的环节。

四、激励机制设计的工作程序

激励机制设计的工作程序分为三个阶段,即激励理论及激励模式选择阶段;调查研究确定激励诱导因素集合阶段;选择和确定激励策略阶段。具体的工作程序由以下步骤组成。

(一) 选择适用的激励理论和激励模式

每种激励理论都有其特点和适用条件。组织应该根据自身的行业特点、组织的内外环境状况以及法律法规的要求,选择并确定与组织特点及环境要求相适应的激励理论,并在激励理论的指导下设计和确定激励模式。这是整个激励机制建立的基础。

(二) 调查研究并确定组织的激励需求因素

对环境、组织、团队、成员个人进行系统的调查研究,了解成员个人对激励的需求,确定激励诱导因素集合的构成及其各自对激励效果的重要程度。这是构建激励机制制约关系的基础。

(三) 设计与激励需求因素相符的资源配置并加以整合

根据激励需求因素,结合组织资源的状况,设计各激励因素的实施方案,尤其是设计其中重要激励因素的实施方案,并考察各方案的可行性和效率。然后对各层次、各部分激励实施方案进行汇总和整合,制订出一个组织整体的激励实施方案,并对其进行优化完善,以确保激励的有效实施。这是激励机制建立和运行的物质保障。

(四) 实施激励方案并加以监控

按照确定的激励方案开展实施活动,并及时观察激励方案及其措施的运行情况,对实施中出现的偏差进行修正和完善,以确保激励的及时、到位。

(五) 激励效果的评价与反馈

一个阶段的激励结束后,对激励方案实施的效果进行评价,并将评价结果反馈给相关的部门或环节,根据内外环境的变化以及激励机制运行中遇到的问题,对激励因素和激励措施进行改进和调整,完善激励机制。激励方案实施效果的评价主要包括成员工作的努力程度;通过工作重点的考察掌握激励措施的效果。需要指出的是,导致工作绩效提高的因素有很多。因此,在对激励效果进行评价的时候不能简单地下结论,应该通过系统地分析影响工作绩效的因素集合来确定激励措施的有效性及作用程度。

可见,激励机制是一个由相互关联、相互制约的环节和部分构成的整体。激励机制的设计是一个系统工程,每一个环节的运行对整体都有着不可或缺的影响和作用。

五、激励机制设计中应注意的问题

(一) 对激励机制设计的基本要求

1. 以满足成员个人需求为出发点

以满足成员个人需求为出发点是激励机制设计的起点,也是激励诱导因素集合设计的依据。最佳的做法是将激励诱导因素集合融入组织工作设计中,使激励诱导因素成为工作的组成部分,使成员个人的外在性和内在性需求在工作中获得满足,从而更好地实现激励的目的。

2. 以调动成员的积极性促进组织目标的实现为目的

激励的目的在于促进组织目标的实现。组织目标的实现需要组织成员的共同努力。激励就是通过满足组织成员的需求,引导他们的行为方向、调动他们的积极性、提高个人的工作绩效,从而促进组织目标的实现。

3. 激励机制的核心在分配制度和行为规范

分配制度将激励的诱导因素与组织目标体系连接起来。只要达到组织目标,即可获得相应的报酬。行为规范则将成员的个性因素与组织目标体系连接起来,要求个人以一定的行为方式保证组织目标的实现。

4. 效率标准关系到激励机制的运行效率

激励总要花费相应的成本费用,激励的效率标准就是在付出一定的成本费用后应该获得相应满意的激励效果。因此,要进行激励实施方案的选优;进行激励机制运行中信息处理成本的核算和控制。值得注意的是,合理选择与搭配激励方式将有助于达到效率标准的要求,如物质激励与精神激励的结合。

5. 最佳的激励效果是实现组织目标与成员个人目标的有机协调统一

现实中组织目标与成员个人目标总是处于不统一的状态,这将不利于激励目的的实现。激励的终极目标就是寻求组织目标与个人目标的协调统一,实现激励的最佳效果。

(二)激励机制设计应避免的误区

1. 将奖惩简单地等同于激励

激励的需求包括外在性需求和内在性需求两个方面。外在性需求具有易显性,内在性需求具有隐蔽性。现实中人们容易偏重外在性需求的满足,而忽略内在性需求的满足。具体表现就是片面地讲究正面的鼓励措施而忽视惩戒等约束措施。而在正面鼓励措施中又简单化地使用物质激励,尤其是金钱激励措施,而少用或不会用精神激励措施,其结果都将使激励成本加大而又无法获得持续的、满意的激励效果。

2. 只要是激励措施对任何人都适用

缺乏激励个性化是激励中普遍存在的问题。该问题的产生源于对激励差异化的认识。由于每个人的需求不同、个性特点不同、价值观念不同、所处的环境特点不同,他们对激励措施的反应也各不相同。针对这些差异必须进行激励策略的制定,实行差异化激励,才能获得预期的激励效果。

3. 只要建立激励制度就会有激励效果

只有当激励制度与组织目标的要求、与组织成员的个人需求、与组织环境特点和组织状况相适应,这样的激励制度才可能获得满意的激励效果。因此,开展激励制度建设必须对组织内外进行充分、系统的调查研究,这是确保激励制度带来满意的激励效果的要求。

专题四 激励在组织管理中的应用

专题导读

激励是组织管理的一个重要手段和职能。简单地说,每个组织都是由管理者与被管理者构成的。这是属于两个不同层面的人群的需求不同、目标的侧重不同,因此,激励的方式和侧重也必然不同。对管理者应该采取什么样的激励措施?对被管理者又应该采取什么样的激励措施?本专题将为你解答这些问题。

一、对组织中员工的激励

1. 以工作业绩为中心开展激励

将工作业绩与报酬紧密结合,使员工看到努力实现工作业绩带来的回报。报酬结构设计上要充分体现这一点,并且要体现工作业绩的区分度。以工作业绩为中心的激励必然要体现公平、公正,客观地反映每个员工的工作业绩。只有公平、公正的激励才能持续地激发员工的积极性和努力追求目标实现的热情。

2. 采取灵活的激励手段

根据员工的需求,有针对性地选择激励的时间和空间,并根据员工需求的变化、组织环境的变化,调整激励的时空度。奖员工之所需,促员工之所望。

3. 区分员工类型采取权变激励

简单地说,组织成员可以划分为四类。每类的特点各不相同,激励的方式也应权宜变化。第一类是善于服从命令并执行命令的守成者,他们愿意承担责任却不愿冒险。对他们适宜采取定期的有形激励的方式。第二类是喜欢迎接挑战的创造者,他们愿意冒险,喜欢创新。对他们适宜采取成就激励的方式,为他们提供创造发挥的空间和机会。第三类是有远见卓识的策略者,他们善于思考、分析和处理复杂问题,有系统意识。对他们适宜采取授权的激励方式或采取弹性工作时间的方式,使他们有更大的空间发挥潜能。第四类是追求环境和谐的善于合作者,他们重视和谐的人际关系和组织氛围,追求公平。对他们适宜采取鼓励团队合作的激励方式,以便于发挥他们的优势。

二、对组织中管理者的激励

管理者是组织中处于较高需求层次的人群。对他们的激励与对员工的激励有着较大的区别。就组织中的这类人群来说，单一的物质需求已经不是主要的需求。他们的主要需求更多地体现在成就需求上。因此，对他们的激励应主要表现在以下几方面。

1. 普遍采取竞争性的激励方式

管理者是组织中连接决策者和执行者的纽带，是发挥人力资源创造价值的重要环节。工作中的成就满足是他们最大的满足。他们每个人都希望在组织中脱颖而出、受到重视和重用、处于重要的位置、发挥重要的作用、超越自我和超越他人。竞争性的激励措施可以激发他们不断努力，争取得到上述的收获。因此，竞争性的激励是满足这些需求最佳的激励模式。

2. 适度授权

授权既能增大管理者的权力，也能增强管理者的责任感，由此带来内在性和外在性的需求满足。因此，授权对管理者来说是一种很好的激励方式。它会激活管理者的管理创新热情和工作积极性，提高管理的有效性。但是，在授权的同时，也要配合相应的机制加强对权力的有效监督，使授权沿着合理、合法的轨道运行。

3. 物质激励与精神激励结合，强调精神激励

物质激励还是满足管理者需求的一个重要激励手段。要将管理者的工作业绩与其个人报酬连接起来，实行目标管理。在这里，管理者的工作业绩应该与他们所管理的团队的业绩连接在一起，并且密切相关。只有这样，才能激发管理者去调动他的下属的积极性，实现团队的双赢。但是，对管理者的激励更要强调精神激励，即引导和满足他们更高层次的需求，激发他们的自我实现欲望，使他们的创造性和潜能得到最大限度的发挥。

4. 更加强调个性化的激励

尽管都是精神需求，但是，每个管理者的表现和需求度都会有所不同，因此，更要讲究激励的个性化。通过个性化激励策略的制定，使每个管理者的潜能得到最大限度的开发，使他们在创造性的工作中获得成就给他们带来心理满足体验，进而激发更高的工作热情，形成激励的良性循环。

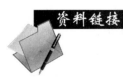

华为的内部绩效与激励机制讨论

2011年4月14日，华为组织了一场关于绩效与激励机制的专门讨论。讨论会上，任正非明确提出公司的剩余价值应与有成效的奋斗者分享，因为他们才是华为事业的中坚力量。

这预示着华为从"以人为本"向"以奋斗者为本"的管理理念的转变。

配合"以奋斗者为本"的管理理念，公司提高了饱和配股的上限，其目的是让优秀的奋斗者按他们的贡献获得更多的配股机会。这是一个大的战略转变。任正非也表示非常担心这个战略落实不到位。因为有使命感、努力贡献的人不一定是获利者。过去华为许多文件限制了这些努力贡献者的利益。如果这些努力贡献者没有得到利益，将是企业的战略失败。而已达到上限的一般的贡献者，也要跟风，获得不该获得的配股，或者升职快了些，这也是战略的失败。为了不让企业改革起到适得其反的效果，华为与管理者进行了较大范围的沟通。沟通的主题是关于怎样与奋斗者分享利益，而不是简单地按照条文来区分，是要实事求是地评价员工的贡献，让那些干得好的人得到切实的利益。

根据对人力资源政策的理解，华为的员工可以分为以下三类。

第一类，普通劳动者，暂时定义为12级及以下为普通劳动者。这些人应该按法律相关的报酬条款，保护他们的利益，并根据公司经营情况，给他们稍微好一点的报酬。这是对普通劳动者的关怀。

第二类，一般的奋斗者。企业要允许一部分人不是积极的奋斗者，他们想每天按时回家吃饭，双休日陪伴家人。对这类人可以给予理解，因为这也是人的正常需要。对于这一部分人，如果企业有适合的岗位可以给他们安排，如果没有适合的岗位，他们可以到社会上去寻求。只要他们输出贡献，大于支付给他们的成本，他们就可以在公司存在，他们的报酬甚至比社会上其他企业的员工薪酬稍微高一点。

第三类，就是有成效的奋斗者。他们要分享公司的剩余价值，公司需要这些人。分享剩余价值的方式就是奖金与股票。这些人是公司事业的中坚力量，企业渴望越来越多的人走进这个队伍里。

华为处在一个竞争很激烈的市场，又没有特殊的资源与权利，不奋斗就会衰落，衰落后连一般的劳动者也保护不了。企业强调要按贡献拿待遇，也是基于这种居安思危的想法。公司从来不强调按工龄拿待遇。经常在调薪的时候有人提出涨薪的要求，当提出这种要求的时候应该扪心自问：这几年自己的劳动质量是否进步了？贡献是不是提高了？如果没有，为什么要涨工资？企业内部岗位的职级应采取封顶措施，有的岗位员工贡献没有变化，其报酬就不能随工龄而上升。企业强调按贡献拿待遇，只要贡献没有增大，就不应该多拿。公司把股票分给员工，大家不仅获得了自己劳动的报酬，甚至还获得了资本增值的报酬。这种报酬比较多，对公司的影响就比较大，有人就因此情怠。要防止奋斗者产生情怠情绪。公司各级团队对优秀的奋斗者的评价要跟着感觉走，判断这人是不是奋斗者，是不是有贡献，是依据他的表现，而不是依据公司的条文。他的股票的总数应根据各级管理团队的感觉来确定他是否排在合适的队列位置，而不是迁就资历。

三类人三种待遇，这才是符合趋势和规律的。公司有些主管拿着僵化的文件比对，有的人奋斗得很好，但不符合条款上的要求，他们就机械地打击别人。这样打击是错的，它伤害了奋斗者的心。公司渴望那些拿着高薪冲锋、有使命感的人。文件的条款是严格的，但文件的执行要灵活授权。各个部门认为对具体某一个人不合理，就可以不执行公司的文件。公司主管要敢于为那些有缺点的优秀奋斗者说话。即当这些文件的条条框框与部门主管的判断发生冲突时，以部门为准。公司的文件导向只是告诉各员工以后的方向。在公司价值观和导向的指引下,基于政策和制度,各级管理团队应实事求是、非僵化地执行、落实和操作公司文件,并对执行结果承担责任。通过这样的过程,才能不断优化华为的政策。

2011年进行饱和配股的指引性文件里面谈到了什么情况可以获得配股,什么情况不应该获得配股,或打折扣。关键性的问题是,在公司倡导奋斗者文化的大背景之下,公司到底如何识别奋斗者和不奋斗的人。员工提交了成为奋斗者的申请,并不意味着他就是奋斗者。是否为奋斗者关键要看他在工作中的表现。文件做得再好,其条款毕竟是僵化的,并不能覆盖所有的正在发生的变化。作为文件的执行者,就要求企业主管充分理解要做事情的本质,这个本质就是要把奋斗者和不奋斗的人区别开来,把优秀的奋斗者与普通的奋斗者区分开来,从而在配股的过程中实事求是地决定哪些人应该获得配股,哪些人不应该获得配股;哪些人应该多配股,哪些人不应该多配股。

饱和配股是公司对员工的激励政策中很重要的一大部分。这种激励手段本身有利也有弊。这么多年来,公司的饱和配股增加了员工的凝聚力,给员工的贡献提供了超额的回报。这个高额的回报不仅仅是员工的劳动回报,更重要的是使员工分享公司长期的价值增长。它的弊在哪里呢?从客观上来讲,股票的高额回报有可能助长员工惰怠的思想。虽然公司将饱和配股叫作长期激励,但是这个长期到底有多长?华为的长期可是无限期得长。员工获得的饱和配股是从哪里来的呢,实际上是来自对每一年劳动绩效的评估。每年劳动绩效结果出来后,会根据每个人的岗位贡献和绩效,给予相应饱和配股的额度。这个额度一旦获取之后,它未来的收益与每一个人未来长期的贡献的相关性就不那么强了。坦率地讲,一旦获得以后,有可能一劳永逸地吃大锅饭。事实上在华为的组织里,已有不少员工就是在吃这种大锅饭。那么在未来,如何让激励政策真正覆盖到奋斗者身上,而不是覆盖到不愿意奋斗的人身上。不愿意奋斗的人,组织给他的激励越多,他的惰性就越强。个体的惰性越强,对整个组织的影响就越大。因此,在整个人力资源政策中,如何把奋斗者和不奋斗的人很好地识别出来,是企业需要解决的一个课题。所有的文件都只能作为一个指引,文件执行的具体方式还是要靠企业主管自己把握。各级干部要将10%的优胜者找出来,他们也许有缺点,但会极大促进公司的发展。同时,对10%左右的后进者,做一些分析,对已经惰怠了的员工,要考虑采用退出一点股份的机制。企业在评定过程中,考虑到饱和线跨度很大的情况,有些人即使没到饱和线,组织也觉得他惰怠了,对于这些人就要使用退出机制。即使公司的各个要求他都满足了,还是不应配股,配股就是错误。企业必须坚决压制真正的无作为的人股权增长,公司才不会战略溃败。

听话的员工最容易符合公司的文件,但这并不能创造更多的价值。绩效好的员工虽然可能违反这些条款,但如果他是奋斗者,就应该获得配股,组织主管要挺身保护他的权益。获得配股不是涨工资,多涨一级无非时间早晚问题,股票给了可不好收回。如果给错了人,就是伤害了公司的竞争力,支持了惰怠。所以,公司的基层干部要敢作敢为,对于奋斗者采取相对考核,相对考核中要避免教条,如果感觉这个人确实是努力工作的,就敢承认他,尽管上级批评,也要敢于为他申辩。

作为奋斗者现在的识别手段是有限的。唯有按贡献,按当前绩效或战略贡献来识别。那些不服从组织安排,碰到艰苦的地方就不去的人,充其量只能算作一般奋斗者。奋斗者也会是动态的。当他走到奋斗者的边缘,他就下落为一般奋斗者了。因此,更要按当前绩效或战略贡献来识别有成效的奋斗者。

两年六十天的条款(艰苦地区工作两年休假六十天),执行上有一个度的问题。有些员工确实是因为在艰苦地区或者在项目压力比较大的情况下造成了身体疾病需要休假,而且每个人都能看到他们绩效很优秀。对于这类人,企业授权人力资源委员会给他们批准,限定两个月的休整时间,如果员工确实很优秀,需要延长休假时间,公司可以批准他们出差但不报销差旅费。例如员工去红海边上出差,回来后如果还是觉得身体不好,就让他自费去马尔代夫出差。公司可以变相处理这些问题,使其尽量不与公司政策相冲突。各个基层部门只要集体评议了,就要对优秀员工进行保护,因为这些人是公司的宝贵财富,但是不能因为对个人出一个特殊政策而去普遍适应所有人,一旦如此,公司将很难管理。当公司确定以奋斗者为本的时候,就要想到有人会累垮,企业以奋斗者为本作为文化,却没有一个宣泄出口,员工会累坏的。因为他们不想放弃利益,于是拼命工作,一旦弹簧被压得过头了,就弹不回来了,而这将会是个问题。这些在重大工作、重大项目付出了过量劳动的人,如果有正确的考勤,他们会有足够的假期来休息。那些为了公司努力奋斗,伤害了身体健康的人需要得到更多的关怀与帮助。企业不对过去的英雄表示关怀,就不会形成英雄辈出的局面。但对英雄的关怀,不等于当了英雄就可以惰怠了。如果这个人身体不好了,是因为奋斗形成的,不是生理疾病形成的,那么部门要有一个合理的处理措施。

华为认为年终奖制度是最落后的制度。企业要强调过程奖、及时奖。例如应有50%的过程奖在年终前发完,没有发完的,到年终就不会发放了。对于实际操作过程中是不是可以一步步走的问题,任正非认为没有必要一步步操作奖金的发放,因为奖金即便发错了也只有一次,企业不应该把奖金看得那么重要。

目前12级及以下的员工主要是分布在交付体系,激励方式主要以短期激励为主,以工时制为基础,算出来多少就发多少,华为已将这种方式延续了很多年。在长期激励方面华为考虑得比较少,过去有10%的班组长会有一些奖励配股,去年五百股和一千股,今年变成了三百股、五百股。任正非认为,奖励配股不在饱和配股之列。奖励配股也要改革,原来的政策要做一些维护。不能因为拿了五百股,就放弃加班费,放弃很多收入,就吃亏了。为什么要让干了活的人吃亏呢?干活的人就应该要拿好处,要打的是不干活的人。12级及以下也有维修工、测试工,是公司的骨干。既然是骨干,就应该多给他们一些奖金。加班就应该拿加班的钱。公司不赞成义务劳动。各尽所能,按劳分配,多劳多得,不劳不得。但是不劳不得也是有局限性的。目前12级以下员工的加班费占总收入的40%~50%,他们如果不满意就还要改革。总之,企业赚的钱都想分给大家,但问题是怎么分?怎么合理地分配?目前华为先讨论奋斗者的分配问题,以后还会全流程打通,建立正确的分配体制。

公司应该对薪酬结构进行优化,目前的薪酬结构中,短的部分太短,长的部分太长,长的比率太高,短的针对性不够强,未来的结构会变化,长期的部分依然保留,但比例会减少。公司会在长、短期之间增加中期激励,它是一个有限期的中期激励,这个激励与员工所承担的岗位责任及未来持续贡献相关联,同时还会对所有的奖励建立回溯机制,以防止可能的短期利益导向和不恰当的个人行为对公司利益造成影响。

综上所述,奋斗者要多保护,不要伤害他们,哪怕他们和文件有冲突。企业的基层主管做不了主的时候,可以向上呈报。要敢于在待遇上拉开差距,让优秀员工多拿钱,多配一些股票。公司的改革不能模糊不清,方向不明,否则最受伤害的人一定是最优秀的人。因为最优秀的人往往有非常多的缺点,但是他们也有非常多的优点。公司不能教条主义地要求完人。什么叫完人,刚出生的小孩就是完人,无所作为的人就是完人。这个社会不需要完人。华为更不需要完人,公司需要能做出贡献的人。这一点华为要在公司的干部制度、人力资源管理中真正体现出来。提高配股线是非常非常重要的战略,是经过公司高层一年的研究才拿出来的方案。这个战略最重要的问题就是不能伤害优秀的奋斗者,甚至那些不听话的奋斗者,因为他们有贡献。他们有时候不加班,但他们绩效很好,说明他们潜力大,应该多给他们加担子,而不是打击他们。如何不伤害优秀的奋斗者,华为的宗旨是,要在公司人力资源管理理念、导向和指导下,基于现行政策,实事求是、非常客观地执行制度政策,切实保障对奋斗者的识别和回馈,并通过这样灵活的执行,不断优化华为的政策。

小 结

激励是满足需要、激发动机、鼓励行为、形成动力的过程。激励的目的在于促进组织目标实现的同时也能实现个人的目标。激励是管理不可或缺的关键环节,贯穿于组织的管理活动之中,对组织目标的实现具有不可替代的重要作用。有效的激励必须以理论为指导,并遵循一定的原则。经典的激励理论有侧重了激发动机的内容型激励理论、侧重了行为发生时心理过程的过程型激励理论、侧重了行为结果的行为改造型激励理论和综合型的激励理论。组织激励机制的设计是开展激励的要求,也是提高激励效果的保证。任何激励机制都包含诱导因素集合、行为导向制度、行为幅度制度、行为时空制度、行为归化制度五项内容。每个组织在激励机制设计过程中要满足这五项内容的要求,但又要体现组织自身的特点。影响激励机制的因素包括组织外部环境、组织自身状况、团队和成员个人四个层次。为保证激励机制设计的有效性,必须遵循相应的设计原则。

思考与练习

一、填空题

1. 激励的本意是指人在追求某个既定目标时的意愿程度,包含( )、( )和( )三层含义。
2. 按激励的内容来划分,可以把激励分为( )和( )。
3. 激励类型的选择必须以( )、( )和( )三个因素的综合考虑为依据,进行两种以上类型的结合,才能使激励的效用最大化。
4. 激励的经典理论根据研究的侧重不同,大致可以划分为四类,即( )、( )、( )和( )。

5. 激励的效果取决于（　　）和（　　）两个因素。
6. 影响激励机制设计的因素有（　　）、（　　）、（　　）和（　　）四个方面。

二、判断题
1. 激励的目的在于促进组织目标实现的同时也能实现个人的目标。（　　）
2. 物质激励与精神激励是两种激励侧重点不同的激励形式。（　　）
3. 行为改造型激励理论着眼于从动机到行为产生的过程研究。（　　）
4. 激励以满足成员个人需要为出发点。（　　）
5. 对组织中各成员的激励策略是相同的。（　　）
6. 行为归化是指对成员进行组织同化和对违反组织行为规范者或达不到组织要求者进行惩处和教育的规则。（　　）

三、辨析题（先判断对或错，然后进行简要的理由说明）
1. 激励是管理不可或缺的关键环节。
2. 激励机制的核心在分配制度和行为规范上。

四、简述题
1. 简述激励的原则。
2. 简述激励机制的内容。
3. 简述经典激励理论的各自特点和主要内容。
4. 简述激励机制设计的原则。

推荐书目及其文章

[1] 周文霞. 管理中的激励[M]. 北京：企业管理出版社，2004.
[2] 斯蒂芬·P.罗宾斯. 管人的真理[M]. 北京：中信出版社，2002.
[3] 贾晓辉. 人力资源管理理论与实务[M]. 北京：中国国际广播出版社，2004.
[4] 薛中行. 中国式股权激励[M]. 北京：中国工商出版社，2014.

第十一章
劳动关系

微课资源

通过员工招聘甄别选拔后确定录用的应征者,接受组织的聘用,与组织签署劳动合同,即建立了员工与组织之间的劳动关系。劳动关系是雇员与雇主之间为维护双方在劳动上的权利,明确界定各自应承担的义务而建立的一种契约。市场经济条件下,雇主与雇员之间的关系必须是建立在法律的基础上。随着经济全球化进程的加快,劳动关系跨国界变得越来越普遍;随着我国国有企业改革的不断发展以及多种经济成分的共存,工会职能的回归和地位、作用的发展;在股权激励新型管理模式下,雇主与雇员的界限发生巨大变化;而且在雇员维权意识日益强烈的环境下,劳动关系中原来的强弱差异在逐渐缩小等。所有这些变化,使劳动关系管理变得越来越重要,也越来越值得深入研究和不断完善,成为组织发展和社会和谐的重要手段。

本章将对劳动关系的含义及表现形式、劳动合同管理、新时期的工会建设、劳动保护等进行系统阐述,同时,还将介绍劳动管理常用的一些管理工具,使你对劳动管理有一个系统的了解和掌握。为了帮助你更好地了解劳动关系管理的发展和变化,本章最后还链接了诸如新劳动法颁布执行带来的变化及影响、劳动保护的现状及存在的问题、工会改革等内容。

 学完本章,你将能够:

1. 了解劳动关系的本质以及加强劳动关系管理的意义;
2. 了解并掌握劳动合同管理的内容与方法;
3. 了解并掌握劳动保护的实质及其内容;
4. 了解工会组织的作用、地位以及思考新形势下工会的改革。

专题一　劳动关系是建立在劳动过程中的社会经济关系

专题导读

什么是劳动关系？劳动关系包含哪些方面的内容？为什么要建立劳动关系？为什么要对劳动关系进行管理？要从哪些方面进行劳动关系管理？本专题将为你解答这些问题，使你对劳动关系的含义及其意义有一个清晰的、系统的了解和认识。

一、劳动关系的含义

劳动关系是指雇主与雇员之间在实现劳动的过程中建立起来的社会经济关系。这种关系包括广义和狭义两个层面。从广义上看，劳动关系是指任何劳动者与任何组织之间因劳动而形成的社会关系的统称。从狭义上看，劳动关系是指依照劳动法等相关法律法规明确和规定的双方在劳动过程中的权利与义务，而且这些权利与义务都受到法律的保护。狭义上的劳动关系就是现实经济生活中常说的劳动关系。

从劳动关系的上述含义来看，一切劳动关系的建立都必须是雇主与雇员双方共同的事情。这是劳动关系的第一层要义。其次，劳动关系是专门针对劳动过程中的权利与义务而确定并确认的关系。劳动关系的确立必须以法律为准绳，必受法律规范和保护。

在劳动关系中，鉴于雇主与雇员双方在劳动关系中的力量对比，劳动关系现实存在着三种不同的状态，即均衡型劳动关系、倾斜型劳动关系和政府主导型劳动关系。均衡型劳动关系是劳动关系中的理想状态；倾斜型劳动关系是劳动关系中的常见状态；政府主导型劳动关系是劳动关系中的特殊状态。

因此，劳动关系在现实中必然地表现为两种形式，即合作型和冲突型。一般地说，均衡型劳动关系表现为合作型；倾斜型劳动关系表现为冲突型。由于合作与冲突是矛盾的两个方面，随着事物的发展和变化，合作与冲突都会存在着向各自的对立面转化的可能性。这就要求人们必须不断地调整雇主与雇员之间就劳动所发生的权利与义务关系，并经营好这些关系，才能使劳动关系尽可能朝着均衡的方向发展。

二、劳动者的基本权利与义务

就上述劳动关系的类型来看，构成劳动关系的双方中，一般情况下，组织的一方总是处于强势地位。要实现劳动关系尽可能朝着均衡的方向发展的目标，必须对劳动者的权利与义务有一个清晰的了解和认识。这是维护劳动者权利与义务的基础。

劳动者的权利与义务尽管在不同的国家有不同的具体规范和界定，但是其核心是相同或相似的。主要包括以下几个方面。

（一）享受劳动的权利

享受劳动的权利即每个公民都有平等就业的权利，并根据自己的愿望选择职业的权利。就业的权利是关系到劳动者及其家庭生存的基本权利。根据这项权利，任何组织不得对劳动就业者进行歧视。选择职业权利是劳动者自主决定从事何种职业的权利，也是劳动者就业偏好的具体体现。组织在招聘中如果能尊重劳动者的就业偏好，或善用劳动者的就业偏好，那将有利于劳动生产率的提高。

（二）获取劳动报酬的权利

获取劳动报酬的权利即任何组织在劳动者提供了一定数量和质量的劳动以后，都必须向劳动者支付事先约定好的劳动报酬。否则，就是对劳动者权益的侵害。

（三）获得劳动保护的权利

从劳动者的生理、心理健康恢复以及个体社会化角色的客观要求来看，任何劳动者在经过了一定时间的劳作后，都必须享有休息和休假的权利。合理的休息和休假有利于劳动者劳动能力的恢复和提高。同时，劳动者在劳动和工作过程中其健康和安全必须受到应有的保护。这既是劳动者应该享有的权利，也是减少组织损失的要求。

（四）享受培训教育的权利

享受培训教育的权利包括任职前的教育培训和任职期间的教育培训，其目的都是加强和提升组织成员的职业能力和职业素质。其结果一方面有利于劳动者获得更好的职业发展，有利于劳动者个人及其家庭生活质量的提高；另一方面有利于组织发展目标的实现。

（五）享有社会保障的权利

劳动者的劳动创造不只是通过劳动报酬来体现，还必须通过社会保障这种国民财富二次分配的方式来体现。劳动者的社会保障主要指的是劳动者在生、老、病、死、负伤、失业、家庭出现特殊困难等情况下获得的社会保险。

（六）享有依法参加和组织工会的权利

工会是代表和维护劳动者基本权益的群众组织（NGO）。劳动者享有依法参加和组织工会的权利，既是《宪法》所规定的"自由结社"的公民权利的一种具体表现，也是《劳动法》中的条文之一，现实中还是增强劳动关系中劳动者一方话事权的具体有效措施。在市场经济发达的国家中，工会组织也是活跃的。

（七）其他权利

其他权利是指上述基本权利中没有包括进去的劳动者应该享有的其他权利，如参与管理的权利。在强调建立组织归属感、组织凝聚力的环境下，员工参与管理越来越受到组织的推崇，并有不少成功的个案值得研究。

小资料

员工参与管理的提出可以追溯到 20 世纪 50 年代的工作生活质量（quality of work-life）运动。管理者及有关的研究者注意到了员工在工作中的健康、安全，特别是工作满意度的问题。20 世纪 60 年代到 70 年代，西方国家通过立法和政府成立有关组织的方式来关注和改善工作生活质量。员工参与管理就是提高工作满意度，改善工作生活质量，从而提高生产力的一种管理手段。员工参与管理是指在不同程度上让员工参加组织的决策过程及各级管理工作，让员工与企业的高层管理者处于平等的地位研究和讨论组织中的重大问题，从而让员工体验自己的利益与组织发展密切相关而产生强烈的责任感；同时，参与管理能使员工从中获得一种成就感，因此受到激励。麦格雷戈将员工参与管理定义为发挥员工所有的能力，并为鼓励员工对组织成功做出更多的努力而设计的一种参与过程。其隐含的逻辑是，通过员工参与影响他们的决策、增加他们的自主性和对工作生活的控制，员工的积极性会更高，对组织会更忠诚，生产力水平更高，对他们的工作也更满意。

（八）劳动者的义务

每个劳动者都必须履行相应的劳动义务，即在合乎法律的前提下，按要求的数量、质量和时间完成劳动任务；执行劳动中的安全卫生规程；遵守劳动纪律；提高职业素质等义务。权利与义务是对等的，而劳动权利与义务的统一是劳动关系建立的原则和规律。

三、建立和改善劳动关系的意义

（一）建立和改善劳动关系的意义

从上述劳动关系的含义以及劳动者基本权利与义务的阐述来看，建立和改善劳动关系既是从法律的角度维护社会经济活动中劳动者基本权益的客观要求，也是保证经济组织发展从而保证社会发展的客观要求。其意义具体体现在以下几个方面。

1. 有利于复杂多变的社会经济环境下组织的生存和发展

任何组织的生存和发展都离不开人力资源这个基本要素。劳动关系就是组织与人力资源个体之间建立的关于劳动权利与义务的关系。良性的劳动关系是有利于组织与人力资源个体之间权利与义务获得均衡实现的关系。在复杂多变的社会经济环境中,由于价值观的变化以及利益诉求的复杂性,劳动关系也随之发生着较大的变化。对组织生存和发展的影响也因此变得更加复杂。例如,我国第一代农民工的后代在就业上表现出来的强烈自我意识对组织招聘目标实现的影响;再如"80后""90后"的人对人力资源流动的观念变化对组织归属感、凝聚力建立的影响等。加强劳动关系的研究和不断完善劳动关系,对组织生存和发展显得越来越有现实意义。

2. 解决就业维护社会稳定的客观要求

解决就业问题维护社会稳定是每个国家政府管理追求的共同目标。现实中,组织与人力资源之间不可避免地存在权力与利益上的冲突,某些时候,这种冲突还会表现得比较激烈,从而影响着组织的发展和社会的安定。例如,拖欠工资问题、裁员问题、劳动保险问题、失业问题等,这些问题都有可能从个案上升为社会矛盾。这就客观地要求从组织的层面、政府的层面积极地调整和改善劳动关系,化解矛盾,维护劳动者的基本权益,促进就业和社会稳定的实现。

3. 进一步推进我国企业改革和增强国有企业活力的客观要求

就我国的具体国情来看,除了上述两点共性以外,在建立现代企业制度的大环境下,企业要真正成为市场主体,在劳动关系的建立和改善上就面临着更大的挑战和考验。就国有组织而言,劳动者不仅是组织中的生产要素,还是组织中生产资料的主人。这使常规意义上劳动关系的建立遇到难题:雇主与雇员的关系如何界定?它将直接影响到权利与义务的确认和规定。因此,劳动关系的重新认识和建立对能否进一步推进国有企业改革向前发展意义重大。同时,与民营组织相比,在固有的就业观念和两类不同性质组织掌握资源的差异共同作用下,国有组织中聚集了越来越多的优质人力资源,而且民营与国营在这方面的差距有扩大之势。但是,国有组织的竞争力如果抛开垄断这一特殊优势,其竞争力的优势并不突出。如何增强国有组织的活力,进而增强国有组织的竞争力,使得重塑劳动关系变得意义重大。

(二)建立和改善劳动关系的基本原则

劳动关系是雇主与雇员之间有关劳动权利与义务的关系。因此,在劳动关系的建立和改善中,必须遵循以下几项基本原则。

1. 平等互利的原则

平等互利的原则既是法律的强制要求,也是组织实现发展的客观要求。一时的权益倾斜可以存在,长期的权益倾斜必将影响组织的生存和发展,重者甚至会导致组织的灭亡。组织与其雇员之间是辩证统一的关系。只有遵循平等互利原则,不断地完善劳动关系,才能获得组织及其雇员的共同发展。

2. 依法建立和完善的原则

劳动关系的建立和完善必须以法律为准绳。解决劳动关系中发生的问题，也必须以法律为准绳。

3. 共识、共建、共享的原则

劳动关系是牵涉组织与雇员双方权利与义务的关系，对双方的权益有着直接的影响和作用。推而广之，更关系到雇员家庭及其社会的利益的实现。因此，劳动关系的建立形式上是组织与雇员之间的关系，但实质上是多方责任和义务的综合反映，包括组织、雇员、政府、雇员家庭等多个因素的共同努力和作用。劳动关系带来的影响和结果也不无例外的是他们共同的收获——不管好与不好。这就要求在劳动关系的建立和改善中，必须达成共识，本着共荣共衰的宗旨从各个角度去经营好劳动关系。

4. 充分合理发挥工会组织作用的原则

在劳动关系的建立和改善中，工会始终扮演着连接、协调、调解、代表直至发动和组织领导的重要角色，发挥着不可替代、不可或缺的重要作用。工会组织角色和作用的充分合理发挥，将使劳动者的基本权利与义务得到保障，也有利于组织及时地发现经营中存在的问题，调整管理方式和经营方式。实践表明，有健全工会组织的劳动关系更有利于组织的发展。

专题二 劳动关系管理

专题导读

劳动关系对组织及其成员发展如此重要，那么，应该如何管理劳动关系？从什么地方入手来管理劳动关系？什么是劳动争议？怎么看待和解决劳动争议？本专题将为你提供解决这些问题的答案和方法。无论你正在从事劳动关系管理，还是只是一名劳动者，你都将在这个专题中有所收获。

一、劳动合同管理

（一）劳动合同的含义

劳动合同是劳动关系的具体表现形式。根据我国《劳动法》第十六条、第十七条的规定："劳动合同是劳动者与用人单位确定劳动关系、明确双方权利与义务的协议。""劳动合同依法订立即有法律约束效力。当事人必须履行劳动合同规定的义务。"因此,劳动合同也称为劳动协议或劳动契约。

劳动合同是合同的一种类型,但又不同于一般的合同。因此,劳动合同不仅具有一般合同的共性,还同时具有劳动合同的特性。具体表现在以下几个方面。

(1) 劳动合同的主体是特定的。一方为劳动力的所有者,另一方为劳动力的使用者。只有在劳动者将劳动力的使用权让渡给某个组织,劳动合同才有产生的可能和意义。

(2) 劳动合同的内容具有法定性和强制性。即劳动者的定义及其权利与义务受法律的规定;用人单位的定义及其权利与义务也受法律的规定。

(3) 劳动合同的当事人之间存在着管理上的从属关系。这是劳动合同区别于其他合同的重要特点之一。即签署劳动合同后,用人单位一方有权安排劳动者完成劳动合同中规定的劳动任务;劳动者一方则有权在完成规定的劳动任务后获取相应的劳动报酬及其他福利,并在劳动的过程中享受相应的劳动保护。

(4) 劳动合同的目的在于规范劳动过程的完成,包括对劳动成果的分配。

(二) 劳动合同的内容

劳动合同的内容是劳动合同的本质。劳动关系中双方当事人的权利与义务就是通过劳动合同的内容——具体条款体现出来的。劳动合同的内容一般包括法定内容和约定内容。法定内容是按照国家相关法律要求确定的条款,是劳动合同内容的主体;约定内容是经劳动关系双方根据具体情况协商制定的条款,是补充,约定内容的确定也必须遵守法律规定。依法和合法是劳动合同订立的基本原则。劳动合同的内容一般包括:合同双方当事人的名称、身份;关于权利与义务的相关条款;关于违约处置的条款;合同期限及生效和终止日期等。劳动合同一般以书面形式订立。但确立劳动关系的双方只要经过议价的过程并达成了协议,即使没有签署书面协议,劳动合同也已经产生。当然,从更有利于维护劳动关系双方权益的角度来看,还是以签署书面协议为有效凭证。

一份有效的劳动合同必须具备以下几个条款。

(1) 劳动合同双方当事人的名称及其有效印鉴。签署劳动合同的当事人双方必须是法律规定意义上的权力与义务主体。

(2) 劳动合同期限。按照期限划分,劳动合同分为固定期限劳动合同、无固定期限劳动合同和为完成某一工作或项目为期限的劳动合同三种。固定期限是指约定了劳动合同的终止期;无固定期限是指没有约定劳动合同的终止期。前者对用人单位比较有利;后者对劳动者比较有利。前者便于用人单位对人力资源的规划;后者相对来说不利于用人单位对人力资源的规划,而且在管理上难度较大。

对新员工来说,劳动合同期限中一般还包括试用期。这是双方对履行劳动合同的能力考察期。

(3) 工作性质与内容。这是劳动合同主体条款确立的基础。根据工作性质与内容,确定劳动者应该承担的责任、完成的任务、达到的要求、享有的权利及工作环境条件等。

(4) 劳动保护与劳动条件。按照国家的相关法律规定,在明确的工作性质与内容情况下，组织应该提供的相应的劳动保障措施以及劳动保护条件。

（5）劳动报酬。在约定的工作性质与内容情况下，用人单位根据国家法律规定，对劳动者的劳动成果，以货币和非货币形式支付给劳动者的劳动报酬。包括劳动报酬的支付形式、支付内容、支付数额、支付时间、支付周期等。此外，还包括国家法定的休息和休假时间及其他待遇的确定。

（6）劳动纪律。即劳动者在劳动过程中必须遵守的劳动规则。在一些特殊领域或环节，劳动纪律可以延伸到劳动过程以外，如保密条款。通常劳动纪律可以与员工奖惩条例一起制定，或以员工奖惩条例为劳动合同中劳动纪律条款的补充或实际执行细则。

（7）劳动合同生效、终止、解除、变更或续订。劳动合同签署之日即是劳动合同生效之日。按照《劳动法》的规定，劳动合同期满，或当双方约定的劳动合同终止条件出现时，或进入无固定期限劳动合同状态下劳动者一方不提出继续劳动合同时，劳动合同即可终止。劳动合同期限未到，或双方中其中一方提出，或当双方约定的劳动合同解除条件出现时，劳动合同即可解除。劳动合同执行过程中因某些变化，经双方当事人约定同意的情况下对合同进行调整和修改，即劳动合同的变更。劳动合同期满，双方愿意继续合作，或进入无固定期限劳动合同状态下劳动者一方不提出终止劳动合同时，劳动合同即可续订。

（8）违反劳动合同的责任。即违反劳动合同约定应当承担的责任和处罚形式。对违约的具体约定以及对违约的处置形式的约定可以根据具体情况由双方当事人进行协商，但前提必须是符合国家的相关法律法规。

以上8个方面是劳动合同的必备内容。此外，还可以根据双方当事人的约定增补确立其他事项。

（三）劳动合同的订立

1. 劳动合同订立的条件

劳动合同的主体必须是符合法律规定的劳动者个人和用人单位。即劳动者一方必须是具备劳动权利能力和行为能力的自然人，用人单位必须具有法人资格。

2. 劳动合同的订立程序

劳动合同订立的程序一般是：首先，由劳动关系双方彼此详细真实地向对方介绍自己的情况，并提出各自的要求和意见；其次，双方就这些要求和意见进行协商、补充和完善，使双方尽可能就这些要求和意见达成一致；再次，将双方达成一致的内容以法定的格式形成劳动合同文本，并签字盖章；最后，将签署的劳动合同拿到劳动行政机关申请鉴定、认证和备案。

劳动合同的签署一般有两种形式：一种是由用人单位起草并提出的劳动合同条款，征询员工的意见，无异议，则进行签署；另一种是由用人单位和员工双方共同协商起草和确立劳动合同条款并进行签署。不管采用哪一种形式，在劳动合同签署之前，都必须允许双方充分地表达各自的要求和意见。

3. 劳动合同订立的原则

首先，劳动合同是维护劳动关系双方权利与义务的协议，因此，劳动合同的订立必须遵守国家的相关法律法规。依法订立是劳动合同订立的基本原则。其次,为了保障当事人双方的权利与义务,劳动合同的订立还必须本着平等自愿、协商一致的原则进行。最后,劳动合同包含的内容和条款必须准确、完备地体现当事人双方的劳动权利与义务。

4. 劳动合同的法律效力

在遵守国家相关法律法规的前提下,劳动合同一经订立,自签字之日起对当事人双方即有法律约束力,当事人双方必须按照劳动合同条款履行各自的义务。

但并不是所有经当事人双方签署的劳动合同都是具有法律效力的。具有下列情况中的任何一种,其劳动合同都可视为无效劳动合同:违反国家相关法律法规;签订时采用欺骗、威胁等手段;在权利与义务上存在明显的不公平等。无效劳动合同的确认须经劳动仲裁委员会或人民法院的认定。

(四) 劳动合同的履行

劳动合同的履行是指当事人双方按照签署生效的劳动合同规定,实现各自劳动权利与义务的过程。即履行劳动合同的过程既是当事人双方实现劳动权利与义务的过程,也是劳动过程完成的法律体现形式。可见,劳动合同的履行直接关系到劳动过程中生产要素的配置效率及其劳动效果。因此,劳动合同的履行必须遵循特定主体的原则以及全面履行的原则。特定主体的原则要求劳动合同的履行只能由签署合同的特定主体进行,不能由任何第三方代替。全面履行原则要求当事人双方应当按照合同中的规定全面正确地履行全部义务、享有全部权利。这是体现劳动合同法律效力严肃性和一致性的要求,也是保证劳动过程正常进行的要求。

(五) 劳动合同的管理

1. 劳动合同的终止、解除、变更和续订

劳动合同的终止是指劳动合同期满,或当双方约定的劳动合同终止条件出现时,或进入无固定期限劳动合同状态下劳动者一方不提出继续劳动合同时,劳动合同即可终止。当事人双方即可按照劳动合同中的约定,办理劳动合同终止手续。若此时双方同意继续保持劳动关系,则可进行劳动合同续订。

劳动合同期限未到,或双方中的其中一方提出,或当双方约定的劳动合同解除条件出现时,提前终止劳动合同效力的法律行为即为劳动合同解除。劳动合同解除分为法定解除和协商解除两种。法定解除是指劳动合同履行过程中任何一方出现违反国家相关法律法规或劳动合同条款的行为时,此时不需经双方一致同意,即可提前终止劳动合同。协商解除是指当事人双方因某种原因,经自愿协商,一致同意提前终止劳动合同。具体的劳动合同解除又分为用人单位方提出解除劳动合同和劳动者方提出解除劳动合同两种形式。

劳动合同执行过程中因某些变化,经双方当事人约定一致同意的情况下对合同进行部分调整和修改,即是劳动合同的变更。劳动合同的变更是为了适应发展变化的环境,更好地维护双方的权利与义务而进行劳动合同完善的活动。

2. 劳动合同管理中的其他问题

解除劳动合同的补偿。在合法或协商一致的情况下提前终止劳动合同,必会给对方造成一定的经济损失,因此,在解除劳动合同时必须给予必要的补偿。

签订劳动合同的过程中,劳动者往往处于弱势一方。此时,工会有权力以合法的程序和手段为员工争取权益。

二、劳动争议及其处理

（一）劳动争议的基本分析

1. 劳动争议的含义

劳动争议是指劳动关系双方因劳动权利与义务而发生的冲突、纠纷,是劳动关系处于不协调、不平衡状态的具体表现。因此,劳动争议也称为劳动纠纷。

劳动争议一般分为个别争议和团体争议两类。所谓个别争议是指劳动者个人与用人单位之间发生的因劳动合同中规定的权利与义务所致的冲突、纠纷。所谓团体争议是指因为制定或变更劳动条件而产生的冲突、纠纷。这种争议往往牵涉群体利益,称为团体争议,也称为集体争议。不同的劳动争议类型,解决争议的机构、程序也不相同。

从劳动争议的含义及其分类来看,劳动争议包含下述基本要义：第一,劳动争议的内容必须是处于劳动法律法规调整下的劳动活动；第二,劳动争议的主体必须是处于劳动法律法规调整下的个人或团体；第三,劳动争议的焦点是劳动权利与义务。因此,衡量是否是劳动争议的标准只有两条：第一,是否是劳动法意义上的主体；第二,是否是关于劳动权利与义务的争议。

2. 劳动争议的原因分析

引起劳动争议的原因一般分为直接原因和间接原因两类。

所谓直接原因是指对劳动关系及其劳动合同产生直接影响的因素,包括劳动关系当事人的原因、劳动合同管理的原因以及劳动法律体系的原因三个方面。这三个方面都是直接影响劳动合同签署及其履行的原因。

所谓间接原因是指对劳动关系及其劳动合同产生非直接影响的社会因素,包括劳动力供求关系、劳动力结构、社会保障制度的状况、竞争的状况、社会变革与产业结构变迁等多个方面。一般来说,间接原因的影响会通过劳动合同条款的变化体现出来。

（二）劳动争议的处理

劳动争议处理的程序一般是：协商、调解、仲裁和诉讼。因此,进行劳动争议处理的机构有劳动争议调解委员会、仲裁委员会、人民法院。

1. 劳动争议协商

劳动争议协商是劳动关系双方就劳动争议采取自治的方式进行解决。参加协商的主体往往是工会代表、雇员代表和资方代表。他们共同构成争议协商委员会,就争议事项进行谈判,最终达成一致。

2. 劳动争议调解

劳动争议调解是由用人单位的劳动争议调解委员会对劳动争议进行调查、分析,明确责任,依法调和双方矛盾,推动双方互相谅解,达成一致的争议处理方式。劳动争议调解委员会是设立在工会下面的一个工作机构。调解的期限是自当事人提出调解申请日后30天,到期仍未能解决争议的,视为劳动争议调解失败,则要进入劳动争议仲裁阶段。

3. 劳动争议仲裁

劳动争议仲裁是指由一个公正的第三方对劳动争议做出评断和裁决的过程。它是一种较司法程序简便、及时的劳动争议处理方式,具有独立性、权威性和灵活性等特点。

劳动争议仲裁的主要依据是以宪法中关于劳动者、劳动权利与义务的原则规定为指导;以劳动法、劳动行政法规、劳动行政章程等认定的当事人责任为依据;以劳动合同和组织规章制度为事实依据,对劳动争议的事实和责任进行公断。1697年,英国政府制定了世界上第一部《仲裁法案》,成为后来好多国家在劳动争议仲裁中的法律指南。

劳动争议仲裁机构是国家授权、依法独立处理劳动争议的组织。该组织的成员由劳动行政部门代表、工会代表、用人单位代表共同组成。

4. 劳动争议诉讼

劳动争议仲裁后若对仲裁结果不服,即可在收到裁决书之日起15日内向人民法院提出诉讼请求。劳动争议诉讼是指人民法院按照民事诉讼法规定的程序,以劳动法为依据,对劳动争议进行审理的活动过程。诉讼的程序包括起诉与受理、调查取证、调解、开庭审理等几个阶段。审理又包括一审、二审、再审和终审判决等程序。当事人如果对审理结果不服,可以向上一级人民法院提起上诉。上诉期限为判决书送达之日起15日内。终审判决标志着提起诉讼的劳动争议获得最终解决。判决后,人民法院还要对判决执行进行监督。

三、员工聘用与解聘

(一)员工聘用

相关内容参见本书第六章员工招聘,此处不再赘述。

(二)员工解聘

员工解聘是指因某些原因,劳动合同期限未满之前由劳动合同中的一方向另一方提出解除劳动合同的一种具体做法。因此,解聘包括辞退和辞职。辞退是组织方向劳动者提出解除劳动合同;辞职是劳动者方向组织提出解除劳动合同。辞退和辞职尽管在当今社会已经是一个普遍的事情,但是处理得好坏,都将对劳动关系双方带来很大的影响,甚至是深远的影响。因此,对辞退和辞职必须予以足够的重视并认真对待。

关于辞退,根据《劳动法》中的明确规定,发生下列情形中的任何一种,组织都可以向员工做出辞退决定,并发出辞退通知书。

(1) 根据《劳动法》第三十九条,劳动者有下列情形之一,用人单位都可以将其辞退。

①在试用期间被证明不符合录用条件的;②严重违反劳动纪律或者用人单位规章制度的;③严重失职,营私舞弊,对用人单位利益造成重大损害的;④劳动者同时与其他用人单位建立劳动关系,对完成本单位的工作任务造成严重影响,或者经用人单位提出,拒不改正的;⑤因本法第二十六条第一款第一项规定的情形致使劳动合同无效的;⑥被依法追究刑事责任的。

(2) 根据《劳动法》第四十条,劳动者有下列情形之一,用人单位即可将其辞退。

①劳动者患病或者非因工负伤,医疗期满后,不能从事原工作也不能从事由用人单位另行安排工作的;②劳动者不能胜任工作,经培训或者调整工作岗位,仍不能胜任工作的;③劳动合同订立时所依据的客观情况发生重大变化,致使原劳动合同无法履行,经当事人协商不能就变更劳动合同达成协议的。

(3) 根据《劳动法》第二十七条,出现下列情形之一,用人单位即可进行经济性裁员,向员工发出辞退通知书。

①用人单位濒临破产进行法定整顿期间;②用人单位经营状况发生了严重困难。

用人单位在对有上述情形之一的员工做出辞退决定之时,需要向本组织的工会和当事人说明情况。按照规定,用人单位辞退员工必须提前1个月通知当事人,并给予当事人3个月工资的补偿。如果用人单位没有提前1个月将辞退决定告知当事人,用人单位则要多补偿1个月的工资,即补偿4个月的工资给当事人。上述规定是对一般员工而言。

组织辞退员工,必须进行风险评估。一般需要评估的风险包括下列几个方面。

(1) 经济风险。主要是指补偿费用的处理。尽管有相关法律法规条文为依据,但就辞退来说,补偿费用仍然是一个棘手的问题。如果处理不当,将因此给组织带来法定补偿费用以外的难以估量的损失。

(2) 安全风险。这方面的风险源于被辞退的心理成本。因为被辞退,造成心理问题,进而导致与组织发生激烈的冲突,发生过激行为甚至是暴力行为给组织带来的伤害和损失。

(3) 劳动争议风险。即对用人单位作为辞退员工依据的劳动合同中相应条款发生分歧。如果被辞退员工对此未能获得满意的解释,那将有可能给组织带来不利的影响甚至损失。

鉴于上述风险的存在和实践中存在的这些现实问题,在辞退员工时,一要严格按照相关法律法规去做;二要本着以人为本的思想向当事人和工会做好解释、说明工作;三要本着合法、合情、合理的原则妥善解决好经济补偿问题。

辞职也要按照《劳动法》的相应规定及条款去操作,即劳动者方必须提前1个月向所在组织提出辞职申请,获批准后办理辞职手续。否则,要赔偿组织方的损失。另外,就一些特殊成员而言,辞职转任还必须遵守相关的其他法规或约定,否则也要承担对组织损失的赔偿,甚至追究其法律责任,如之前双方订立的保密协议;再如之前双方约定的客户资源管理规定等。

四、劳动时间管理

（一）劳动时间的含义

劳动时间也称为工作时间（简称工时），是法律规定的，劳动者为履行劳动责任与义务而消耗的时间。一般来说，劳动时间以劳动者每天工作的时数或每周工作的天数来计算。劳动时间是支付薪酬的重要依据之一。按照目前国际上通行的惯例以及我们国家的法律规定来看，劳动时间为每天工作8小时；每周工作5天。也可以说，目前国际上为维护劳动者基本权益而通行的劳动时间是每周工作不得超过40小时。

用人单位因业务需要而必需加班的，需经过与工会或与劳动者商议后，才能延长工作时间。关于加班工作时间的确定，也必须遵守法律的规定。法律对劳动时间的规定是以保证劳动者身心健康以及恢复劳动者的劳动能力必需的时间为依据来制定的。

确定工作时间的另一个作用在于计算组织的劳动生产率和进行组织工作计划与用人计划的安排。劳动生产率指的是在一定的技术与组织环境下，每一单位时间里劳动者完成合格产出的数量标准。有了这个指标，就可以制订组织的工作计划和用人计划；也可以据此进行劳动者劳动成果的考核与计酬；还可以据此进行组织管理改革、员工培训、技术创新等工作，提高组织的发展力。可见，劳动时间管理具有多重意义和作用，因此成为人力资源管理中的重要的、日常性的管理工作。

现实中，大多数组织的劳动时间是执行标准工时制度的。但是，有些组织因为工作性质或工作特点的原因，无法或不能实行标准工时制度，那就要报请劳动管理行政机构予以批准、备案，方可实行不定时工作制度或综合计算工时工作制度。

（二）劳动时间里的若干相关概念及其管理

（1）标准工作日。这是国家法定的工作时间标准，也称为法定工作日。我国的标准工作日是每天工作8小时，每周工作时间不得超过40小时。实行计件工作管理方式的组织，实际操作中是按照国家确定的标准工作日，结合组织的技术与组织环境条件，确定合理的劳动定额及计件工资标准。其实质仍然是要遵守国家法定的标准工作日制度。

（2）缩短工作日。这是法律针对某些特殊行业或特殊情况所规定的少于标准工作日时数的工作时间。例如高危工种、高危行业、哺乳期工作的女性员工或不宜长时间连续工作的岗位等，往往规定和实行缩短工作日的劳动时间管理制度。

（3）不定时工作日。即不能执行标准工作日，而且没有固定工作时间规定的工作日。这些往往是因为工作性质或工作特点决定他们不能实行标准工作日，如各类运输工具的司机与乘务员、港口码头的装卸操作人员、推销人员、外勤人员等。尽管工作性质决定了他们不能实行标准工作日，但是，对他们工作时间的确定也仍然要遵守国家法定的、以保障劳动者身心健康及其恢复劳动者的劳动能力为宗旨和原则的规定。每年春运等运输繁忙的季节或时段，有关部门严格抓疲劳驾驶、强制司机休息等就是对不定时工作日管理的具体反映。

(4) 综合计算工作日。这是指用人单位根据工作特点需要，以周、月、季、年等为周期综合计算工作时间的一种工时形式。例如季节性特点显著的制糖业、旅游业，受工作性质决定的交通运输业、地质勘探业、建筑业等行业或岗位的一线员工。对他们劳动时间的管理采用综合计算工作日比较合适。

(5) 弹性工作时间。即在标准工作日的前提下，根据管理或工作的需要，在标准工作时数不受侵犯的情况下，对具体工作时间进行灵活调节或调整。这种劳动时间管理模式在互联网技术普及以及飞速发展的环境下非常有意义。它使劳动者不仅能完成属于自己责任和义务的工作，还能同时兼顾其他。有利于充分地调动劳动者的工作积极性，也是管理人性化的体现，如设计、研发、电子商务等工作采用这种劳动时间管理模式比较有利。国际上，最早提出弹性工作时间的是德国。早在20世纪60年代末，德国就率先实行弹性工作时间，并很快地被工业发达国家所引进和推广。

(6) 加班加点。这是指在标准工作日基础上延长劳动时间。即劳动者的实际劳动时间超出了法定工作时间。关于加班加点，国家法律有明确、具体的规定，我国《劳动法》第四十四条规定：①平时安排劳动者延长工作时间的，支付不低于工资的150%的报酬；②休息日安排劳动者工作而又不能安排其补休的，支付不低于工资的200%的报酬；③法定休息日安排劳动者工作的，支付不低于工资的300%的报酬。其中，①是指加点；②和③指的是加班。尽管对加班加点及其劳动报酬国家法律有明确、具体的上述规定，但是，对加班加点的时间，尤其对加点的时间，国家法律也同样有明确、具体的规定。《劳动法》第四十一条规定："用人单位由于生产经营需要，经与工会和劳动者协商后可以延长工作时间，一般每日不得超过一小时；因特殊原因需要延长工作时间的，在保障劳动者身体健康的条件下延长工作时间每日不得超过三小时，但是每月不得超过三十六小时。"这一法律条文不仅明确加点的时间限定，而且实行加点必须经与工会和劳动者协商后才能进行。

实行标准工作日的组织的加班加点必须按照上述法律规定执行。实行计件工作的组织的加班加点又有另外一套管理办法和依据。《工资支付暂行规定》第十三条规定："实行计件工资的劳动者，在完成计件定额任务后，由用人单位安排延长工作时间的，应根据上述规定的原则（即《劳动法》中相应的原则），分别按照不低于其本人法定工作时间计件单价的150%、200%、300%支付其工资。"实行综合计算工作时间的组织的加班加点的管理依据是《关于职工全年月平均工作时间和工资折算问题的通知》（2000年3月17日由劳动与社会保障部颁布）。通知中规定："职工全年月平均工作天数和工作时间分别调整为20.92天或167.4小时。"凡超出这些时间规定的工作时间都视为加点，按照《劳动法》中的相关规定进行管理。

五、改善劳动关系的措施

改善劳动关系是组织永恒的话题和目标。由于利益诉求不同以及力量悬殊等原因，劳动关系中的矛盾、对立是客观存在的。这些矛盾对立如果不能获得妥善解决，必将对组织带来极大的伤害和损失。只有和谐的劳动关系才有利于组织的持续发展和壮大。关于改善劳动关系的研究和实践一直没有停止过，概括来说，主要有以下一些措施。

（一）从组织文化建设入手改善劳动关系

组织文化是20世纪80年代美国管理学界在比较分析日美经济发展的基础上提出来的。美国管理学者认为，日本经济快速发展的原因不在技术等"硬件"上，而在文化这个"软件"上。每种管理都受着一种文化的支持和指引。日本经济的快速发展正是日本文化在其中发挥作用的结果，即每种管理风格的背后都体现着一种相应的管理文化。要改善组织的劳动关系，最根本的、也是最重要的就是抓组织文化建设。所谓管理风格是指管理者受其组织文化及管理哲学影响所表现出来的行为原则、行为模式等的总称。由于组织中的所有工作任务及其管理都与劳动者有着直接的关系，因此管理风格主要体现为管理者处理组织劳动关系的行为原则和行为模式。关于组织管理风格，国际上著名的学说有帕赛尔和西森共同提出的"五种管理风格"，即传统式管理、温情式管理、协商式管理、法制式管理和权变式管理。每种管理风格都有它自身的特点和适应的环境条件，不能简单地评说孰优孰劣，而是看哪种管理风格更有利于组织的发展。

（二）员工参与管理和谐劳动关系

员工参与管理是指在不同程度上让员工参加组织的决策过程与各级管理工作，共同研究和讨论组织发展中的重大问题的一种管理方式。员工参与管理的理论基础是人性假设中"社会人"假设和"Y理论"假设。他们认为人存在着社会需要和自我尊重、自我实现的需要。当这些需要获得满足的时候，人的潜能才能得到充分的发挥，人才能感受到更大的满足。员工参与管理就是为他们需要的满足提供条件和环境。通过员工参与管理，影响他们自身的决策，增加他们的工作自主性和对工作生活的控制。这样，员工的工作积极、对组织的忠诚度会更高，生产力水平也因此更高，对他们的工作生活会更满意。可见，员工参与管理就是试图通过增加组织成员对决策过程和管理过程的投入，进而影响组织的绩效和员工的工作满意度。因此，员工参与管理的实现取决于四个关键性因素，即足够用于参与决策和管理的权力；及时对等的信息；相应的知识与技能；相应的报偿。

小资料

员工参与管理的理论基础是20世纪30年代美国著名的心理学家梅奥通过霍桑实验提出的"社会人"假设，以及20世纪50年代美国的另一位管理学家麦格雷戈提出的"Y理论"。员工参与管理的兴起是20世纪50年代工作生活质量运动。员工参与管理就是为了提高员工工作的满意度，改善工作生活质量，从而提高生产力。20世纪60年代到70年代，西方众多国家通过立法和政府成立有关组织的方式，关注和改善劳动者工作生活质量。

（三）员工持股计划重塑劳动关系

员工持股计划是指由组织成员出资认购本组织的部分股权，委托员工持股管理委员会作为社团法人对其进行托管运作，集中管理。员工持股管理委员会加入组织董事会，参与对组织的决策、管理及红利分享。它是一种新型的股权形式，通过员工持股计划，对组织中的利益格局进行调整。员工不再只是劳动者，同时也是组织的股权所有者和损益直接分享者。这对员工是一种很好的激励手段，促使员工更主动、积极地关心组织的生存与发展，更大限度地发挥自己的潜能。

（四）开展工作生活质量运动提高劳动关系质量

改善劳动关系的根本就是要提高员工的工作满意度，其实质就是提高员工的工作生活质量。工作生活质量（quality of working life，简称 QWL）运动可以溯源到 1927 年至 1932 年，由哈佛大学教授梅奥在美国西方电气公司的芝加哥霍桑工厂里领导主持的著名的霍桑实验。"工作生活质量"一词则起源于 20 世纪 60 年代的美国。当时提出这一词语意在揭露工作场所中不良的工作生活质量问题。自 20 世纪 70 年代开始，"工作生活质量"一词开始广泛地运用于美国，关于工作生活质量的研究也开始走向深入和全面。

所谓工作生活质量指的是通过有计划的组织干预方法，改善组织效能及组织成员福利的过程，也就是工作生活质量与组织氛围、组织文化、组织经济状况、组织发展势头等有着直接的关系。这些因素处于良好状态下的劳动关系总是和谐的，高质量的。高的工作生活质量总是建立在良好的劳动关系基础之上的。因此，开展工作生活质量运动，就是在提高组织的劳动关系质量。

专题三　工会概述

专题导读

在网络资讯发达的今天，大家对工会一词可能并不陌生。美国通用汽车公司的案例[①]仍能看到它的身影。工会在其中所起的作用仍让人回味。工会是什么机构？它到底有什么作用？是不是组织都要有工会？工会的作用该怎么发挥？工会该如何运作？国际上的工会是怎么样的？我国的工会又是怎么样的？工会应该是怎么样的？通过本专题的介绍，希望你的上述疑惑能获得较好的解答。

---

① 彭昕. 通用汽车的工会悲剧[J]. 金融实务，2009(3).

一、工会的含义

工会,也称为劳工总会或工人联合会,原意是指基于共同利益而自发组织的社会团体。这个共同利益团体是指诸如为同一雇主工作的员工或在某一产业领域工作的个人。成立工会的主要意图是为了代表雇员与雇主谈判薪酬福利、工作时限和工作条件等。因此,工会组织的主旨是维护和促进雇员在组织劳动关系中应该享有的权益获得保障和实现。这是所有工会组织的基本职能。履行这种职能的方式是代表雇员就雇员权益的争取和实现与雇主进行谈判,直至组织雇员罢工等。可见,工会组织成为劳动关系博弈中劳动者一方的强有力的代表。在各国劳动关系的发展中都可以看到工会组织在其中的作用和影响。

工会组织的产生源于工业革命。工业革命使越来越多的农民离开了赖以生存的土地涌入城市,为城市的工厂雇主打工。面对低廉的工资、极为恶劣的工作环境,单个的被雇用者无力对付强有力的雇主的剥削。这种现象的集聚引发了工潮的产生,进而导致工会组织的产生。20世纪初期美国的琼斯夫人所领导的工会运动,就是一个典型的代表。但是在很多国家,工会在相当长的一段时间内是属于非法组织,受到当局的禁止和严厉处罚。经过不断的斗争,工会不仅存活下来,发展起来,还逐步获得了应有的政治权力和地位,从而导致工会组织的合法化,也催生了各国劳工法或工会法的诞生。随着20世纪后期新自由主义的兴起,各国的工会势力有所衰减。以工业化高度发达的美国为例,20世纪50年代约有三分之一的工人加入工会,而2003年加入工会的工人只有13%。一些高移动性的产业(如制造业)在面临工会运动时,往往以迁厂作为要挟。此外,美国工人组成工会须向全国劳动关系委员会提出资格认证选举申请,并在其监督下进行选举。在提交申请后至选举投票前这段时间,资方可以采用各种手段对付尚无谈判权的劳工。

二、发达国家工会的发展及其特点

(一)英国工会

1. 英国工会的产生与机构

英国工会起源于17世纪后半叶,是在中世纪行业协会的基础上,通过联合和结盟一些熟练技术工人组成的。工会发展初期,其活动被限制在一定的区域内。直至19世纪50年代中期,才有了全国性的、稳定的工会组织。但是,工会成员仍然只限于熟练技术工人。19世纪80年代,工会组织发展达到顶峰,普通工人也可以加入工会。此后,工会组织发展波动很大,其成员数量的波动也很大。自1979年以来,工会会员人数出现了大幅减少,集体谈判的影响力也随之大为下降。尽管如此,工会的力量和作用在组织中仍然是举足轻重的。

英国工会传统上是按照职业和工作条件划分的,只在自己相应的领域招募新成员。随着行业界限的日益模糊以及行业之间的交叉越来越多,英国工会在新成员招募中已打破传统的界限划分。工会之间的合并时有发生,大有越来越多的工会合并在一起的趋势。

2. 英国工会的特点

英国是一个工会组织数量较多的国家。尽管不同的工会，在权力制衡关系上、分支机构形式上各有不同，但是就大的方面来看，他们有四个方面是相同的，即每年（或每两年）召开一次全国代表大会；有一个执行机构；有以某种形式存在的分支机构；有一个被称作秘书长或主席的负责人。

英国工会的民主问题一直备受争议，原因在于工会的执行机构和大会很多情况下不能对工会的领导层实行制衡，致使工会的决策不能反映绝大多数成员的利益。这就存在着两个主要问题：一是工会成员以何种方式、多大程度对工会的领导层实施有效控制；二是政府是否该介入、多大程度介入工会内部的决策才合适。英国在解决工会民主问题上的主要做法也表现在两个方面：一是在工会执行机构和大会对工会领导层行为约束力有限的情况下，工会成员可以通过宪章和其他手段，对工会领导层的行为进行约束；二是政府通过立法的形式介入工会内部的决策，即通过立法把大量的权力从工会领导层手上转移到工会会员手上，从而增大对工会领导层行为的约束力。只有在工会组织中实现真正的民主治理，工会的基本职能——保护和促进工会成员权益才能得以实现。

3. 集体谈判

集体谈判是工会行使其职能的主要途径和手段之一。在一个组织中，工人的工作性质和工作特点等各不相同，由此反映的利益诉求也各不相同。再加上地域差别的因素，利益诉求的差异性就更复杂化了。而一个组织可以有一个或多个谈判单位。在工人加入工会没有严格身份和标准划分的情况下，集体谈判就有可能造成这样的结果：资方不得不和一个以上的工会进行谈判签约；而工人却因此受到一个以上谈判签约的保护，这是集体谈判的难点。因此，集体谈判需要解决好两个主要问题：一是单个谈判合同代表哪些工人，以及他们的数量；二是该谈判合同发生在哪个层次。通过这两个问题的解决，使集体谈判这一保护和促进工人权益的方式发挥更好的作用。

（二）美国工会

1. 美国工会的产生与机构

早期的美国工会只是一些地方同业工会，带有强烈的封建领地性质。它们的目标是最低工资要求。例如1790年由熟练手工艺工人组成的同业工会，为了这个目标组织巡视委员会，巡视同业工会里每家店铺是否获得了这方面权益的保护。随着时代的迁移，工会开始进行全国性的串联。1886年，塞缀尔·冈帕斯创立了美国劳工联合会（AFL），该联合会主要由熟练工人组成。它的宗旨和职能是为自己的成员追求实在的经济收益。目标是提高成员的日常工资水平，改善成员的工作条件。由于该联合会的宗旨、目标与个人的切身权益息息相关，所以该劳工联合会发展迅猛。第一次世界大战后，该联合会已有超过550万的成员。20世纪20年代，美国工会进入相对停滞时期。联合会的成员从原来的550多万人，锐减到350万人。工会的这种衰退状况与美国经济当时处于大萧条有着直接的关系。20世纪30年代中期，罗斯福推行新政，并制定了《国家工业复兴法》。工会在经济复兴中又获得了较大的发展，此时出现了美国最大的工会——全美汽车工人联合会（UAW）。到20世纪

70年代，美国工会会员已超过2100万人。随后，美国工会会员再度出现大幅下降。与此同时，工会联盟形成。美国最大的工会联盟——美国劳工联合会-产业联合会(AFL-CIO)合并时有1600万名会员。

从美国工会的发展变迁来看，美国工会的兴衰与美国经济的兴衰有着直接的关系；与美国的产业结构变迁也有着直接的关系。而且，工会的发展趋势也是走向联合结盟。

小资料

美国劳工联合会—产业联合会(AFL-CIO)是1955年由美国劳工联合会(AFL)和产业联合会(CIO)合并而成的。美国劳工联合会的乔治·米尼任联盟的第一任主席。在美国，美国劳工联合会—产业联合会在某种意义上成了工会的同义词。美国劳工联合会—产业联合会的结构分为三层。最底层是地方工会，是雇员实际加入工会并缴纳会费的地方。地方工会通常负责签署工资并对工作条件进行集体谈判。地方工会是全国工会的组成部分。中间层是全国工会。最高层是全国联合会，它包括了全国以及国际上的100多个工会。美国劳工联合会—产业联合会的实质性工会职能都在地方工会。

2. 美国工会的变革

如上所述，美国工会在20世纪70年代后也面临着衰退的状况。其主要原因如下：①蓝领工种的减少，白领工种的快速增加，致使传统工会的职能和意义受到挑战；②技术进步，产业结构升级对缺乏竞争力的行业的打击，致使传统工会的职能和意义受到挑战，甚至消失；③法律和法庭裁决的功能替代了工会的作用，传统工会的角色和职能被大大削弱；④传统工会组织体制内部的腐败、分裂、孱弱以及黑帮势力的渗透也极大地背离了工会组织的基本宗旨和目标。

面对上述种种问题，美国工会组织急剧变革，重申自己作为雇员代表的统治地位。美国劳工联合会-产业联合会发表了题为《变化中的工人及工会的处境》的研究成果，指出工会发展已落后于时代变革的步伐。为了改变这种状况，必须进行变革，并制订了改革行动计划。改革行动计划里有两项主要内容：一是培训方案，积极培训工会主义者，使其更好地向公众宣传工会运动的抱负；二是发动对服务性行业的工会化运动，将过去工会以保护和促进蓝领工人的权益为目的，扩大到或者说集中到以保护和促进白领雇员的权益为目的上。这项改革获得了较好的成果。白领雇员加入工会的人数在急剧增长。

理论研究支持着实践变革的发展和深入。随着美国工会的变革和发展，对工会的研究也越来越多，并形成了不少相应的理论。这些研究主要探讨的是导致工人组织起来的原因，众多的研究表明，工人组织起来的根本原因不是仅仅为了保护和促进经济利益、改善工作条件和工作环境。根本原因在于一种信念，即雇员只有联合起来，才能从组织利益中获得自己公平合理的份额，才能免遭管理方面专断的伤害。从上述理论研究的结果来看，这种信念对工会化有着积极的作用，但是，却不利于组织士气的提升和组织沟通。这对组织竞争力的发展和组织进步又可能是不利的。实践也反映了这个问题。这种两难境况需要理论界和实践界共同努力，寻找解决的方案。

小资料

20世纪30年代诞生的全美汽车工人联合会(UAW)是美国最大的工会。该组织在政治和经济上都势力强大。它拥有9亿美元的罢工基金,能够承担得起一场持续两个多月的罢工。一旦集体罢工,整个工厂将陷入瘫痪。例如1998年发生的通用汽车工人罢工,仅旗下两个零部件厂罢工54天就带来22亿美元的损失。2007年9月24日,通用汽车旗下7.3万名员工发动全国性罢工,结果通用汽车不得不签署昂贵的劳资协议,包括建立医保信托基金、保证在美国投资、巨额的福利待遇以及可观的失业保障金等。如此沉重的经济负担加剧了美国汽车工业的衰退。《纽约时报》记者米什莱恩·梅纳德在《底特律的没落》一书中称签署劳资协议"无形中使每辆车的成本增加了1200美元"。2008年底美国国会参议院否决了总额为140亿美元的汽车业救援方案。原因在于共和党人坚持要求三大汽车公司在2009年就将员工工资降低,而汽车工会却计划在2011年才下调员工工资。

3. 美国工会的特点

美国工会在工会目标上有其自身的独特之处。尽管都是保护和促进员工的权益,但是具体表现和行为与其他国家的工会有着一定的差异。

美国工会的目标主要表现在两个方面:一是工会保障,二是权益保护和促进。工会保障涉及的是工会经费缴纳的问题。美国的工会保障类型比较复杂、多样。工会保障得到实现,工会成员的权益保护和促进就有了保障,也就是说,这两者之间是有着密切联系的。前者是后者的保障;后者的实现有可能促进前者的发展和壮大,使自身得到更大的保障。

4. 集体谈判

集体谈判也是美国工会履行职能常用的主要手段之一。简单地说,集体谈判(collective bargaining)就是雇主代表和雇员代表双方就工资、工时、雇佣条件以及期限等进行真诚磋商的过程。通过这个谈判过程双方就上述内容在平等、自愿的基础上达成协议。这是集体谈判真诚的体现,也是真诚的要求。集体谈判的另一个意义在于,谈判双方分别代表的不是个人,而是相应的群体,即资方群体和劳工方群体。

集体谈判的真诚性要求不等于说所有的谈判项目都是自愿的。根据美国法律规定,有70个基本项目是属于强制性的,包括工资、工时、休息时间、解雇、调转、福利和遣散费等。随着法律的不断演进,强制性项目在不断地增加。强制性项目的确定和增加有利于劳工权益的保护和促进。

集体谈判的一般程序包括双方提出要求;双方经磋商后削减要求;双方组成联合小组委员会进行调查,寻找合理的解决方案;双方达成非正式解决方案,并各自将该非正式解决方案向各自的上级进行核实;基本达成一致后即起草并签署正式协议。集体谈判在美国非常流行,并起着较好的作用。由于工会力量的强大,往往集体谈判产生的制衡作用也很大。这是其他国家工会所不能比拟的。

5. 美国工会与法律

美国工会与法律的关系反映的是美国工会发展从多数工会组织一开始被视为非法组织,到对工会给予强烈的鼓励,再发展到对工会进行温和的鼓励加管制,最后对工会内部事务进行详细管理的一个变化过程。这也可以视为工会管理法制化的发展过程。1930年前美国的法律对工会活动是抑制性的。1932年颁布的《诺里斯-拉瓜迪亚法案》和1935年颁布的《全国劳动关系(瓦格纳)法案》,则标志着美国劳动法律从抑制工会活动转为强烈鼓励工会活动。1947年颁布的《塔夫脱-哈特利法案》,修改了《全国劳动关系(瓦格纳)法案》,减少对工会活动的鼓励。它反映公众对工会热情的降低。后来的进一步发展,通过法律授予雇员合法终止工会代表自己权利的权利(这种行为称为停止许可),对工会内部事务进行详细管理。也就是说,工会组织领导必须通过改进工作,真正实现工会职能和目标,才能避免或减少雇员使用停止许可的手段。因为停止许可不是在选举时发生的,而是在平时发生的。

(三) 日本工会

1. 日本工会的独特文化基础

日本工会就法律框架来看,与美国工会几乎一样。但是,其运作却有着巨大的差异。这主要源于日本工会独特的文化基础,也就是日本的民族文化——"家族式的劳资关系",或称"亲子关系"。这种理念认为企业是一个家庭,老板就是家长,家长肯定也必须考虑员工的健康成长和工资福利,员工则必须好好为家庭工作。家庭好了,家庭成员的利益也就随之增加。在这种理念下,不仅不需要什么集体谈判,而且工会是维护企业利益的,因为工会也只是这个家庭中的成员之一。在这种文化下,员工、工会对企业都有极高的依附性。这是日本工会非常独特的地方。

2. 日本工会的特点

工会化程度与因劳动争议造成的工时损失之间不成正向关系。这是日本工会区别于国际上其他工会的最大特点之一。根据对企业工会行为的计量研究,工会化程度越高的企业、行业或地区,因劳动争议造成的工时损失或代价也越高。这一点在美国表现得最突出。但是,这个一般规律却不适用于日本。日本的工会化程度高于美国,但因劳动争议造成的损失却远远低于美国,其原因就是上面提到的民族文化在其中起了很大的作用。

日本工会活动只限于本企业内。这是区别于美国、英国工会的另一个重要特点,也就是说,日本企业的工会不受企业外因素的影响和作用。这样,企业中的成员如果想获得更高的"额外租金",那只有不断扩大本企业的产出与市场份额,企业成员才能从中获取更大的"额外租金"。也正是这种局限与企业内部的工会活动,带来了日本企业大量的发明创造和产出。

大企业的工会化程度远高于中小企业的工会化程度。这是日本工会的第三个特征。但是,自20世纪70年代以后,日本的工会化程度也在下降。

日本工会中多数人和少数人的利益都受到工会领导人的重视。正是工会领导人的这种善于解决冲突的高超能力和广泛的个人关系网络,使雇员的利益和公司的利益总是保持在总体一致的协调状态中。而工会的领导人后来不少都进入了企业的董事会,不仅调解了雇员的不同利益,并将这些利益转达给了管理部门。这是日本企业成功的重要因素之一。

3. 日本工会的作用

日本工会的企业化对企业的发展更具积极的推动作用。因为企业化工会的契约寻求的是提高企业和工会双方的收益率,不受行业中其他企业的影响。而且企业化工会还意识到双方利益的互补性,工会的目标是就业安全。至于工资的增加建立则在企业利润率提高的基础上。而这两点的实现都有赖于双方努力把企业搞好。可见,日本工会与企业的关系是共生、共荣的,而不是对立的。在这种氛围下,日本企业的雇员非常敬业和关心企业的发展,将企业的发展视为己任。这也是日本企业竞争力强的重要原因。

(四)德国工会

德国是市场经济国家中劳资关系最好、劳资关系体系最严谨、劳资双方的组织程度非常高、法律规范比较到位的国家。

德国工会的力量不仅非常强大,而且工会的运作非常规范化。德国企业不允许有工会活动。行业工会是德国最主要的工会形式。企业雇员可以参加行业工会。全国性的工会组织是德国工会联合会。德国工会联合会负责统筹协调工作,提供一些背景资料,或者给罢工提供一些经济支持。行业工会负责进行劳资谈判。一旦谈判达成一致,签署了协议,行业工会的职能就完成了。协议成果覆盖到整个行业的所有企业,进行细化的工作由各个企业的企业委员会进行。在德国,法律规定,5人以上的企业就必须设立一个企业委员会。其中成员可以是工会成员,也可以不是工会成员。企业委员会的作用在于,当行业工会完成行业谈判后,由企业委员会与雇主商议行业工会谈判的成果如何在本企业实现。这样的一个雇员利益维护体系,使德国在工会组织率(40%)不高的情况下,集体合同的覆盖面积却可以达到80%～90%。这就是德国工会运作的完整体系和体制。在这种体制下,很少发生企业罢工现象。企业罢工是在行业工会谈判破裂又调解无果的情况下(这是法律的规定)发生的,由行业工会指定行业中某个企业进行罢工。而且整个罢工行为紧紧围绕谈判来进行。行业工会要给罢工的雇员支付相当于雇员平常工资60%的罢工津贴。法律和经济的双重约束使德国的行业工会在选择罢工的时候非常讲究策略,精确地计算罢工的时间长短。

德国企业的双层董事会制也使德国的工会力量在企业中得到充分的发挥和体现。德国的法律规定,股东大会下设董事会和监事会。董事会具有象征意义,而监事会具有实质性的非常大的权力,包括企业管理人员的任命、重大决策的表决等。雇员代表在监事会中占有较大的比例(根据德国《共同决策法》的规定,2000人以上的企业雇员代表占1/2,对等共决;2000人以下的企业雇员代表占1/3)。雇员代表基本都是工会成员。工会的力量由此体现出来。

三、我国工会的发展历程及变革

我国大陆工会的发展与中国革命的发展历程是同步的。1921年中国共产党成立。党的第一个决议就提出把建立工会作为党的基本任务之一。1921年8月11日,中共中央在上海建立中国劳动组合书记部(中国工会秘书处),作为党公开领导全国工人运动的总机关,并于1922年5月组织召开了第一次全国劳动大会,还先后组织和发动了我国香港海员大罢工、安源路矿工人大罢工、京汉铁路工人"二七"大罢工等声势浩大的工人运动,形成第一次工人运动高潮。1925年5月,在广州召开第二次全国劳动大会。大会通过《中华全国总工会总章》,正式建立中华全国总工会。新民主主义革命时期的工会不仅进行经济斗争,也在不断地开展政治斗争,成为一个重要的革命载体。1931年11月,中华苏维埃第一次全国代表大会通过《中华苏维埃共和国劳动法》。1948年的第六次全国劳动大会通过《关于中国职工运动当前任务的决议》和新的《中华全国总工会章程》,并实现中国工会的统一。

《中华人民共和国工会法》(以下简称《工会法》)是规定工会的权利和义务,保障工会在国家政治、经济和社会生活中的地位,维护工人阶级和广大职工合法权益的重要法律。新中国成立后,国家十分重视此项立法,先后颁布了1950年《工会法》和1992年《工会法》,并在2001年、2009年和2021年进行了修正。

工会是我国唯一的合法代表工人利益的组织。进入社会主义市场经济以来,社会经济主体出现多元化。劳资矛盾变得越来越突出,已成为影响社会和谐的主要矛盾之一,工会"维护社会稳定、维护劳动者权益"的职能作用变得越来越重要。改革开放以来,在国有经济外的经济主体工会组织数量有限,而这些经济主体中明确的劳资关系呼唤着工会的产生和职能的行使。国有经济组织中的工会,由于已有工会职能的异化,在国有企业改革的形势下,谁来维护和促进员工的权益成为一个突出的问题。所有这些都提出进行工会变革的要求。

为更好地适应新时期经济社会发展对工会发展的要求,我们加强了工会的建设和变革。我国工会组织建设取得了一定的成效。全国工会基层组织从2009年年底的184.5万个、会员总人数22 634.4万人、基层工会专职工作人员62.6万人,发展到2020年工会基层组织247.6万个、会员总人数27 189.8万人、基层工会专职工作人员90.2万人。2020年,全国有12个地区工会基层组织超过10万个,其中,广东省工会基层组织多达21.5万个,位居全国第一。自2018年以来,各级工会组织还持续推进货车司机、快递员等八大群体入会和百人以上企业建会专项行动。截至2021年2月,全国有23万家百人以上企业建立了工会组织。全国新发展八大群体会员874.3万人,有效扩大了工会基层组织的覆盖面。

但是,我国工会组织发展过程中仍存在一些值得重视的问题,如企业工会组织缺乏专职工作人员。截至2020年,我国企业工会组织专职工作人员比例仅为0.3%,仍有7个地区工会组织专职工作人员数不足1万人;专职工作人员数在1~2万人的有10个地区;专职工作人员数在5万人以上(含5万人)的只有6个地区,分别是河南(11.3万人)、山东(8.2万人)、湖南(7.4万人)、江西(6.1万人)、广东(5.7万人)、和河北(5.0万人)。此外,工资集体协商制度仍未真正普及落实,制度的执行缺乏监督管理保障,导致工资集体协商流于形式,集体拖欠工资现象仍时有发生。

新形势下我国工会应如何顺应经济社会发展的步伐,进一步变革,建立起一个员工与企业(组织)共同发展获利的工会工作机制、体制,更好地发挥工会维护员工权益、推动企业(组织)发展的作用。这仍是理论界和实践部门共同努力的目标。

专题四 人力资源保护

专题导读

什么是人力资源保护？人力资源保护到底保护什么？从哪些方面实行保护？怎么保护？为什么人力资源保护那么重要？通过本专题的学习，你将能获得相关的知识，较好地认识和理解人力资源保护。

一、人力资源保护概述

人力资源保护也称劳动保护，是指国家和用人单位为保护劳动者的安全与健康，对劳动生产过程的安全和健康所采取的立法、组织与技术措施的总称。人力资源保护往往与劳动生产结合起来，专指劳动生产过程中的职业安全健康问题的解决。劳动保护的目的是为劳动者创造安全、卫生、舒适的劳动工作条件，消除和预防劳动生产过程中可能发生的伤亡、职业病和急性职业中毒，保障劳动者以健康的劳动力参加社会生产，促进劳动生产率的提高，进而保证组织的生产效率和经营目标的实现。因此，人力资源保护对员工本人、对员工的家庭及员工所在的组织，甚至对社会都将产生巨大的、深远的影响和意义。具体表现在以下两个方面。

1. 人力资源保护是我们国家的一项基本政策

"加强劳动保护，改善劳动条件"，是载入我国宪法的神圣规定。中华人民共和国成立以来，我党和人民政府对劳动保护就给予了高度重视。建立了相关的一系列法规，也取得了较好的效果。改革开放以来，我国的经济获得了飞跃的发展，但对劳动保护的重视却未能同步地提高，安全生产事故、职业卫生事故等近几年呈现高发的状态。给劳动保护敲响了警钟。只有加强劳动保护，才能确保安全生产，从而改变长期以来不少企业中工伤事故频繁和职业危害严重的不良局面；才能为我们的企业在市场竞争中树立良好的形象；才能促进社会的安定和谐。

2. 人力资源保护是促进国民经济发展的重要条件

劳动保护不仅包含着重要的政治意义，还有着深刻的经济意义。人力资源是劳动生产过程中起决定性作用的因素。探索和认识生产中的自然规律，采取有效措施，消除和预防生产中不安全和不卫生因素，可以减少和避免各类事故的发生；创造良好的劳动条件和环境，可以激发劳动者的热情，充分调动和发挥人的积极性。这些都是提高劳动生产率，提高经济效益的基本保证。另外,加强劳动保护的立法和管理,还可以减少因伤亡事故和职业病所造成的工时损失与救治伤病人员的各项开支;减少由于设备损坏、财产损失和停产等造成的直接或间接的经济损失。这些都与提高经济效益密切相关。

社会经济发展的历史证明,劳动保护与发展经济之间存在着客观规律。很好地认识和利用这些就能达到理想的效果;反之,就会受到惩罚。

小资料

美国在印度博帕尔化学公司甲基异氰酸盐贮罐泄漏,导致大量毒气外泄事故;苏联切尔诺贝利核电站4号反应堆爆炸,导致大量放射性物质严重污染大气;我国哈尔滨亚麻厂粉尘爆炸事故;我国山西三交河煤矿特大瓦斯煤尘爆炸事故;日本福岛核电站的核爆炸与核泄漏等。这些都是因为对劳动保护重视不够造成的,其结果都带来了巨大的人身伤亡、环境污染和经济损失以致社会恐慌,扰乱了社会生产、生活的正常秩序。

二、人力资源保护的基本内容

从人力资源保护的含义分析,人力资源保护是由两个部分组成的整体,即人力资源保护技术、措施与人力资源保护制度。前者是手段,后者是保证。两者必须建立、健全并相互作用,才能实现真正意义的人力资源保护。人力资源保护包含以下基本内容。

(一)劳动保护的立法和监察

劳动保护的立法是实行劳动保护的依据,也是对劳动保护行为的规范。劳动保护监察则是对劳动保护立法落实与执行的检查与监督、反馈,确保立法的有效执行以及法律的权威,同时还可以通过监察,了解现有立法与实际发展之间存在的差距,及时健全和完善相关的法律法规,保证劳动保护目的的实现。

劳动保护的立法主要包括:一是国家层面的相关法律法规;二是生产行政管理的各项相关制度,如安全生产责任制度、加班加点审批制度、卫生保健制度、劳保用品发放与使用制度、特殊保护制度等;三是生产技术管理的各项相关制度,如设备维修制度、安全操作规程等。

(二)劳动保护的管理与宣传教育

要真正做好劳动保护工作,还必须在意识上给予高度重视,对劳动保护的宣传教育在其中起着重要的作用。通过宣传教育,使劳动者甚至全社会都来重视劳动保护,形成劳动保护的全民自觉意识。这是实现劳动保护的根本保证。对劳动保护的宣传教育不仅是企业的责任,也是政府和社会的责任。劳动保护的管理工作具体由企业的安全技术部门负责组织、实施,政府相关行政部分实行指导、监察。

（三）安全技术

安全技术是指消除生产中引起伤亡事故的潜在因素，保证工人在生产中的安全，在技术上采取的各种措施。其目的主要是解决预防和消除突发事故对于职工安全的威胁问题。劳动保护离不开安全技术的支持。因此，企业中的生产设备装置、生产手段工具、生产程序规程设计等都属于安全技术要解决的范畴。安全技术始终处于良好的状况，加上有足够的安全生产意识和组织管理，就一定能达到较高水平的劳动保护。

（四）工业卫生

工业卫生是指改善劳动条件及其环境，避免有毒有害物质危害职工健康，预防和避免职业中毒和职业病，在劳动生产中所采取的技术组织措施的总和。它主要解决威胁职工健康的问题，实现文明生产。我国现行的职业安全健康法律和制度是企业开展工业卫生管理，实施工业卫生措施的根本依据。

（五）女职工与未成年工的特殊保护

女职工与未成年工的特殊保护是专门针对女性的生理特点以及未成年工（年满16岁未满18岁）的肌体特点而设立的劳动保护条款与措施。在《劳动法》以外，国家还制定了不少专门的法律法规对这两个劳动者群体实行特殊劳动保护。

三、人力资源保护费用

人力资源保护费用是指因实行劳动保护而发生的费用的总和。一般包括两大项目：一是有关劳动保护技术措施的投资，二是有关劳动保护的日常费用。前者往往是一些较大的项目，需要论证、规划和预算；后者是日常劳动生产过程中发生的，纳入日常开支，如各种劳动保护用品等。对于劳动保护技术措施的投资，企业要进行项目管理，筹措资金，并进行严格的投资管理。

小　　结

劳动关系是劳动生产过程中发生的劳动者与雇主之间就权利及义务而建立起来的社会经济关系。它通过对劳动者和雇主双方的权利与义务的依法界定和维护，使双方的权益得到应有的保障，从而实现经济活动的既定目标。劳动关系的重要表现形式就是劳动合同。劳动合同是明确劳动者与雇主之间权利与义务的协议，具有法律效力。它是维护双方权益的重要依据。劳动合同的制定有相应的规范和内容要求,包括记录劳动者和劳动组织基本信息的基本事项、关于双方权利与义务的基本条款、双方关于保密和竞业禁止等的约定三个部分。劳动合同管理是劳动关系管理中的核心内容。劳动关系管理还包括劳动争议、员工招聘与辞退或转任、劳动时间管理、改善劳动关系、劳动保护等。劳动者与雇主之间利益的不一致性是客观存在的,因此劳动争议是劳动生产组织中不可回避的问题,也是劳动关系管理中与劳动合同并存的核心内容。解决劳动争议可以通过协商、调解、仲裁直至诉讼等程序来寻求问题的妥善解决。劳动保护是为在劳动生产过程中保障劳动者以健康的劳动力参加社会生产,促进劳动生产率的提高而采取的技术措施与管理制度的总称。劳动保护与发展生产之间存在着客观规律。必须重视和加强劳动保护。

工会是保护和促进员工基本权益得以实现的群众组织。它是随着工业化的进程产生和发展起来的产物。工业发达国家的工会走过了发展、繁荣和保持的过程。尽管特点各不相同,但在争取和保护员工权益上都发挥了较好的作用。我国的工会也有自己独特的发展历程,并发挥了一定的作用。但是,面对新形势的要求,工会也必须进行改革,使工会的基本职能得以充分的实现和发挥。

思考与练习

一、填空题

1. 劳动关系是指雇主与雇员之间在实现劳动的过程中建立起来的( )。
2. 劳动关系的具体表现形式是( )。
3. 劳动争议一般分为( )和( )两类。
4. 劳动保护的基本内容包括( )、( )、( )、( )和( )等。
5. 劳动保护费用包括( )和( )两大部分。

二、判断题

1. 劳动争议是指劳动关系双方因劳动权利与义务而发生的冲突、纠纷,是劳动关系处于不协调、不平衡状态的具体表现。( )
2. 劳动争议的处理程序一般是仲裁和诉讼。( )
3. 劳动合同的主体必须是符合法律规定的劳动者个人和用人单位。( )
4. 劳动合同解除是指劳动合同期满,或当双方约定的劳动合同终止条件出现时,或进入无固定期限劳动合同状态下劳动者一方不提出继续劳动合同时,即可解除劳动合同。( )
5. 工会组织的主旨是维护和促进雇员在组织劳动关系中应该享有的权益获得保障和实现。这是所有工会组织的基本职能。( )
6. 人力资源保护往往与劳动生产结合起来,专指劳动生产过程中的职业安全健康问题的解决。( )

三、辨析题(先判断对或错,然后进行简要的理由说明)

1. 劳动保护中技术措施是根本,组织制度是条件。

2. 社会经济发展的历史证明，劳动保护与发展经济之间存在着客观规律。
3. 组织进行员工解聘不需要进行风险评估。

四、简述题
1. 简述劳动者的基本权利与义务。
2. 简述建立和改善劳动关系的基本原则。
3. 简述劳动合同的内容。
4. 简述劳动合同订立的原则。
5. 简述劳动保护的意义。

推荐书目及其文章

[1] 陈维政,李贵卿,毛晓燕. 劳动关系管理[M]. 2版. 北京：科学出版社,2021.
[2] 陈天学. 劳动关系全面管理：实战篇[M]. 北京：清华大学出版社,2014.
[3] 日本与德国的工会模式[J]. 时代风采,2010-05-29.
[4] 本刊特约记者. 中国工会的诞生、发展和改良[J]. 社会科学论坛：学术评论卷,2009(10)(上).

第十二章
组织文化与组织发展

微课资源

在竞争日益激烈的经济社会里,有些组织昙花一现,有些组织长盛不衰;有些组织取财有道而财源亨通,有些组织涸泽而渔则泽涸鱼尽;有些组织倍受赞誉留下美名,有些组织倍受诟病指责而被列入黑名单……表面看去似乎是技术问题或管理问题或人才问题或战略问题……这些分析都有道理,但又都不是根本道理。用行为学的原理来分析,行为总是受着意识、观念和思想的指导与牵引。有什么样的行为反应(尤其是一些持续的行为反应),对应体现的就是什么样的意识、观念和思想。因此,问题的症结在意识、观念和思想上,也就是在这些组织相应的组织文化上。

什么是组织文化?组织文化为何有如此大的威力?组织文化如何发挥作用?组织文化与组织成长发展、与员工归属感和工作满意感有什么关系?本章将从组织文化的由来、内涵、作用以及组织文化与组织人力资源开发管理关系等方面,为你较系统地解答这些问题。

 学完本章,你将能够:

1. 了解组织文化的内涵及其作用;
2. 理解并掌握组织文化的内容体系;
3. 了解组织文化与员工归属感、工作满意感的关系;
4. 了解全球背景下组织成长与组织文化的关系。

专题一 组织文化的兴起、内涵与作用

专题导读

什么是组织文化？组织文化是在什么环境背景下提出来的管理思想？组织文化由哪些内容构成？组织文化有哪些功能作用？组织文化是如何发挥作用的？通过本专题的学习，你将找到上述问题的答案，从而对组织文化的由来、内涵与作用有一个较清楚的了解和认识，有助于你分析组织成败的根本，并引以为鉴。

一、组织文化的内涵

（一）组织文化的内涵

1. 文化与组织文化

文化是习俗、规范、准则、舆论等的总和，它通过训练与经验促成人的身心发展、锻炼和修养，成为人内在的意识及其外化的行为反应。每个社会都有自己的社会文化，对这个社会的发展起着规范、导向和推动的作用。社会文化又由若干的亚文化构成。组织文化是社会亚文化中的一种，是组织在长期的运营实践中逐步形成并为全体成员认同和遵循的共有的价值观、道德意识、行为规范体系和某些物化的精神的总和。它包括组织共有的价值观、运营理念与宗旨、组织精神与道德意识、行为准则以及蕴含在组织制度、形象、运营全过程及其产出之中的所有文化特色。因此，组织文化贯穿于组织的全部活动之中，表现在组织运营中的方方面面，影响着组织的所有工作，决定组织全体成员的精神风貌与素质，进而决定整个组织的行为和竞争力。研究和建设组织文化将有助于理解、预见和把握组织成员及其组织的人力资源开发与管理，有助于在组织运营中协调组织目标与个人目标、管理者与被管理者之间的矛盾，更加有效地提升组织的竞争力，实现组织的持续科学发展。

组织文化的内涵可以具体反映在以下5个方面。

（1）组织文化的核心是组织的价值观体系。它是组织共同追求的最高目标、最高宗旨和基本信念，构成组织内部强烈的凝聚力和整合力，成为统领组织发展和组织一切活动的行为指南。有什么样的组织价值观体系，就体现了什么样的组织文化，就有什么样的组织行为结果及组织发展。所以，组织价值观体系是组织文化的核心。

（2）组织文化的中心是以人为主体的人本文化。组织文化最本质的内容就是强调人的信念、道德、价值观、习惯等"本位素质"在组织运营和管理中的核心作用。任何组织的运营和管理的关键都在于组织中的人。组织文化建设正是通过强调和强化组织成员的主体性，提高组织成员的自信心；激发组织成员的使命感和主人意识；激发组织成员的创造性，从而实现组织及其成员的共同发展。因此，组织文化的中心任务是以人为主体，实现人的不断发展。

（3）组织文化强调的是软性管理为主。组织文化是以一种文化形式来体现的管理方式，是以一种柔性引导为主的管理方式。它通过不断地宣传、学习、实践等方式潜移默化地影响、改变和牵引组织成员，在一种文化氛围、环境的形成中协调组织成员的心态和行为，并通过组织成员对这种文化氛围的心理认同、接受，而内化为他们的主体文化，使组织共同的价值观体系转化为组织成员的自觉行为。

（4）组织文化的重要任务在增强组织的凝聚力。组织文化为组织成员确立了一种共识，从而形成组织成员共同的目标、追求和语言，由此产生组织的聚合力，把组织成员的行为吸引到共同的目标上。这既是组织文化的功能，也是组织文化的重要任务。

（5）组织文化具有相对的独特性。组织文化是组织根据自身所处的环境、组织的传统习惯、组织的认知能力等逐步建立和形成的。每个组织都有自己的文化。它是组织独具特色的标识，也是不同组织间组织文化的区别所在。

小资料

美国学者约翰·科特和詹姆斯·赫斯克特认为，企业文化是指一个企业中各个部门，至少是企业高层管理者们所共同拥有的那些企业价值观念和经营实践。企业文化是指企业中一个分部的各个职能部门或地处不同地理环境的部门所拥有的那种共同的文化现象。特雷斯·迪尔和阿伦·肯尼迪认为，企业文化是价值观、英雄人物、习俗仪式、文化网络、企业环境的集合。威廉·大内认为，企业文化是"进取、守势、灵活性——即确定活动、意见和行为模式的价值观。"企业文化有广义和狭义两种理解。广义的企业文化是指企业所创造的具有自身特点的物质文化和精神文化；狭义的企业文化是企业所形成的具有自身个性的经营宗旨、价值观念和道德行为准则的综合。

2. 组织文化的特征

从组织文化的基本含义可以分析概括出组织文化的基本特征如下。

（1）独特性。组织文化是该组织独有的、反映该组织意志和追求的、具有该组织独立意识以及相应行为的内外综合表现。组织之间在这些方面可以互相借鉴、学习，但由于认识上客观存在的差异性决定了它们之间的区别性。正是因为组织文化具有独特性，使组织文化成为识别不同组织的一个重要的根本标识。

（2）普遍性。任何组织都有自己的组织文化。只要有组织，组织文化就客观地存在于该组织中。所不同的是，有些组织文化是有意识地去进行建设而形成体系的；有些组织文化是无意识自发形成的"碎片"。另外，组织文化会在组织的整个运营中、方方面面的活动中、林林总总的表现及其结果中体现出来。所以，组织文化是组织全体成员意识、行为的一个综合体现。

（3）可塑性。组织文化的形成是一个组织及其成员价值观体系建立和发展的过程。通过不断地宣传、学习和实践，使组织成员认同、接受组织的价值观体系，并将它们内化为组织成员的意识和行为，最终逐渐形成组织的价值观体系，再通过不断地实践总结去完善它们。组织文化一旦形成，在相当一段时间内是稳定的。但同时要根据组织环境的变化和发展需要对组织文化进行发展、创新。只有这样，组织文化才能成为组织发展的精神支柱和行为导向。这就是组织文化活力之所在。

（4）无形性与有形性结合。组织文化所包含的精神因素，如价值观体系、信念、传统习惯等以一种文化心态和氛围弥散于组织人群中，是一种无形的存在；而组织文化的载体却是有形的，如符号、仪式、产品、工作环境、成员行为、组织环境等。组织文化既是通过这些有形的载体去反映和落实，也是通过对这些有形载体的研究得以对它进行把握。任何组织文化都是无形性和有形性的结合。

（5）自觉性与强制性结合。组织价值观体系以及信念、习惯的建立是以组织成员共同利益追求为基础的。通过长期的宣传、学习、实践，潜移默化地影响、改变和牵引着人们的行为，使组织价值观体系、信念、习惯等内化为组织成员的自觉意识及行为。同时，组织也要借助集体的力量、舆论的压力、规章制度的强制力等去说服、教育、制约那些有悖于组织价值观体系以及信念、习惯的行为及其成员，确保组织的成功。组织文化的形成正是在这种既有自愿接受，又有强制纠正的结合中完成的。

（二）组织文化的功能

组织文化的功能简单来说就是组织文化的作用。具体表现在以下 6 个方面。

1. 导向功能

导向功能是指组织文化对组织及其全体成员的价值取向及行为取向的导向作用，使之符合组织的目标。美国管理学者在《寻求优势》一书中指出："一个伟大的组织能够长久生存下来，最主要的条件并非结构形式或管理技能，而是我们称为信念的那种精神力量，以及这种信念对于组织全体成员所具有的感召力。"组织文化正是强调通过组织文化的塑造来引导组织成员的行为，使组织成员在一种文化的潜移默化中接受共同的价值观、信念，自觉地将组织目标、组织使命与个人目标结合起来。因此，导向功能主要体现在两个方面：一是指导组织运营思维方式和处理问题法则的运营哲学和价值理念。正是这种价值理念规定了组织的价值取向和价值目标，并引领着组织及其成员的行为朝着这个价值目标努力。二是代表着组织发展方向的目标指引。组织及其成员正是在组织目标的引领下实现发展的。

不同的组织有不同的价值及行为取向。同一组织，当它面对的环境和文化信息影响和危害它的生存和发展时，必须通过调整组织的价值及行为取向，引导组织成员的思想及行为朝着正确的方向发展。可见，组织文化为组织的运营发展提供指导思想和文化氛围，把组织成员统一到组织所确定的共同目标和使命上来。因此，组织的价值及行为取向的正确与否对组织的生存和发展至关重要。

导向功能还表现在它通过组织规章制度等形式成为组织全体成员的行为指引，并成为约束组织全体成员行为的制约手段。

2. 凝聚功能

组织文化的凝聚功能集中体现在内聚性和排他性上。

组织文化的形成就是确立了组织在价值观以及体现组织价值观的组织目标、组织精神、组织道德、组织使命和组织宗旨的一种共识,从而产生一种共同的语言、共同的追求、共同的目标,由此形成一种吸引力和聚合力,从各个方面把组织成员召唤在一起,形成团队力量。组织文化所体现的这种团队意识是增强组织凝聚力的内在动因。组织文化的以人为主体也使组织成员对组织的生存和发展具有强烈的责任感和使命感,因此形成组织文化的内聚力。上述就是组织文化凝聚功能内聚性的体现。

组织文化的独特性决定了组织文化自身具有一种本质与异质、本土与外来的区别。外部的排斥与压力的存在使个体产生对异质体的敏感和对组织的依赖,促使个体凝聚于组织之中,形成相互依存的"共同体",从而增强了组织的内聚力。

共识形成内聚力,排他形成向心力,这就是组织文化的凝聚功能。但是,在排他性的认识上要注意避免组织文化中的习惯势力、思维定式对外来的先进文化的排斥,从而避免使组织文化走向落后。

3. 约束功能

组织文化的约束功能主要体现在组织规章制度约束和组织道德规范约束两个方面。组织规章制度是组织内部的法规,对组织全体成员具有刚性的约束力;组织的道德规范则从伦理、心理的角度约束组织全体成员的行为和关系,具有非刚性的约束力。组织文化一旦确立,就等于确立了一种行为准则以及一种传统、一种风气氛围、一种环境。上述两种约束力就会因此发挥作用,在组织成员中形成一种来自外部的和内部的、来自心理的和自我的控制作用。

组织文化的约束功能是通过长期的宣传、学习、实践积累而形成的。它突出的不是规章制度等刚性的部分,而是通过团队意识、大众舆论、组织传统习俗等精神文化,营造一种强大的使组织中个体行为从众化的群体心理压力和动力,使组织成员产生心理共鸣、心理契约和心理约束,进而达到对个体行为的自我约束和控制的目的。这种自我约束和控制具有强大的、持久的、深刻的影响力,往往比刚性的规章制度更有效。正是组织文化约束功能的这种柔性作用,我们在组织文化建设中更要注意坚持符合社会发展趋势的正确的方向和价值观体系。

强调道德规范的柔性作用不等于忽略规章制度的刚性作用。规章制度是基础,目的是使规章制度最终内化为组织成员的自觉行为。

4. 激励功能

组织文化的中心是以人为主体,尊重人、发展人。根据管理心理学的原理,影响人的行为及效率的心理因素主要有动机、需求、态度、情绪和情感等,概括来说就是人的物质需求和精神需求。人的需求是多层次的、交错存在的。马斯洛将这些需求划分了5个层次,依次为生存与生理需求、安全需求、社交需求、尊重需求、自我实现需求。根据激励的一般原理:行为产生的过程,即需求→动机→行为的过程,若想引导人的行为,那就通过满足人的需求来实现。组织文化正是通过共同的价值观念使每个组织成员都感到自己存在及其行为的价值,从而达到激励的目的。而自我价值的实现是人的最高精神需求的一种满足,这种满足必将形成对人的行为强大的激励作用。另外,组织文化还可以通过诸如工作生活质量提高运动、组织形象建设、组织凝聚力建设、组织人文关怀等活动,满足组织成员的多种需求,从而实现对组织成员行为的激发。

5. 辐射功能

文化力的作用不仅在组织内部,还可以通过各种渠道传播到组织外部,对社会产生一定的影响,这是被众多组织的实践所证明的。组织文化的辐射功能既提高了组织的社会地位和影响力,又给组织进一步发展带来更多的资源和更广阔的空间。

组织文化的辐射功能一般通过两个方面体现出来:一是组织形象的辐射作用。每一个组织的文化都代表了一种形象。在市场经济环境下,这种形象带来的辐射作用和影响往往是巨大而深远的。好的形象能提高组织的知名度、信誉度和美誉度,进而带给组织满意的效益;不好的形象则破坏组织的信誉度和美誉度,进而给组织造成损失,甚至带给组织灭顶之灾。中外不少组织的实践已对此进行了实证。二是组织成员对外交往中所产生的辐射作用。组织存在于社会中,组织成员也是社会成员之一。组织成员在其社会交往中的行为无不折射出组织文化的特点,留下组织文化的印迹。

因此,各个组织都非常重视组织文化的传播,大至公共关系、慈善事业、公益活动等,小到着装、言行、标识、口号等,都有助于良好组织形象的建设和传播。

6. 调适功能

调适就是调整和适应。组织是由众多需求与动机不同、成长环境不同、追求目标不同的个体组成的,也是由不同的部门组成的。为了组织的运营和发展,组织中人与人之间、部门与部门之间,甚至组织与系统外的其他组织之间、组织与环境之间必然有着各种的关系。这些关系的和谐是相对的,不和谐才是绝对的。这就要求组织对其进行调适。调适的基本准则和指导就是组织文化。通过组织文化建设形成对组织发展的共识,消解矛盾;也通过组织文化传播组织形象影响社会公众和相关组织,化解组织外部矛盾。另外,通过组织文化创新和发展,适应环境变化对组织的新要求,争取组织更大的发展。由此可见,组织文化的调适功能实质是组织文化创新和发展的体现。

(三)组织文化建设的意义

1. 组织文化是组织核心竞争力的关键所在

组织文化是组织的灵魂,是组织发展的原动力,是组织制胜的法宝。因为组织的价值观、组织的精神、组织的运营哲学、组织的信念是组织运营目标制定和实现的支柱。实践证明,良好的组织文化有助于组织形成强大的内部凝聚力和外部竞争力,为组织产生巨大的发展能量;否则,则是对组织能量的损耗。这在变革时期尤其重要,因为变革时期组织面对的是复杂的、不断变化的、未知的环境,有风险、有挑战、有机会,更需要组织文化建设为组织指引方向,明确目标,在变革中提升组织的竞争力。

2. 组织文化可以激发组织成员的创造力和追求进步的精神

组织文化的中心是以人为主体,实现人的不断发展。共同的价值观、共同的组织目标、共同的信念和追求,使每个组织成员都感到自己存在及其行为的价值,感到自身与组织的相互依存关系,从而激发他们的创造力和追求进步的精神,并在这个过程中实现组织和个体的共同发展,实现自我价值的最大化。一个能够不断地激发成员创造力和追求进步的组织文化必定是一个充满活力的组织文化。这样的组织就一定具有强大的竞争力。

3. 组织文化建设有助于组织成员素质的不断提升与发展

组织文化是组织人的文化,是一种内在的价值理念、信念追求,也是人们在思想理念上的自我约束,是对人们外在约束的一种不可缺少的补充,而且是约束的最高层次——自我约束。随着组织环境的变迁,组织的规章制度等可能会有不适应的地方,但是,组织的核心价值理念是不变的。正是这种不变的核心价值理念指导着组织不断地去完善规章制度、行为准则,不断地修正组织的发展目标,从而指导着组织成员不断地提升修养和素质,不断地修正思维模式和行为模式,不断地完善自我。因此,组织文化建设的过程也就是组织成员素质不断提升和发展的过程。

4. 组织文化可以促进组织效益和效率的提升

组织文化是组织管理职能的一种高级形态的体现。它最终应该以组织绩效作为载体表现出来。这是经过学者们研究后得到的结论。美国学者约翰·科特和詹姆斯·赫斯克特历经11年的艰苦研究,总结了200多家企业的绩效情况,最后集中到10家典型公司的企业文化和经营关系上。其研究结果证明,企业文化对企业经营效益的提升有着很大的促进作用。因为组织文化的建设过程就是组织发展纲领、信念、精神形成的过程,也是组织人才培养的过程,还是激发组织成员活力的过程。良好的组织文化有助于组织运营目标的正确制定和执行,有助于不断地激发组织成员的创造力,有助于增强组织成员的凝聚力和团队合作意识,有助于组织成员的自我约束,有助于组织更好地适应组织环境变化的要求……所有这些都将促进组织绩效的提升,实现组织更大的发展。

二、组织文化的内容

(一)组织文化的要素

组织文化的要素,又称组织文化的结构,是指组织文化各构成部分的搭配和排列。各国学者对组织文化的结构有不同的解释和归纳。日本学者把组织文化的结构划分为3个部分,即组织哲学、组织教养、组织伦理。美国学者迪尔和肯尼迪则把组织文化整个理论系统概述为5个要素,即组织环境、价值观念、英雄人物、文化仪式和文化网络。

(1)组织环境是指组织的性质、组织的运营方向、组织的外部环境、组织的社会形象、组织与外界的联系等方面。组织环境往往决定组织的行为。

(2)价值观念是指组织内成员对某个事件或某种行为好与坏、善与恶、正确与错误、是否值得仿效的一致认识。价值观念是组织文化的核心。统一的价值观念使组织内成员在判断自己行为时具有统一的标准,并以此作为选择自己行为的依据。

(3)英雄人物是指组织文化的核心人物或组织文化的具体人格化。其作用在于作为一种活的样板,为组织其他成员提供可供仿效的榜样。对组织文化的形成和强化起着积极的推动作用。

（4）文化仪式是指组织内的各种表彰、奖励活动、聚会、文娱活动以及宣传活动等。它是一种正式的组织文化传播方式和渠道。它通过戏剧化和形象化的方式诠释组织文化，以达到生动地宣传和体现组织价值观的目的和效果，使人们通过这些生动活泼的活动与形式，领会组织文化的内涵，使组织文化在"寓教于乐"中潜移默化地转化为组织成员的自觉意识和行为。

（5）文化网络是指非正式的文化信息传递渠道。它是由某种非正式的组织以及某一特定场合所组成的。它所传递出的文化信息往往能反映出组织成员的愿望和心态。每个组织都现实存在着该组织的文化网络，都对组织文化的形成起着一定的影响作用。组织文化建设中必须重视文化网络的存在及其效用。

中国学者把组织文化结构划分为3个层次，即物质层、制度层和精神层。其中，物质层是组织文化的表层。通过它可以直接感受组织文化。因此，它是从直观上把握组织文化的依据。制度层是指具有组织文化特点的规章制度、道德规范及其行为准则的总和。它是组织文化的中间层，对内直接反应组织成员的素质、组织的管理水平、组织文化的优劣，对外反映组织的形象。它是组织在管理上的文化个性体现。精神层是组织文化的核心层，主要表现为组织价值理念、组织精神、组织信念、组织道德等，是决定组织文化导向和类型的意识形态的最高表现。组织文化这3个层次是相互联系的。精神层决定制度层和物质层；同时，精神层又必须通过制度层影响物质层。物质层和制度层是精神层的载体。因此，物质层、制度层是组织文化的显性体现，精神层是组织文化的隐性反映。

（二）组织文化的内容

从组织文化要素的构成来看，组织文化的内容一般包括组织运营哲学、组织精神、组织价值观、组织道德、组织目标与组织使命、组织形象、组织风尚等主要内容。

1. 组织运营哲学

组织运营哲学是指导组织运营活动及其管理，使其符合既定目标的世界观与方法论。正是这个组织运营哲学，指导着组织目标的制定、组织精神的培养、组织道德规范的弘扬、组织价值标准的坚持。因此，在复杂、激烈的市场竞争环境下，组织要想取得成功，必须要有一套科学的世界观与方法论来指导其目标及行为的选择和实现。由此可见，组织运营哲学是组织在实践中从运营及其管理的内在规律出发，通过世界观与方法论的概括性总结所揭示的体现组织本质和组织辩证发展的观念体系。

2. 组织精神

组织精神是指组织基于自身特定的性质、任务、宗旨、时代要求和发展方向，经过精心设计和培育而形成的组织全体成员群体的意识、信念和精神风貌的综合体现。组织精神要通过组织全体成员有意识的实践活动体现出来。因此，它又是组织全体成员观念意识和进取心理的外化表现。组织精神是组织文化的核心，在整个组织文化中具有支配地位和作用。组织精神以价值观念为基础，以价值目标为动力，对组织运营哲学、管理制度、道德风尚、团体意识和组织形象起着决定性的作用。可以说，组织精神是组织的灵魂和精神力量。

组织精神通常用一些既富于哲理，又简洁明快的语言予以表达。这既便于组织成员的铭记，激发组织成员的行为；也便于对外传播，在人们的脑海里形成深刻印象，从而在社会上形成个性鲜明的组织形象。

3. 组织价值观

所谓价值观，是指人们基于某种功利性或道义性的追求而对自身的存在、行为和行为结果进行评价的基本观点。价值观是人们在长期实践活动中形成的关于价值的观念体系。组织价值观是指组织全体成员对组织存在的意义、运营目的、运营宗旨的价值评价和为之追求的整体化、个性化的群体意识，是组织全体成员共同的价值准则。只有在共同的价值准则基础上才能产生组织正确的价值目标。有了正确的价值目标才会有奋力追求价值目标的行为。组织价值观为组织的生存和发展提供基本的方向和行为指南，也为组织全体成员形成共同的行为准则奠定基础。因此，组织价值观决定着组织全体成员的行为取向，对组织全体成员的行为起着直接支配作用，从而关系着组织的生死存亡和发展。

不同的组织运营哲学必导致不同的组织价值观念。任何组织的价值观都必须符合组织生存的社会发展方向和趋势的要求。

4. 组织道德

组织道德是指调整本组织与其他组织之间、组织与顾客之间、组织内部成员或部门之间关系的行为规范的总和。它是从伦理关系的角度，以善与恶、公与私、荣与辱、诚实与虚伪等道德范畴为标准来评价和规范组织行为，是一种特殊的行为规范，是对法律规范的一种必要的补充。与法律规范和制度规范相比，组织道德规范不具强制约束力，但它积极的示范效应和强烈的感染力量使其具有更广泛的适应性和约束力。道德规范一旦被人们认可和接受，就具有自我约束的力量。因此，它是约束组织及其成员行为的重要手段，是不能被规章制度、业务规定、技术章程等所替代的管理准则。西方国家将它称为管理伦理。

组织道德是社会道德体系、道德原则、道德信念、道德理想、道德规范等在组织中的特殊表现，也是社会公德、职业道德等在组织成员中的具体表现。

5. 组织目标与组织使命

组织目标是组织要达到的目的和标准。它是以组织运营目标形式表达的一种组织观念形态文化，是组织全体成员努力争取的期望值，是组织及其成员追求的理想和信念的具体化。因此，组织目标是组织文化追求的动力源泉。一个科学、合理的组织目标对组织成员具有激励的作用，而且对组织及其成员发展具有导向作用。

组织使命是组织在社会经济发展中所应担当的角色和责任，是组织的根本性质和存在的理由，说明组织的运营领域、运营层次、运营思想，为组织目标的确立与战略的制定提供依据。组织使命包括的内容是组织的运营哲学、组织的宗旨和组织的形象。组织使命是组织价值观的具体体现和表述。每个组织都有自己的使命。随着组织价值观的提升和发展，同一组织在不同时期其使命会有所不同。组织使命的变化是为了更好地体现组织的核心价值观念。

6. 组织形象

组织形象是组织通过内在精神与外在特征表现出来的，被社会公众认同的总体印象和感知。其中,内在精神主要包括组织宗旨、运营管理特色、组织成员素质、组织运营能力、组织发展能力、组织的创新与开拓精神等。外在特征主要包括组织运营规模、产品或服务的质量、商品的包装、销售的方式与店面的格调、组织标志、徽标、商标、广告、造型等。外部特征表现出来的组织形象称表层形象,给人以直观的感觉,容易形成印象。内部精神表现出来的组织形象称深层形象,它是组织内部要素的集中体现。表层形象以深层形象为基础。没有深层形象这个基础,表层形象则立不住,更不能长久地保持。组织形象是组织通过运营给社会公众带来的利益状况,是组织的社会责任感和法律道德观念的综合反映。它体现着组织的声誉和社会对组织的承认程度,是组织文化的重要表现形式。

组织形象还包括组织形象的视觉识别系统。例如 VIS 系统,它是组织对外宣传的视觉标识,是社会对组织视觉认知的导入渠道之一,也是体现组织是否进入现代化管理的标志性内容。

7. 组织风尚

组织风尚是组织及其成员在长期的运营实践中逐步形成的一种精神现象,是组织价值观念、管理特色、道德伦理、传统习惯、工作与生活方式等精神状况的综合反映。它作为一种精神现象和精神状况归属于组织文化之中。可见,组织风尚在很大程度上取决于组织文化的特色。良好的组织风尚是组织走向成功的重要因素。

(三)组织文化类型

1. 组织文化维度

每个组织都存在着一种难以准确描述或定义的系统变量。人们将这种系统变量称为组织文化维度。它是衡量组织文化本质特征的重要手段。组织文化维度一般包含 7 个方面,即创新、稳定性、人员导向、结果导向、轻松自在、注意细节、合作导向。其中,创新是组织生存和发展的永恒主题,也是组织价值观念的一种具体体现。稳定性是组织实现发展目标的必然要求。人员导向是组织文化的中心任务。结果导向强调的是以零缺陷为目标从结果倒推来管理的过程,是组织价值观念的一种具体体现。轻松自在是指营造一个良好的工作氛围,使组织成员的工作效率在其中获得更大的发挥。这是组织形象的外在特征之一。注意细节强调的是组织成员的工作方式、职业道德及其组织的管理特色。合作导向强调的是团队与合作。它是组织成员对组织目标认同的一种表现形式。在高度分工协作的现代社会,团队及其合作是保证组织目标实现及其组织发展的重要条件。

2. 组织文化类型

组织文化的分类有助于人们了解不同的组织文化与组织成员适配的重要性。按照不同的标准,组织文化可以划分为不同的类型。

(1) 按照组织文化的形式来分,可以分为主导文化和分支文化。主导文化是指某一组织大多数成员共同具有的核心价值观念。它体现了该组织独特的个性。分支文化是指组织中因部门或地域划分而形成的组织文化中的亚文化。一个组织中会同时存在主导文化和分支文化。主导文化和分支文化既有区别,又有联系。一个组织的主导文化是其分支文化的基础,它们拥有共同的核心价值观念;但分支文化又必然地带有其部门或地域特有的价值理念。因此,在组织文化建设中,既要坚持主导文化的核心价值观,又要兼顾分支文化的价值需求。只有这样,才有利于组织绩效的最大化。经济全球化、市场国际化的现代社会,更要处理好组织主导文化与分支文化之间的关系。

(2) 按照组织文化的内容来分,可以分为强势文化和弱势文化。强势文化是指在组织中占据主导地位、具有强大影响力的文化。弱势文化是指在组织中处于被动状态、不具影响力的文化。由于强势文化的核心价值观得到组织成员的广为接受和强烈认同,强势文化在组织中具有很强的行为控制力,强烈地影响组织成员的行为取向。甚至在某些情况下,强势文化还可以代替组织的规章制度,对组织成员的行为起着控制和调节的作用。弱势文化正好相反。但是,需要明确一点,强势文化并不总是正确的、合理的,弱势文化也并不总是不正确的、不合理的。在组织文化建设中,不仅要警惕不合理、不正确的强势文化对组织的破坏力,还要处理好强势文化与弱势文化的关系,要使弱势文化中的合理、正确需求有获得满足的途径和渠道。

(3) 索涅费尔德的组织文化分类。索涅费尔德将组织文化分为四类,即学院式文化、俱乐部式文化、棒球队式文化和堡垒式文化。其中,学院式文化是那些认为做好分内工作就能得到稳步提升的一种文化选择。具有这类文化的组织喜欢招聘刚从院校毕业的学生,对他们进行适当的培训后分配到各职能部门去工作。其好处在于向刚从院校毕业的学生灌输组织的价值理念受到的干扰比较小。制造类组织比较适合这种文化。俱乐部式文化提倡忠诚度和归属感的价值观,非常看重年龄、资历和经验。因此,青睐于知识渊博的通才。棒球队式文化提倡冒险和创新。因此,组织会给予其成员充分的自由,并按照他们的工作业绩给予优厚的报酬。从事创造性、开发性、冒险性任务的组织比较适合这种文化。堡垒式文化强调的是维持生存,组织的主要宗旨是维持生存、保存现有的资产,对组织成员提供的保障较少。索涅费尔德认为,各类组织文化不是一成不变的。当影响组织文化的因素发生变化时,会带来组织文化的转化。在经济不景气的环境下,学院式、俱乐部式和棒球队式文化往往会转化为堡垒式文化。同时,索涅费尔德还发现,不同类型的组织文化吸引着与该文化特点相应的人员到该组织中工作。

此外,索涅费尔德发现,许多组织文化其实是很难单纯分类的,因为它们具有混合型组织文化的特征。但是,每个组织文化总会有它比较突出的某种倾向性表现。

三、组织文化理论

(一) 组织文化的由来

组织文化孕育于 20 世纪 70 年代末,创立于 20 世纪 80 年代初。其实践源于日本与美国之间的经济竞争。20 世纪 60 年代,日本从第二次世界大战后的废墟中腾飞起来,而且发展速度越来越快。1968 年后成为仅次于美国的世界第二经济大国。日本的崛起引起了美国及西方社会的高度关注,兴起了一股探究日本经济快速发展奥秘的热潮。许多专家学者纷纷到日本去考察,探寻日本成功的原因。在考察中他们发现,日本的企业从厂房、设备、工艺到组织形式、管理方法等并没有什么特别之处。对此,日本的一位经营者如是说:"日本与美国的经营95%是相同的,但剩下的不同部分却是一些重要的因素。"正是这看上去比例不大的不同之处,带来了日本经济的快速发展。这不同的部分就是共同遵循的理想、信念、价值观念、经营准则、工作作风等文化因素。专家学者们经过深入考察和系统研究后,总结了日美两国在企业经营理念和方式上的差别。

美国企业运营强调的是用指标、定额、制度等明确的控制手段实行理性的管理,更多体现的是一种来自组织成员外部的硬约束。对企业中人的主体作用重视不够。因此,美国的企业只是一个生产单位,是一个强调标准的组织。企业中的员工把企业看作是谋生的场所。日本企业在重视硬约束的同时,更强调软约束,即特别重视人作为企业经营主体的作用,尊重人、满足人的需求、发展人。日本的企业是一个社会单位,是一个具有家族色彩的组织。在这个组织里,大家有共同的目标和利益,从思想到行为都归属于这个组织。组织中的每个成员都深刻地感受到组织的精神支柱和精神力量。企业中的员工把企业看作自己的家庭,员工的工作就是为家庭的工作。在家庭与成员之间有一种存亡与共的意识。在这种比较研究后,美国学者得出结论:日本经济快速发展的根本原因不在技术设备,不在管理纪律等硬件上,而在管理的软件——文化因素上,即尊重人的地位、重视集体的作用、重视精神因素的作用。正是这些文化因素支持着日本经济的快速发展。组织文化理论由此得名。

(二) 组织文化的理论基础

早在1970年,美国波士顿大学组织行为学教授戴维斯在《比较管理——组织文化的展望》一书中,首先提出组织文化概念。1971年,美国著名管理学家P.德鲁克在《人、思想与社会》一书中,把管理和文化联系起来,认为管理也是文化。1980年,美国《商业周刊》开始用大量篇幅讨论组织文化。美国管理理论界和企业界的一些主要人物也开始对组织文化进行深入讨论,纷纷著书立说,对组织文化发表真知灼见。从1981—1982年,美国管理学界连续推出四部关于组织文化的重要著作。它们构成了组织文化的理论系统,标志着组织文化理论的诞生。这四部标志性的著作分别是:威廉·大内的《Z理论——美国企业怎样迎接日本的挑战》(1981年4月);查德·帕斯卡尔和安东尼·阿索斯的《战略家的头脑——日本企业管理艺术》(1981年);泰伦斯·迪尔和艾伦·肯尼迪的《企业文化——企业生存的习俗和礼仪》(1981年7月);托马斯·彼得斯和小罗伯特·沃特曼的《寻求优势——美国最成功公司的经验》(1982年10月)。

在《Z理论——美国企业怎样迎接日本的挑战》一书中,威廉·大内用比较研究的手法,对日本与美国企业进行了对比研究,认为日本企业成功的奥秘主要在于企业中有一种充满信任、微妙性和亲密感的人际关系。在比较美国企业的A型组织和日本的J型组织各自的特点后,他提出建立Z型组织的观点。Z型组织的特点是成员在组织中享有平等的地位,实行组织控制与自我控制结合的管理,成员与组织的关系是亲密的共同体,组织发展与成员发展密切相关,因此,组织要对组织成员进行培养和发展。

在《战略家的头脑——日本企业管理艺术》一书中,查德·帕斯卡尔和安东尼·阿索斯总结了关系到组织成功的根本所在的管理"7S"要素,即战略(strategy)、结构(structure)、制度(systems)、人员(staff)、作风(style)、技能(skills)、最高目标(superordinate goal)。在这

"7S"要素中,前三个要素是硬性的,后四个要素是软性的,是企业文化的体现。只有兼顾这7个要素,才能获得企业的成功。

在《企业文化——企业生存的习俗和礼仪》一书中,泰伦斯·迪尔和艾伦·肯尼迪用丰富的例证指出:杰出的成功企业都有明确的经营哲学、共有的价值观念、共有的行为准则和工作风格,即都有强有力的企业文化。物质条件不是决定企业兴衰的最根本因素,强有力的企业文化才是决定企业兴衰的真正原因。企业文化的整个理论系统由企业环境、价值观念、英雄人物、文化仪式、文化网络五大要素组成。该书是企业文化理论诞生的标志性著作。

在《寻求优势——美国最成功公司的经验》一书中,托马斯·彼得斯和小罗伯特·沃特曼通过对美国最成功企业的调查研究,归纳出优秀企业的八大特征,即贵在行动;靠近顾客;鼓励创新、完善失败;通过发挥人的因素提高生产率;组织上下以价值准则为动力;发挥优势;精兵简政;宽严相济、张弛结合。他们的结论是,优秀企业都是以组织文化为动力、方向和控制手段的。托马斯·彼得斯认为:"一个伟大的组织能够长久生存下来,最主要的条件并非结构形式或管理技能,而是我们称为信念的那种精神力量,以及这种信念对于组织的全体成员所具有的感召力,这就是企业文化。"

专题二 组织文化建设

专题导读

每个组织都有自己的文化。但是,要使组织文化成体系、成特色,必须进行组织文化建设。组织文化建设受哪些因素影响?组织文化形成的过程有哪些阶段?组织文化建设应该遵循什么样的原则?通过本专题的学习,你将对组织文化建设有一个系统的认识,从而帮助你开展优秀的组织文化建设。

一、影响组织文化建设的因素

(一)组织文化的创始者

组织文化创始者是组织文化建设的领导者或倡导者。组织文化建设必然打上组织文化创始者的烙印。组织文化创始者的价值观、性格特征、管理哲学、理想追求等都在他所领导或倡导的组织文化建设中体现出来,甚至引领着组织文化建设的方向。组织文化建设的实践已经证明了这一点,尤其在组织文化建设的初期,这种影响会更突出。随着组织文化建设的不断向前推进和完善,创始者的影响会逐渐与组织发展特色融合起来,逐渐形成具有组织自身特色的组织文化。组织文化的创始者往往是组织的最高管理者。他是否重视组织文化建设对组织文化建设至关重要。

（二）社会文化

组织是生存在一定社会环境中的系统，组织中的成员也来自社会。另外，组织必须在与其他组织的联系中实现自身的生存发展。因此，组织文化必受组织生存的社会文化的影响和制约，打上一定社会环境的烙印。随着组织所在环境的发展变化，组织文化也必须随之调整和发展，以更好地适应环境的需求，如从单纯追求经济目标，转化为辩证地认识经济责任与社会责任确立组织发展目标。这种变化就是社会文化对组织文化建设影响的例证。

（三）产业特征或行业特征

组织文化必然与组织经营的业务有关，并反映着这种业务特征。产业或行业作为组织具体生存的空间，其产业或行业的竞争环境、顾客需求特点、社会期望、产业或行业的规范等都影响和制约着组织文化的建设。例如我国的家电行业，中低档商品趋同，竞争激烈；高档家电开发仍有待加强；顾客对中低档家电的需求走向差异化。此时，家电企业突出服务的理念和服务的特色，将服务融入家电经营中成为家电企业发展的一种新的价值观和经营方向。

（四）组织的全体成员

组织文化的创始者对组织文化建设具有引领者、倡导者、决策者的地位和作用，而组织全体成员则是组织文化创始者意图和思想理念得以贯彻执行的重要力量，是组织文化的实践者。他们是保证组织文化创始者的思想理念能否落实并行之有效的重要因素。因此，组织文化建设中还要通过宣传、培训、实践等方式，动员起组织全体成员，共同参与到组织文化建设中，发挥他们在组织文化建设中的作用。

二、组织文化的形成过程

组织文化的形成一般有以下四个过程。

（一）组织文化创始者运营组织的理念与哲学的形成阶段

组织文化创始者往往就是组织的创始者。他们作为个人对他们所在组织早期的文化建立具有无法估量的巨大的影响作用。一般来说，组织早期的文化就是组织创始者个人性格特征、理念、价值追求、自身经验等的综合体现。例如，迪士尼公司的文化就受着创始人沃尔特·迪士尼的理想和追求的深刻影响，并将沃尔特·迪士尼的理想和追求——一个制造幻想和欢乐的王国给予了很好的保持和发扬光大。作为一个组织的文化建设也确实需要这样的一种导向和引领。为后面该组织的文化建设发展奠定基础。

（二）甄选阶段

如前影响因素所述，组织的全体成员是关系到组织文化实践的重要因素。如何保证组织创始者的意图、理想和理念能够顺利地贯彻、实施，组织全体成员的选择、匹配起着重要的作用。通过对组织成员的甄选，保证组织成员的价值观与组织的价值观基本一致，起码他们是基本认同组织的价值观的。这是使组织文化宣传、培训获得预期效果的重要基础。换言之，甄选阶段的目的是要通过筛选，将那些可能与组织核心价值观发生冲突的人排除在组织之外。这是维系组织文化的重要前提。

（三）组织高层管理者的言传身教阶段

组织创始人的意图、理想和理念首先是通过追随创始人的组织高层管理人员传递给组织的中层直至基层的人员的。因此，组织的高层管理者对组织文化的形成也有着不可替代的重要作用。高层管理者正是通过他们的管理活动，将组织的价值理念、行为准则、道德意识等渗透到组织的各个层次和部门，即高层管理者在组织文化形成中对其下属具有教化的责任和影响。它体现的也是组织文化在组织内部的传播路径——从组织创始人到高层管理者再到中层管理者，最后到达每个组织成员。

（四）社会化阶段

组织文化真正成为组织全体成员的共同价值追求，在前述3个阶段的基础上，还必须通过宣传、教育、培训、实践等活动，使组织成员更好地理解、接受以及适应组织文化，将组织的核心价值观内化为每个组织成员的自觉行动。这个过程就是组织文化社会化的过程，也是组织文化在组织创始人的意图、理想和理念得以发展和升华的过程，最终形成自成一体的组织文化。例如海尔集团"相马不如赛马""无功就是过"等理念，通过宣传、教育、培训、实践等活动，最终成为集团上下的共识，从而形成人人努力向上的追求进步、创新的文化。

三、组织文化建设的工作体系

组织文化建设一般包含的工作体系有组织文化建设战略规划、组织文化体系构建、组织文化诊断与评估、组织文化理念提炼与提升、组织及其成员行为规范体系设计、组织视觉识别体系设计、组织文化系统推进设计、组织文化培训体系设计、企业家个人品牌建设等。

（一）组织文化建设战略规划

任何组织的文化建设只有进入有意识的状态中，这样形成的组织文化才是有意义的组织文化。那么,在组织文化建设中必须要有长远的战略眼光,即组织文化建设不是为了点缀,而是通过思想意识、价值理念上的系统建设,为组织实现可持续的良性发展奠定指导思想基础和环境氛围基础,并使这些内化为组织全体成员的自觉行为反应。这就要将组织文化建设与组织发展结合起来,进行系统、通盘考虑,使组织发展的长远目标、近期目标及其实施都体现组织的价值理念和价值追求特点,因此逐渐在实践中形成组织独具个性、具有竞争力的形象。

(二)组织文化体系构建

组织文化理论研究发展到今天,对组织文化体系的构建已有比较一致的共识。组织文化体系一般包括物质文化、行为文化、制度文化和精神文化4个层次。物质文化是以物质形态表现的组织文化。组织运营的活动及其成果、组织的氛围环境等是物质文化的主要表现形式。行为文化是组织在运营过程中处理组织内外各种关系时行为规范的具体表现,是组织文化在组织各层次成员行为中的具体反映。制度文化是组织为实现自身目标对其成员的行为给予一定限制的文化,具有共性和强有力的行为约束的特征。它主要包括组织领导体制、组织管理机构和组织管理制度3个方面。工艺操作流程、规章制度、经济责任制、考核奖惩等是组织制度文化的具体内容体现。制度文化是行为文化得以贯彻的保证。精神文化是组织运营过程中,受一定的社会文化、意识形态影响而长期形成的一种精神成果和观念意识的综合反映,包括组织精神、组织运营哲学、组织道德、组织价值观念、组织风貌等,是组织意识形态的综合表现,是组织文化的核心所在。精神文化统领着制度文化、行为文化、物质文化的方向和形成。

(三)组织文化诊断与评估

诊断与评估是组织文化形成的重要环节和工作。即组织必须明确自己奋斗的目标、充分地了解自己的现状、科学地评价现状与目标的距离以及实现目标需要付出的代价和努力,从而为建立组织文化建设的规划及其方案做好准备。组织文化诊断与评估是在对组织内外充分、系统的调查研究基础上的分析、评价。

(四)组织文化理念提炼与提升

不同阶段的组织文化都打上了相应阶段的社会文化的烙印,不可避免地会有所侧重和区别。因此要对组织文化理念进行概括、提炼,突出每个阶段的发展特点,形成适应组织发展不同时期、阶段的需求,又有利于组织文化总目标实现的各阶段的具体文化思想,并在实践中不断提升这些文化思想的层次、水平,逐步形成一个不断发展、进步的组织文化体系。

(五)组织及其成员行为规范体系设计

根据组织及其成员的特点,设计体现本组织运营特色的行为规范体系,保障和促进组织运营的顺利进行。因此,不同的组织,其行为规范的具体要求和表现是不同的。即使同一组织,不同时期,其行为规范的具体要求和表现也会有所不同。

(六)组织视觉识别体系设计

组织形象设计是通过视觉系统,使组织成员及其社会公众对组织文化特色有一个直观认识和鉴别的系统活动。组织视觉识别体系包括理念识别、活动识别、视觉识别3个要素和内容。当这3个要素和内容高度一致的时候,就是组织文化特色及其组织形象形成的时候,也是组织文化被社会公众所认可和接受的时候。

(七)组织文化系统推进设计

组织文化建设是一个循序渐进的系统工程。随着组织的发展,随着组织最高领导者价值追求意识的逐步完善,随着组织全体成员对组织价值体系认同的逐步统一,组织文化建设逐步地走向深入,并向更高的层次发展。另外,组织文化建设的系统性还体现在组织文化建设是组织上下一起努力的结果,是组织各部分协同配合的结果,也是组织内外沟通的结果。它既是一个相对闭合的系统,又是一个开放的系统,在闭合中形成,在开放中完善和发展。

(八)组织文化培训体系设计

任何组织文化的形成都离不开持之以恒的、形式丰富多样的宣传、教育和培训。通过宣传、教育和培训,既使组织内成员充分认识组织文化的内涵,逐步地实现组织文化内化为组织成员的自觉行为,也使组织文化被社会所认识和接受,有助于组织形象的建立和传播。组织文化的宣传、教育和培训忌形式主义,或千篇一律。要敢于创新、善于创新,还要"接地气",使组织文化体系借助丰富多样、生动形象的形式深入人心。

(九)企业家个人品牌建设

企业家是组织文化的代表,也是组织文化建设的统领者,尤其是组织文化建设的初期,这种统领作用尤为突出。随后,在整个组织文化建设的过程中,企业家的思想意识、价值观念、个性特征等都对组织文化建设起着较大的影响作用。因此,无论从对内还是对外来看,组织文化建设的过程同时也是企业家个人品牌建设的过程。企业家个人品牌和组织文化特色在某种程度上是同义词,是组织文化人格化的具体体现,如乔布斯之与苹果;任正非之与华为;张瑞敏之与海尔等。加强企业家个人品牌建设对加强组织文化建设具有促进作用。这必然对企业家形象提出了较高的要求。

组织文化建设是上述工作体系的完整构成。由此再次表明,组织文化建设是一个系统工程。

四、组织文化建设的原则

(一) 坚持正确的发展方向的原则

组织文化建设离不开社会大文化发展的制约和影响。因此,任何的组织文化建设都必须顺应社会进步的趋势,体现社会进步的要求。例如,对组织社会责任意识的大力积极倡导是现代社会发展的必然要求。组织文化建设必须顺应这种发展要求,将组织的社会责任意识融入组织文化体系建设的各个层面、各项活动中,使组织的社会责任意识具体化。只有坚持顺应社会进步的正确的组织文化发展方向,组织文化才可能具有竞争力,从而促进组织实现可持续的良性发展。

小资料

华为技术有限公司是全球领先的信息与通信技术(ICT)解决方案供应商。目前,华为有17万多名员工,分别来自163个国家和地区;业务遍及全球170多个国家和地区,服务全世界1/3以上的人口。2008年华为首次发布企业社会责任报告。从此华为保持每年一份企业社会责任报告(corporate social responsibility,简称CSR报告)的频率。2008年、2009年和2010年的报告名称明确为《华为企业社会责任报告》。2010年,华为确定了"公平经营,消除数字鸿沟,绿色环保,提升供应链企业社会责任管理,关爱员工,回馈社区"的企业社会责任战略,进一步加强了企业社会责任管理组织建设,设立了专职的企业社会责任管理机构和人员,保障从战略到执行的闭环管理。2008年和2009年的报告是华为企业自主披露,没有第三方审计信息。从2010年起,华为聘请第三方审计机构对报告进行审验并出具独立的审验报告。

(二) 开放、学习的原则

组织文化建设的系统性决定了组织文化建设必须是开放的,在开放中评估组织文化与组织环境的适应性,不断调整组织文化建设的策略;在开放中学习、吸收社会文化或其他组织文化的先进之处,改进、完善本组织文化的建设。学习型组织是组织文化建设的必然要求,也是适应现代社会信息飞速发展的客观要求。开放、学习是组织发展永恒的主题。

(三) 同步相适应的原则

组织文化体系要求组织文化建设的最终目的是组织发展与组织文化相互促进、物质文明与精神文明同步发展。因此,组织文化建设既要立足于组织发展的现实,又要有一定的超前性和一定的高度,以便较好地指导组织的进一步运营发展;既要顺应组织环境的要求,又要把握组织环境发展变化的趋势,找准发展方向,定好发展的战略目标。针对我国企业发展现实中存在的问题,企业文化建设要解决的是如何解决组织文化建设中物质文明与精神文明"两张皮"、组织经济责任与社会责任"两张皮"的现象,使组织文化建设真正成为促进我国组织发展的核心动力。

（四）相对稳定和创新发展结合的原则

组织文化作为组织发展及其运营活动的指导思想和行动指南，一旦形成，必须保持相对的稳定性。但是，随着组织的不断发展、组织环境的日益复杂多变以及竞争的加剧，客观地要求进行组织文化变革，不断创新和发展组织文化，提高组织的社会影响力和号召力。因此，相对稳定和创新发展结合是组织文化建设的基本原则，是保持组织文化先进性的基本要求和保证。

五、组织文化建设的基本程序

组织文化建设的基本程序一般包括下列 6 个步骤。

（一）组建组织文化建设战略委员会

该委员会是组织文化建设的最高决策和指挥机构。负责组织文化建设的目标确立、规划的制定、工作程序的确定、工作原则的制定以及组织文化建设中的协调等。该战略委员会应由组织的最高领导挂帅，并使其工作职责制度化。

（二）调查研究

对组织现状、行业态势、竞争状况、组织追求及其最终目标等进行系统的调查研究，从中判断组织存在的必要性、组织发展的要求等，为确立组织文化的核心内容提供依据。

（三）提炼并确立组织文化体系的核心构成

在调查研究的基础上，提炼、概括出反映本组织特色的组织愿景、组织使命、组织道德精神、组织价值理念、组织战略及其目标、组织口号等，确立组织文化的核心体系，为组织制度文化、行为文化和物质文化建设奠定基础。这是组织文化建设的关键、核心环节，对组织文化建设的成败至关重要。

（四）制度文化的设计

根据提炼并确立的组织文化体系的核心构成以及组织的实际情况与需求，设计组织制度，对组织整体行为及其组织成员的行为进行规范和约束。制度文化的设计既是组织文化体系核心构成的具体落实与体现，也是组织文化转化为组织全体成员的行为的具体要求，还是组织行为文化得以贯彻的保证。组织制度文化主要包括组织领导体制、组织管理机构和组织管理制度三个方面。工艺操作流程、规章制度、经济责任制、考核奖惩等是组织制度文化的具体内容体现。

（五）进行组织形象系统规划

建立组织的视觉形象识别系统，这既是为了使组织文化有具体的展现形式和载体，也是为了组织文化更好地被组织成员所理解并转化为组织成员的行为，还是组织文化建设的具体要求和活动，有助于组织文化的建设和传播。组织形象系统规划是专业性较强的工作。为确保设计符合艺术性、国际化、高识别性、行业要求等，一般请专业设计机构帮助完成组织视觉形象系统规划。

（六）组织实施与反馈、完善

组织文化体系及其组织视觉形象识别系统确立后，组织文化建设的大量工作就要转入实施与反馈、完善环节，即将组织文化融入组织运营及其发展的各个环节、各项活动、方方面面，既是落实组织文化，也是检验组织文化的科学性、可行性及其效果。通过实践的反馈，及时调整和完善组织文化体系，使组织文化与组织发展之间形成良性的相互促进作用，真正体现和发挥组织文化的作用。

六、我国组织文化建设中常见的若干误区

（一）注重组织文化的形式而忽略组织文化的内涵

我国组织文化建设中最突出的问题就是盲目追求组织文化的形式，而忽略了组织文化的内涵。突出的表现就是注重组织文化活动和组织视觉形象设计等组织文化表层的表现方式，而忽略基本价值观念及精神等组织文化内核的内化过程。价值观念及精神等是影响组织适应环境的策略以及处理组织各种关系的一系列准则与行为方式。只有将价值观念及精神等与组织运营的各项活动有机地结合起来，才能形成比较完整的组织文化。否则，组织文化只能流于形式，难以形成文化推动力，对组织的发展产生不了深远的影响。

（二）将组织文化狭隘地等同于组织精神而脱离组织运营实践

我国组织文化建设中的另一个现象就是过分强调组织文化的精神性，而忽略组织文化的实践性。片面地将组织文化视为组织的"圣经"，而没有将它落到组织运营的实处，发挥组织文化的推动力作用。组织文化的精神力量在于将组织文化渗透到组织的管理体制、激励机制、运营策略之中，并通过组织运营的状况及业绩反映出来。可以说，组织文化就是以文化为手段，以管理为目的，贯穿于组织整个的管理过程中，并与组织的环境变化相适应。组织管理是组织文化生长、发展的根基。脱离了组织管理的组织文化是没有根基的文化。

(三)忽视组织文化的创新性和个性化建设

组织文化是某一特定文化背景下该组织独具特色的管理模式,是组织的个性化表现,不是标准统一的模式,更不是迎合时尚的标语。每一个组织的发展历程不同,组织的构成成分不同,面对的竞争压力也不同,所以它对环境做出反应的策略以及处理内外冲突的方式都会有自己的特色,因此,其组织文化必须是唯一的,而不是雷同的。组织文化的形式可以是标准化的,但其侧重点、其价值内涵和基本假设等却是各不相同的,而且组织文化的类型和强度也都不同。这就是组织文化个性化特征的体现。另外,组织文化不是僵化的教条和简单的服从。组织文化的实质赋予了组织文化激发组织成员创造性和创新性的职能与使命。正是组织文化的这一使命使组织文化成为培育组织核心创新力的源泉。

(四)组织文化的大而空、空而泛现象较严重

这是我国组织文化建设中的一个普遍问题。一说到组织文化建设,就将社会文化抄袭过来当作组织文化。诚然,组织文化不能与社会的主流价值观相悖,但并不等于组织文化就是空泛的口号、标语。一个组织的文化一定是内生出来的,是从组织运营管理过程中积淀出来的,是一个组织与实践相融合的基因和密码。它必然打着这个组织的烙印,是识别组织文化的根本所在。那些放之四海而皆准的表达,既空泛,又不易实践操作,无法成为组织成员行为的指导,发挥其推动力作用。

专题三 组织发展变革的启动——学习型组织建设

专题导读

面对日益复杂多变的组织环境,组织变革成为组织发展不可或缺的重要手段和条件。组织只有力求精简、扁平化和施行弹性管理,才能在剧变的环境中求得生存发展;组织只有终生学习、不断自我组织再造,才能保持竞争力。学习型组织建设既是启动组织发展变革的要求,也是组织实现发展变革的重要保证。本专题的学习将使你理解和掌握学习型组织的基本要义、基本特征,了解学习型组织的领导,为实现全球背景下的组织成长厘清思路。

一、学习型组织的要义

(一) 学习型组织产生的背景及学习型组织的含义

工业经济前期,组织管理是以等级为基础,以权力为特征的权力控制型管理。对当时提高效率和效益起到了积极的作用。进入工业经济后期,这种管理模式逐渐显露出它不适应环境发展变化的局限性。为此,企业家、经济学家和管理学家们都在积极探寻一种能更有效地顺应发展需要的管理模式,即非等级权力控制型的管理模式。学习型组织的提出就是在这样一个大背景下产生的。学习型组织的最初构想源于美国麻省理工学院佛瑞斯特教授。1965年,他发表了一篇题为《企业的新设计》的论文,运用系统动力学原理,非常具体地构想出未来企业组织的理想形态——层次扁平化、组织信息化、结构开放化,逐渐由从属关系转向为工作伙伴关系,不断学习,不断重新调整结构关系。作为佛瑞斯特的学生,彼得·圣吉将系统动力学与组织学习、创造理论、认识科学等进行融合,发展出一种全新的组织概念。他用了近10年的时间对数千家企业进行案例分析和研究,于1990年完成其代表作《第五项修炼——学习型组织的艺术与实务》。他指出,现代企业所欠缺的就是系统思考的能力。这是一种整体动态的搭配能力。由于缺乏这种能力,致使许多组织无法有效学习。其根本原因在于现代组织分工、负责的方式将组织进行了切割。当不需要为自己行动的结果负责时,人们就不会去自觉修正其行为,也就无法获得有效的学习。学习型组织的提出以及一套完整修炼方案的确立,使彼得·圣吉成为学习型组织的理论奠基人。

所谓学习型组织,就是要充分发挥每个组织成员的创造性,努力形成一种弥漫于群体与组织的学习气氛,凭借着学习使个体价值得到体现,组织效能得以提升。学习型组织的基本价值在于解决问题。在学习型组织中,每个成员都要参与识别和解决问题,使组织能够进行不断的尝试,改善和提高组织的能力。这是学习型组织与传统组织设计的根本区别所在。在学习型组织内,成员参加问题的识别意味着要懂得顾客的需要;成员解决问题的训练意味着要以一种独特的方式将一切综合起来考虑以满足顾客的需要。因此,组织通过确定新的需要并满足这些需要来提高其价值。它常常是通过新的观念和信息而不是物质的产品来实现价值的提高。概括地说,学习型组织是学习工作化、工作学习化。

(二) 学习型组织的要素

学习型组织应包括下列五项基本要素。

1. 建立共同愿景

愿景可以凝聚组织上下的意志力。透过组织共识,确立组织及其成员的一致努力方向,将个人愿景与组织愿景结合起来,使个人与组织之间形成命运共同体,为组织目标奋斗的同时,也是实现个人的职业发展。

2. 团队学习

团队智慧应大于个人智慧的平均值,甚至大于个人智慧的简单相加。团队智慧是做出正确组织决策的合力。加强团队学习,可以激发集体思考和分析,找出团队链接中的薄弱环节,强化团队的向心力和凝聚力。

3. 改变心智模式

组织的障碍多来自个人的习惯思维。团队学习以及标杆学习,能改变组织的心智模式,激活组织变革和创新。

4. 自我超越

通过学习,激发组织成员积极投入工作的意愿,以及专精工作技巧的热情。个人与愿景之间有种"创造性的张力"。这正是实现自我超越的源泉。

5. 系统思考

识别和解决问题能力的形成是一个系统。它要求透过资讯的系统搜集,掌握事件的全貌,形成纵观全局的思考能力,看清楚问题的本质,从而清楚地把握其中的因果关系。

学习是心灵的正向转换。建设学习型组织,不仅能够达到更高的组织绩效,更能够增强组织的生命力。

(三)学习型组织的基本特征

1. 组织成员拥有共同的愿景

组织的共同愿景源于组织成员个人的愿景而又高于个人的愿景。它是组织中所有成员共同愿望、共同理想的表现。它使不同个性的人凝聚在一起,朝着组织共同的目标行进。

2. 组织由多个创造性个体组成

团体是学习型组织最基本的学习单位。团体可以理解为彼此需要他人配合的一群人。他们通过学习,不断地增强自身的创造力,从而增强组织的创造力。组织的所有目标都是直接或间接地通过团体的努力来达到的。

3. 善于不断学习

善于不断学习是学习型组织的本质特征。所谓"善于不断学习"包含4个主要内容。一是强调"终身学习"。即组织中的成员均应养成终身学习的习惯,这样才能形成组织良好的学习气氛,促使其成员在工作中不断学习。通过不断学习,获得不断改进和进步。二是强调"全员学习"。即组织的决策层、管理层、操作层都要全心投入学习,尤其是经营管理决策层,他们是决定组织发展方向和命运的重要阶层,因而更需要学习。三是强调"全过程学习"。即学习必须贯穿于组织系统运行的整个过程之中。约翰·瑞定提出一种被称为"第四种模型"的学习型组织理论。他认为,任何企业的运行都包括准备、计划、推行3个阶段。学习型企业不是先学习然后进行准备、计划、推行,而是工作学习化,把学习与工作有机地融为一体,强调学习与工作实践的自觉结合。以学习促工作,以工作带学习。四是强调"团体学习"。即不但重视个人学习和个人智力的开发,更强调组织成员的合作学习和群体智力(组织智力)的开发。

学习型组织正是通过保持强大的学习能力,及时识别和清除组织发展道路上的障碍,不断突破组织成长的极限,保持组织持续良性发展的态势。

4. "地方为主"的扁平式结构

传统的组织通常是金字塔式的。严格的层级制约了组织的活力及组织成员的创造力。学习型组织的组织结构则是扁平的,即从最上面的决策层到最下面的操作层,中间相隔层次极少,形如橄榄。组织结构的扁平化使组织的决策权尽最大可能地向组织结构的下层移动,让最下层单位拥有充分的自主权,并对产生的结果负责,从而形成以"地方为主"的扁平化组织结构。这种扁平化的管理体制,有助于实现快速地上下不断沟通,使下层直接体会上层的决策思想和用意,上层也能亲自了解到下层的动态,及时准确地把握第一线的状况和需求,减少多层次沟通带来的信息损失和变形。正是这种扁平式的组织结构使企业内部形成互相理解、互相学习、整体互动思考、协调合作的群体,由此产生巨大的、持久的创造力和凝聚力。

5. 自主管理

学习型组织理论认为,"自主管理"是使组织成员边工作边学习并使工作和学习紧密结合的方法。通过自主管理,促使组织成员自己主动发现工作中的问题;选择伙伴组成团队;选定改革进取的目标;进行现状调查和分析,并形成解决问题的对策;组织实施,并对实施结果进行评定总结。团队成员在"自主管理"过程中,能形成共同愿景,能以开放求实的心态互相切磋,不断学习新知识,不断进行创新,从而增加组织快速应变、创新发展的能量。

6. 组织的边界将被重新界定

学习型组织边界的界定是建立在组织要素与外部环境要素互动关系的基础上的。与传统的根据职能或部门划分的"法定"边界确定有着本质的区别即组织外部的信息不再只是关系组织发展的一个参考,而是组织发展决策的重要依据,或是原因。这使组织行为更接近顾客需求,从而更好地满足顾客需求。

7. 组织成员家庭与事业的平衡

学习型组织努力使其成员丰富的家庭生活与充实的工作生活相得益彰。学习型组织对其成员的充分自我发展给予大力的支持,而组织成员也以尽心尽力效力于组织发展作为回报。在个人与组织的界限、工作与家庭之间的界限逐渐消失的情况下,两者之间的冲突将大大减少,从而带来组织成员工作生活质量的共同提高(满意的家庭关系、良好的子女教育和健全的天伦之乐),达到家庭与事业之间的平衡。实践中,学习型组织往往都是工作生活质量运动的倡导者和坚定的实践者。

8. 领导者的新角色

在学习型组织中,领导者融设计师、仆人和教师三种身份于一身。领导者的设计职能是对组织要素进行整合的过程。他不仅设计组织结构和组织政策、策略,更重要的是设计组织发展的基本理念。领导者的仆人角色表现在对实现愿景的使命感,自觉地接受愿景的召唤。领导者作为教师的首要任务是界定真实情况,协助组织成员对真实情况进行正确、深刻的认识和把握,提高他们对组织系统的了解能力,促进每个人的学习与成长。

学习型组织有着与传统组织截然不同的作用和意义。它的要义在于,一方面,学习是为了保证组织的生存发展,使组织具备不断自我改进的能力,提高组织的竞争力;另一方面,学习更是为了实现个人与工作的真正融合,使人们在工作中实现生命的价值和意义。可见,学习型组织是实现组织及其成员共同发展不可缺少的环境和条件。

二、学习型组织的领导

(一) 学习型组织的结构特点

学习型组织不仅废弃了使管理者和被管理者之间产生距离的纵向结构,同时废弃了使个人与个人、部门与部门之间相互争斗的支付和预算制度。学习型组织的基本结构是横向组织的学习团队。在这个团队中,伴随生产的全过程,人们一起工作,一起学习,一起成长。部门之间的界限被减少甚至被消除,组织之间的界限变得融合而模糊。组织之间以前所未有的方式进行着合作。网络组织和虚拟组织成为学习型组织的最新表现形式。它们为适应迅速变化着的竞争环境和条件提供所需的灵活性和创造性。

(二) 学习型组织的领导

学习型组织从组织领导人开始,即学习型组织需要有头脑的领导者领导。这个领导者要能理解学习型组织,并能够帮助其他人从中获得成功。学习型组织的领导具有以下3个明显的作用。

1. 设计组织的上层建筑

组织的上层建筑是指组织中看不见的行为和态度的综合反映。设计组织的上层建筑的第一个任务是培育组织目标、使命和核心价值观的治理思想,并以此来指导组织成员的行为。第二个任务是要确定组织目标和组织核心价值观,在此基础上设计支持学习型组织运行的新战略、新政策和组织结构,并进行落实安排,使这些结构带来和促进新的行为。第三个任务是领导并创造性地设计有效的学习程序,并保证它们获得不断的改进和提升。

2. 创造共同的愿景

共同的愿景是对组织理想未来的设想。这种设想可以由领导及其成员通过讨论而获得和确立。这个愿景体现组织及其成员所共同希望获得的长期结果。正是这协调一致的共同愿景使组织成员为组织整体提高效率和效益而行动。组织成员通过自主地识别并解决眼前的问题来实现组织的愿景。广泛地理解、深刻地铭记组织的共同愿景,直至共同创造组织的愿景,是凝聚组织的重要基础。

3. 服务型的领导

学习型组织是由那些为他人和组织的愿景而奉献自己的组织成员共同建立的。领导者在其中发挥着重要的作用。作为靠自己一人建立组织的领导人形象不适合学习型组织。在学习型组织中,权力、观念和信息的分享是一个重要的标志。因此,学习型组织的领导要将自己奉献给组织。

(三) 学习型组织是组织成长发展的必然要求

美国《财富》杂志指出:"未来最成功的公司,将是那些基于学习型组织的公司。"壳牌石油公司企划总监德格也说："唯一持久的竞争优势，就是具备比你的竞争对手学习得更快的学习能力。"这两段话道出了学习型组织建设的意义和必要性。具体表现在以下3个方面。

1. 学习是组织的一项基本职能

随着世界经济一体化进程的加快和科学技术的迅猛发展，组织面临的环境也在发生着翻天覆地的变化。为了生存和发展，组织必须顺应形势的变化，不断地对自身进行调整。这种调整不仅体现在产品、过程或结构等外在的要素上，还体现在对组织运行有影响的各种内在因素上，包括组织的价值观、思维模式、基本假设乃至根本目标。因此，组织为了在竞争中获取竞争优势，必须不断自觉地进行学习。

2. 学习为全面提升组织竞争力提供了良好契机

组织学习本身就是一个系统，它几乎囊括了组织管理中所有重要的要素，包括人、组织、决策、沟通、技术等。组织学习还是一个持续修炼的过程，是一项系统的工程。筹划周密的组织学习过程，既可以帮助组织提高内部资源和知识的利用率及效能，不断创造出新知识，还可以通过各方面的综合学习，不断提高自身的能力，使自身的强项更强，从而带来组织竞争力的全面提升。

3. 学习是组织生存与发展的前提与基础

学习贯穿组织管理的始终，是组织获得生存与发展的基本条件。与人的发展一样，组织的成长过程也是一个持续学习的过程，可以说组织的每一项进步都是通过学习来实现的。例如新产品的开发，新技术、新方法的引进，企业组织结构的改造和新管理制度的推行等，都需要组织更新原有知识，吸收或创造新的知识。这些本身就是保持组织生存与发展的学习过程。

三、学习型组织的建设

（一）学习型组织的建设步骤

1. 实现自我超越——组织生命力的源泉

目标认同，超越自我，就是要认清自我，摆脱自我设限，突破现状。人类的潜能开发还只是冰山一角。因此，要通过学习不断地发掘自我的潜能，实现自我和组织的共同发展。

2. 完善心智模式——突破组织"智商"

从超越自我走向组织发展还需要突破组织已经形成的固有"智商"，即打破组织传统的思维模式，建立新的文化管理模式。只有建立了一种新的心理契约，才能发挥组织成员更大的潜能及其团队合作能力，实现组织更大的发展。

3. 共创未来愿景——组织的凝聚力

共同建立一种新的团队心理契约，将组织成员凝聚在一起。

4. 团队学习——学习型组织建设

团队学习必须以自我超越、改善心智和建立共同愿景等修炼为基础。在这个基础上，组织成员才能以开放、真诚的态度不断相互练习深度思考与求真的对话技术。这就是团队学习的过程。团队学习是发展其成员整体搭配与实现共同目标能力的过程。

5. 系统思考——各项修炼的整合

系统思考是学习型组织中整体动态搭配力的核心。它要求人们用系统的观点看待组织的发展。系统思考训练我们如何扩大思考的时间范围,将问题置于它所处的系统中来思考,借以了解问题所在系统的全貌,从而更有效地解决问题。

6. 学习体系——找准切入点

学习体系是指确立学习的目标、学习的内容和学习的方式。

(二)学习型组织建设需要解决的问题

1. 改善组织环境

传统组织的政治环境是建立"学习型组织"的最大障碍,因此,要想建立一个真正平等的、个人畅所欲言的、开放的组织环境,就必须克服传统组织政治环境的障碍。超越传统组织,建立一个开放的组织环境是一件难度相当大的系统工程,因为组织总是处于一个更大的环境系统之中,组织环境必然受到更大的政治、经济和文化背景的制约。要尽力在组织的小环境中营造一个良好的氛围,即建立组织的共同愿景,凝聚人心,共创一个公开、真诚交流和无障碍的组织环境。

2. 克服学习障碍

组织环境得到改善并不能即时显现组织的学习效果。这主要是因为在组织学习方面还存在着许多障碍,具体包括经验学习方式的障碍、本位主义的障碍、忽视内部的障碍。清楚这些障碍的过程也是一个学习成长的过程。

3. 建立学习型组织

学习型组织的建立,不仅需要组织的主观重视,还要把学习切实地纳入组织结构中去,形成一套健全而有效的组织学习机制,从而充分保证学习型组织各项修炼的持久展开,保证传统组织向现代学习型组织的顺利转变。

4. 解决实践中的误区

实践中往往存在将学习型组织神秘化、一般化、简单化、运动化等误区。许多组织最高领导者认为,彼得·圣吉的基本理论名词晦涩难懂,内容博大精深,限制了对它的理解和实践。其实,学习型组织的基本精神和主要内容只是用一种新的思想把已经做过的工作进行重新整合和改造,以此带来新的效率和效益。但是,并不能因此就把学习型组织的学习看作简单的读书学习。学习型组织的学习特别强调把学习转化为生产力,有"学"有"习",而且"习"重于"学"。学为了习,以习带学、促学。学习为了创造,在创造中学习、成长。因此,学习不是运动,而是一项持久性的创造性活动。关于这一点,我国《论语·学而》中早就有精辟的论述"学而时习之,不亦说乎"。人非生而知之,所以必须学。学的基础性认知很重要。而"学",首先是"闻道",不闻无以学;其次是"见道",不见亦难学。与"学"同源的是"效",也就是要在学的过程中不断地对照"道"的要求进行实践并修正,以此提升学的意义。所以,学而习之是一个天然的整体,是持续上升的过程。

（三）团队建设

1. 员工归属感

员工归属感也称员工对组织的认同感，是指员工对其工作组织的认同、奉献和忠诚度的综合体现。它会激发员工对于组织长期的、全面的、自觉的工作热情和工作积极性。员工对组织的归属感不仅直接源于组织对员工需求的满足和保护，更源于员工对组织目标及其价值观念的尊崇和接受。前者具有外在性和交换性；后者则是组织价值内化生成的内在驱动，具有道德性和自觉性。高的组织归属是组织人力资源效能发挥的重要保证。

影响员工归属感的因素包括组织性因素、文化性因素、心理性因素和个人性因素四个方面。其中，组织性因素是指组织管理性因素、组织结构性因素、工作本身的因素和组织经济性因素4个方面。文化性因素是指组织的价值与信念，包括社会意义的文化和处于亚文化层的组织文化。心理性因素是指员工对工作生活质量的满意感，以及组织内分配的公平感。个人性因素是指人力资源个体对自身状况、特性等的认识和判断、评价。4个影响因素中，组织性因素、文化性因素是客观因素；心理性因素、个体性因素是主观因素。

2. 工作满意感

工作满意感是指组织成员个体在组织工作中对工作本身及其有关方面，如工作环境、工作状态、工作方式、工作压力、工作的挑战性、人际关系等有良好感受的心理状态。从组织的角度来看，工作满意感的高低不仅是影响组织业绩的重要因素，而且是影响人力资源流动的重要因素。把握工作满意感，有利于把握组织发展状况及其组织成员的工作满意度水平及特点。这是组织改进管理的重要依据，也是组织改进管理、调动组织成员工作和学习积极性的突破口。

影响工作满意感的最根本因素是个体人员客观存在的各种需求和价值观念。具体来说，影响因素又包括主观因素和客观因素两个方面。著名的"斯特朗-坎贝尔测验"的创始人戴维·坎贝尔指出，影响各种满意感的因素可以归纳为3个方面，即工作本身的内容、合作共事者和工作所提供的独特的报酬[1]。哈克曼·劳勒等学者则提出工作五核心因素，即工作由技能多样性、任务完整性、任务重要性、工作自主性和工作结果反馈5个因素构成[2]。这5个核心方面的总和，构成一项工作或职位的激励潜力，有利于解决人力资源的工作动力问题。

华为公司的企业社会责任报告

企业社会责任报告（corporate social responsibility，简称CSR报告）是指企业将其履行社会责任的理念、战略、方式方法，以及经营活动对经济、环境、社会等领域造成的直接和间

---

[1] 戴维·坎贝尔. 人生道路的选择[M]. 长沙：湖南人民出版社，1987：83-84.
[2] 埃德加·薛恩. 组织心理学[M]. 北京：经济管理出版社，1987：111-113.

接影响、取得的成绩及不足等信息,进行系统的梳理和总结,并向利益相关方进行披露的方式。企业社会责任报告是企业非财务信息披露的重要载体,是企业与利益相关方沟通的重要桥梁。披露企业社会责任报告已经成为全球领先公司的通行做法。

华为技术有限公司是全球领先的信息与通信技术(ICT)解决方案供应商,是我国具有代表性的民营高科技企业。截至 2015 年 12 月 31 日,华为有 17 万多名员工,业务遍及全球 170 多个国家和地区,服务全世界 1/3 以上的人口。2008 年华为首次发布企业社会责任报告,每年一份报告。2008—2015 年共计 8 份。在这已发布的 8 份报告中,2008 年、2009 年和 2010 年的报告名称明确为《华为企业社会责任报告》,从 2011—2015 年,华为发布了涵盖企业社会责任报告的可持续发展报告,使华为的企业社会责任报告更加系统全面。2010 年,华为确立了"公平经营,消除数字鸿沟,绿色环保,提升供应链企业社会责任管理,关爱员工,回馈社区"的企业社会责任战略,进一步加强了企业社会责任管理组织建设,设立了专职的企业社会责任管理机构和人员,保障从战略到执行的企业社会责任闭环管理。2008 年和 2009 年的企业社会责任报告是华为企业自主披露,没有第三方审计信息。从 2010 年起,华为聘请第三方审计机构对报告进行审验并出具独立的审验报告。华为在企业社会责任中的这些积极的作为获得了由中国企业评价协会和清华大学社会科学学院联合评选的"2015 中国企业社会责任 500 强"榜单中的第一名。

华为的企业社会责任报告中包括的社会责任主要有以下内容。

1. 员工方面

华为一贯重视员工福利保障,为员工创建健康安全的工作环境,并推行多元激励并行的员工激励政策,使奋斗者得到及时、合理的回报。在企业持续成长的同时,关注员工的职业发展,为多元化的员工提供多种价值实现通道,助力员工实现个人价值。

作为一家国际化公司,华为一直以积极的态度招聘国际员工,推动海外员工本地化进程。华为的员工来自全球 163 个国家和地区,充分体现了华为的"员工多元化"目标。2015 年,华为在海外聘用的员工总数超过 3.4 万人,海外员工本地化率达到 72%,中高层管理者本地化率达到 17.7%。海外员工的本地化有利于公司深入了解各地迥然而异的文化、促进当地人口的就业,为当地经济的发展提供帮助。

此外,华为非常注重女性管理者的选拔和培养,实施了女性管理者培养计划,在同等条件下优先选用女性员工,并助其职业发展。根据华为《2018 年可持续发展报告》,2018 年女性管理者的比例为 7.05%。2022 年新选举产生的董事会 13 位成员中,有 2 名女性成员。

华为向来重视员工培养。这是企业保持强大竞争力的重要保障之一。华为建立了 E-Learning 学习平台,员工可以随时随地通过网络接受培训,在第一时间掌握最新、最实用的工作技能,紧跟知识经济的发展步伐,提高自身能力。2015 年,华为全球培训总人次超过 112 万人,人均培训学时 31 小时。

华为一贯秉持以人为本的企业社会责任意识,在任何时候、任何情况下都坚持员工生命安全第一;倡导员工谨记"生命重于一切"的理念,并将这种理念落实到员工福利保障的实际中。2015 年,华为全球员工保障投入超过 14 亿美元(人民币 92.4 亿元),较 2014 年增加约 25%。这在全球各地突发的自然灾害、重大疾病以及一些地区不断恶化的安全形势等可能对员工的健康安全乃至人身安全造成重大影响的环境下,较好地保障了华为员工及其家庭的人身安全利益。

华为提倡"高效工作、快乐生活",为员工创造高效、轻松和关爱的工作氛围,提升员工的工作生活幸福感,促进员工工作生活质量的提升。公司每年都按计划组织一系列的关爱员工活动,如"家庭日""3+1 活动""为爱奔跑"等。通过这些活动,推动各级管理者关心关爱员工,以及员工相互关爱,营造温暖、积极向上的工作氛围,增强组织的凝聚力和向心力。

2. 经济方面

2015 年是华为聚焦管道战略以来成效显著的一年,在运营商业务、企业业务和消费者业务领域均获得了有效增长,全年实现销售收入人民币 3950 亿元(按年末利率折为 608 亿美元),同比增长 37.1%。国内纳税人民币 462 亿元。截至 2021 年年末,华为向国家纳税总额达到人民币 8000 亿元,居我国民营企业之首。

作为国际化企业,华为不仅为所在国家带来直接的纳税、就业促进、产业链带动效应,更重要的是通过创新的信息与通信技术解决方案打造数字化引擎,推动各行各业数字化转型;实现宽带的低成本、网络的低时延,促进经济增长,提升人们的生活质量。

3. 环境方面

华为把节能减排作为公司创新最重要的要素之一,贯彻到规划、设计、研发和制造中。包括积极推动节能减排标准的研究和落实;通过技术创新最大限度降低设备能耗和排放;积极开发新能源方案和推动可持续能源的使用,减少社会碳排放;推出更多方便使用的通信业务,帮助企业减少不必要的差旅、物流;在供应链环节实现闭环管理,控制设备制造、运输等环节对环境的影响;同时,在公司内部大力推行节能减排,逐年降低人均资源消耗和排放量,例如,制定了"6R1D"绿色包装策略,即以适度包装为核心的合理化设计(right)、减量(reduce)、可周转(returnable)、重复使用(reuse)、材料循环再生(recycle)、能量回收利用(recovery)和可降解处置(degradable)。

华为将温室气体管理作为企业运营活动的一部分。公司自觉遵守 ISO 14064 国际标准来识别温室气体排放,并采取有效的节能减排行动。2015 年,华为温室气体总排放量为 1 272 553 吨,较 2014 年增加约 18.7%。但是,单位销售收入二氧化碳排放量为 0.003 22 千克,温室气体排放强度较 2014 年下降 13.8%。

4. 社会方面

近年来,电信行业的快速发展对全球尤其是发达地区的经济发展做出了卓越的贡献;然而在欠发达地区,受经济发展水平和自然环境制约,仍有很多人无法享受基本的通信服务;不同地区和不同群体之间的数字鸿沟正日益加深。消除数字鸿沟是基于业务特色和发展而提出的本质责任,在华为连续 8 年的企业社会责任报告中都可以看到"消除数字鸿沟"始终被华为列为企业社会责任战略之一,如表 12-1 所示。利用在通信领域的专业技术和经验,华为一直致力于消除数字鸿沟。

联接服务是现代生活的基本组成部分,一旦网络瘫痪,可能导致严重的社会经济后果。这在突发事件等重大危机处置上尤为突出,网络连接的分秒之差很可能就是生与死的距离。

华为坚定不移地在稳健网络方面持续加大投入,从组织、人员、流程及信息技术工具等方面全方位构建客户网络保障体系,保障人们随时随地获取和分享信息和通信的权利。华为

表12-1 华为8年企业社会责任报告活动项目

年 份	主 要 活 动
2008	经济的接入解决方案服务非洲马里;"乡村连接方案"为巴基斯坦乡村搭起通信沟通桥梁;在"象牙海岸"助运营商开展农村普遍服务信息与通信技术人才培养
2009	Easy GSM解决方案;国家宽带战略;助力澳大利亚弥合宽带鸿沟;中东地区建设WiMAX实验室;在土耳其建立研发中心;信息与通信技术人才培养
2010	在北极和太平洋等偏远地区实现通信覆盖;加入联合国"宽带委员会";在孟加拉、秘鲁部署移动网络;信息与通信技术人才培养
2011	Phone Lady解决方案;应急网络解决方案;赞助世界经济论坛;协助世界经济论坛发布网络研究提案,促进信息与通信技术在发展中国家的发展与进步;信息与通信技术人才培养
2012	发布全球首个2T波分样机;帮助400万索马里人接入信息社会;在世界极地建设移动宽带网络;华为固定台方便斯里兰卡居民沟通;高速网络助力非洲接入信息世界;信息与通信技术人才培养
2013	解决"高山王国"偏远地区800万人口通信难题;华为TD-LTE解决方案让西非普通民众都能享有宽带接入;信息与通信技术人才培养
2014	发布全球联接指数白皮书;举办主题为"推动下一次工业革命"的百老汇论坛;信息与通信技术人才培养
2015	发布首份消除数字鸿沟白皮书;助力埃塞俄比亚5万名学生接入网络产品并将解决方案应用于170多个国家和地区,服务全球近30亿人口;信息与通信技术人才培养

在全球范围内有3个技术支持中心和9个区域技术支持中心,超过3900名技术支持工程师365天不间断为客户提供24小时技术支持服务。2015年,华为保障了全球近30亿人口的通信畅通,支持170多个国家1500多张网络的稳定运行;对尼泊尔地震、印尼亚非峰会、中国抗战胜利70周年阅兵、智利美洲杯、德国啤酒节、沙特麦加朝觐等138个重大事件、自然灾害和特殊事件进行网络保障。

综上所述,从销售代理商到世界级企业,华为一直积极履行着自己的社会责任。从近年来的华为企业社会责任报告中可以看出,华为明确并持续聚焦可持续发展四大战略:消除数字鸿沟、为网络稳定安全运行提供保障支持、推进绿色环保、实现共同发展。以"构建优秀的可持续发展管理体系,坚持道德和合规经营,持续加强利益相关方的沟通,促进和谐商业生态环境,确保公司可持续发展,回报客户和社会"为可持续发展使命。以"播种通信未来种子"项目为例子,"播种通信未来种子"项目旨在为各国学生提供信息与通信技术实践培训、奖学金、工作体验和实习机会。这个项目自2012年涉及14个国家,50个大学之后,2013年扩展到20多个国家的70多所大学,2014年"播种通信未来种子"项目遍及五大洲35个国家。截至2015年年底,"播种通信未来种子"项目已在全世界五大洲67个国家和地区实施。类似的项目还有很多。

致力企业社会责任,华为将一直走在路上。

资料来源:主要根据华为2008年以来发布的企业社会责任报告和可持续发展报告整理。

小　　结

组织文化是组织生存发展的灵魂,是组织生存发展的指南和方向。组织文化是由物质文化、行为文化、制度文化和精神文化构成的文化体系。物质文化是组织文化的表层和载体;行为文化是组织文化通过组织成员进行的具体表现;制度文化是组织文化在组织及其成员行为规范上的具体反映;精神文化是组织文化的核心,是整个组织文化的灵魂,决定着整个组织文化的品位、方向和层次。每个组织的文化都是组织的开创者及其成员共同努力建设的成果,带有组织开创者的意识、价值观念和偏好,它牵引着组织文化的发展方向和发展的高度。与此同时,组织全体成员对组织文化的理解和贯彻,又是组织文化建设的重要保证。组织文化建设有一个循序渐进的过程,即进行组织状况调查、提炼和确立组织文化的价值取向、建立组织文化发展战略、确立组织文化体系、开展组织文化宣传与培训、开展组织视觉形象设计、开展企业家形象设计等环节。组织文化具有凝聚组织成员、激发组织成员的作用,因此,组织文化也是组织的管理模式。组织文化一旦确立就具有相对的稳定性,但随着组织环境的变化以及竞争的加剧,组织文化也必然要发展、创新,以适应组织环境的需要。现代社会环境的复杂多变,要求组织不断地学习才能成长。学习型组织是现代社会环境发展对组织的客观要求。学习型组织的实质是学习工作化、工作学习化。通过学习,增强组织成员的工作满意感;建立更流畅、高效的组织内外关系,从而增强组织成员的归属感。学习型组织也是组织文化建设的一个重要组成部分。

思考与练习

一、填空题

1. 组织文化的核心是(　　　)。
2. 组织文化的重要任务在增强(　　　)。
3. 组织文化具有(　　)、(　　)、(　　)、(　　)和(　　)的功能。
4. 学习型组织的基本价值在于(　　　)。
5. 组织文化的基本特征表现为(　　)、(　　)、(　　)、(　　)和(　　)。
6. 影响员工归属感的因素包括(　　)、(　　)、(　　)和(　　)4个方面。

二、判断题

1. 组织文化是组织核心竞争力的关键所在。　　　　　　　　　　　　　　(　　)
2. 俱乐部式文化提倡忠诚度和归属感的价值观。　　　　　　　　　　　　(　　)
3. 学习型组织,就是要充分发挥每个组织成员的创造性,努力形成一种弥漫于群体与组织的学习气氛,凭借着学习使个体价值得到体现,组织效能得以提升。　　　(　　)

4. 学习是组织生存与发展的前提与基础。（　　）
5. 影响工作满意感的最根本因素是个体人员客观存在的各种需求和价值观念。（　　）
6. 从组织的角度来看，工作满意感的高低不仅是影响组织业绩的重要因素，还是影响人力资源流动的重要因素。（　　）
7. 学习型组织的学习特别强调把学习转化为生产力，有"学"有"习"，而且"习"重于"学"。学为了习，以习带学、促学。（　　）

三、辨析题（先判断对或错，然后进行简要的理由说明）
1. 学习是组织的一项基本职能？
2. 善于不断学习是学习型组织的本质特征。

四、简述题
1. 组织文化包含哪些内容？
2. 影响组织文化建设的因素有哪些？
3. 简述组织文化建设的基本程序。
4. 简述学习型组织的基本特征。
5. 简述组织文化建设的原则。
6. 简述学习型组织的基本要素。

推荐书目及其文章

[1] 陈春花. 从理念到行为习惯：企业文化管理[M]. 北京：机械工业出版社，2016.
[2] 夏楠. HR企业文化经典管理案例[M]. 北京：中国法制出版社，2018.
[3] 黄卫伟. 以奋斗者为本[M]. 北京：中信出版社，2014.
[4] 王明胤. 企业文化定位. 落地一本通[M]. 北京：中华工商联合出版社，2016.
[5] 特伦斯·迪尔，艾伦·肯尼迪. 企业文化：企业生活中的礼仪与仪式[M]. 北京：中国人民大学出版社，2015.

第十三章
人力资源管理制度

微课资源

没有规矩,不成方圆。在人群共同活动的地方,客观地存在着利益诉求的差异、个性的差异、观念意识的差异以及行为的差异,制度的产生和发展就是为了对群体及成员的行为进行规范,维护共同目标和利益的实现。这一点对由不同的个体构成的人力资源开发与管理尤为重要。从人力资源规划到招聘录用、从培训到晋升、从绩效考核到薪酬福利与激励等,无不需要规范和秩序。人力资源管理制度是一切人力资源管理工作开展和顺利进行的保障,也是人力资源管理工作的重要组成部分。随着人力资源管理理论和实践的不断发展,人力资源管理制度问题越来越受到组织的重视。实践证明,一个有着健全的人力资源管理制度并能有效地实施这些制度的组织往往就是一个有竞争力的组织。

本章将对人力资源管理制度的含义及其包含的内容体系进行系统的介绍,并对人力资源管理制度的设计思想、设计原则和设计程序进行阐述,对我国人力资源管理制度变革的意义和趋势进行探讨。最后,还链接了国外先进组织在人力资源管理制度上的成功经验以资借鉴。

 学完本章,你将能够:

1. 较系统地了解并理解人力资源管理制度的含义及其意义;
2. 理解并掌握人力资源管理制度的内容体系;
3. 理解人力资源管理制度的设计思想及其设计原则;
4. 了解人力资源管理制度的实施和控制;
5. 了解并思考我国人力资源管理制度的变革意义及其变革趋势。

专题一　人力资源管理制度的内涵与构成

专题导读

什么是人力资源管理制度？为什么要进行人力资源管理的制度建设？人力资源管理制度包括哪些内容？人力资源管理制度与组织制度之间是什么关系？本专题将为你提供有益的帮助和回答。

一、人力资源管理制度的内涵

（一）人力资源管理制度的含义

制度，从最一般的层面来看，是指成员共同遵守的办事规程、规范和行为准则的统称。从制度的学理本意来看，制度是一个宽泛的概念。它是指在特定社会范围内统一的、调节人与人之间社会关系的一系列习惯、礼俗、道德、法律法规、戒律、规章等的总和。它是由社会认可的非正式约束、国家规定的正式约束和实施机制3个部分构成的一个完整体系。从管理学的角度来看，斯诺认为：制度是社会的游戏规则，是为人们的相互关系而人为设定的一些制约。它也包括了正式规则、非正式规则和这些规则的执行机制三个构成部分。正式规则（正式制度）是指国家或统治者等按照一定的目的和程序有意识制定的一系列的政治、经济和社会活动的规则与契约等法律法规，以及由这些规则构成的社会的等级结构，包括从宪法到成文法与普通法，再到明细的规则和个别契约等。它们共同构成对人们行为的激励和约束。非正式规则是人们在长期实践中经反复碰撞、磨合后逐渐认同一致形成的，具有持久的生命力，并构成世代相传的文化的一部分，包括价值信念、伦理规范、道德观念、礼俗习惯及意识形态等因素。实施机制是为了确保上述规则得以执行的相关制度安排。它是制度建设中的关键环节。这三部分构成完整的制度内涵，是一个不可分割的制度整体。

人力资源管理制度就是指在人力资源开发与管理活动中应该遵守的规程、规范、行为准则及其运行机制的总和。

（二）人力资源管理制度的类型

从制度的覆盖范围来看，人力资源管理制度可以分为宏观、中观和微观三个层面。宏观层面是指国家规定的正式约束,是国家或统治者等按照一定的目的和程序有意识创造的一系列关于人力资源开发与管理活动的法律法规等。它们共同构成对人力资源行为的激励和约束。中观层面是指由地方政府根据地方区域自身的特点和需要,以国家规定的正式约束为依据而建立的关于人力资源开发与管理活动的一系列法律法规等。微观层面则是具体组织以国家规定的正式约束为依据,根据本组织的特点、发展目标等的需要而建立的运作规程、行为准则、规章与契约等的总称。本章涉及的人力资源管理制度主要是从微观层面进行阐述。但在人力资源管理制度变革中会涉及部分宏观人力资源管理制度的问题。

从制度的适用范围来看,人力资源管理制度还可以分为岗位性制度和法规性制度两种类型。岗位性制度是针对具体类型岗位工作要求而制定的工作规程、规则和约束,也称岗位责任制,如《财务工作制度》《机关值班制度》等。法规性制度是指对某方面工作制定的、带有法令性质的规定和约束,如《工厂安全卫生规程》《劳动合同管理条例》《工业企业中噪声卫生标准》等。

(三)人力资源管理制度的特点

1. 指导性和约束性

制度中的条款对相关人员如何行为等都有相应的、明确的提示和指导;对相关人员能做什么和不能做什么有着明确、清楚的规定;对违反规定、规则将受到什么样的、多大的惩罚也进行明确的规定。这就是制度指导性和约束性特点的体现。

2. 规范性和程序性

首先,制度本身就是程序性的最好体现。它为人们的工作和活动提供了可供遵循的规范依据。其次,制度对实现工作程序的规范化、岗位责任的法规化、管理方法的科学化起着重要作用。制度的制定必须以有关政策、法律、法令为依据。

3. 警示性和激励性

制度的颁布与实施随时提醒、警示和激励着成员遵守规则、规范运行、文明行为,从而形成良好秩序,并从中获利;否则,将因此付出代价。

二、人力资源管理制度与组织管理制度的关系

(一)组织管理制度的含义

组织管理制度是组织成员在组织运作中必须共同遵守的规范、准则与实行机制的总称,是对组织活动的制度安排,包括组织运营目的和观念、组织发展目标与战略、组织的管理机构以及各业务职能领域运行及其活动的规范与准则等。组织管理制度的表现形式或组成包括组织管理机构设计、职能部门划分及职能分工、岗位工作说明、专业管理制度、管理和工作流程、管理表单等管理制度类文件。组织管理制度的作用和意义在于它是组织生存和发展必需的系统性、专业性相统一的规定和准则。它要求组织成员在其组织职务行为中按照相关的规范、规则和准则行为和运作,实现组织运营的秩序和效率,最终实现组织的发展战略

目标。一个没有统一规范性管理的组织，不可能有秩序和效率，也就不可能获得发展，更谈不上实现组织的发展战略规划了。众多组织成功或失败的实践证明，组织管理制度是组织文化的重要组成部分，渗透、影响和作用于组织运营的方方面面，是组织健康成长和发展强有力的基本保障。优秀的组织管理制度既可以使组织运营平稳、流畅、高效（高的效率、高的效益），还可以具有防患于未然的功效。

组织管理制度的建设必须遵守国家大法的规定与约束。组织管理制度具体包括组织的基本制度、组织各业务职能的管理制度、岗位责任制度、民主管理制度等。

（二）组织管理制度的特性

组织管理制度的突出特点在于其强有力的规范性。主要表现在以下3个方面。

1. 规范性是管理制度自身的本质要求

这不仅体现在组织管理制度的各项相关制度中，而且在组织运营各环节、各场合、环境中，它还是工作的程序和标准，还必须配备同样规范的条件、环境才能顺利地实现。因此，不仅它的行为是规范的，它的全过程也必须是规范的。

2. 规范性表现在相对稳定和变化发展统一的过程中

组织管理制度的规范性不是固定不变的，而是动态发展中的规范性。因为组织是处于不断变化发展环境中的组织，必然受着不断变化环境因素的作用和影响。组织管理制度如果一成不变，将无法适应环境变化对组织运营的要求，进而影响组织的发展和竞争力。而不断变化的组织管理制度也将破坏管理制度规范性的实现。因此，客观地要求稳定性与适应性相结合。稳定周期和动态周期的确定受组织所在的行业性质、产业特征、组织人员素质、组织环境、组织最高管理者个人素质等相关因素的综合影响。一般引起组织管理制度变化的因素有组织发展战略及其竞争策略的变化和调整、组织运营环境与运营范围的变化、组织业务结构及其应用技术等导致的业务流程与业务技术标准等的变化3个主要方面。

3. 规范性的良性动态变化是对管理制度创造性的积极发展

在组织管理制度的动态变化中，强调创造性、创新性。即在创新中实现管理制度的发展，满足更能适应组织发展变化需要的运营规范性要求，如创新业务流程以提高效率，创新制度实施机制以降低制度执行的成本，创新岗位工作责任制度以更大地发挥人的能动性和创造性等。当创新性与管理制度的规范性建设有机地结合起来，管理制度的规范性将得到更大的实现，并发挥更积极的作用。

（三）组织管理制度与人力资源管理制度的关系

这里所指的人力资源管理制度是指微观层面的人力资源管理制度。组织管理制度和人力资源管理制度都是组织实现其运营和发展目标不可缺少的重要工具和保证。它们之间既有联系，又有区别。组织管理制度是组织运营和发展的大法，是组织运营和发展的总依据与指导，肩负着对整个组织运营行为规范的使命。人力资源管理制度是组织管理制度的重要组成部分,从属于组织管理制度这一大法,是就组织人力资源运营的各个环节的活动和行为进行的规范和要求,只涉及组织中成员的管理问题。

现代社会的竞争实质就是人力资源的竞争、人才的竞争。基于人力资源在组织中的重要地位和作用,以及人力资源规划在组织发展规划中的地位与作用,从某种意义上说,可以把人力资源管理制度上升到组织管理制度的层面去认识它、重视它,并发挥它的作用。可以毫不夸张地说,现在组织中,为组织选人、用人、育人、激发人和留人而设定的人力资源管理制度在组织管理制度中处于核心位置,人力资源管理制度因此是组织运营与发展的核心保障。此时,组织管理制度创新就显得意义重大了。

三、人力资源管理制度的内容体系

人力资源管理制度是由一系列的规则、程序规范、行为标准、契约条文、实行机制等构成的整体,包括组织中选人、用人、育人、激发人、留人等各个与组织中人力资源开发与管理相关的方面。目的在于充分地发挥组织人力资源的资源甚至资本的作用,增大其价值产出。不同行业、性质、规模、管理基础及发展的组织,其人力资源管理制度的具体内容各有不同。但是,人力资源管理制度的构成大体是相同或相似的。它所包含的主要内容如表13-1所示。

表 13-1　人力资源管理制度的内容体系

规章名称	规章主要内容	规章主要功能
人力资源管理工作制度	人力资源管理工作总体规则、总体工作程序、组织结构及其职责划分等	规范人力资源管理部门的工作
人力资源规划管理制度	人力资源规划的制定、执行与控制;人力资源规划与组织发展规划的衔接与统一等	满足组织发展对人力资源的需求
人员招聘管理制度	招聘工作程序及其规则、甄选测试规则与方式、录用的工作程序、招聘的原则等	配合组织发展需要,把好选人的环节,将合适的人员选送到相应的工作岗位上
人员培训管理制度	培训工作程序及其规则、培训计划制订的规定、培训组织实施的规则、各类培训的规定、培训管理的规定、培训考评的规定、培训费用及各种培训资源管理的规定等	提高组织成员对组织发展要求的适应性;增强组织成员的素质;开发组织成员的潜能;配合组织成员的职业发展需要
绩效管理制度	组织成员绩效管理的程序及其规则、绩效考核的内容构成及其规则、绩效考核的办法及规定、绩效考核的原则、绩效考核结果处置的规定、绩效考核人员管理条例等	客观公正地评价每个组织成员的工作业绩,为员工薪酬、晋升、培训、调整以及组织发展措施的制定提供依据
薪酬与福利制度	薪酬体系的构成及其规则、工资提升条件及规定、薪酬管理工作程序及规则、集体谈判规则、组织红利分配计划与规则、员工福利构成及其规则、员工福利管理工作程序及其规则等	保证劳动者公平地享有劳动成果,维护其切身利益;调动劳动者的劳动积极性;建立劳动者的组织归属感
人员奖惩制度	组织的奖惩条例、奖惩管理程序及其规则、奖惩的办法及其执行的规定等	激励组织成员,使之明确组织对员工行为的导向和要求
晋升制度	晋升管理条例等	激发组织成员向上的士气,配合员工职业发展目标的实现

续表

规章名称	规章主要内容	规章主要功能
人员调整制度	人员轮岗规定及程序、人员辞职的规定及程序、辞退人员的规定及程序、人员退休的规定及程序、人员降级的规定及程序等	保持组织成员的活力,优化组织人力资源配置以及人力资源组成素质,提高组织运营效率和效益
人力资源日常管理制度	劳动争议处理程序及其规则、员工档案管理工作条例、劳动时间管理规定、组织文化建设活动的构成及其管理条例等	化解矛盾,降低冲突,提高工作生活质量,维护组织日常运行秩序
劳动保护制度	各项安全生产与卫生制度和规定、工作环境与工作条件的规定、伤亡事故处理与报告规定、危机处理程序及其规定、保护女工和未成年工的特殊规定、劳保用品发放及使用规定、疗养规定等	以人为本,关心组织成员的生命健康;保证组织成员的生产力;维护组织及其社会的安定和谐
劳动合同管理制度	劳动合同的条款构成规定、签署劳动合同的程序及其规定、劳动合同的终止与解除的程序及其规定、劳动合同的档案管理规定、劳动合同纠纷的处理及其规定等	维护劳动者的基本劳动权益;确保组织运营的正常进行以及组织发展目标的实现

资料来源:本表的编制参考姚裕群. 人力资源开发与管理[M]. 2 版. 北京:中国人民大学出版社,2007:361.

专题二 人力资源管理制度的建设、实施与控制

专题导读

人力资源管理制度建设受哪些因素的影响?一个好的人力资源管理制度的建设应该遵循什么原则和工作程序?如何进行人力资源管理制度的实施与控制,需要做好哪些方面的工作?学习本专题后,你将对人力资源管理制度的建设、实施与控制有一个清楚的了解和必要的掌握。

一、影响人力资源管理制度建设的因素分析

人力资源管理制度的建设要适应和服务于组织发展对人力资源开发与管理的要求。因此,影响人力资源管理制度建设的因素是复杂而多样的。概括来说,主要有以下 5 个方面。

（一）组织的管理理念

组织的管理理念是组织管理制度建设的主要指导和思想依据。影响人力资源管理制度建设的组织理念主要表现在3个方面。一是高层管理者对人性的认识和判断。它代表高层管理者的价值观以及人本观念的取向。二是组织的使命及其运营目标。它是组织制度的重要构成部分，与组织高层管理者的利益追求密切相关。这两个因素之间关系紧密。高层管理者对组织使命和运营目标的认识和态度会直接影响到他对组织人力资源人性的认识和判断取向，从而影响和决定他对组织人力资源管理的导向。因此，这两个方面的认识组合起来，成为影响人力资源管理制度建设的根本因素。三是高层管理者的管理风格。即高层管理者的管理特色和个性的综合表现。它会在管理制度的设计及其实施中发挥作用。

组织管理理念的问题是组织文化建设的问题。人力资源管理制度的建设离不开组织文化建设，并成为组织文化建设的重要构成部分。

（二）组织用人的价值取向

这是影响和决定管理制度及其管理方式制定的重要因素。在用人价值取向上大致有两类：一是直接能力导向；二是间接能力导向。

直接能力导向是指在劳动力供求高度市场化的环境下，组织以工作为中心，直接吸引、选择和录用那些能力优秀的人员。它强调的是人对工作的适应性以及工作经验。简单地说，就是组织需要的人员，市场上能顺利找到，并且到岗就能顺利地胜任岗位要求。这是一种理想状态的用人价值导向，需要高的人力资源市场化配合。现实中受到多种条件的制约，往往只是尽可能地直接能力导向，这就给组织人力资源管理制度的建设和实施带来一定的困难。招聘甄选制度就变得更为重要。

间接能力导向是指组织在吸引、甄选和录用人力资源时，把发展能力放在第一位。组织的理念是只要人力资源具有发展能力，随着时间的推移，实践和学习能使他的能力得到施展和提升，创造出更大的价值。这种理念强调的是组织人才的培养及其在培养过程中组织凝聚力的建设。因此，这种用人的价值取向往往非常重视培训、绩效管理、员工职业发展管理以及组织文化建设。这些方面的制度建设都可以看到这种用人价值取向的思想。

从组织长远的战略发展来看，间接能力导向的人力资源管理制度建设对组织发展比较有利；从组织具体项目的完成来看，直接能力导向的人力资源管理制度建设对项目的完成比较有利。可见，两种用人价值导向在人力资源管理制度建设中应该结合使用。

（三）组织的环境

任何组织都是在一定的环境条件下生存和发展的。组织管理制度建设就是为了使组织的运营从秩序到效率更好地适应环境的要求，在一定的环境中抓住机遇或规避风险，实现组织发展的目标。人力资源管理制度的建设更是如此，因为组织适应环境变化的根本在于人力资源这个特殊的要素上。

组织环境包括组织外部环境和组织内部环境两个部分。组织内部环境是指组织的可控条件因素，如生产、财务、物力、人力、时间等，可以看作组织人力资源管理制度建设的常量。组织外部环境是指组织不可控制的条件因素，如经济形势、行业发展、技术进步、产业结构调整、政策变迁、社会文化变迁、人力资源市场的发育等，可以看作组织人力资源管理制度建设的变量。随着组织环境的变化，尤其是外部环境的变化，组织的思维、运营和行为必须随之变化以适应环境。具体来说，就是组织中的三大关系要随之发生变化以适应环境，即人与事及其技术手段的关系、事与技术手段的关系、人与人的关系。在这三大关系中，核心的关键性关系是人与人的关系以及人与事及其技术手段的关系，也就是业务流程及其规则、行为规范及其标准、人力资源规划及其配置、人力资源培育等的问题。每个组织的人力资源管理制度都是与该组织的环境相适应的，都是在组织特定的环境条件下合理开发和使用人力资源的规则和准则。

（四）组织性质及其组织规模

不同的组织，其业务流程、技术标准、岗位责任各不相同，反映到人力资源管理制度建设上，其要求也各不相同。例如劳动密集型的组织，业务流程及其技术标准相对比较简单，但是人员数量大，构成复杂。这样，在业务流程及其技术标准管理的规范上可以简单一些，人力资源管理制度可侧重强调对劳动纪律、劳动时间、劳动数量与质量的约束。再如信息技术产业中的组织，技术更新很快，而且技术含量很高。这样，技术创新、业务流程管理是重点和关键。人力资源管理制度的建设可侧重强调人力资源的培育与发掘、人才的激励、职业发展管理等的规范和规则。

组织规模大小也是影响人力资源管理制度建设的一个重要因素。组织规模往往与组织层次构成正向相关关系。组织规模大，组织层次一般较多，即业务及管理流程就比较复杂，对这一方面的规范和要求就较高；反之，则较低。所以，一般来说，大规模的组织，往往人力资源管理制度较为复杂和多样。现在的组织朝超大规模方向发展，这也对人力资源管理制度建设提出新的要求：规范超大规模组织的人力资源开发与管理活动，降低其人力资源成本。

（五）组织成员的素质

人力资源管理制度是为了对组织中与人力资源相关的业务流程、工艺规程、行为准则等进行约束，使组织运营有序、高效地进行和发展。也就是说，人力资源管理制度约束的对象是组织中的人力资源，而人力资源管理制度的执行者又是组织中的人力资源。因此，组织中人力资源素质的高低直接决定着组织对人力资源管理制度的需求，也直接关系着组织人力资源管理制度的落实和作用效果。这个影响因素与前面组织管理理念中高层管理者对人性的认识是相呼应的。

上述5个因素相互关联和作用，共同影响组织人力资源管理制度的建设。因此，在人力资源管理制度建设中首先必须系统地认识和分析这些因素的作用和影响。这是人力资源管理制度建设的基础性工作。

二、人力资源管理制度建设的根本思想与基本原则

（一）人力资源管理制度建设的根本思想

好的制度建设总是以好的观念意识为指导。人力资源管理制度建设的基本思想主要体现在组织的核心价值观上。组织的价值观是指组织对周围客观事物和人的意义、重要性的总评价与总看法。一方面表现为组织的价值取向、价值追求，凝结为一定的组织价值目标；另一方面表现为组织在客观环境中进行取舍的价值尺度和准则，成为组织判断客观事物有无价值及价值大小的评价标准。核心价值观通常是指组织必须拥有的终极信念，是组织管理哲学中起主导性作用的重要组成部分。它是解决组织在发展中如何处理内外矛盾的一系列准则，如企业对市场、企业对客户、企业对员工、企业对社会公众、企业对生态环境等的看法或态度。它影响与表明企业生存的立场。组织价值观是可以随着组织环境变迁而变化的，而组织核心价值观一旦确定下来，就具有不可改变性。它是一个企业本质的和持久的一整套原则，深深根植于组织内部，成为没有时限地引领组织进行一切运营活动的指导性原则。因此，在某种程度上，组织核心价值观的重要性甚至要超越企业战略目标的重要性，因为企业战略目标的制定也是基于组织核心价值观的指导和作用。组织核心价值观是所有组织目标的先驱，是一切组织目标为之奋斗的基础。组织的核心价值观分为两个部分，即核心意识形态和预想的未来。核心意识形态代表组织立足的根本和存在的原因，是不可改变的；预想的未来是指组织愿望中对未来发展方向的设想以及为实现这一设想而需进行的巨大转变。核心意识形态使组织纵然历经时代的变迁也能够保持其完整性。任何改变组织未来的尝试都应该遵循组织的核心意识形态要求。

组织核心价值观包含4个方面的内容，即判断善恶的标准；组织群体对事业和目标的认同，尤其是对组织追求和愿景的认同；在这种认同的基础上形成对目标的追求；形成一种组织成员共同的境界。也就是组织的核心价值观最终要内化为组织成员的价值追求和由此形成的共同境界。

基于组织核心价值观的上述要义，它体现和包含了组织对待人力资源的人本意识以及社会使命感和社会责任感。这些将成为组织人力资源管理制度建设的根本指南和约束。

（二）人力资源管理制度建设的基本原则

1. 合法合理性原则

国家的法律法规、法令是全社会范围内约束个人和团体行为的基本规范，也是组织正常生存发展的基本条件和保证。组织一切规章制度的制定必须与国家大法保持一致，以国家大法为依据，再结合组织及其人力资源的实际情况以及发展需要，设计人力资源管理制度，使人力资源管理制度在合法的基础上做到符合人性，并能最大限度地发挥人的潜能。这是

人力资源管理制度建设的首要原则。

2. 适用与发展变革相结合的原则

人力资源管理制度建设的根本目的不是为了把组织中的人力资源管住、管死，而是要通过规范业务流程和行为的过程，实现对组织人力资源效用的提高和潜能的发挥。因此，每个组织的人力资源管理制度的设计必须符合本组织的实际情况以及发展需要，从需要和发展规律出发，体现本组织人力资源开发与管理的特色，有利于组织生产力的不断提高。同时，为了适应组织环境变化的需要，也应该研究和预测环境变化对组织发展的影响，对人力资源管理制度进行必要的调整和变革，以一定的提前量满足组织未来发展对人力资源的需求，即人力资源管理制度的建设既要适用，也要发展变革。

3. 科学配套的原则

人力资源管理制度的设计应遵从管理的客观规律，即制度化的管理必须服从管理学的一般原理和方法。这是把管理引向科学、理性、规范的轨道，实现管理的稳定性和有效性的必然要求。人力资源管理是一个包含选人、用人、育人、激励人、留人等环节的庞大系统。人力资源管理制度的建设必须覆盖到人力资源管理的各个方面，并且从制度条文到实行机制等应该相互衔接、配合。这既是实现管理科学化的客观要求，也是确保人力资源效用充分发挥的要求。但是，完整配套不等于脱离组织的实际，单纯追求制度条文的全面完整，而是实事求是地根据组织所处的环境及其变化趋势以及组织管理的实际需要来开展符合组织发展要求的人力资源管理制度建设。

4. 领导性与全员性结合的原则

领导性是指组织人力资源管理制度的建设必须由组织的最高行政长官亲自监管。这既是保证制度建设与实施过程中实现各部门协调配合的要求，也是把握制度建设方向的要求，同时还关系到全员参与制度建设是否能顺利实现。全员性是指人力资源管理制度的建设最终离不开组织全体成员的支持和配合。组织全体成员既是人力资源管理制度的规范对象，也是人力资源管理制度建设的主体，更是人力资源管理制度的价值实现者。只有组织全体成员认同、接受并自觉执行管理制度，人力资源管理制度建设的目的才能得到有效地实现。领导性强调的是制度建设的导向和资源保障；全员性强调的是制度建设的价值实现。这既是人力资源管理制度实行机制的要求，也是人力资源管理制度建设目的的要求。实践证明，只有领导重视、全员参与，组织人力资源管理制度建设才能获得实效，真正成为促进组织发展的重要保障。

（三）人力资源管理制度的制定程序

组织人力资源管理制度的制定一般有四个工作程序，即调查研究、草拟研讨、审定颁布、实施与控制 4 个阶段。

1. 调查研究阶段

调查研究阶段是制度建设的首要环节，也是制度建设的基础性工作。根据合法合理性原则和适用与发展变革相结合的原则，必须首先对组织的实际情况、组织所处的环境及其变化发展趋势、组织的发展战略规划、组织人力资源状况、国家现有的法律法规及其政策与条例、其他组织的相关制度等进行系统的调查与资料收集。通过对掌握资料的研究分析,拟定本组织人力资源管理制度建设的方向及其基本框架。

2. 草拟研讨阶段

根据调查研究阶段拟定的本组织人力资源管理制度建设方向及其基本框架,草拟出相应的各相关职能领域的规则、规定、守则等,并对其展开研究讨论,广泛征询意见,对草案进行补充和完善。

3. 审定颁布阶段

经过对制度草案的反复征询意见及修改完善后,以一定的法定程序对制度方案进行审议确定,并颁布推行该管理制度。颁布推行可以先试行,然后根据试行中的反馈再进一步修订和完善后,才可以全面推行;也可以直接推行,在下一轮的制度修订中再来完善。

4. 实施与控制阶段

实施与控制阶段的主要任务包括宣传与培训,执行制度,及时反馈以及制度完善等方面的工作。宣传与培训是保证制度落实和执行的重要条件。及时反馈是为了及时掌握制度执行中出现的情况和问题,并根据反馈,定期或不定期地对制度进行补充、修订、增删等完善工作。

为确保组织人力资源管理制度的科学性和有效性,上述人力资源管理制度的制定程序必须一环扣一环地进行,不可超越或省略。

(四)人力资源管理制度的实施与控制

设计一个好的管理制度体系固然很重要,但实施与控制也是至关重要的环节。它关系到管理制度的执行是否能达到预期的目的和效果。人力资源管理制度的实施与控制主要包括以下3个方面的工作。

1. 对管理制度的宣传、教育和培训

对管理制度的宣传、教育和培训是管理制度顺利实施的前提。即通过广泛的、多种形式的宣传,使组织全体成员了解这些管理制度体系的内容及其重要性,再通过教育与培训,使组织全体成员理解并掌握这些管理制度的要点和要求,以便他们在实际工作中将管理制度内化为各自的有效行为。对管理制度的宣传、教育和培训包括对制度实施的组织者、实施对象、监督者3个方面成员的宣传、教育和培训。宣传、教育和培训忌形式主义和走过场,要针对组织成员的特点设计有效的宣传、教育和培训的方式和方法。更重要的一点是,在对管理制度的宣传、教育和培训中,领导要发挥先锋模范带头作用:既号召,也垂范。这是关系到管理制度是否能顺利有效实施的重要因素。

2. 实施过程中的监督反馈

监督是指由专门的人员或机构对管理制度的执行进行检查和考核,评估管理制度的执行是否到位、是否符合要求。监督是管理制度有效发挥作用的要求和保证。监督要由独立的部门来执行。反馈是指将监督中发现的问题和情况及时地进行记录、分析和处理。它是实现管理制度建设目的的必然要求。只有与有效反馈结合起来的监督才是有意义的监督。而一个有效的监督反馈机制是任何管理制度有效实施都不可缺少的保证。

3. 定期或不定期的管理制度修订

任何管理制度都不可能一劳永逸。执行中反馈的问题和情况，以及组织环境的变化，都客观地要求对管理制度进行修订。为了保证管理制度的相对稳定性、严肃性和权威性，对管理制度的修订也要进行科学规定，避免随意性。根据组织的特点及其实际，确定管理制度的修订程序及修订期限。管理制度的修订严格按照规定的程序及期限进行，重大突发事件除外。

（五）人力资源管理制度的实行机制

人力资源管理制度的实行机制是指确保管理制度有效实施的各个环节及它们之间的相互关联和制约作用。一个有效的管理制度实行机制包括制度设计环节、制度执行环节和制度监督环节3个部分。它们各自职责分明，但又相互联系和制约。制度设计环节主要负责制度的研究和拟定；制度执行环节主要负责制度的实施；制度监督环节主要负责对制度执行的检查、考核与评估。为了确保管理制度实施的有效性，这3个部分应该分开，各自独立，尤其是制度监督环节。长期以来，人们习惯于将规则的制定者、规则的使用者和规则的监督者融为一体。这是有悖法治的基本原则的。

为了确保管理制度的权威性、严肃性、公平性和有效性，管理制度从设计到实施、控制监督，整个程序也要以制度的形式确定下来，按法定程序进行管理制度的建设。管理制度的监督机构应该直接向组织的监事会负责，不应归属组织的最高行政长官领导。管理制度的审议通过必须经组织全体员工大会的讨论表决。有效的管理制度往往是建立在科学合法的机制基础上的。

专题三 人力资源管理制度文本

专题导读

人力资源管理制度有一定的文本规范和要求。本专题将为你介绍人力资源管理制度文本的结构和文字要求，并给出部分人力资源管理制度的文本范例，以供参考。

一、人力资源管理制度的文本结构

人力资源管理制度的文本结构一般包括导语、条规、实施说明3个部分。导语主要是对设计该管理制度的目的与依据、该管理制度作用的范围等进行简要的说明。条规部分是管理制度的主体，是各规则、要求的具体化表达。实施说明是对该管理制度实施中需注意的地方、实施的注意事项、制度的解释与修订等进行的补充。尽管具体结构会因编写者的习惯而有所不同，但上述3个部分是文本中必须包含的要件。

人力资源管理制度文本通常有以下3种形式。

（一）全篇条例式

从开篇到结尾都是条规。开篇先列明制定本管理制度的目的、依据；中间一大块是具有实质性内容和意义的具体条规；结尾是对制度实施的注意事项，以及制度生效时间、解释权、修订等的说明。

（二）分章命题，下列条规

按照制度中涉及的不同内容进行分章命题，一章只对一个方面的问题进行阐述和规范。第一章通常是总则，阐述制定本制度的目的、依据和适用范围；最后一章则通常是附则，说明该制度的修改、解释权限、生效时间及其他有关要求等；中间各章则是该制度主体内容的分门别类的表述条规。一般章下面有条，条下面有款。多数管理制度是按这种形式制定的。本书第六章专题四中的招聘管理制度就是这种文本形式。

（三）分段标题，逐条叙述

开篇是一导语，说明制定本制度的目的、依据和适用范围；中间一大块内容是分段标题地对要规范的内容进行逐条叙述，最后结尾附本制度的实施说明。

二、人力资源管理制度文本的文字要求

人力资源管理制度是带有法律效力的文本，在文字表述上务必做到明确、具体、准确、清晰。具体文字要求有以下四点。

(1) 层次分明，条理清晰，意思明确。
(2) 逻辑性严密，前后连贯一致。
(3) 行文庄重，文字简练，用词准确，避免歧义。
(4) 措施具体，通俗易懂，断句清晰。

三、人力资源管理制度文本范例

（一）员工卫生保健管理制度

第一章　体检

第一条　新录用人员进入组织必须进行健康体检。体检合格者方可与本组织签署劳动合同。

第二条　体检必须在××级别的人民医院进行。体检费用由新录用者自己承担。

第二章　对特殊工作环境的卫生要求

第三条　在含有有毒、有害气体的工作场所，必须安装通风排气装置；工作人员佩戴口罩。

第四条　在强噪声的工作场所，必须采取降噪措施。

第五条　排放有毒、有害液体时，必须采取严格的过滤、沉淀、净化和消毒等程序和措施。

第三章　劳动卫生用具

第六条　根据工作需要发放相应的劳动卫生用具。劳动卫生用具归员工自己保管，并按规定使用。

第七条　劳动卫生用具的发放和报废回收按照相关条例执行。

第八条　定期检查劳动卫生用具的安全性，如有问题，及时更换。

第九条　从事下列工作的员工必须严格使用相应的劳动安全保护用具。

1. 高热处理车间。
2. 高空作业。
3. 从事有害物质加工。
4. 强光环境下作业。
5. 国家法律规定的其他工作环境。

第四章　员工食堂管理

第十条　餐具必须严格按照清洗程序进行清洗，并经消毒后才能使用。

第十一条　食材必须进行定期检查，防止虫害、鼠害和霉变。

第十二条　蔬菜等必须按照清洗程序认真进行清洗，防止残留农药。

第十三条　不使用不符合国家卫生及质量检验标准的食材。

第十四条　污水和废弃物必须倾倒在指定的地点，或按规定的要求进行处理。

第十五条　操作车间禁止无关人员出入。

第十六条　工作期间必须穿工作服、佩戴口罩和帽子。

第五章　女工劳动保护

第十七条　不得在女工孕期、产期、哺乳期降低其基本工资待遇，或解除其劳动合同。

第十八条　女工在月经期间不得安排其从事高空、高温、低温、冷水和国家规定的第三级体力劳动强度的工作。

第十九条　女工在怀孕期间不得安排其从事国家规定的第三级体力劳动强度的工作；不得延长劳动时间。对医生证明不能胜任原工作的，要予以减轻劳动量或安排其他适合的工作。

第二十条　女工哺乳期享受相应的工作时间减免待遇。

第二十一条　女工产假按照国家相关规定执行。

第六章　附则

第二十二条　本规定自××年××月××日起生效。

第二十三条　本规定的解释权归人力资源部。

（二）人事档案管理制度

第一章　总则

第一条　为规范人事档案管理，实现人事档案管理程序化、流程化，特制定本制度。

第二条　妥善地管理人事档案，遵守国家的保密条例保守档案机密。

第三条　维护人事档案材料的完整，防止人事档案的损坏、丢失。

第二章　人事档案的编码

第四条　人事档案编码采用八位数编码原则，格式为××××××××。

第五条　第一位数字表示组织分支机构代码；第二位数字表示工作性质代码；第三至第四位数字表示部门代码；第五至第八位数字表示流水号。

第三章　人事档案保管

第六条　人事档案的保管分为材料归档、检查核对、转递、保卫与保密、档案统计5个部分。

第七条　材料归档。新形成的档案材料应及时归档。归档的程序如下。

1. 对材料进行鉴别，确定其是否符合归档要求。

2. 按照材料的属性、内容，确定其归档的类别和位置。

3. 在人事档案目录上补登材料的名称及其内容。

4. 将新材料放入档案。

第八条　检查核对。

1. 对档案材料本身进行检查，确认其是否齐全。

2. 对档案存放环境进行检查，确认其安全性。

3. 定期检查与不定期检查结合。下列情况下进行不定期检查。

（1）突发事件发生之后，如被盗、遗失、火灾、水灾等事件之后。

（2）对有些档案发生疑问之后。

（3）发现某些损害之后，如发现霉变、虫蛀等之后。

第九条　转递。因员工工作调动等原因引起档案的转移投递。

1. 转递程序。

（1）取出应转走的档案，并检查确认其是否齐全。

（2）对确认其材料齐全的档案，在其底账上进行注销。

(3) 填写转递档案材料通知书。

(4) 按发文要求对转递档案进行包装、密封,加盖保密印鉴。

2. 转递原则。

(1) 必须通过机要交通进行转递,不得交本人自带。

(2) 接受单位收到档案,核对无误后,应在回执上签字盖章,并及时退回回执。

第十条　保卫与保密。

1. 设专人负责人事档案的保管,并配齐必要的存档设备。

2. 档案室配备必要的防火、防潮器材和通风装置。

3. 档案室不存放其他无关物品,并保持档案室的清洁、干爽、通风。档案室内严禁烟火。

4. 未经许可不得擅自将人事档案带离档案室。

5. 无关人员禁止进入档案室。

6. 档案室保管人员离开档案室必须记得关灯、关窗、锁门。档案室加装防盗装置。

第十一条　档案统计。

1. 人事档案的数量及其变化情况。

2. 人事档案材料的收集补充情况。

3. 人事档案的管理情况。

4. 人事档案的保管情况。

5. 人事档案的使用情况。

6. 人事档案工作人员的情况。

第四章　人事档案使用

第十二条　人事档案使用要严格遵循相关的程序,办理相关的手续后方可放行。

第十三条　人事档案的使用情况。

1. 阅览室内使用。在人事档案室内或旁边设立人事档案调阅空间,以便调阅档案并进行管理。

2. 借出使用。借出使用仅限于某些特殊情况,并且需要按规定出具相关证明,办理相关借出手续后方可放行。

3. 出具证明材料。

(1) 出具的证明材料可以是人力资源部门按有关规定写出的证明材料,也可以是人事档案材料的复印件。

(2) 入党、提升、招工、考学、参军、出国等情况下方可提出出具证明材料的申请。

第十四条　人事档案的使用手续。

1. 查档手续。

(1) 由查档人填写查档申请报告。申请报告包括查阅对象、目的、理由、查阅概况等。

(2) 查档人所在部门在查档申请报告上签署意见并盖章签名。

(3) 人事档案专员对查档申请报告进行审核、批准后,方可允许其查阅档案。

(4) 进行查档登记。

2. 外借手续。

(1) 借档单位填写借档申请报告,申请报告包括查阅对象、目的、理由、查阅概况等。

(2) 借档单位在借档申请报告上签署意见,加盖公章,负责人签名。

(3) 人事档案专员对查档申请报告进行审核、批准。

(4) 进行借档登记。对借档时间、材料名称、材料分数、借档理由、经手人等进行详细清楚的记录。最后,由借档人和档案保管人共同签名。

(5) 归还档案时及时在借档登记上进行注销。

3. 出具证明材料的手续。

(1) 由有关单位出具介绍信,说明要求出具证明材料的原因,并加盖公章。

(2) 人事档案专员按照有关规定和使用证明材料者的需要,提供相关证明材料。

(3) 证明材料由人事档案专员提交给相关领导审阅批准后,加盖公章,并登记、发出。

第五章 附则

第十五条 本制度由人事档案专员拟订,人力资源部主管审核,报最高行政执行长官批准。

第十六条 本制度的修改权、解释权归属人力资源部。

第十七条 本制度自批准之日起实施。

附:人事档案管理流程图(略)

资料来源:上述人力资源管理制度文本范例的编制参考了 孙宗虎. 人力资源部规范化管理工具箱[M]. 北京:人民邮电出版社,2007:202-203,236-238.

专题四 我国人力资源管理制度的变革

专题导读

我国人力资源管理制度的改革是市场经济发展的客观要求,也是经济全球化的客观要求。我国人力资源管理制度改革还属于探索阶段。改了什么?还需要继续改什么?向什么方向改?本专题对我国人力资源管理制度改革进行介绍,以助你对这个问题进行思考。

一、我国人力资源管理制度的变迁

(一)我国人力资源管理制度变迁概述

我国的人力资源管理制度原来叫劳动人事管理制度,是国家政治制度的重要组成部分,属于上层建筑范畴,由经济基础决定并为经济基础服务。根据新中国成立以来形成的管理体制,劳动人事管理制度的划分基本上是以人们在社会劳动过程中的劳动特征为主要依据的。即凡是对以体力劳动为基本特征的人与事以及共事的人与人之间的关系进行管理的,称为劳动管理制度,归属劳动部。凡是对以脑力劳动为基本特征的人与事以及共事的人与人之间的关系进行管理的,则称为人事管理制度,归属人事部。2008年,第十一届全国"两会"审议通过《国务院机构改革方案》,人力资源和社会保障部(简称人社部)正式成立,原劳动和社会保障部、人事部的职责整合划入其中。同时,组建国家公务员局,归属人社部管理。

我国劳动管理制度改革先于人事管理制度改革。我国的劳动管理制度是新中国成立以后逐步建立和发展起来的。它的主要特点是,国家对城镇劳动力的就业实行"统包统配",用行政办法把劳动者统一分配到企业,以固定工的形式使劳动者和企业保持终身固定的劳动关系。这种在一定历史条件下形成的劳动管理制度,对保证劳动就业和经济建设发挥过积极的作用,但是也留下了诸多弊端。最主要的表现是忽视了劳动者人性需求的满足,致使劳动生产力长期处于低下的状态。党的十一届三中全会以后,根据党中央、国务院的决定,对劳动管理制度的某些方面着手进行了一些改革。主要是结合发展多种所有制形式,实行在国家统筹规划和指导下,劳动部门介绍就业、自愿组织起来就业和自谋职业相结合的方针,改变了单纯靠全民所有制单位就业的局面,基本上解决了历年积累下来的城镇待业青年就业的问题。与此同时,用工制度的改革也开始起步。与用工制度相对应的分配制度改革,也是国有企业劳动制度改革的一个重点和难点。随后是社会保障制度的改革、医疗保障制度的改革等。劳动管理制度改革至今取得了较大的成绩,对推进我国经济社会发展起到了很好的作用。但是,国有企业劳动制度改革中仍有不少不到位的地方。一项调查表明,千户企业中,只有49.9%实行全员竞争上岗制度,46.9%的企业取消了干部与工人的身份界限。劳动分配上距离过大,而且有继续扩大的趋势。

🔍 小资料

1980年,深圳在中国内地率先突破固定用工的传统体制,实行双向选择,确立了劳动合同制和配套制度。"炒鱿鱼"、打破"铁饭碗"等新名词流行于社会。1983年,《深圳市实行劳动合同制暂行办法》出台,深圳成为中国内地第一个实行劳动用工合同制的城市。

🔍 小资料

1982年,深圳推出工资改革试点,改革劳动分配制度,在中国内地率先实行结构工资制。1992年,深圳出台最低工资标准,在中国内地率先探索最低工资制度。

🔍 小资料

1983年,《深圳市实行社会劳动保险暂行规定》出台,深圳在中国内地率先探索合同制职工社会劳动保险制度改革。1992年,《深圳市社会保险暂行规定》出台,在中国内地率先探索"社会共济与自我保障有机结合"的新型社会保障制度。

(二)人事制度变迁概述

我国人事制度的发展大体划分为四个阶段。从邓小平1992年南行讲话之后,特别是党的十四大提出建立社会主义市场经济体制后,我国的改革开放和现代化建设进入一个新的阶段,人才市场开始启动,人才流动更加活跃,人事制度也在适应市场经济发展需要进行改革,打破了干部任用上的单一委任制模式,实行委任、选任、考任、聘任等多种形式,下放了干部管理权限,积极推行国家公务员制度,逐步实现干部人事管理制度化、法治化、科学化。我国人事制度改革取得了一定的成效。一是国家公务员制度的建立和逐步完善。国家公务员制度是关于政府机关从事公务人员管理的法律化、正规化和标准化的诸多规范性和规定性的总和,是一套完整的国家行政机关工作人员录用、考核、职务任免、升降、培训、工资保险福利、申诉控告、退休以及公务员管理机构和监督等管理行为的规范和准则体系。二是按照现代企业制度改革国有企业人事制度。对国有企业的管理人员和专业技术人员实行聘用制度。企业依法享有人事管理权,管理人员和专业技术人员依法享有择业自主权,并通过聘用合同确立双方的权利与义务关系。三是人才流动机构的建立和社会服务体系的逐步健全。打破了一次分配定终身的现象,使人才处在一个动态之中,有利于人才资源的公开配置,从而有利于人力资源配置的优化和整体性开发。

小资料

1993年,《深圳市国家公务员管理办法》出台,成为中国内地第一部公务员规章。1993年8月14日,国务院颁布《国家公务员暂行条例》。2005年4月17日,第十届全国人大第十五次会议通过《中华人民共和国公务员法》,2006年1月1日起实行。

小资料

1997年,深圳建立人才大市场,开劳动力商品化之先河。

(三)事业单位制度改革的历程

在我国人力资源管理制度改革,不能遗漏事业单位人事制度改革。我国事业单位改革大体经历了四个阶段。

第一阶段,1978年党的十一届三中全会到1992年党的十四大。这个时期主要是恢复社会事业,适当下放各类事业单位的管理权,大多数事业单位实行行政首长负责制,行政首长对本单位有经营管理权、机构设置权、用人自主权和分配决定权。1985年3月,中央下发《关于科学技术体制改革的决定》,科技体制改革全面展开。1985年4月,国务院批转了卫生部《关于卫生工作改革若干政策问题的报告》,对卫生事业单位改革提出了要求。1985年5月,中央下发《关于教育体制改革的决定》,对教育事业单位进行改革:有步骤地实行九年制义务教育,基础教育由地方负责、分级管理;调整中等教育结构,大力发展职业技术教育;改革高等学校的招生计划和毕业生分配制度,扩大高等学校办学自主权。1985年,中办、国办又转发了文化部《关于艺术表演团体改革的意见》,对文化事业单位改革做出了部署。在上述文件的指导下,从1985年开始,我国科研、卫生、教育、文艺等领域事业单位陆续展开改革。

第二阶段,1992年党的十四大到2002年党的十六大。1993年,党中央印发《关于党政机构改革的方案》和《关于党政机构改革方案的实施意见》。意见明确提出事业单位改革的方向是实行政事分开,推进事业单位的社会化。1996年,中办、国办印发《中央机构编制委员会关于事业单位改革若干问题的意见》。这是党和国家就事业单位改革下发的第一个专门文件。文件提出了事业单位改革的指导思想和目标，以及事业单位改革的具体措施。1998年7月，国务院印发《关于调整撤并部门所属学校管理体制的决定》，国办转发了教育部等部门《关于调整撤并部门所属学校管理体制的实施意见》。1998年12月，国办转发了国务院机关事务管理局、中央编办《关于深化国务院各部门机关后勤体制改革意见》。1999年2月，国务院转发了科技部、中央编办等5部门《关于国家经贸委管理的10个国家局所属科研机构管理体制改革的意见》。1999年4月，国办转发了国土资源部、中央编办、体改办《地质勘查队伍管理体制改革方案》。1999年8月，中办、国办下发《关于调整中央国家机关和省、自治区、直辖市厅局报刊结构的通知》。1999年8月和2000年5月，国办分别下发《关于清理整顿经济鉴证类社会中介机构的通知》《关于经济鉴证类社会中介机构与政府部门实行脱钩改制意见的通知》。2000年2月，国办转发了教育部等部门《关于调整国务院部门（单位）所属学校管理体制和布局结构实施的意见》。2001年8月，中办、国办转发了中宣部、国家广电总局、新闻出版总署《关于深化新闻出版广播影视业改革的若干意见》。这些文件的出台，对各类事业单位的改革都提出了具体政策、要求，在这些政策的指引下，事业单位改革在分领域不断推进。

第三阶段，2002年党的十六大到2007年党的十七大。十六届三中全会提出"继续推进事业单位改革"；四中、五中全会进一步提出"加快推进事业单位分类改革"。2003年7月开始，在党中央、国务院的领导下，在中央文化体制改革试点工作领导小组的具体指导下，在全国9个地区和35个单位进行了文化体制改革试点。2005年底，党中央、国务院下发了《关于深化文化体制改革的若干意见》，文化事业单位改革全面推进。与此同时，在从2003年开始的农村配套改革的乡镇机构改革中，把乡镇事业单位改革作为一个重要方面，与乡镇行政机构一并进行改革，对事业单位改革实行了全覆盖。

第四阶段，2007年党的十七大至今。十七届二中全会通过的《关于深化行政管理体制改革的意见》对深化事业单位改革提出了具体要求，明确"按照政事分开、事企分开和管办分离"的原则，对现有事业单位分三类进行改革。2008年国务院决定在山西、上海、浙江、广东、重庆进行事业单位改革试点。2008年10月，国办印发《文化体制改革中经营性文化事业单位转制为企业的规定》和《进一步支持文化企业发展的规定》，明确了改革的配套政策措施。到2008年底，全国333个地级市中开展文化事业单位改革的已达117个。2009年，对出版事业进行改革。全国出版社仅保留4家为事业单位，其余全部改制为企业；杂志社的转企改制工作也逐步展开。多年来，卫生事业单位改革一直没有停止。2009年4月党中央、国务院下发《关于深化医药卫生体制改革的意见》，提出医药卫生体制改革坚持公共医疗卫生的公益性质，实行政事分开、管办分开、医药分开、营利性和非营利性分开，以建立健全覆盖城乡居民的基本医疗卫生制度。2010年2月，卫生部、中央编办、发改委、财政部、人力资源和社会保障部联合下发《关于印发公立医院改革试点指导意见的通知》，决定在各省、区、市分别选择1~2个城市（城区）进行公立医院改革试点，同时，国家再选16个有代表性的城市进行公立医院改革试点。2011年11月，国务院公布《事业单位人事管理条例（征求意见稿）》。条例规定国家建立事业单位工作人员工资的正常增长机制；工作人员的工资水平应当与国民经济发展相协调、与社会进步相适应。2013年，《国务院机构改革和职能转变方案》提出将原来由人社部承担的城镇职工医保、城镇居民医保职责和由卫计委承担的"新农合"职责统一整合到人社部承担。整合后,城乡居民不再受城乡身份限制,医保管理服务实现一体化。

2015年,国务院出台《关于机关事业单位工作人员养老保险制度改革决定》,机关事业单位和社会企业一样实行社会统筹与个人账户相结合的基本养老保险制度。基本养老保险制度"双轨制"终结。

二、我国人力资源管理制度改革现状

经过40多年的改革,我国人力资源管理制度发生了很大变化,尤其在用工制度、劳动分配制度、社会保障制度上的变化最为明显。这些变化和进步对促进社会经济发展起到了积极的作用,也彰显了改革的目的——优化人力资源配置,充分发挥人力资源的潜能,实现人的能力的最大发展。但是,从当前的一些现象中也可以看到,人力资源管理制度中深层次的一些东西并没有发生本质性的变化。例如人力资源流动走向中呈现的种种矛盾现象:大量的优秀人才涌向国外的同时我国却在大力引进国外优秀人才;大量优秀人才争相竞争国家公务员队伍或大型国有企业管理层、技术层的同时,其他性质的组织却人才告急;农村的人才大量涌向城市的同时,其工作生活质量并没有得到提高;内地人才涌向沿海地区的同时,经济发展的区域差距越来越大;行业之间人力资源供应悬殊导致人才在行业之间闲置与短缺现象共存;人力资源供求之间结构性矛盾日益突出等。这些现象的背后是我国社会长期以来存在的不平等造成的:身份的不平等、地位的不平等、权力的不平等、利益的不平等。可以这么说,就微观层面的人力资源管理制度变革来说,它已经走到了路的尽头,没有办法改变长期以来形成的这些不平等现象。人力资源管理制度改革走到这个点上,如果不下大的力气,改革的目的就没有办法真正地得到实现,而且会使改革中暴露出来的矛盾变得激化,不利于社会经济的发展和社会的和谐进步。而要在这个点上下大的力气,就必须深入地进行宏观人力资源管理制度的变革。宏观人力资源管理制度的变革是一个远远超出了人力资源管理制度本身的系统工程的问题,需要国家从系统全局和长远发展进行设计及运作。

三、我国宏观人力资源管理制度变革的思考

我国人力资源管理制度的深入变革必须从深层次的根本原因入手,改变上述的不平等现象。只有从根本上改变了这些不平等现象,才能真正化解各种矛盾,使改革收到预期的效果。

(一)以一元化居民户籍制度为基础,建立起自然法则下的个人权利型人力资源管理制度

长期以来,城乡分割、区域封闭的多元户籍制度严重束缚了我国的人力资源管理制度。这种多元户籍制度下的人力资源管理制度人为地给人力资源贴上了身份的标签及等级的标识,给人力资源优化配置及人力资源潜能的最大限度发挥带来了极大的障碍。要彻底变革这种状况,必须做到以下两点。

（1）取消户籍分类管理制度,实行一元化居民户籍制度,使城乡居民以平等的身份和平等的权利在区域间自由择业、流动和迁徙。

（2）取消由户籍分类管理制度附加的各种权利限制,彻底淡化户籍的政治、经济和社会功能,消除因户籍差异而滋生的权利差异,真正建立起自然法则下的个人权利型人力资源管理制度,实现"人人生来平等"的基本人权目标。

（二）以国民收入分配改革为契机,以深化行政体制改革为带动,从实质上为实现社会平等创造环境条件

由于历史原因形成的城乡之间、区域之间、行业之间、所有制领域之间经济发展上的严重不平衡,是配合户籍分类管理制度实行的重要经济基础。因此,要从实质上实现一元化居民户籍管理制度,必须从经济基础上去做文章——改变城乡之间、区域之间、行业之间、所有制领域之间的经济利益差异,为实现社会平等创造环境条件。

（1）以国民收入分配制度改革为契机,缩小城乡之间、区域之间、行业之间、所有制领域之间经济利益上的严重不平衡。目前,社会养老保险、社会医疗保险等方面的改革正在朝着这个方向努力,但覆盖面和力度仍需要继续加大。其他领域的分配改革也必须同时跟上,如平等接受义务教育的权利、平等享受公共服务与公共产品的权利等。

（2）深化国有企业改革,对各行业领域的制度利润进行市场化调整,确保全社会劳动力价格围绕劳动力价值波动,使各行业领域在平等的基础上规范人力资源管理制度。

（3）深化行政体制改革,以多维度、多向量和多渗透性的现代社会组织为模式,建立起一种没有人为差序格局的网络型人力资源管理制度。即每个社会组织成员都只是社会网络中的一个节点,社会管理者只是整个网络运行的维护者。

（三）以实现公民基本权力为标准,建立起理性社会的契约型人力资源管理制度

公民基本权力的根本体现就是社会成员在社会生活中具有自主自由签约和自主自由表达意志的权力。长期以来,我国公民的基本权力在以个体成员在社会生活中的标识和位置及其社会属性为识别体系的身份型人力资源管理制度下没有办法获得实现。"单位人"成为人力资源在经济政治功能上存在身份差距的标识。市场经济是基于一种公平的理性契约思想的经济形式。市场经济环境下的人力资源管理制度也必须是基于同一思想下的管理制度,依此来实现人力资源的合理配置与使用。为此,必须彻底消除计划经济体制时代形成并延续至今仍具有巨大作用力的被政治经济功能化的身份差距格局,真正实现各种领域人员身份平等地推行契约型人力资源管理制度。

（1）尽快研究和制定宏观层面的契约型人力资源管理制度,先从增量人力资源配置上实现制度性雇佣向真正意义的契约性雇佣转变。

（2）尽快研究和制定宏观层面的人力资源配置与使用政策措施,按契约型人力资源管理制度的要求,从存量人力资源配置上系统地实施国有领域人员"国家身份"退出工程。实

施国有领域人员"国家身份"退出工程的最根本问题在于建立一个合法合理的身份退出成本（经济的和政治的）补偿机制。

(3) 市场经济条件下契约型人力资源管理制度，国有领域雇佣关系的主体不再是国家，而是接受授权主体资格委托的社会中介机构。只有这样，才能真正实现劳动雇佣权的市场化。

（四）以人力资源的市场化配置为基本手段，建立起符合市场经济要求的社会型人力资源管理制度

长期以来，"单位人"成为人力资源经济与政治地位的标识，也是身份区别的标识。与之相对应，资源配置的依据是泛政治化权利团体。正是这种资源配置的非市场化机制带来了上述利益差距格局。要彻底改变这种状况，必须以市场化配置为基本手段，尽快建立起符合市场经济要求的社会型人力资源管理制度。

(1) 彻底取消国有领域单位的社会职能与政治职能，还其基本经济组织的本质身份。

(2) 彻底取消国有领域单位的制度性特权，使其成员的收入完全市场化、货币化、规范化和明晰化。

人力资源管理制度的变革是一个巨大的、复杂的系统工程。牵涉的面很广，需要考虑的问题很多，不是人力资源管理一个领域可以解决的。从国家战略发展的高度来看，必须按照市场经济发展规律的要求，对宏观人力资源管理制度进行重新设计，相关的制度改革先导，各部门、环节配合，才能真正使我国的人力资源市场具备统一性、流动性、开放性和自由竞争性等必备功能，充分体现市场经济体制下劳动要素配置的高效率，从而促进社会经济的持续健康发展。

小　　结

人力资源管理制度是开展和做好人力资源管理工作的规则和依据。人力资源开发与管理全过程各个环节的工作都需要建立相应的管理制度，由此构成人力资源管理制度体系。人力资源管理制度的建设总是在一定的观念意识指导下进行的，并受到组织文化、组织管理风格、组织环境等诸多因素的影响和作用。为了保证人力资源管理制度的有效性，在制度建设中必须遵循相应的原则及程序。人力资源管理制度是组织管理制度中的重要组成部分和内容，关系到组织人力资源效用能否获得充分有效的发挥和发掘。因此，人力资源管理制度的建设非常重要。就我国的实际来看，人力资源管理制度的变革是人力资源管理制度建设中的重要部分，关系到人力资源管理制度建设的成败。而人力资源管理制度变革的深入发展重点应该放在宏观人力资源管理制度的变革上。这是一个复杂而巨大的系统工程。

思考与练习

一、填空题

1. 制度由（　　）、（　　）和（　　）3个部分构成的一个完整体系。
2. 人力资源管理制度具有（　　）、（　　）和（　　）3个特点。
3. 组织核心价值观包含4个方面的内容，即（　　）、（　　）、（　　）和（　　）。
4. 人力资源管理制度的文本结构一般包括（　　）、（　　）和（　　）3个部分。
5. 人力资源管理制度建设的首要原则是（　　）。

二、判断题

1. 人力资源管理制度建设的基本思想主要体现在组织的核心价值观上。（　　）
2. 组织的核心价值观是"一个企业本质的和持久的一整套"原则，深深根植于组织内部，成为没有时限地引领组织进行一切运营活动的指导性原则。（　　）
3. 对管理制度的宣传、教育和培训是人力资源管理制度顺利实施的前提。（　　）
4. 监督是人力资源管理制度有效发挥作用的要求和保证。（　　）

三、辨析题（先判断对或错，然后进行简要的理由说明）

人力资源管理制度与组织管理制度是同一个层面的管理制度。

四、简述题

1. 简述人力资源管理制度建设的基本原则。
2. 简述人力资源管理制度的制定程序。
3. 人力资源管理制度的实施与控制包含哪些工作？
4. 影响人力资源管理制度建设的主要因素有哪些？
5. 组织人力资源管理制度一般包含哪些主要内容？

推荐书目及其文章

[1] 周文霞. 中国人力资源管理研究40年：1978—2018[M]. 北京：中国社会科学出版社,2018.
[2] 奥林康司. 日本人力资源管理(理念制度与实务)[M]. 张彩虹,于楠,丁扬阳,译. 广州：暨南大学出版社,2007.
[3] 王伟,桑晓蕾. 境外人力资源管理制度对中国人力资源管理的启示[J]. 法制与经济(上旬刊),2011(4).
[4] 付景远. 中国人力资源管理制度变革四十年 1978—2018[M]. 北京：经济科学出版社,2020.

参 考 文 献

[1] 乔治·梅奥.工业文明的人类问题[M].北京：电子工业出版社，2013.
[2] 姚裕群.人力资源开发与管理[M].2版.北京：中国人民大学出版社，2007.
[3] 郑晓明.现代企业人力资源管理导论[M].北京：机械工业出版社，2002.
[4] 道格拉斯·麦格雷戈.企业中的人性方面[M].北京：中国人民大学出版社，2008.
[5] 琼·罗宾逊.就业理论导论[M].陈明衡，译.北京：商务印书馆，2018.
[6] 加里·贝克尔.人力资本[M].北京：北京大学出版社，1993.
[7] 赫尔曼·阿吉斯.绩效管理[M].柴茂昌，孙瑶，刘昕，译.3版.北京：中国人民大学出版社，2013.
[8] 余凯成.人力资源开发与管理[M].2版.北京：中国人民大学出版社，2007.
[9] 王玉珊.日本教育及其在经济发展中的作用研究[M].北京：中国社会科学出版社，2012.
[10] 程恒堂.人力资源管理[M].北京：化学工业出版社教材出版中心，2005.
[11] 李剑锋.人力资源管理：原理与技术[M].北京：电子工业出版社，2002.
[12] 贾晓辉.人力资源管理理论与实务[M].北京：中国国际广播出版社，2004.
[13] 乔治·米尔科维奇，等.薪酬管理[M]成得礼，译.11版.北京：中国人民大学出版社，2014.
[14] 陈诗达.现代服务业人力资源[M].杭州：浙江人民出版社，2013.
[15] 童玉芬.就业原理[M].北京：中国劳动社会保障出版社，2011.
[16] 孙宗虎.人力资源部规范化管理工具箱[M].北京：人民邮电出版社，2007.
[17] 李志畴.薪酬体系设计与管理实务[M].2版.北京：清华大学出版社，2014.
[18] 埃德加·施恩.职业锚：发现你的真正价值[M].北森测评网，译.北京：中国财政经济出版社，2004.
[19] 聂竹明.从共享到共生的E-Learning理论与实践[M].合肥：安徽师范大学出版社，2015.
[20] 萧鸣政.人员素质测评理论与方法[M].北京：北京大学出版社，2011.
[21] 雷蒙德·A.诺伊.人力资源管理：赢得竞争优势[M].北京：中国人民大学出版社，2001.
[22] 付亚和.绩效管理[M].上海：复旦大学出版社，2014.
[23] 赵国军.薪酬设计与绩效考核全案[M].修订版.北京：化学工业出版社，2016.
[24] 刘昕.薪酬管理[M].北京：中国人民大学出版社，2017.
[25] 李丽.社会保险理论与实务[M].北京：中国财政经济出版社，2015.
[26] 刘钧.社会保障理论与实务[M].4版.北京：清华大学出版社，2019.
[27] 孙林.社会保险理论与实务[M].北京：中国劳动社会保障出版社，2021.
[28] 王二丹.就业论（第一卷）：就业理论体系与分析方法[M].北京：知识产权出版社，2019.
[29] 周文霞.中国人力资源管理研究40年：1978－2018[M].北京：中国社会科学出版社，2018.
[30] 周文霞.管理中的激励[M].北京：企业管理出版社，2004.
[31] 付景远.中国人力资源管理制度变革四十年1978－2018年[M].北京：经济科学出版社，2020.
[32] 薛中行.中国式股权激励[M].北京：中国工商出版社，2014.
[33] 陈春花.从理念到行为习惯：企业文化管理[M].北京：机械工业出版社，2016.
[34] 彼得·圣吉.第五项修炼——学习型组织的艺术与实务[M].郭进隆，译.上海：上海三联书店出版社，2001.
[35] 夏楠.HR企业文化经典管理案例[M].北京：中国法制出版社，2018.
[36] 特伦斯·迪尔，艾伦·肯尼迪.企业文化：企业生活中的礼仪与仪式[M].北京：中国人民大学出版社，2015.

[37] 吴锋艳.工会对国有企业人力资源配置参与的必要性[J].现代企业文化.理论版,2010(16).
[38] 奥林康司.日本人力资源管理(理念制度与实务)[M].张彩虹,于楠,丁扬阳,译.广州:暨南大学出版社,2007.
[39] 李风玲.我国国有企业人力资源优化配置研究[J].新商务周刊,2019(3).
[40] 谢小冰,谭淑媛.组织内部人力资源再配置探析[J].企业科技与发展,2011(21).
[41] 叶双慧,程明.从勒温场论看国企人才流失[J].武汉冶金管理干部学院学报,2004(3).
[42] 苗大莉.国有企业人力资源配置优化方式与实施[J].人力资源,2019(16).
[43] 郑彬,赵祥.产业转型升级初期企业技术培训供给缺失与"技工荒"问题研究[J].特区经济,2015(5).
[44] 郭彦宏.浅谈人力资源管理中胜任素质问题及对策[J].东方企业文化,2014(24).
[45] 本刊特约记者.中国工会的诞生、发展和改良[J].社会科学论坛(学术评论卷),2009(10)
[46] 王伟,桑晓蕾.境外人力资源管理制度对中国人力资源管理的启示[J].法制与经济(上旬刊),2011(4).